金融中的
数学方法

李辰旭 著

图书在版编目 (CIP) 数据

金融中的数学方法 / 李辰旭著. -- 北京:北京大学出版社,2021.1
(光华思想力书系. 教材领航)
ISBN 978-7-301-31844-7

Ⅰ. ①金… Ⅱ. ①李… Ⅲ. ①金融学 – 数学方法 – 高等学校 – 教材 Ⅳ. ① F830

中国版本图书馆 CIP 数据核字 (2020) 第 224208 号

书　　　名	金融中的数学方法
	JINRONG ZHONG DE SHUXUE FANGFA
著作责任者	李辰旭　著
策划编辑	徐　冰
责任编辑	裴　蕾
标准书号	ISBN 978-7-301-31844-7
出版发行	北京大学出版社
地　　　址	北京市海淀区成府路 205 号　100871
网　　　址	http://www.pup.cn
微信公众号	北京大学经管书苑(pupembook)
电子信箱	em@pup.cn
电　　　话	邮购部 010-62752015　发行部 010-62750672　编辑部 010-62752926
印　刷　者	天津中印联印务有限公司
经　销　者	新华书店
	730 毫米 × 1020 毫米　16 开本　22 印张　486 千字
	2021 年 1 月第 1 版　2021 年 1 月第 1 次印刷
定　　　价	58.00 元

未经许可,不得以任何方式复制或抄袭本书之部分或全部内容。
版权所有,侵权必究
举报电话:010-62752024　电子信箱:fd@pup.pku.edu.cn
图书如有印装质量问题,请与出版部联系,电话:010-62756370

丛书编委会

顾　问
厉以宁
主　编
刘　俏
编　委（以姓氏笔画排列）
王　辉　　王汉生　　刘晓蕾　　李　其　　李怡宗
吴联生　　张圣平　　张志学　　张　影　　金　李
周黎安　　徐　菁　　龚六堂　　黄　涛　　路江涌
　　　　　　　　　　滕　飞

丛书序言一

很高兴看到"光华思想力书系"的出版问世，这将成为外界更加全面了解北京大学光华管理学院的一个重要窗口。北京大学光华管理学院从1985年北京大学经济管理系成立，以"创造管理知识，培养商界领袖，推动社会进步"为使命，到现在已经有三十余年了。这三十余年来，光华文化、光华精神一直体现在学院的方方面面，而这套"光华思想力书系"则是学院各方面工作的集中展示，同时也是北京大学光华管理学院的智库平台，旨在立足新时代，贡献中国方案。

作为经济管理学科的研究机构，北京大学光华管理学院的科研实力一直在国内处于领先位置。光华管理学院有一支优秀的教师队伍，这支队伍的学术影响在国内首屈一指，在国际上也发挥着越来越重要的作用，它推动着中国经济管理学科在国际前沿的研究和探索。与此同时，学院一直都在积极努力地将科研力量转变为推动社会进步的动力。从当年股份制的探索、证券市场的设计、《证券法》的起草，到现在贵州毕节试验区的扶贫开发和生态建设、教育经费在国民收入中的合理比例、自然资源定价体系、国家高新技术开发区的规划，等等，都体现着光华管理学院的教师团队对中国经济改革与发展的贡献。

多年来，北京大学光华管理学院始终处于中国经济改革研究与企业管理研究的前沿，致力于促进中国乃至全球管理研究的发展，培养与国际接轨的优秀学生和研究人员，帮助国有企业实现管理国际化，帮助民营企业实现管理现代化，同时，为跨国公司管理本地化提供咨询服务，从而做到"创造管理知识，培养商界领袖，推动社会进步"。北京大学光华管理学院的几届领导人都把这看作自己的使命。

作为人才培养的重地，多年来，北京大学光华管理学院培养了相当多的优秀学生，他们在各自的岗位上作出贡献，是光华管理学院最宝贵的财富。光华管理学院这个平台的最大优势，也正是能够吸引一届又一届优秀的人才的到来。世界一流商学院的发展很重要的一点就是靠它们强大的校友资源，这一点，也与北京大学光华管理学院的努力目标完全一致。

今天，"光华思想力书系"的出版正是北京大学光华管理学院全体师生和全体校友共同努力的成果。希望这套丛书能够向社会展示光华文化和精神的全貌，并为中国管理学教育的发展提供宝贵的经验。

厉以宁

北京大学光华管理学院名誉院长

丛书序言二

"因思想而光华。"正如改革开放走过的 40 年，得益于思想解放所释放出的动人心魄的力量，我们经历了波澜壮阔的伟大变迁。中国经济的崛起深刻地影响着世界经济重心与产业格局的改变；作为重要的新兴经济体之一，中国也越来越多地承担起国际责任，在重塑开放型世界经济、推动全球治理改革等方面发挥着重要作用。作为北京大学商学教育的主体，光华管理学院过去三十余年的发展几乎与中国改革开放同步，积极为国家政策制定与社会经济研究源源不断地贡献着思想与智慧，并以此反哺商学教育，培养出一大批在各自领域取得卓越成就的杰出人才，引领时代不断向上前行。

以打造中国的世界级商学院为目标，光华管理学院历来倡导以科学的理性精神治学，锐意创新，去解构时代赋予我们的新问题；我们胸怀使命，顽强地去拓展知识的边界，探索推动人类进化的原动力。2017 年，学院推出"光华思想力"研究平台，旨在立足新时代的中国，遵循规范的学术标准与前沿的科学方法，做世界水平的中国学问。"光华思想力"扎根中国大地，紧紧围绕中国经济和商业实践开展研究；凭借学科与人才优势，提供具有指导性、战略性、针对性和可操作性的战略思路、政策建议，服务经济社会发展；研究市场规律和趋势，服务企业前沿实践；讲好中国故事，提升商学教育，支撑中国实践，贡献中国方案。

为了有效传播这些高质量的学术成果，使更多人因阅读而受益，2018 年年初，在和北京大学出版社的同志讨论后，我们决定推出"光华思想力书系"。通过整合原有"光华书系"所涵盖的理论研究、教学实践、学术交流等内容，融合光华未来的研究与教学成果，以类别多样的出版物形式，打造更具品质与更为多元的学术传播平台。我们希望通过此平台将"光华学派"所创造的一系列具有国际水准的立足中国、辐射世界的学术成果分享到更广的范围，以理性、科学的研究去开启智慧，启迪读者对事物本质更为深刻的理解,从而构建对世界的认知。正如光华管理学院所倡导的"因学术而思想,因思想而光华",在中国经济迈向高质量发展的新阶段,在中华民族实现伟大复兴的道路上,"光华思想力"将充分发挥其智库作用,利用独创的思想与知识产品在人才培养、学术传播与政策建言等方面作出贡献,并以此致敬这个不凡的时代与时代中的每一份变革力量。

北京大学光华管理学院院长

引言

本书的内容源自作者自 2010 年以来在北京大学讲授的两门广受同学们喜爱的课程"金融中的数学方法"和"随机分析与应用"。写作时力求深入浅出，注重理论和实践的结合，系统地阐述了金融学（特别是金融衍生品定价）研究和实践中常用的数学方法。在我国金融衍生品市场逐步发展的当下，本书出版恰逢其时。根据课堂经验，如果学习过微积分和概率统计课程，基本可以成功地完成对本书内容的学习。因此，本书面向对相关领域感兴趣的各专业本科生、硕士和博士研究生（不限于数学、金融、经济学专业），以及相关领域的研究人员和金融机构量化建模从业者。

本书有如下几个鲜明特点：一是在讲授抽象数学概念和方法时，注重讨论相关的动机和直觉。二是重点突出，快速地切入主题，同时辅以尽量多的例子，帮助读者形象地感受数学工具的原理和作用。三是为了提升易读性从而使初学者享受学习的乐趣，在尽量做到严谨、完整的同时，对于一些较为高深抽象的数学概念或技巧性较强的数学推导，采取详略得当的处理方式——既触及这些概念和内容，强调其重要性和内涵，又在不影响理解主要内容和方法的前提下略去一些偏重理论的讨论，取而代之的是指出相关文献（例如与本书相比有不同侧重点的同类教材），以供感兴趣的读者查阅。相信广大非数理专业的同学和量化金融从业者都可以充分享受阅读的过程，并快速地获取需要的知识。当然，专业的数学训练可能会帮助读者从技术角度更加深刻地理解本书，相信本书提供的直觉化理解也能够进一步帮助此类读者在理论学习的过程中找到更多感觉。

鉴于本书学科交叉的特点，可以将其作为"金融数学""金融工程""金融计量""金融衍生品定价""概率论""随机过程""随机微积分""随机分析""随机模拟"等课程的教材或参考书。在使用本书进行学习或教学时可以考虑调整章节顺序：在初步阅读和相对初级课程的教学中，可以暂时跳过一些内容，而将其安排在后续的阅读和相对高级课程的教学中，如"下鞅的 Doob 分解与 Doob-Meyer 分解"的所有相关内容、"局部鞅"的所有相关内容、"Black-Scholes-Merton 模型的延伸"（包含随机波动率与跳跃）的相关内容、"仿射跳跃–扩散模型"的相关内容等。在初级阶段，也可以选择性地阅读，以尽性获得初步的理解，例如，跳过对于条件期望的运算性质基于其严格定义的证明；将局部鞅暂时形象地理解为鞅；对于随机分析中的重要定理，例如 Girsanov 定理和 Feynman-Kac 定理，仅理解和运用其初级版本等。

我们必须强调，即使本书可能会帮助读者快速地获取他/她们所渴望的相关知识和技能，但扎实地掌握这些知识和技能是没有捷径的。特别是对于这一和数学密切相关又有很强应用背景的学科来讲，尝试一定数量的习题是非常必要的。在本书的行文过程中，我们把一些这样的宝贵机会（例如补全一些计算和论证的细节、相关思考和扩展）留给读者，相信这些习题会对大家有所帮助。值得指出的是，这些习题中有些恰是金融机构量化建模岗位招聘过程中的典型面试题，希望有相关职业规划的读者可以从中获得一些启发和帮助。

在教学前后的思考以及教学中与专业背景丰富的同学们的广泛交流让我受益。我毫不犹豫地将这一持续更新迭代的学习过程所带来的理解、经验和感悟写入本书。我想借此机会感谢踊跃参与课程的同学们，特别是在近几年中，帮助我仔细地阅读、修正、调整、打磨本书初稿的同学们，也感谢各位领导、前辈、同事、同行学者、量化金融业界的朋友们。我由衷地对他/她们直接或者间接的启发、帮助和指正表示感激。在此同时致谢给予本书写作提供大力支持的国家自然科学基金资助项目（批准号 11201009、71671003）、北京大学研究生课程建设项目、北京大学教材建设立项、北京大学经济与管理学部课程设计立项，以及北京大学光华管理学院、北京大学统计科学中心、数量经济与数理金融教育部重点实验室（北京大学）等。

作为首版，书中的疏漏与错误在所难免，敬请读者提出宝贵意见和建议。我把本书献给每一位读者！

李辰旭
2020 年 7 月

目录

第 1 章 概率统计基础回顾、条件期望与随机过程   1
- 1.1 概率统计基础回顾 2
- 1.2 条件期望和随机过程基础 16
- 1.3 随机过程 29
- 1.4 本章小结 49

第 2 章 鞅   51
- 2.1 鞅的定义及示例 52
- 2.2 下鞅的 Doob 分解与 Doob-Meyer 分解 ... 67
- 2.3 局部鞅 76
- 2.4 本章小结 78

第 3 章 布朗运动   79
- 3.1 通过随机游走构建布朗运动 80
- 3.2 布朗运动的性质 82
- 3.3 首达时与反射原理 101
- 3.4 多维布朗运动 108
- 3.5 本章小结 112

第 4 章 随机微积分   113

- 4.1 Itô 积分 114
- 4.2 Itô 公式 125
- 4.3 随机微分方程及其在金融建模中的应用 146
- 4.4 随机分析中的重要定理 161
- 4.5 本章小结 199

第 5 章　随机微积分在金融衍生品定价中的应用　201
- 5.1 基于二叉树模型的衍生品定价 202
- 5.2 从随机微积分到连续时间模型下的期权定价 220
- 5.3 Black-Scholes-Merton 模型的实际应用：希腊值与波动率套利 237
- 5.4 Black-Scholes-Merton 模型的延伸之一：随机波动率 249
- 5.5 Black-Scholes-Merton 模型的延伸之二：跳跃 273
- 5.6 仿射跳跃-扩散模型 292
- 5.7 本章小结 298

第 6 章　蒙特卡洛模拟　299
- 6.1 蒙特卡洛方法引例 300
- 6.2 蒙特卡洛模拟的有效性 304
- 6.3 生成随机变量 306
- 6.4 一些模型的精确法模拟 317
- 6.5 离散法模拟 327
- 6.6 方差缩减技术 333
- 6.7 本章小结 338

参考文献　339

第1章

概率统计基础回顾、条件期望与随机过程

1.1 概率统计基础回顾

金融现象历来与随机性密不可分，而概率论正是刻画随机性最成熟的工具之一。概率论的历史最早可以追溯到 17 世纪的宫廷赌博游戏，但直到 20 世纪初，测度论的发展才真正赋予了概率论严谨的理论基础。测度论赋予了概率论合适的语言，消除并澄清了许多概率论早期的争论。虽然本书并不需要严密深入地涉足测度论，但了解一些测度论的语言对于具体问题的思考颇有益处。因此，本书在注重直觉化解释的同时并不回避用测度的语言描述相关的概念。

本节主要介绍概率论的基础知识。我们将先介绍概率空间，之后引入随机变量与描述它的函数，并结合示例来介绍一些关于随机变量的重要性质，如独立性。最后，我们将讨论一些关于随机变量序列的极限定理，并简要补充介绍测度论中的积分极限定理，供读者拓展阅读。

1.1.1 概率空间

概率这一概念通常基于事件，即概率通常用于表示事件发生的可能性。描述事件的数学概念是集合。于是在定义概率前，我们先通过集合的概念引入对随机事件的描述。我们将一个包含随机性的事件称作一个**随机试验** S。随机试验 S 中每个可能的结果在数学上称作一个样本点（基本事件），用 ω 表示，它们是试验中随机事件的最小组成单位。一个随机试验 S 所有的样本点构成的集合称作**样本空间**，用 Ω 表示，即

$$\Omega = \{\omega : \omega \text{ 是随机试验 } S \text{ 中的样本点}\}.$$

例如，投掷一次硬币是一个包含随机性的事件，即为一个随机试验 S。这个试验有两个可能的结果：硬币正面朝上（用 H 表示）或反面朝上（用 T 表示），即该随机试验有两种可能的结果，H 和 T。因此根据定义，我们称 H 和 T 是样本点，称样本点集合 $\{H, T\}$ 为试验的样本空间，即

$$\Omega = \{H, T\}.$$

又譬如，投掷一颗骰子也是一个包含随机性的事件。我们分别用 1 到 6 表示掷出的点数，则该随机试验基本的可能结果为 1、2、3、4、5、6，其样本空间为

$$\Omega = \{1, 2, 3, 4, 5, 6\}.$$

我们还可以通过复合这些基本事件来描述更加复杂的随机事件。例如，"掷出的点数是奇数"这一事件就是由基本事件 1，3，5 复合而成的。注意，一个事件是基本

的还是复合的并不绝对,这取决于研究问题和样本空间的选取。例如,将硬币连续抛掷两次的结果作为样本空间时:

$$\Omega = \{HH, HT, TH, TT\}.$$

这时,"第一次抛掷硬币是正面"这一事件就可以看成由 $\{HH\}$ 和 $\{HT\}$ 两个事件复合而成。

由上文,事件指样本空间的各种子集,事件的运算就是指这些子集的代数运算,因此我们需要讨论子集的交并差补。如果我们把 Ω 的一部分子集拿出来构成一个子集族,且这个子集族在各种集合运算下封闭,那么它就构成了 Ω 上的一个 σ-**代数**。在集合运算下封闭意味着子集族中的任意两个集合做相交、求并或者作差后的结果仍然在这个子集族中。σ-代数的具体定义如下:

定义 1.1 样本空间 Ω 为一非空集合,$\mathcal{F}$ 为 Ω 的一部分子集组成的集合,当 $\mathcal{F}$ 满足如下条件时称其为一个 σ-**代数**:

1. $\emptyset \in \mathcal{F}$;
2. (**互补运算封闭**)若 $A \in \mathcal{F}$,则 $A^c \in \mathcal{F}$;
3. (**可数相加运算封闭**)若集合序列 $A_i \in \mathcal{F}$,其中 $i = 1, 2, \ldots$,则 $\cup_{i=1}^{\infty} A_i \in \mathcal{F}$。

条件 1 至 3 保证了上面提到的 $\mathcal{F}$ 对集合运算封闭这一要求得到满足。需要注意的是,一个样本空间上的 σ-代数并不唯一。每一个样本空间至少存在一个平凡的(即最小的)σ-代数 $\mathcal{F} = \{\emptyset, \Omega\}$,以及一个最大的 σ-代数 $\mathcal{F} = \{\Omega \text{的所有子集}\}$。我们通常称 $(\Omega, \mathcal{F})$ 这个二元组为**可测空间**。

在定义了样本空间 Ω 上 σ-代数 $\mathcal{F}$ 后,我们便可以在其上定义概率测度,样本空间 Ω、σ-代数 $\mathcal{F}$ 和概率测度 $\mathbb{P}$ 构成的三元组 $(\Omega, \mathcal{F}, \mathbb{P})$ 通常被合称为**概率空间**。可测空间 $(\Omega, \mathcal{F})$ 的**概率测度** $\mathbb{P}$ 定义为

定义 1.2 可测空间 $(\Omega, \mathcal{F})$ 上的概率测度 $\mathbb{P}$ 是一个 $\mathcal{F} \to \mathbb{R}$ 的映射,满足:

1. (**非负性**)对 $\forall A \in \mathcal{F}$,$\mathbb{P}(A) \geqslant 0$;
2. (**完全性**)$\mathbb{P}(\Omega) = 1$;
3. (**可列可加性**)若 $\mathcal{F}$ 中的集合序列 $A_1, A_2, \ldots$ 满足两两不相交,即 $A_i \cap A_j = \emptyset$,$\forall i \neq j$,则 $\mathbb{P}\left(\bigcup_{i=1}^{\infty} A_i\right) = \sum_{i=1}^{\infty} \mathbb{P}(A_i)$。

非负性条件与可列可加性条件是概率能够作为测度的要求。测度最初起源于对长度、面积和体积的严格定义,因此,这种"体积"自然要求是非负的,并且不相容

集合之并的"体积"就应该等于各自"体积"之和。而完全性条件则是由于 Ω 并没有直观意义上的"体积",故而我们从概率常识出发,把全样本空间的"体积"定义为 1。

σ-代数上集合运算的封闭性,保证了在谈论事件 A 和事件 B 的发生概率可行时,谈论事件"A 且 B"以及"A 或 B"的发生概率也是可行的。概率作为事件可能性的度量,还具有更多性质。我们在后面会逐一讨论。

我们从刚才的掷硬币问题出发,介绍一个在同一样本空间上构造多个概率空间的例子。这个例子中的样本空间为 $\Omega = \{H, T\}$,用它的全部子集构造一个 σ-代数

$$\mathcal{F} = \{\emptyset, \{H\}, \{T\}, \Omega\}.$$

在这些集合上赋予概率

$$\mathbb{P}(\emptyset) = 0, \quad \mathbb{P}(\{H\}) = \frac{1}{2}, \quad \mathbb{P}(\{T\}) = \frac{1}{2}, \quad \mathbb{P}(\Omega) = 1.$$

不难验证其符合概率空间要求。当然,我们也可以这样指定概率:

$$\mathbb{P}(\emptyset) = 0, \quad \mathbb{P}(\{H\}) = \frac{1}{3}, \quad \mathbb{P}(\{T\}) = \frac{2}{3}, \quad \mathbb{P}(\Omega) = 1.$$

验证可以发现这个指定也符合要求。第二种指定方式在实际中可以理解为硬币不均匀的情形。所以同一个样本空间上符合定义的概率测度并不唯一,具体选择使用哪种概率测度要视我们所处理的问题而定。这种情况广泛存在于金融衍生品定价中,我们将在本书的后续章节中陆续提到这一点。

1.1.2 随机变量

我们接下来介绍随机变量和可测的基本概念。仅将随机性的研究建立在样本空间及 σ-代数上是十分不便的,我们希望将随机性数字化,所以引入了随机变量。**随机变量**是定义在样本空间上的函数,它可以把样本空间中的元素 $\omega \in \Omega$ 映射到实数 $\mathbb{R}$ 上。随机变量的定义如下:

定义 1.3 给定 $(\Omega, \mathcal{F})$,如果在 $\forall$ 区间 $\mathcal{B} \subset \mathbb{R}$,形如 $\{\omega \in \Omega | X(\omega) \in \mathcal{B}\}$(简记为 $\{X \in \mathcal{B}\}$)的集合都属于 $\mathcal{F}$,则称映射 $X : \Omega \to \mathbb{R}$ 为 $(\Omega, \mathcal{F})$ 上的随机变量。

注意,在定义随机变量时没有指定其使用的概率测度,也就是说即使随机变量本身并未改变,若我们在同一个 $\mathcal{F}$ 上指定不同的概率测度,关于"$X \in [2, 4]$"这类事件的概率亦可不同。

严格地来讲,我们应将定义中的 $\mathcal{B}$ 限定为 **Borel 集**。什么是 Borel 集?简单来说,Borel 集就是 $\mathbb{R}$ 上任意开区间、闭区间和用这些区间彼此做集合运算生成的集

合。根据这个构造，所有的 Borel 集在集合运算下是封闭的，因此 {所有的 Borel 集} 是 $\mathbb{R}$ 的一个 σ-代数。我们不深究 {$\mathbb{R}$ 上所有 Borel 集} 和 {$\mathbb{R}$ 的所有子集} 之间的区别，因为要构造出一个 $\mathbb{R}$ 上的非 Borel 集十分困难，在目前的实际应用中可忽略此差别。

此处的重点是我们需要 X 是 $\mathcal{F}$-**可测的**，即 "随机变量取某些值" 这类事件包括在 $\mathcal{F}$ 中。可测是讨论一个随机事件的基本要求。由于概率 $\mathbb{P}$ 定义在 $\mathcal{F}$ 上，如果 "随机变量 $X \in [2,3]$" 或者 "随机变量 $X = 5$" 这类的事件不在 $\mathcal{F}$ 中，我们就无法讨论这些事件所对应的概率。可测的具体定义如下：

定义 1.4 若 X 是 $(\Omega, \mathcal{F})$ 上的随机变量，$\mathcal{G}$ 是 $\mathcal{F}$ 的子 σ-代数，若所有形如 $\{X \in \mathcal{B}\}$（$\mathcal{B}$ 是 $\mathbb{R}$ 上的 Borel 集）的集合都属于 $\mathcal{G}$，则称 X 是 $\mathcal{G}$-可测的。

根据随机变量的定义，X 是 $(\Omega, \mathcal{F})$ 的随机变量自然地等价于 X 是 $\mathcal{F}$-可测的。那么如果给定一个随机变量 X，Ω 的子集构成的 σ-代数中使得 X 可测的最小 σ-代数是什么呢？很显然，这个 σ-代数必须要包含所有形如 $\{\omega : X(\omega) \in \mathcal{B}\}$（$\mathcal{B}$ 是 $\mathbb{R}$ 上的 Borel 集）的集合。事实上可以验证，形如 $\{\omega : X(\omega) \in \mathcal{B}\}$ 的集合的确构成一个 σ-代数 $\sigma(X)$，称为 X **的生成** σ-**代数**。

定义 1.5 设 X 是 $(\Omega, \mathcal{F})$ 上的随机变量，形如 $\{\omega : X(\omega) \in \mathcal{B}\}$ 的集合构成 Ω 上的一个 σ-代数，称为 X 的生成 σ-代数，记为 $\sigma(X)$。即 $\sigma(X) = \{\{X \in \mathcal{B}\} : \mathcal{B}$ 是 $\mathbb{R}$ 上的 Borel 集$\}$，其为使得 X 可测的最小的 σ-代数。

根据 $\sigma(X)$ 定义，我们可知 X 关于 $\mathcal{G}$ 可测等价于 $\sigma(X) \subset \mathcal{G}$。进一步，$X$ 是 $(\Omega, \mathcal{F})$ 上的随机变量，当且仅当 $\sigma(X)$ 是 $\mathcal{F}$ 的子 σ-代数。结合以上讨论，我们有如下结论：

性质 1.1.2.1 X 是 $(\Omega, \mathcal{F})$ 上的随机变量 $\iff X$ 是 $\mathcal{F}$-可测的 $\iff \sigma(X) \subset \mathcal{F}$。

接下来，我们介绍一些用来描述随机变量的函数。为描述随机变量的统计性质，了解随机变量落入某个区间的概率，我们在概率空间中引入随机变量的**累积分布函数**（cumulative distribution function, CDF）。随机变量的累积分布函数依赖于概率测度的选择。如果累积分布函数可微，则其微分被称为**概率密度函数**（probability density function, PDF）。

定义 1.6 概率空间 $(\Omega, \mathcal{F}, \mathbb{P})$ 上的随机变量 X 的累积分布函数是 $\mathbb{R} \to [0,1] \subseteq \mathbb{R}$ 的函数

$$F(x) := \mathbb{P}(\{\omega : X(\omega) \leqslant x\}) = \mathbb{P}(X \leqslant x).$$

相应地，概率密度函数为
$$f(x) := \frac{\mathrm{d}}{\mathrm{d}x}F(x).$$

由概率密度函数的定义，我们可以发现其与累积分布函数的关系还可以表达为
$$F(x) = \int_{-\infty}^{x} f(y)\mathrm{d}y.$$

为描述随机变量的总体印象，我们引入**期望** $\mathbb{E}(X)$ 来刻画随机变量 X 的平均取值。对于离散随机变量，我们有
$$\mathbb{E}(X) = \sum_{x} x\mathbb{P}(X=x),$$

对于连续随机变量，我们有
$$\mathbb{E}(X) = \int_{\mathbb{R}} xf(x)\mathrm{d}x$$

期望运算具有**线性性**，即对两个随机变量 X, Y 和常数 a, b，定义随机变量 $Z = aX + bY$，有
$$\mathbb{E}(Z) = \mathbb{E}(aX + bY) = a\mathbb{E}(X) + b\mathbb{E}(Y).$$

另外对于凸函数 f，期望满足如下的**詹森不等式**（Jensen's inequality）
$$\mathbb{E}(f(X)) \geqslant f(\mathbb{E}(X)).$$

同时，我们引入**方差** $\mathrm{Var}(X)$ 来反映随机变量取值的分散程度：
$$\mathrm{Var}(X) = \mathbb{E}(X - \mathbb{E}(X))^2 = \mathbb{E}(X^2) - \mathbb{E}(X)^2.$$

其中 $\mathbb{E}(X^2)$ 是随机变量的二阶矩。一般地，定义随机变量 X 的 k **阶矩**为
$$M_k := \mathbb{E}(X^k).$$

我们还定义 X 的**矩母函数**（moment generating function）为
$$M(\theta) = \mathbb{E}(\mathrm{e}^{\theta X}). \tag{1.1}$$

在其左右两边对于 θ 求 n 阶导数，我们有
$$M^{(n)}(\theta) = \mathbb{E}(X^n \mathrm{e}^{\theta X}).$$

再令 $\theta = 0$，我们就得到了
$$M^{(n)}(0) = \mathbb{E}(X^n). \tag{1.2}$$

我们可通过泰勒展开并结合期望运算的线性性来 (非严格地) 获得 $M(\theta)$ 的展开。在 $y=0$ 附近泰勒展开函数 $f(y) = e^y$，我们可以得到

$$f(y) = e^y = \sum_{k=0}^{\infty} \frac{f^{(k)}(0)}{k!}(y-0)^k = \sum_{k=0}^{\infty} \frac{y^k}{k!}.$$

接着，令 $y = \theta X$，并在两侧同时取期望，

$$M(\theta) = \mathbb{E}(e^{\theta X}) = \sum_{k=0}^{\infty} \frac{\theta^k}{k!} \mathbb{E}(X^k).$$

从这一展开出发，通过微分亦可证明式 (1.2)。

矩母函数十分重要。如果随机变量的矩母函数存在，则它与累积分布函数是一一对应的。也就是说，矩母函数唯一决定了随机变量的概率分布，能完全地刻画该随机变量的性质。这也意味着我们可以通过求矩母函数来确定某个随机变量的概率分布。

在这些函数中，期望与方差在经济学分析中的运用最为广泛。1952 年，Markowitz 提出了经典投资组合理论，他通过衡量资产的平均回报率（期望回报率）和资产回报率的波动率（回报率的方差）来选择最优的投资组合。下面，我们将简单回顾 Markowitz 如何运用"均值-方差分析"来确定投资组合。

例 1.1.1 均值、方差与投资组合理论　简单起见，假设存在两种资产，一种是无风险资产，一种是风险资产。无风险资产与风险资产的回报率分别 r_f 和 X。风险资产回报率 X 是一个随机变量，其均值（期望）与波动率（标准差）分别为 $\mu_x = \mathbb{E}(X)$ 与 $\sigma_x = \sqrt{\text{Var}(X)}$。假设投在无风险资产和风险资产的财富份额分别为 $1-w$ 与 w，则投资组合的回报率为

$$r_p = (1-w)r_f + wX.$$

所以投资组合的回报率为一个随机变量，均值为

$$\mathbb{E}(r_p) = (1-w)r_f + w\mu_x,$$

方差（风险）为

$$\text{Var}(r_p) = w^2 \sigma_x^2.$$

那么，投资者该如何选择组合权重 w 呢？假设投资者的效用函数为

$$\begin{aligned} U(r_p) &= \mathbb{E}(r_p) - \lambda \text{Var}(r_p) \\ &= (1-w)r_f + w\mu_x - \lambda w^2 \sigma_x^2, \end{aligned}$$

其中常数 λ 为风险偏好系数，且 $\lambda > 0$。投资者将选择 w 使得效用函数最大化，即

$$\max_w U(r_p).$$

将效用函数对 w 求导，

$$\frac{\mathrm{d}U(r_p)}{\mathrm{d}w} = (\mu_x - r_f) - 2\lambda w \sigma_x^2 = 0.$$

最后得到最佳投资组合为

$$w^* = \frac{\mu_x - r_f}{2\lambda \sigma_x^2},$$

所以 w^* 是 r_f, μ_x, σ_x^2 的函数。通常我们假设 $\mu_x > r_f$，即股市的平均回报率高于无风险债市回报率，故 $w^* > 0$。均值-方差分析结合效用函数提供了一个简单又方便的投资组合分析框架。

有了上述定义与性质，接下来我们简单回顾初等概率论中的一些随机变量的例子。我们首先讨论常见的**离散随机变量**。

伯努利分布（Bernoulli distribution）：$X \sim B(1,p)$ 是最简单也是最重要的一类随机变量。伯努利分布又被称作两点分布，因为伯努利随机变量以固定的概率 p 取 1，以 $(1-p)$ 的概率取 0。该分布中只涉及一个参数 p，即

$$X = \begin{cases} 1 & \text{概率为 } p \\ 0 & \text{概率为 } 1-p \end{cases}.$$

对于任意概率空间上的任意一个事件 A，我们总能定义：

$$\mathbf{1}_A = \begin{cases} 1 & \text{如果 } A \text{ 发生} \\ 0 & \text{如果 } A \text{ 不发生} \end{cases}.$$

这是一个伯努利随机变量，通常称其为事件 A 的示性函数，参数为事件 A 发生的概率 $\mathbb{P}(A)$。示性函数在很多问题的简化中发挥着重要的作用。

二项分布（binomial distribution）：$X \sim B(n,p)$ 与伯努利分布密切相关。n 个独立的参数为 p 的伯努利随机变量之和构成了一个**二项随机变量**，它有两个参数 n 和 p，通常记为 $X \sim B(n,p)$。它满足概率分布

$$\mathbb{P}(X = k) = \binom{n}{k} p^k (1-p)^{n-k} \quad k = 0, 1, ..., n. \tag{1.3}$$

泊松分布（Poisson distribution）：$X \sim P(\lambda)$ 也是一个非常常用的重要分布。二项随机变量在保持 $np \equiv \lambda$ 不变并且取极限 $n \to \infty$ 和 $p \to 0$ 的情况下成为参数为 λ

的**泊松随机变量**，其概率分布为

$$\mathbb{P}(X=k) = \mathrm{e}^{-\lambda}\frac{\lambda^k}{k!}. \tag{1.4}$$

从上述介绍可以看出，伯努利分布、二项分布、泊松分布具有层层递进的紧密联系，我们可以从伯努利随机变量出发进而得到二项随机变量和泊松随机变量，以及它们的分布函数。这个留作读者的练习。

练习：从伯努利随机变量出发，验证二项随机变量和泊松随机变量的分布函数的确形如式 (1.3) 及式 (1.4)。

上面介绍的随机变量都是离散形式的，下面我们再给出几个比较常用的**连续随机变量**的例子。

均匀分布（uniform distribution）：$X \sim U(a,b)$ 是最简单的一类连续型随机变量。如同其名，变量在区间 $[a,b]$ 上均匀地分布。其密度函数为

$$f(x) = \frac{1}{b-a}1_{[a,b]}(x)$$

其中 $1_{[a,b]}$ 代表示性函数，$1_{[a,b]}$ 的意思是，若变量落入 $[a,b]$ 之间，函数值取 1；否则函数值为 0。

正态分布（normal distribution）：$X \sim N(\mu, \sigma^2)$ 是最常用且重要的一类连续型随机变量，写作 $N(\mu, \sigma^2)$。正态分布有一些非常良好的性质，在之后的讨论中我们会进行介绍。在此给出其概率密度函数

$$f(x) = \frac{1}{\sqrt{2\pi}\sigma}\exp\left\{-\frac{(x-\mu)^2}{2\sigma^2}\right\}.$$

对数正态分布（log normal distribution）：$\log X \sim N(\mu, \sigma^2)$ 由正态函数演变而来，对数正态随机变量 X 满足 $\log X \sim N(\mu, \sigma^2)$，它在金融建模中讨论与应用较多，我们将在后面的章节中详细介绍。

指数分布（exponential distribution）：$X \sim Exp(\lambda)$ 也是非常重要的概率分布。指数随机变量 X 满足

$$\mathbb{P}(X > \tau) = \mathrm{e}^{-\lambda\tau}.$$

指数分布具有**无记忆性**，即

$$\mathbb{P}(X > t+s | X > s) = \mathbb{P}(X > t).$$

可借由下面的例子理解无记忆性：假设 X 是灯泡的剩余寿命，那么其工作了 s 小时后剩余寿命仍大于 t 小时的概率，与一开始的剩余寿命大于 t 小时的概率相同。由于

其"无记忆性"的性质，指数分布通常被用来对事件发生的"延迟时间"建模，其中参数 λ 被称为这个指数随机变量的速率。这类变量和泊松随机变量一起构成了金融建模中常用的**跳跃过程**的基础。

1.1.3 随机向量

讨论了一维的随机变量之后，我们可以进一步讨论所有分量均为随机变量的**随机向量**。具体地讲，如果 $\boldsymbol{X}=(X_1,X_2,...,X_m)^\top$ 中的每一个分量 X_k 都是随机变量，那么 $\boldsymbol{X}$ 是一个随机向量。与一维随机变量类似，我们可以定义随机向量的**联合累积分布函数**

$$F_{X_1,...,X_m}(x_1,...,x_m) := \mathbb{P}(X_1 \leqslant x_1,...,X_m \leqslant x_m).$$

若随机变量连续，即联合累积分布函数 $F_{X_1,...,X_m}(x_1,...,x_m)$ 可微，则可以定义**联合概率密度函数** $f_{X_1,...,X_m}(x_1,...,x_m)$，满足

$$F_{X_1,...,X_m}(x_1,...,x_m) = \int_{-\infty}^{x_1}...\int_{-\infty}^{x_m} f_{X_1,...,X_m}(y_1,...,y_m)\mathrm{d}y_1...\mathrm{d}y_m.$$

对除 x_i 之外的所有变元在全实轴上积分，可得其中某个分量 X_i 的**边际密度函数**

$$f_{X_i}(x_i) = \int_{-\infty}^{\infty}...\int_{-\infty}^{\infty} f_{X_1,...,X_m}(x_1,...,x_m)\mathrm{d}x_1...\mathrm{d}x_{i-1}\mathrm{d}x_{i+1}...\mathrm{d}x_m,$$

从而可以定义**边际分布函数**

$$F_{X_i}(x) := \mathbb{P}(X_i \leqslant x) = \int_{-\infty}^{x} f_{X_i}(y)\mathrm{d}y.$$

另外，我们还可以定义分量之间的**协方差**（在 $i=j$ 时即为方差）

$$\mathrm{Cov}(X_i,X_j) := \mathbb{E}[(X_i - \mathbb{E}(X_i))(X_j - \mathbb{E}(X_j))] = \mathbb{E}(X_iX_j) - \mathbb{E}(X_i)\mathbb{E}(X_j).$$

将协方差无量纲化，可得到分量之间的**相关系数**

$$\mathrm{Corr}(X_i,X_j) := \frac{\mathrm{Cov}(X_i,X_j)}{\sqrt{\mathrm{Var}(X_i)}\sqrt{\mathrm{Var}(X_j)}}.$$

对于随机向量 $\boldsymbol{X}=(X_1,X_2,...,X_m)^\top$，有**协方差矩阵** $\boldsymbol{\Sigma}$ 与**相关系数矩阵** $\boldsymbol{R}$：

$$\boldsymbol{\Sigma} := [\mathrm{Cov}(X_i,X_j)]_{m\times m},$$
$$\boldsymbol{R} := [\mathrm{Corr}(X_i,X_j)]_{m\times m}.$$

$\boldsymbol{\Sigma}$ 和 $\boldsymbol{R}$ 为对称半正定矩阵。$\boldsymbol{\Sigma}$ 的主对角线为 $\boldsymbol{X}$ 的各分量的方差；$\boldsymbol{R}$ 的主对角线均为 1，且 $\boldsymbol{R}$ 的每个元素的绝对值不超过 1。

我们之前曾介绍过随机变量的期望满足线性性。但应注意，线性性对方差并不成立；只有各个不同分量之间两两的协方差为 0 时，方差的运算才具有线性性。对一个 m 维的随机向量，其分量的线性组合的方差应为

$$\mathrm{Var}\left(\sum_{j=1}^{m} a_j X_j\right) = \sum_{j=1}^{m} a_j^2 \mathrm{Var}(X_j) + 2\sum_{1 \leqslant i < j \leqslant m} a_i a_j \mathrm{Cov}(X_i, X_j),$$

或者用矩阵形式表示为

$$\mathrm{Var}\left(\boldsymbol{a}^\top \boldsymbol{X}\right) = \boldsymbol{a}^\top \boldsymbol{\Sigma} \boldsymbol{a}.$$

若 $\forall i \neq j$，X_i 和 X_j 不相关（即 $\mathrm{Cov}(X_i, X_j) = 0$，$\boldsymbol{\Sigma}$ 为对角阵），则

$$\sum_{1 \leqslant i < j \leqslant m} a_i a_j \mathrm{Cov}(X_i, X_j) = 0.$$

这时，随机变量和的方差是各自方差的简单求和。下面我们举一个金融市场中风险分散的例子来说明方差、协方差的应用。

例 1.1.2 风险分散 金融学中有一个著名的风险分散理论，即任何个别异质风险都可以通过分散化投资消除。假设共有 n 个资产，每个资产收益率为

$$r_i = \alpha + \beta_i r_M + \varepsilon_i, i = 1, 2, ..., n.$$

其中 r_M 是市场收益率，ε_i 代表个别异质风险。假设个别异质风险 $\varepsilon_1, \varepsilon_2, ..., \varepsilon_n$ 独立同分布，均值为 0，方差为 σ_ε^2，且 $\mathrm{Cov}(r_M, \varepsilon_i) = 0$，即异质风险与市场风险不相关。现在考虑构建一个权重相等的投资组合

$$r_p = \sum_{i=1}^{n} \frac{1}{n} r_i = \alpha + \bar{\beta} r_M + \bar{\varepsilon}_n,$$

则其方差（代表投资组合的总风险）为

$$\mathrm{Var}(r_p) = \bar{\beta}^2 \mathrm{Var}(r_M) + \mathrm{Var}(\bar{\varepsilon}_n) + 2\bar{\beta} \mathrm{Cov}(r_M, \bar{\varepsilon}_n).$$

由于

$$\mathrm{Cov}(r_M, \varepsilon_i) = 0, i = 1, 2, ..., n,$$

所以

$$\mathrm{Cov}(r_M, \bar{\varepsilon}_n) = 0.$$

则投资组合的总风险为

$$\mathrm{Var}(r_p) = \bar{\beta}^2 \mathrm{Var}(r_M) + \mathrm{Var}(\bar{\varepsilon}_n).$$

同时我们知道，当 $n \to \infty$ 时，由于 $\text{Var}(\bar{\varepsilon}_n) = \frac{\sigma_\varepsilon^2}{n} \to 0$，我们有

$$\text{Var}(r_p) \to \bar{\beta}^2 \text{Var}(r_M).$$

换而言之，当资产个数很多时，投资组合的风险只由市场风险（系统风险）决定，不依赖于任何个别异质风险。

1.1.4 独立性

本小节中我们介绍随机变量的一种非常关键的性质——独立性。首先我们给出独立性的定义。如果事件 $A_1, A_2, ..., A_n$ 满足

$$\mathbb{P}\left(\bigcap_{i=1}^n A_i\right) = \prod_{i=1}^n \mathbb{P}(A_i),$$

则称它们相互独立。而对于随机变量，初等概率论中这样定义独立性：如果对任意 Borel 集 $\mathcal{B}_1, \mathcal{B}_2 \subseteq \mathbb{R}$ 都有

$$\mathbb{P}(\{X \in \mathcal{B}_1\} \cap \{Y \in \mathcal{B}_2\}) = \mathbb{P}(\{X \in \mathcal{B}_1\})\mathbb{P}(\{Y \in \mathcal{B}_2\}),$$

则称两个随机变量 X 和 Y 是独立的。为了方便后续讨论，我们对事件独立性这个概念进行如下扩充。考虑样本空间 Ω 上的两个 σ-代数 $\mathcal{F}$ 和 $\mathcal{G}$，如果

$$\mathbb{P}(A \cap B) = \mathbb{P}(A)\mathbb{P}(B) \quad \forall A \in \mathcal{F}, B \in \mathcal{G},$$

我们则说这两个 σ-代数是**独立的**。

易知任何随机变量 X 和 Ω 上的平凡的 σ-代数 $\mathcal{F}_0 = \{\emptyset, \Omega\}$ 是独立的。根据上两节中对 $\sigma(X)$ 的定义，我们可以得到关于随机变量独立性的等价表述方式。

定义 1.7 随机变量 X 和 Y 是独立的，如果 $\sigma(X)$ 和 $\sigma(Y)$ 是独立的。

定义 1.8 随机变量 X 和 σ-代数 $\mathcal{G}$ 是独立的，如果 $\sigma(X)$ 和 $\mathcal{G}$ 是独立的。

随机变量之间的独立性为我们的研究和应用提供了极大的方便。这是因为相互独立的随机变量 X, Y 满足如下公式：

$$\mathbb{E}[f(X)g(Y)] = \mathbb{E}(f(X))\mathbb{E}(g(Y)),$$

$$F_{X,Y}(x, y) \equiv \mathbb{P}(X \leqslant x, Y \leqslant y) = \mathbb{P}(X \leqslant x)\mathbb{P}(Y \leqslant y) = F_X(x)F_Y(y),$$

$$\mathbb{P}(X \in A, Y \in B) = \mathbb{P}(X \in A)\mathbb{P}(X \in B).$$

对连续型随机变量 (X,Y) 还有下式成立：

$$f_{X,Y}(x,y) = f_X(x)f_Y(y).$$

此外，有以下判断连续型随机向量 (X,Y) 其分量是否独立的方法。

性质 1.1.4.1 对于连续型随机向量 (X,Y)，X 与 Y 独立当且仅当对任意 $(x,y) \in \mathbb{R}^2$，(X,Y) 的密度函数 $f(x,y)$ 可写成 $g(x)$ 与 $h(y)$ 乘积的形式。

独立随机变量的期望值也具有良好的运算性质，即

$$\mathbb{E}(XY) = \mathbb{E}(X)\mathbb{E}(Y), \quad 只要 \mathbb{E}|XY| < \infty. \tag{1.5}$$

但是，期望值能够按照式 (1.5) 分解并不能反推出随机变量的独立性，而仅能得到两随机变量的不相关性。由随机变量的独立性可以推出随机变量的不相关性，而不相关的随机变量不一定相互独立，比如下面的例子。

例 1.1.3 $\Omega = \{-1, 0, 1\}$，$\mathcal{F} = \{\Omega \text{ 的所有子集}\}$，$X$ 为其上定义的随机变量，其概率分布为 $\mathbb{P}(X=1) = \mathbb{P}(X=-1) = 1/4$，$\mathbb{P}(X=0) = 1/2$。令随机变量 $Y = X^2$。可以验证 X 与 Y 不相关。

$$\mathbb{E}(X) = 0, \quad \mathbb{E}(Y) = \frac{1}{2}, \quad \mathbb{E}(XY) = \mathrm{Cov}(X,Y) = 0.$$

同时 X 和 Y 显然不独立：

$$\mathbb{P}(X=1, Y=1) = \frac{1}{4}, \quad \mathbb{P}(X=1)\mathbb{P}(Y=1) = \frac{1}{8},$$

$$\mathbb{P}(X=1, Y=1) \neq \mathbb{P}(X=1)\mathbb{P}(Y=1).$$

这是因为随机变量的相关系数只是衡量它们的线性关系的参数。两个随机变量不相关并不代表随机变量之间没有任何关系，只能表明它们之间没有线性关系。在例 1.1.3 中，$Y = X^2$ 和 X 是二次函数的关系，而它们的相关系数却为 0。但对于正态随机向量，由其分量的不相关性可以推出独立性，如下例所示。

例 1.1.4 设二元正态分布 (X,Y) 满足，$\mathbb{E}(X) = \mu_1$，$\mathbb{E}(Y) = \mu_2$，$\mathrm{Var}(X) = \sigma_1^2$，$\mathrm{Var}(Y) = \sigma_2^2$。若 $\rho = \mathrm{Corr}(X,Y) = 0$，则 X 和 Y 相互独立。

证明： 对于一般的二元正态分布，(X,Y) 的概率密度函数为

$$f_{(X,Y)}(x,y) = \frac{1}{2\pi\sigma_1\sigma_2\sqrt{1-\rho^2}} \exp\left\{-\frac{1}{2(1-\rho^2)}\left[\frac{(x-\mu_1)^2}{\sigma_1^2} - \frac{2\rho(x-\mu_1)(y-\mu_2)}{\sigma_1\sigma_2} + \frac{(y-\mu_2)^2}{\sigma_2^2}\right]\right\}.$$

将 $\rho = \text{Corr}(X, Y) = 0$ 代入后,得概率密度函数为

$$f_{(X,Y)}(x,y) = \frac{1}{2\pi\sigma_1\sigma_2} \exp\left\{-\frac{1}{2}\left[\frac{(x-\mu_1)^2}{\sigma_1^2} + \frac{(y-\mu_2)^2}{\sigma_2^2}\right]\right\}$$

$$= \frac{1}{\sqrt{2\pi}\sigma_1} \exp\left\{-\frac{1}{2}\frac{(x-\mu_1)^2}{\sigma_1^2}\right\} \frac{1}{\sqrt{2\pi}\sigma_2} \exp\left\{-\frac{1}{2}\frac{(y-\mu_2)^2}{\sigma_2^2}\right\}$$

$$= f_X(x) f_Y(y).$$

故可知 (X, Y) 独立。 □

对于二元正态分布,不相关即可证明互相独立。但是值得注意的是,如果 X 和 Y 分别是正态分布,但 (X, Y) 的联合正态分布不是二元正态分布函数,则不相关不意味着互相独立。读者可以尝试构造这样的例子。

1.1.5 极限定理

本小节中,我们介绍与随机分布相关的极限定理。首先,我们介绍随机变量序列的极限定理。随机变量序列的极限是一个十分重要的问题。随机变量序列可以按多种方式收敛,如**几乎必然收敛**、**依概率收敛**、**依分布收敛**和 L^r-**收敛**。

定义 1.9 (**几乎必然收敛**) 称随机变量序列 $X_n(n = 1, 2, ...)$ 几乎必然收敛于 X,如果 $\mathbb{P}(\lim_{n\to\infty} X_n = X) = 1$,记为

$$X_n \xrightarrow{a.s.} X \quad (n \to \infty).$$

定义 1.10 (**依概率收敛**) 称随机变量序列 $X_n(n = 1, 2, ...)$ 依概率收敛于 X,如果对 $\forall \varepsilon, \delta > 0$,存在 N,使得当 $n > N$,有 $\mathbb{P}(|X_n - X| > \varepsilon) < \delta$ 成立,记为

$$X_n \xrightarrow{P} X \quad (n \to \infty).$$

定义 1.11 (**依分布收敛**) 称随机变量序列 $X_n(n = 1, 2, ...)$ 依分布收敛于 X,如果 $\lim_{n\to\infty} F_{X_n}(x) \to F_X(x)$, $\forall x \in \mathcal{C}$,记为

$$X_n \xrightarrow{d} X \quad (n \to \infty).$$

其中,$\mathcal{C}$ 为 $F_X(x)$ 的连续点集。

定义 1.12 (L^r-**收敛**) 称随机变量序列 $X_n(n = 1, 2, ...)$ L^r-收敛于 X,如果 $\lim_{n\to+\infty} \mathbb{E}(|X_n - X|^r) = 0$,记为

$$X_n \xrightarrow{L^r} X \quad (n \to \infty).$$

其中 $r > 0$,并且对任意 $n \geqslant 1$ 有 $\mathbb{E}(X_n^r) < +\infty$。

几乎必然收敛意味着除了某些测度为 0 的点的集合外，对于其他所有的 $\omega \in \Omega$（这也是"几乎必然"一词的来源），$X_n(\omega)$ 的极限都是 $X(\omega)$，即 $X_n(\omega)$ 不收敛到 $X(\omega)$ 的点的概率测度为 0；依概率收敛要求随机变量序列偏离其极限的概率测度可以无限小；依分布收敛是最为宽松的一种收敛方式，它不要求随机变量本身（定义在 Ω 上的函数）收敛，只要求分布函数（定义在 $\mathbb{R}$ 上）在连续点上点收敛到某个随机变量的分布。三种收敛的关系如下文所示。

性质 1.1.5.1 对随机变量序列 $X_n (n = 1, 2, ...)$ 和随机变量 X 有
$$X_n \xrightarrow{a.s.} X \Rightarrow X_n \xrightarrow{P} X \Rightarrow X_n \xrightarrow{d} X.$$

基于以上对极限的定义，概率论给出了**强大数定理**与**中心极限定理**。强大数定理保证了随机变量的样本平均几乎必然收敛于期望；中心极限定理说明了在样本量足够大时，独立同分布的随机变量之和近似服从正态分布。

定理 1.1　（**强大数定理**）如果独立同分布随机变量序列 X_n 满足 $\mathbb{E}(X_n) \equiv \mu < \infty$，则
$$\frac{\sum_{k=1}^{n} X_k}{n} \xrightarrow{a.s.} \mu \quad (n \to \infty).$$

接下来，我们通过金融学中的"购买并持有（buy and hold）"交易策略来更好地理解强大数定理。

例 1.1.5　**"购买并持有"交易策略**　购买并持有交易策略，指投资者购买一个资产或资产组合后长时间持有。假设投资者持有期为 n 天，持有期内第 i 天的随机回报率为 X_i，且满足 $\mathbb{E}(X_i) \equiv \mu < \infty$。记持有期内日平均回报率为样本均值 $\bar{X}_n$。当持有期很长时（即 n 很大时），强大数定理保证 $\bar{X}_n$ 非常接近总体均值 μ。因此，总体均值 μ 可以解释为购买并持有交易策略的日平均回报率 $\bar{X}_n$。

定理 1.2　（**中心极限定理**）设 $X_1, X_2, ...$ 为独立同分布随机变量序列，如果 $\mathbb{E}(X_i) = \mu < \infty$ 且 $\text{Var}(X_i) = \sigma^2 < \infty$，定义 $S_n = \sum_{k=1}^{n} X_k$，则
$$\frac{S_n - n\mu}{\sqrt{n}\sigma} \xrightarrow{d} N(0, 1).$$

下面，我们再来简单介绍一下测度论中的积分极限定理。今后的学习中，我们可能会接触到这些定理，但是并不要求读者完全掌握其理论证明。

定理 1.3 (单调收敛定理（monotone convergence theorem, MCT)) 设 $X_1, X_2, ...$ 和 X 均为 $(\Omega, \mathcal{F})$ 上的非负随机变量，如果 X_n 单调上升，且几乎必然收敛于 X，则
$$\lim_{n \to \infty} \mathbb{E}(X_n) = \mathbb{E}(X).$$

定理 1.4 （**Fatou 引理**） 对于任何 $(\Omega, \mathcal{F})$ 上的非负随机变量序列 $X_1, X_2, \ldots$ 有

$$\mathbb{E}(\liminf_{n\to\infty} X_n) \leqslant \liminf_{n\to\infty} \mathbb{E}(X_n).$$

在后面的章节中，我们会用到 Fatou 引理。我们在这里给出一个基于单调收敛定理的证明。

证明：令 $Y_n = \inf_{k \geqslant n} X_k$，则显然有 $0 \leqslant Y_n \leqslant Y_{n+1}$ 对任意 n 成立。由单调收敛定理，

$$\mathbb{E}(\lim_{n\to\infty} Y_n) = \lim_{n\to\infty} \mathbb{E}(Y_n),$$

而且

$$\mathbb{E}(\liminf_{n\to\infty} X_n) = \mathbb{E}(\lim_{n\to\infty} Y_n) = \lim_{n\to\infty} \mathbb{E}(Y_n).$$

另一方面，

$$\mathbb{E}(Y_n) \leqslant \mathbb{E}(X_k), \quad \forall k \geqslant n,$$

所以我们有

$$\mathbb{E}(Y_n) \leqslant \inf_{k \geqslant n} \mathbb{E}(X_k),$$

因此

$$\mathbb{E}(\liminf_{n\to\infty} X_n) = \lim_{n\to\infty} \mathbb{E}(Y_n) \leqslant \liminf_{n\to\infty} \mathbb{E}(X_n).$$

$\square$

定理 1.5 （**控制收敛定理**（dominated convergence theorem, DCT）） 设 $X_1, X_2, \ldots$ 和 X 均为 $(\Omega, \mathcal{F})$ 上的随机变量，如果存在非负且期望有限的随机变量 Y，使得对于任意 $n = 1, 2, \ldots$ 有 $|X_n| \leqslant Y$ 几乎必然成立，且 $X_n \to X$ 几乎必然成立，那么

$$\lim_{n\to\infty} \mathbb{E}(X_n) = \mathbb{E}(X).$$

1.2 条件期望和随机过程基础

上一节介绍了概率论的相关基础知识，这一节我们将引入条件期望这一概念。条件期望有着优良的性质，将在今后章节中被大量使用。

1.2.1 经典条件概率回顾

我们在初等概率论中曾学习过传统的条件概率。假设 A 和 B 是在同一个样本空间 Ω 中的事件，则称在 B 已发生的情形下 A 发生的概率为 B 发生的条件下 A 发

生的**条件概率**，记为 $\mathbb{P}(A|B)$，并有

$$\mathbb{P}(A|B) = \frac{\mathbb{P}(A \cap B)}{\mathbb{P}(B)}. \tag{1.6}$$

可以假设事件 A 是由随机变量 X 诱导的一个事件，比如事件 $A = \{X \leqslant x\}$。如果 X 是一个连续型随机变量，我们可以定义条件概率分布、条件概率密度与条件期望。**条件概率分布**为

$$F(x|B) = \mathbb{P}(X \leqslant x|B).$$

如果存在函数 $f(x|B)$ 满足：

$$F(x|B) = \int_{-\infty}^{x} f(u|B) \mathrm{d}u,$$

我们称 $f(x|B)$ 为**条件概率密度**。在事件 B 发生的条件下 X 的**条件期望**为

$$\mathbb{E}(X|B) = \int_{-\infty}^{+\infty} u f(u|B) \mathrm{d}u.$$

对于 X 是离散的情况有类似结果。其条件概率分布为

$$p_{X|B}(x|B) = \mathbb{P}(X = x|B) = \frac{p(x, B)}{p(B)},$$

条件期望为

$$\mathbb{E}(X|B) = \sum_x x \mathbb{P}(X = x|B) = \sum_x x p_{X|B}(x|B).$$

条件期望满足和期望一样的性质，如线性性。

更一般地，我们需要考虑事件 B 是由随机变量诱导的事件，比如 $B = \{Y = y\}$。称 x 的函数 $\mathbb{P}(X \leqslant x|Y = y)$ 为 $Y = y$ 条件下 X 的条件分布函数，记为 $F_{X|Y}(x|y)$。如果 $\mathbb{P}(Y = y) > 0$，根据式 (1.6) 有

$$F_{X|Y}(x|y) = \mathbb{P}(X \leqslant x|Y = y) = \frac{\mathbb{P}(X \leqslant x, Y = y)}{\mathbb{P}(Y = y)}.$$

如果 $\mathbb{P}(Y = y) = 0$（比如我们更为关心的 Y 为连续型随机变量的情形），则需要用极限的方式进行定义，即先考虑事件 $B_\varepsilon = \{Y \in (y - \varepsilon, y + \varepsilon)\}$，再让 $\varepsilon \to 0$。

定义 1.13 对任何 $\varepsilon > 0$，$\mathbb{P}(Y \in (y - \varepsilon, y + \varepsilon)) > 0$，若极限

$$\lim_{\varepsilon \to 0} \mathbb{P}(X \leqslant x|Y \in (y - \varepsilon, y + \varepsilon))$$

存在，则称此极限为 $Y=y$ 条件下 X 的**条件概率分布**，即

$$F_{X|Y}(x|y) = \lim_{\varepsilon \to 0} \mathbb{P}(X \leqslant x | Y \in (y-\varepsilon, y+\varepsilon)).$$

如果 X 和 Y 的联合密度存在，记为 $f(x,y)$，那么我们可以获得在 $Y=y$ 条件下 X 的**条件概率密度**，即满足下式的函数 $f_{X|Y}(x|y)$：

$$F_{X|Y}(x|y) = \int_{-\infty}^{x} f_{X|Y}(u|y)\mathrm{d}u.$$

事实上，根据式 (1.6) 有

$$\begin{aligned}
&F_{X|Y}(x|y) \\
=& \mathbb{P}(X \leqslant x | Y = y) \\
=& \lim_{\varepsilon \to 0} \frac{\mathbb{P}(X \leqslant x, Y \in (y-\varepsilon, y+\varepsilon))}{\mathbb{P}(Y \in (y-\varepsilon, y+\varepsilon))} \\
=& \lim_{\varepsilon \to 0} \frac{\int_{y-\varepsilon}^{y+\varepsilon} \int_{-\infty}^{x} f(u,v)\mathrm{d}u\mathrm{d}v}{\int_{y-\varepsilon}^{y+\varepsilon} f_Y(v)\mathrm{d}v} \\
=& \frac{\int_{-\infty}^{x} f(u,y)\mathrm{d}u}{f_Y(y)}.
\end{aligned}$$

对上式求导，即得 $Y=y$ 条件下的条件密度函数

$$f_{X|Y}(x|y) = \frac{f(x,y)}{f_Y(y)}.$$

在例 1.2.1 中我们给读者提供了一个关于条件概率和条件期望应用的例子。这是一道非常经典的量化金融方面的面试题，投资银行量化研究岗位的面试中经常会考察这类条件概率与期望知识的应用题。

例 1.2.1 反复掷一枚均匀的硬币，假设第一次连续出现 n 个正面（记为 H）时，已经掷该硬币的次数为 X，试求 X 的期望。

解：在这里，X 为一个随机变量，我们要求 $\mathbb{E}(X)$。因为连续出现 n 次正面的情形较为复杂，我们先考察最简单的情况，即 $n=1$。该问题就变成了：为了得到一个正面，我们平均而言需要进行几次试验？这个问题可以利用条件概率的知识来解决。我们从第一次掷硬币的试验开始讨论：假设第一次掷硬币的结果为正面（H），则可以直接停止试验，此时 $X=1$。而若第一次掷硬币的结果为反面（T），则相当于这一次试验作废，从第二次重新开始计数，从第二次试验开始出现一次正面的次数

期望依然为 $\mathbb{E}(X)$，因此总计所需次数的期望变成 $\mathbb{E}(X)+1$。由定义，所求的期望可以分解成上述这两种情况：

$$\mathbb{E}(X) = \mathbb{E}(X|\text{第一次为}H)\mathbb{P}(\text{第一次为}H) + \mathbb{E}(X|\text{第一次为}T)\mathbb{P}(\text{第一次为}T).$$

由上述分析，得到

$$\mathbb{E}(X|\text{第一次为}H) = 1, \quad \mathbb{E}(X|\text{第一次为}T) = \mathbb{E}(X) + 1.$$

而 $\mathbb{P}(\text{第一次为}H) = \mathbb{P}(\text{第一次为}T) = 1/2$，于是所求期望可以写成

$$\mathbb{E}(X) = \frac{1}{2} + \frac{1}{2}(\mathbb{E}(X) + 1).$$

解得 $\mathbb{E}(X) = 2$，这一简单情形就得到解决。

我们再考虑 $n=2$ 的情况。通过条件期望，我们可以得到

$$\begin{aligned}
\mathbb{E}(X) &= \mathbb{E}(X|\text{第一次为}H)\mathbb{P}(\text{第一次为}H) + \mathbb{E}(X|\text{第一次为}T)\mathbb{P}(\text{第一次为}T) \\
&= \frac{1}{2}\mathbb{E}(X|\text{第一次为}H) + \frac{1}{2}\mathbb{E}(X|\text{第一次为}T) \\
&= \frac{1}{2}[\mathbb{E}(X|\text{第二次为}H,\text{第一次为}H)\mathbb{P}(\text{第二次为}H|\text{第一次为}H) + \\
&\quad \mathbb{E}(X|\text{第二次为}T,\text{第一次为}H)\mathbb{P}(\text{第二次为}T|\text{第一次为}H)] + \frac{1}{2}[\mathbb{E}(X) + 1] \\
&= \frac{1}{2}\left[2 \times \frac{1}{2} + (2 + \mathbb{E}(X)) \times \frac{1}{2}\right] + \frac{1}{2}[\mathbb{E}(X) + 1] \\
&= \frac{3}{2} + \frac{3}{4}\mathbb{E}(X).
\end{aligned}$$

由此，我们建立了一个方程

$$\mathbb{E}(X) = \frac{3}{2} + \frac{3}{4}\mathbb{E}(X).$$

解得 $\mathbb{E}X = 6$。

有了这些铺垫，我们用同样的思路考虑 $n \geqslant 3$ 的情况。依然可以将前 n 次试验的所有结果做如下分解，再分别求概率和条件期望：假设前 n 次试验均获得了正面，则可以停止试验，此时 $X = n$，这一情况发生的概率为 $(1/2)^n$。若第一次试验的结果是反面，则第一次作废，从第二次重新开始计数，总计所需试验次数在原本期望的基础上增加一次，这一情况发生的概率为 $1/2$。若第一次得到正面，但是第二次得到反面，则前两次试验均作废，需从第三次开始重新计数，总计的期望值增加两次，这一情况发生的概率为 $(1/2)^2$。以此类推，直到最后一种情况：假设前 $n-1$ 次试验的

结果均为正面，但是第 n 次试验时功亏一篑得到反面，则前面 n 次结果全部作废，重新开始，因此总计的期望值增加 n，这一情况发生的概率为 $(1/2)^n$。

可以验证，以上所有情况互不重叠且穷尽了所有情形，所有事件发生的可能性之和为

$$\frac{1}{2^n} + \frac{1}{2^1} + \frac{1}{2^2} + \cdots + \frac{1}{2^n} = 1.$$

继而我们可以计算各个条件期望与概率的乘积，把所求期望写成

$$\mathbb{E}(X) = \frac{1}{2^n}n + \frac{1}{2^1}(1 + \mathbb{E}(X)) + \frac{1}{2^2}(2 + \mathbb{E}(X)) + \cdots + \frac{1}{2^n}(n + \mathbb{E}(X))$$
$$= \left(\frac{n}{2^n} + \frac{1}{2^1} + \frac{2}{2^2} + \cdots + \frac{n}{2^n}\right) + \left(\frac{1}{2^1} + \frac{1}{2^2} + \cdots + \frac{1}{2^n}\right)\mathbb{E}(X).$$

下面我们求常数项的值，令

$$S = \frac{1}{2^1} + \frac{2}{2^2} + \cdots + \frac{n}{2^n},$$

对上式乘以 2 再相减有

$$2S = 1 + \frac{2}{2} + \frac{3}{2^2} + \cdots + \frac{n}{2^{n-1}},$$
$$S = 1 + \frac{1}{2} + \frac{1}{2^2} + \cdots + \frac{1}{2^{n-1}} - \frac{n}{2^n} = 2 - \frac{2}{2^n} - \frac{n}{2^n},$$

代入得到

$$\mathbb{E}(X) = \left(\frac{n}{2^n} + \frac{1}{2^1} + \frac{2}{2^2} + \cdots + \frac{n}{2^n}\right) + \left(\frac{1}{2^1} + \frac{1}{2^2} + \cdots + \frac{1}{2^n}\right)\mathbb{E}(X)$$
$$= \left(2 - \frac{2}{2^n}\right) + \left(1 - \frac{1}{2^n}\right)\mathbb{E}(X),$$

移项得

$$\mathbb{E}(X) = 2^n\left(2 - \frac{2}{2^n}\right)$$
$$= 2^{n+1} - 2.$$

即为所求。

1.2.2　一般条件期望的定义

传统意义下的条件期望是一个数值，定义为随机变量 $Y = y$ 时，随机变量 X 的期望。若 X 是连续型随机变量

$$\mathbb{E}(X|Y = y) = \int_{-\infty}^{+\infty} u f_{X|Y}(u|y)\mathrm{d}u.$$

若 X 是离散型随机变量

$$\mathbb{E}(X|Y=y) = \sum_x u\mathbb{P}(x=u|Y=y).$$

例如我们考虑两次独立抛掷骰子的情形。Y 表示第一次抛掷所得点数，X 表示两次抛掷所得点数之和。那么我们可以计算随机变量 X 相对于随机变量 $Y=y$ 这个事件的条件期望

$$\mathbb{E}(X|Y=y) = y + \frac{7}{2}.$$

但是，当 Y 取不同的值 y 的时候，条件期望 $\mathbb{E}(X|Y=y)$ 也相应取不同的值 $y+7/2$，也就是说条件期望 $\mathbb{E}(X|Y=y)$ 依赖于 Y 的取值。于是，我们可以自然而然地把这个固定的取值 y 换成 Y 来突出 Y 的随机性，即

$$\mathbb{E}(X|Y) = Y + \frac{7}{2}.$$

此时条件期望 $\mathbb{E}(X|Y)$ 是一个随机变量，且其随机性是完全由随机变量 Y 诱导的，与随机变量 X 无关。在现代概率论中，条件期望既是一种期望（代表了在一定条件下"取平均"的性质），也是一个随机变量，具有随机性。

定义 1.14 给定两个随机变量 X 和 Y，我们用下式定义条件期望 $\mathbb{E}(X|Y)$

$$\mathbb{E}(X|Y) = g(Y),$$

其中 $g(y) := \mathbb{E}(X|Y=y)$.

上面在讨论基于 Y 的条件期望时，我们实际上讨论的是基于随机变量 Y 生成的 σ-代数 $\sigma(Y)$ 所提供的信息，对随机变量 X 求期望。广泛地说，在以测度论为基础的概率论中，条件期望可以基于给定的信息本身（如 σ-代数 $\mathcal{G}$ 给出的信息），对随机变量 X 求期望。实际上，给定用 σ-代数 $\mathcal{G}$ 表示的一些信息后，如果 $\mathcal{G}$ 中的信息可以完全地确定 X 的取值，我们认为 X 是 $\mathcal{G}$ 可测的。如果基于 $\mathcal{G}$ 中的信息完全无助于确定 X 的取值，我们说 X 与 $\mathcal{G}$ 是独立的。当介于这两者之间的情况时，也就是 $\mathcal{G}$ 提供了帮助确定 X 取值的部分信息，我们可以根据这些信息对 X 的取值进行估计。条件期望就是这样一种估计。它可以基于提供的信息，对随机变量 X 可能的取值求"部分平均"来估计随机变量 X 的真实取值。

对**一般的条件期望**有严格定义如下。

定义 1.15 $(\Omega, \mathcal{F}, \mathbb{P})$ 是概率空间，$\mathcal{G} \subset \mathcal{F}$。随机变量 X 满足 $X \geqslant 0$ 或者 $|\mathbb{E}(X)| < \infty$。基于子 σ-代数 $\mathcal{G}$，X 的条件期望，记为 $\mathbb{E}(X|\mathcal{G})$，为满足以下性质的随机变量：

1. (**可测性**) $\mathbb{E}(X|\mathcal{G})$ 是 $\mathcal{G}$-可测的；
2. (**部分平均性**) $\mathbb{E}(\mathbf{1}_A \mathbb{E}(X|\mathcal{G})) = \mathbb{E}(\mathbf{1}_A X)$, $\forall A \in \mathcal{G}$。

其中 $\mathbf{1}_A$ 是我们前面说过的事件 A 的示性函数。我们不要求数学证明，只要有一个直观的理解即可。

第一条可测性要求表明，虽然基于 $\mathcal{G}$ 给出的关于 X 的估计是一个随机变量，但是 $\mathbb{E}(X|\mathcal{G})$ 的值可以由 $\mathcal{G}$ 中的信息确定。第二条部分平均性说的是，$\mathbb{E}(X|\mathcal{G})$ 确实是关于 X 的取值的某种估计。这种估计是要求在 $\mathcal{G}$ 中的每一个集合上，$\mathbb{E}(X|\mathcal{G})$ 给出和 X 相同的期望。可以推知，保持其他条件不变，如果 $\mathcal{G}$ 中包含的信息越多，那么 $\mathcal{G}$ 中的集合就越多，我们便能更精确地通过条件期望 $\mathbb{E}(X|\mathcal{G})$ 知道 X 在 $\mathcal{G}$ 中每一个集合上的期望。此时，通过 $\mathbb{E}(X|\mathcal{G})$ 所获得的估计就更加精确。

我们用一个最简单的例子说明条件期望的定义。令 $\mathcal{F}_0 = \{\emptyset, \Omega\}$，可以用上面的定义验证

$$\mathbb{E}(X|\mathcal{F}_0) = \mathbb{E}X. \tag{1.7}$$

条件期望的唯一性在定义中已有说明，所以我们只需要证明 $\mathbb{E}X$ 满足可测性和部分平均性。$\mathbb{E}X$ 显然是 $\mathcal{F}_0$-可测的。下面我们证明部分平均性。根据定义，只需说明对 $A = \emptyset$ 和 Ω，都有下式成立

$$\mathbb{E}[\mathbf{1}_A \mathbb{E}X] = \mathbb{E}(\mathbf{1}_A X).$$

当 $A = \emptyset$,

$$\mathbb{E}[\mathbf{1}_\emptyset \mathbb{E}X] = 0 = \mathbb{E}(\mathbf{1}_\emptyset X);$$

当 $A = \Omega$,

$$\mathbb{E}[\mathbf{1}_\Omega \mathbb{E}X] = \mathbb{E}X = \mathbb{E}(\mathbf{1}_\Omega X).$$

因此式 (1.7) 成立。

读者可能还会怀疑，满足定义 1.15 的随机变量，就是我们初等概率论中的条件期望的推广吗？答案是肯定的，可以严格证明满足定义 1.15 的随机变量存在且唯一。特别地，如果 $\mathcal{G}$ 是由另一随机变量 W 生成的 σ-代数，即 $\mathcal{G} = \sigma(W)$，则可以证明

$$\mathbb{E}(X|\sigma(W)) = \mathbb{E}(X|W).$$

为此，我们下面验证 $\mathbb{E}(X|W)$ 满足上述定义中的两条性质。显而易见，$\mathbb{E}(X|W)$ 是 $\mathcal{G}$-可测的，所以只需证明部分平均性。为证明该性质，需补充一条引理。

引理 1.1 若 Z 是 $\mathcal{G}$-可测的，且 $\mathcal{G} = \sigma(W)$，则存在一个 Borel-可测的函数 φ，使得 $Z = \varphi(W)$.

感兴趣的读者可以对 Z 分情况逐步考虑,对引理进行证明。有了这一引理,我们可以证明上述命题。

证明: 根据条件概率的古典定义,

$$LHS = g(W) = \mathbb{E}(X|W=w)|_{w=W} = \frac{\int x f(x,W) \mathrm{d}x}{f_W(W)}.$$

并且对于 $\forall A \in \sigma(W)$,根据引理 1.1,存在一个 Borel-可测的函数 h,使得 $\mathbf{1}_A = h(W)$。所以

$$\mathbb{E}(\mathbf{1}_A g(W)) = \mathbb{E}(g(W)h(W)) = \int g(w)h(w)f_W(w)\mathrm{d}w.$$

将 $g(w)$ 表达式代入,有

$$\mathbb{E}(\mathbf{1}_A g(W)) = \int \frac{\int x f(x,w)\mathrm{d}x}{f_W(w)} h(w) f_W(w) \mathrm{d}w = \iint x h(w) f(x,w) \mathrm{d}x \mathrm{d}w.$$

由 X 的期望定义,则

$$\iint x h(w) f(x,w) \mathrm{d}x \mathrm{d}w = \mathbb{E}(X h(W)) = \mathbb{E}(\mathbf{1}_A X).$$

即部分平均性成立。则由条件概率存在的唯一性,$\mathbb{E}(X|\sigma(W)) = g(W) = \mathbb{E}(X|W)$。命题得证。 □

1.2.3 一般条件期望的性质

一般的条件期望也满足我们在初等概率论中所学习的传统的条件期望的性质。设 $(\Omega, \mathcal{F}, \mathbb{P})$ 是概率空间,$\mathcal{G}$ 是 $\mathcal{F}$ 的子 σ-代数,X 和 Y 为可积随机变量(如果仅仅知道 X 和 Y 是非负的随机变量,下面各式也成立,尽管两边可能同时为 $+\infty$)。

性质 1.2.3.1 (**线性性**)c_1、c_2 为常数,则有

$$\mathbb{E}(c_1 X + c_2 Y | \mathcal{G}) = c_1 \mathbb{E}(X|\mathcal{G}) + c_2 \mathbb{E}(Y|\mathcal{G}).$$

性质 1.2.3.2 (**期望与条件期望**)

$$\mathbb{E}(\mathbb{E}(X|\mathcal{G})) = \mathbb{E}(X). \tag{1.8}$$

性质 1.2.3.3 (**提取已知量**)如果 XY 可积,并且 X 为 $\mathcal{G}$-可测,则

$$\mathbb{E}(XY|\mathcal{G}) = X \mathbb{E}(Y|\mathcal{G}). \tag{1.9}$$

此式可以这样理解：由于 X 为 $\mathcal{G}$-可测，所以基于 $\mathcal{G}$ 中的信息 X 已经可以确定，所以可以把 X "提取出来"，无须与 Y 一起估计。

性质 1.2.3.4 （累次条件期望）设 $\mathcal{H}$ 是 $\mathcal{G}$ 的子 σ-代数，则

$$\mathbb{E}(\mathbb{E}(X|\mathcal{G})|\mathcal{H}) = \mathbb{E}(X|\mathcal{H}), \tag{1.10}$$

性质 1.2.3.5 （独立性）

- 如果 X 独立于 $\mathcal{G}$，则
$$\mathbb{E}(X|\mathcal{G}) = \mathbb{E}(X). \tag{1.11}$$

- 如果还有 Y 是 $\mathcal{G}$-可测的，则
$$\mathbb{E}(f(X,Y)|\mathcal{G}) = g(Y), \text{ 其中 } g(y) = \mathbb{E}f(X,y). \tag{1.12}$$

在这里，我们可以对独立性的第二条性质给出一个直觉的证明。这其中的重点就是利用前述的 $\mathbb{E}(X|\mathcal{G}) = \mathbb{E}(X)$ 以及提取已知量这两条简单的性质逐步对期望进行变换。首先，因为 Y 是 $\mathcal{G}$-可测的，先利用提取已知量的性质提出 Y 并保持 X 不动，有

$$\mathbb{E}(f(X,Y)|\mathcal{G}) = \mathbb{E}(f(X,y)|\mathcal{G})\Big|_{y=Y},$$

接着，因为 X 独立于 $\mathcal{G}$，由独立性的第一条性质，条件下的测度 $\mathcal{G}$ 可以删除，即得到待证命题

$$\mathbb{E}(f(X,y)|\mathcal{G})\Big|_{y=Y} = \mathbb{E}(f(X,y))\Big|_{y=Y} = g(Y).$$

性质 1.2.3.6 （条件 Jensen 不等式）如果 $\phi(x)$ 是变量 x 的凸函数，则

$$\mathbb{E}(\phi(X)|\mathcal{G}) \geqslant \phi(\mathbb{E}(X|\mathcal{G})).$$

对以上性质的严格证明需要用到一般意义下的条件期望的严格数学定义：定义 1.15，即需要验证条件概率满足可测性和部分平均性两条性质，并由唯一性证明等式成立。

在严格证明上述性质之前，我们以期望与条件期望、累次条件期望的性质和独立性为例，说明如何从直觉出发对此性质进行简单的验证。首先我们对期望与条件期望的性质做一个直觉的验证。我们从简单的情形出发，在 $\mathcal{G} = \sigma(Y)$ 的条件下，对式 (1.8) 进行验证。令

$$g(y) := \mathbb{E}(X|Y=y),$$

则
$$\begin{aligned}
\mathbb{E}(\mathbb{E}(X|\mathcal{G})) &= \mathbb{E}(\mathbb{E}(X|\sigma(Y))) \\
&= \mathbb{E}(\mathbb{E}(X|Y)) = \mathbb{E}(g(Y)) \\
&= \int_{-\infty}^{\infty} g(y) f_Y(y) \mathrm{d}y \\
&= \int_{-\infty}^{\infty} \mathbb{E}(X|Y=y) f_Y(y) \mathrm{d}y = \mathbb{E}(X).
\end{aligned}$$

因此在该简化的条件下式 (1.8) 成立。

我们再来启发式地验证累次条件期望的性质, 即式 (1.10)。事实上, 考虑特殊情况 $\mathcal{G} = \sigma(Y,Z)$ 以及 $\mathcal{H} = \sigma(Y)$, 其中 Y 和 Z 是随机变量。则我们只需证明

$$\mathbb{E}\left[\mathbb{E}(X|\sigma(Y,Z))|\sigma(Y)\right] = \mathbb{E}(X|\sigma(Y)).$$

这等价于证明

$$\mathbb{E}[\mathbb{E}(X|Y,Z)|Y] = \mathbb{E}(X|Y). \tag{1.13}$$

记

$$g(y,z) := \mathbb{E}(X|Y=y, Z=z).$$

我们有

$$\mathbb{E}[\mathbb{E}(X|Y,Z)|Y] = \mathbb{E}[g(Y,Z)|Y]. \tag{1.14}$$

记

$$h(y) := \mathbb{E}\left[g(Y,Z)|Y=y\right] \equiv \mathbb{E}\left[g(y,Z)|Y=y\right].$$

因此我们进一步有

$$\mathbb{E}\left[\mathbb{E}(X|Y,Z)|Y\right] = \mathbb{E}[g(Y,Z)|Y] = h(Y).$$

我们注意到

$$\begin{aligned}
h(y) &= \mathbb{E}\left[g(y,Z)|Y=y\right] \\
&= \int g(y,z) f_{Z|Y}(z|y) \mathrm{d}z \\
&= \int \mathbb{E}(X|Y=y, Z=z) f_{Z|Y}(z|y) \mathrm{d}z = \mathbb{E}(X|Y=y),
\end{aligned}$$

其中最后一个等号可以通过如下方式得到: 将 $Y=y$ 视为一个总体的条件, 并进一步以 Z 的值作为条件求条件期望。最终, 我们得到

$$\mathbb{E}\left[\mathbb{E}(X|Y,Z)|Y\right] = h(Y) = \mathbb{E}(X|Y).$$

所以在该简化的条件下式 (1.10) 成立。

接下来，我们再对独立性的第二条性质给出一个直觉的证明。这其中的重点就是利用前述的提取已知量性质 1.2.3.3 和独立性性质 1.2.3.5 的第一条式 (1.11)，逐步对期望进行变换。首先，因为 Y 是 $\mathcal{G}$-可测的，先利用提取已知量的性质提出 Y 并保持 X 不动，有

$$\mathbb{E}(f(X,Y)|\mathcal{G}) = \mathbb{E}(f(X,y)|\mathcal{G})\Big|_{y=Y},$$

接着，因为 X 独立于 $\mathcal{G}$，由式 (1.11)，条件下的测度 $\mathcal{G}$ 可以删除，即得到待证命题

$$\mathbb{E}(f(X,y)|\mathcal{G})\Big|_{y=Y} = \mathbb{E}(f(X,y))\Big|_{y=Y} = g(Y).$$

下面我们对前四条性质进行严格意义上的数学证明。注意为了方便，此处的证明顺序稍有调整。

性质 1.2.3.2 的证明：要证 $\mathbb{E}(\mathbb{E}(X|\mathcal{G})) = \mathbb{E}(X)$。根据条件概率 $\mathbb{E}(X|\mathcal{G}))$ 的定义，有

$$\mathbb{E}(\mathbb{E}(X|\mathcal{G})\mathbf{1}_A) = \mathbb{E}(X\mathbf{1}_A),$$

对于任意 $A \in \mathcal{G}$ 成立。取 $A = \Omega$，则有

$$\mathbb{E}(\mathbb{E}(X|\mathcal{G})) \equiv \mathbb{E}(\mathbb{E}(X|\mathcal{G})\mathbf{1}_\Omega) = \mathbb{E}(X\mathbf{1}_\Omega) \equiv \mathbb{E}(X).$$

为了证明其他的性质，我们需要利用以下的事实，即对于任意 $\mathcal{G}$-可测的随机变量 W，有

$$\mathbb{E}(\mathbb{E}(X|\mathcal{G})W) = \mathbb{E}(XW). \tag{1.15}$$

性质 1.2.3.4 等价写法的证明：要证累次条件期望的另一等价写法：$\mathbb{E}(\mathbb{E}(X|\mathcal{G})|\mathcal{H}) = \mathbb{E}(X|\mathcal{H})$。根据数学定义，可测性显然满足。我们只需证明对于任意 $A \in \mathcal{H}$，有

$$\mathbb{E}(\mathbb{E}(\mathbb{E}(X|\mathcal{G})|\mathcal{H})\mathbf{1}_A) = \mathbb{E}(X\mathbf{1}_A). \tag{1.16}$$

根据 $\mathbb{E}(\mathbb{E}(X|\mathcal{G})|\mathcal{H})$ 的定义，对于任意 $A \in \mathcal{H}$，有

$$\mathbb{E}(\mathbb{E}(\mathbb{E}(X|\mathcal{G})|\mathcal{H})\mathbf{1}_A) = \mathbb{E}(\mathbb{E}(X|\mathcal{G})\mathbf{1}_A).$$

因为 $A \in \mathcal{H}$，则 $A \in \mathcal{G}$。又由 $\mathbb{E}(X|\mathcal{G})$ 的定义有

$$\mathbb{E}(\mathbb{E}(X|\mathcal{G})\mathbf{1}_A) = \mathbb{E}(X\mathbf{1}_A).$$

因此，式 (1.16) 成立。

性质 1.2.3.3 的证明：要证明提取已知量性质，即 $\mathbb{E}(XY|\mathcal{G}) = X\mathbb{E}(Y|\mathcal{G})$。若 X 是 $\mathcal{G}$-可测的，即需要证明对于任意 $A \in \mathcal{G}$

$$\mathbb{E}(X\mathbb{E}(Y|\mathcal{G})\mathbf{1}_A) = \mathbb{E}(XY\mathbf{1}_A),$$

交换期望内变量顺序

$$\mathbb{E}(X\mathbb{E}(Y|\mathcal{G})\mathbf{1}_A) = \mathbb{E}(\mathbb{E}(Y|\mathcal{G})X\mathbf{1}_A)). \tag{1.17}$$

显然，$X\mathbf{1}_A$ 是 $\mathcal{G}$-可测的随机变量。所以由式 (1.15)，下式成立

$$\mathbb{E}(\mathbb{E}(Y|\mathcal{G})X\mathbf{1}_A) = \mathbb{E}(YX\mathbf{1}_A). \tag{1.18}$$

性质 1.2.3.5 的证明：首先证明独立性的第一条性质式 (1.11)，即简单情形：$\mathbb{E}(X|\mathcal{G}) = \mathbb{E}(X)$，也即证明对于 $A \in \mathcal{G}$，有

$$\mathbb{E}(\mathbb{E}(X)\mathbf{1}_A) = \mathbb{E}(X\mathbf{1}_A),$$

由于 X 独立于 $\mathcal{G}$，则

$$\mathbb{E}(\mathbb{E}(X)\mathbf{1}_A) = \mathbb{E}(X)\mathbb{E}(\mathbf{1}_A) = \mathbb{E}(X\mathbf{1}_A),$$

简单情形得证。下面来证明独立性的第二条性质式 (1.12)，即证明 Y 是 $\mathcal{G}$-可测时，$\mathbb{E}(f(X,Y)|\mathcal{G}) = g(Y)$，其中 $g(y) = \mathbb{E}f(X,y)$。根据式 (1.15)，即证明对于任意 $\mathcal{G}$-可测的随机变量 Z，有

$$\mathbb{E}(g(Y)Z) = \mathbb{E}(f(X,Y)Z),$$

由于 X 独立于 $\mathcal{G}$，Y、Z 都是 $\mathcal{G}$-可测的，则 X 和 (Y,Z) 独立。根据多重积分交换性和条件期望定义，有

$$\begin{aligned}\mathbb{E}(f(X,Y)Z) &= \iiint f(x,y)z p_{Y,Z}(y,z) p_X(x) \mathrm{d}x \mathrm{d}y \mathrm{d}z \\ &= \iint \left(\int f(x,y) p_X(x) \mathrm{d}x\right) z p_{Y,Z}(y,z) \mathrm{d}y \mathrm{d}z \\ &= \iint g(y) z p_{Y,Z}(y,z) \mathrm{d}y \mathrm{d}z \\ &= \mathbb{E}(g(Y)Z).\end{aligned}$$

故有

$$\mathbb{E}(f(X,Y)|\mathcal{G}) = g(Y).$$

其中
$$g(y) = \mathbb{E}f(X,y).$$
至此，前四条性质全部得证。 □

最后，我们给读者提供一个关于条件期望的重要解释，说明条件期望实际上是某种意义上的最优估计。考虑这样一个问题：

例 1.2.2 假设 X 是 $\mathcal{F}$-可测的随机变量，σ-代数 $\mathcal{G} \subset \mathcal{F}$，$L^2(\mathcal{G})$ 是所有的 $\mathcal{G}$-可测且二次可积的随机变量，即对于任意 $Z \in L^2(\mathcal{G})$，我们应有 $\mathbb{E}Z^2 < \infty$。我们希望解决如下的最优化问题：
$$\min_{Z \in L^2(\mathcal{G})} \mathbb{E}(X-Z)^2.$$

解： 事实上，使得目标函数达到最小的 Z 恰恰是 X 的条件期望，即
$$\mathbb{E}(X - \mathbb{E}(X|\mathcal{G}))^2 = \min_{Z \in L^2(\mathcal{G})} \mathbb{E}(X-Z)^2.$$

换句话说，条件期望是在给定信息下对随机变量 X 取值的最优估计。这一点通过简单的证明即可得到。

证明： 令 $A = X - \mathbb{E}(X|\mathcal{G})$，$B = \mathbb{E}(X|\mathcal{G}) - Z$，则有
$$\mathbb{E}(X-Z)^2 = \mathbb{E}(A^2) + \mathbb{E}(B^2) + 2\mathbb{E}(AB).$$

我们证明 $\mathbb{E}(AB) = 0$。由于 $\mathbb{E}(X|\mathcal{G})$ 和 Z 都是 $\mathcal{G}$-可测的，所以 B 也是 $\mathcal{G}$-可测的。根据提取已知量的性质，有
$$\mathbb{E}(AB) = \mathbb{E}(\mathbb{E}(AB|\mathcal{G})) = \mathbb{E}(B\mathbb{E}(A|\mathcal{G})).$$

接着计算 $\mathbb{E}(A|\mathcal{G})$，利用累次期望的性质，有
$$\begin{aligned}\mathbb{E}(A|\mathcal{G}) &= \mathbb{E}(X - \mathbb{E}(X|\mathcal{G})|\mathcal{G}) \\ &= \mathbb{E}(X|\mathcal{G}) - \mathbb{E}(\mathbb{E}(X|\mathcal{G})|\mathcal{G}) \\ &= \mathbb{E}(X|\mathcal{G}) - \mathbb{E}(X|\mathcal{G}) = 0.\end{aligned}$$

所以 $\mathbb{E}(AB) = 0$。又由于 $\mathbb{E}(B^2) > 0$，易得
$$\mathbb{E}(X-W)^2 \geqslant \mathbb{E}(A^2).$$

并且当且仅当 $B = \mathbb{E}(X|\mathcal{G}) - Z = 0$ 时，等号成立。因此 $Z = \mathbb{E}(X|\mathcal{G})$ 时估计误差最小，即条件期望 $\mathbb{E}(X|\mathcal{G})$ 是 X 的最优估计。 □

1.3 随机过程

我们可以用随机变量来刻画现实世界的随机现象。很多时候我们还需要讨论这些随机现象的发展变化过程，于是引入**随机过程**（stochastic process）这个概念。在金融资产定价领域中，可以用随机过程为工具对资产价格的演变过程进行分析建模。

1.3.1 随机过程定义

考虑在时间 0 到 T 的某种随机现象，在每一个时间点 $t \in [0, T]$，我们可以用随机变量 $X(t)$ 来描绘这个随机现象。所以，随机过程可以被视为一组依赖于时间 t 的随机变量 $\{X(t), 0 \leqslant t \leqslant T\}$。下面给出随机过程的严格定义：

定义 1.16 给定概率空间 $(\Omega, \mathcal{F}, \mathbb{P})$ 及时间 T，$\forall t \in (0, T]$，有定义在 $(\Omega, \mathcal{F}, \mathbb{P})$ 上取值于集合 E 的随机变量 $X(t)$，则称依赖于 t 的一组随机变量 $\{X(t) : t \in (0, T]\}$ 为随机过程。

我们常常把 t 解释成时间，且称 $X(t)$ 是过程在时刻 t 的状态，E 为随机过程 $\{X(t)\}$ 的状态空间，表示 $X(t)$ 所有可能取值的集合。

前文提到随机变量是定义在概率空间 $(\Omega, \mathcal{F}, \mathbb{P})$ 上的函数，它将样本空间中的元素 $\omega \in \Omega$ 映射到实数 $\mathbb{R}$ 上。类似地，可以认为随机过程 $\{X(t), t \in (0, T]\}$ 是参数 t 和样本空间中的元素 ω 的二元函数，它将时间集和样本空间中的二维元素 $(\omega, t) \in \Omega \times (0, T]$ 映射到 $X(t, \omega) \in E$ 上。状态空间 E 上。给定任意 $t \in (0, T]$，$X(t, \cdot)$ 是定义在概率空间 $(\Omega, \mathcal{F}, \mathbb{P})$ 上的随机变量。给定任意 $\omega \in \Omega$，$X(\cdot, \omega)$ 是定义在 $(0, T]$ 上，取值于状态空间 E 的一个函数，是随机过程对应于这个 ω 的一条**轨迹**或**实现**。我们并不能预知真实世界走的是哪一条随机轨迹，即不知道真实的 ω 是 Ω 中具体哪一个元素。图 1.1 是布朗运动的多条模拟路径。但是，我们可以对其变化发展过程进行合理建模，从而分析并研究其变化发展规律。

1.3.2 信息集与域流

为了刻画随机过程，我们需要先引入**信息集**与**域流**（filtration）的概念。

在以测度论为基础的概率论中，如何描述信息是一件有些抽象的事情。假设在某个概率空间里，所有可能的情况包含在 Ω 中，而真实情况是其中的某个元素 $\omega \in \Omega$。这里要注意，"真实情况"不仅意味着最终结果，也包括了中间的过程。例如，一只股票在时间 $[0, T]$ 之间价格变化过程 $\{S(t)\}$ 的所有可能性可视为一个 Ω，而它的任何一条具体价格路径可视为"一种可能性"。

让我们考虑一个投掷硬币的例子。假设我们将一枚硬币投掷三次，用 H 或者 T

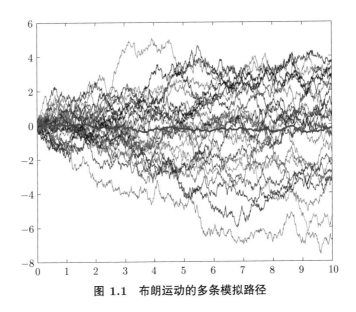

图 1.1 布朗运动的多条模拟路径

表示结果为正面或者反面。在投掷前，我们并不知道三次投掷结果分别是正面还是反面，只知道所有的可能结果，而最终结果是其中的一种情况。此时，Ω 是三次独立投掷硬币的 8 个可能结果的集合，

$$\Omega = \{HHH, HHT, HTT, TTT, TTH, THH, THT, HTH\},$$

联系上一章我们说过的 σ-代数 $\mathcal{F}$ 的概念，抛掷硬币的所有可能情况构成的所有事件集合构成一个 σ-代数 $\mathcal{F}$，即 $\mathcal{F}$ 是所有 Ω 的子集的集合，

$$\mathcal{F} = \{\Omega \text{ 的所有子集}\}.$$

在时刻 n，将所有我们能确定"是否包含最终结果"的事件集构成了一个集合 $\mathcal{F}_n$，称之为在 n 时刻的信息集，同时要求它也是一个 σ-代数。比如在抛掷前，我们没有掌握任何信息，只知道结果 ω 一定不属于空集 $\emptyset$，但一定属于全空间 Ω。我们称此时的信息集 $\mathcal{F}_0$ 是空集 $\emptyset$ 和全空间 Ω。

$$\mathcal{F}_0 = \{\emptyset, \Omega\}.$$

如果在时刻 1，被告知了第一次抛掷的结果，我们就可以对 Ω 中的所有元素（即所有可能的结果）做如下分解：

$$A_H = \{HHH, HHT, HTT, HTH\}, \quad A_T = \{TTT, THT, TTH, THH\}.$$

在知晓第一次结果后，我们就能回答 A_H 和 A_T 中是否包含真实结果 ω，同时仍然知道真实结果 ω 不属于空集 $\emptyset$ 且一定属于全空间 Ω。因此，在时刻 1，我们可以得到一个 σ-代数 $\mathcal{F}_1$，它代表了时刻 1 的信息集，即被告知第一次抛掷结果后，我们就可以知道 $\mathcal{F}_1$ 中的集合是否包含 ω：

$$\mathcal{F}_1 = \{\emptyset, \Omega, A_H, A_T\},$$

以此类推，如果在我们三次抛掷结束，获知最终结果，那么这时可以取 $\mathcal{F}_3 = \mathcal{F}$，此时已知所有的事件集是否包含最终结果。上述过程就是一个信息积累的过程。简而言之，在获得所有信息之前，我们并不能确定真实的 ω 是哪一个，但可以不断列出那些肯定包含 ω 和肯定不包含 ω 的集合。这些集合就是**依信息分解**得到的集合。

按照时间的发展，我们得到了 4 个 σ-代数 $\mathcal{F}_0, \mathcal{F}_1, \mathcal{F}_2, \mathcal{F}_3$，且 $\mathcal{F}_3$ 包含了 $\mathcal{F}_2$ 中的集合，$\mathcal{F}_2$ 包含了 $\mathcal{F}_1$ 中的集合。说明 σ-代数中的集合越多，我们能标记上"是"和"不是"的事件越多，获得的信息就越多。慢慢地，σ-代数代表的信息会将真实事件刻画得越来越细。于是，真实的 ω 所在的可能范围将越来越小，直到获得的信息能让我们能确定真实的 ω 是哪一个，此时的信息集变成了 $\mathcal{F}$，即全部信息。这与金融市场中，信息是随时间推移不断积累的规律是相符的，即"我们不能忘记过去"。对于这个例子，后文在提及期权定价的二叉树模型时，还会具体讨论。

此处要说明我们要求信息集构成 σ-代数这件事并非偶然，因为如果我们能对事件 E 回答"是"或"不是"，就一定能对事件"非 E"回答这个问题。同理，如果对事件"E_1"和"E_2"都分别能回答"是"或"不是"，那对于其交集和并集，我们也都一定能回答这个问题。

上述抛掷硬币游戏中定义的一族 σ-代数 $\mathcal{F}_0, \mathcal{F}_1, \mathcal{F}_2$ 其实就是域流的一个例子。以连续时间情形为例，域流的定义如下：

定义 1.17 Ω 是非空集合，T 是固定的正数。称 σ-代数族 $\mathcal{F}(t)$ 为一个域流，若

1. 对 $\forall t \in [0, T]$，有一个 σ-代数 $\mathcal{F}(t)$；
2. 如果 $s \leqslant t$，则 $\mathcal{F}(s)$ 中的集合都在 $\mathcal{F}(t)$ 中，即 $\mathcal{F}(s) \subseteq \mathcal{F}(t)$.

域流提供了某时刻所能获得的信息，即在某时刻 $t \in [0, T]$ 时，真实的 ω 是否包含于 $\mathcal{F}(t)$ 中的每个集合。不仅如此，随着时间的推移和信息的累积，真实的 ω 所属范围越来越小，对于真实事件的刻画也越来越详细。因此数学上严格定义的域流，其实就代表了我们之前所说的随着时间推移不断积累的信息集。值得一提的是，上述的 t 其实并不一定是时间，只要 t 能使得 σ-代数族 $\mathcal{F}(t)$ 满足定义 1.1 的两条要求即可。但是，在金融建模中，我们研究的问题通常是随着时间的推移进行信息累积的，因此大部分情况下我们将 t 看作时间。

1.3.3 适应的随机过程

首先让我们回顾可测性的概念。在第 1 章里，我们曾经谈及随机变量 X 是 $\mathcal{F}$-可测的概念（其中 $\mathcal{F}$ 是 Ω 上的一个 σ-代数）。

在连续时间情形下，我们引入**适应的随机过程**（adapted stochastic process）的定义：

定义 1.18 Ω 是一个非空集合，$\mathcal{F}(t), 0 \leqslant t \leqslant T$ 是定义在 Ω 上的域流。$\{X(t) : 0 \leqslant t \leqslant T\}$ 是一组依赖于时间 $t \in [0, T]$ 的随机变量。如果 $\forall t \in [0, T]$，$X(t)$ 是 $\mathcal{F}(t)$-可测的，则称 $\{X(t) : 0 \leqslant t \leqslant T\}$ 是适应的随机过程。

也就是说，适应的随机过程要求基于时刻 t 已知的信息 $X(t)$ 的取值是可以确定的。类似地，我们也可以定义离散时间下的域流（用 $\mathcal{F}_n$ 表示）和适应的随机过程（用 $\{X_n : n \in \mathbb{N}\}$ 表示）。此处我们要注意，时间 t 的连续或离散，与状态空间（$X(t)$ 或 X_n 的所有可能值）的连续或离散是两个不同的概念。

下面我们介绍两个随机过程示例。

例 1.3.1 恒生指数

资料来源：Yahoo Finance。

图 1.2 给出了 1986—2016 年间恒生指数随时间变化的折线图。在今天看来，图 1.2 中的路径是这 30 年间恒生指数的一条真实路径。但是，我们如果站在 1986 年观察，并不知道未来 30 年将发生什么，比如发展趋势如何、将会出现什么样的经济波动等。图中所示的这 30 年间恒生指数的真实的路径是所有可能的路径（即样本空间 Ω）中的一条。每一条随机路径都对应了样本空间 Ω 中的某一个元素 $\omega \in \Omega$。在 1986 年时我们并不知道真实的 ω 是哪一个，但可以根据恒生指数过去的变化发展规律，用适合的随机过程对其建模，从而清晰地描述恒生指数在未来可能的演变过程。

例 1.3.2 期权定价的二叉树模型

二叉树模型对于期权的定价十分重要，是期权定价理论的基础。在 N 步二叉树模型中，假设每一期原生资产的价格有走高或走低两种变化。我们引入类似于抛 N 次硬币的随机过程，其中 H 表示投掷结果为正面，T 表示投掷结果为反面。只是此时抛一次硬币出现正面 H 的概率为 p，反面 T 的概率为 $1 - p$。若抛出硬币为正面，原生资产的价格由 S 变化为 uS；若抛出硬币为反面，原生资产的价格由 S 变化为 dS。三阶二叉树过程模拟如图 1.3 所示。

第 1 章 概率统计基础回顾、条件期望与随机过程

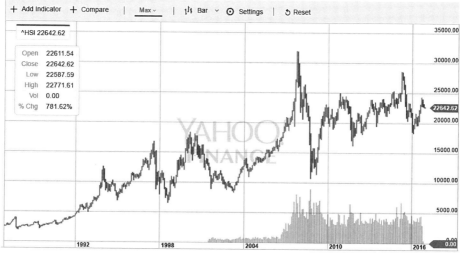

图 1.2 恒生指数

资料来源：Yahoo Finance。

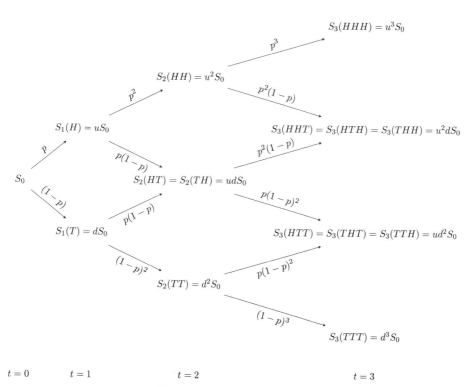

图 1.3 三阶二叉树过程模拟

结合前文提到的信息集与域流知识，在二叉树模型中，Ω 中包含了 N 次投掷硬币的所有可能结果，即

$$\Omega = \{(\omega_1\omega_2\cdots\omega_N) : \omega_i = H \text{或} T, i = 1, 2, ..., N\}.$$

则与前述定义相同，$\mathcal{F}$ 是 Ω 中全部子集构成的 σ-代数，表示所有可能事件的集合。概率测度定义为：

$$\forall \omega = (\omega_1\omega_2\cdots\omega_N) \in \Omega, \quad \mathbb{P}(\{\omega\}) := p^{\sum_{i=1}^{N} \mathbf{1}_{\{\omega_i=H\}}} q^{\sum_{i=1}^{N} \mathbf{1}_{\{\omega_i=T\}}}.$$

记 A 是 $\mathcal{F}_N$ 中的一个事件，则

$$\forall A \in \mathcal{F}_N, \quad \mathbb{P}(A) = \sum_{\omega \in A} \mathbb{P}(\{\omega\}).$$

考虑域流 $\{\mathcal{F}_n\}$，$n = 1, 2, ..., N$，$\mathcal{F}_n$ 是一个 σ-代数，它代表截止到时刻 n 的所有生成的信息。由于随着时间的推移信息不会减少，所以 $\mathcal{F}_n \subset \mathcal{F}_{n+1}$，并且 $\mathcal{F}_N = \mathcal{F}$。因此，$\mathcal{F}_n$ 是 $\mathcal{F}$ 的子代数，即 $\mathcal{F}_n \subset \mathcal{F}$。具体分析，考虑一个 $N = 3$ 的域流，即原生资产价格按照 $N = 3$ 的二叉树模型变化。同前文类似，第一天的信息可以由一个 σ-代数 $\mathcal{F}_1$ 来表示，且 $\mathcal{F}_1 = \{\emptyset, \Omega, A_H, A_T\}$。其中：

$$A_H = \{HHH, HHT, HTH, HTT\}, \quad A_T = \{THH, THT, TTH, TTT\}.$$

我们可以确定真实的路径 ω 是否属于 $\mathcal{F}_1 = \{\emptyset, \Omega, A_H, A_T\}$ 中的每一个集合。例如，第一天的结果是 H，那么我们可以确定 $\omega \notin \emptyset$，$\omega \in A_H$，$\omega \notin A_T$，$\omega \in \Omega$。这就是用 σ-代数来表示信息的意义。

$\mathcal{F}_2$ 的形式稍显复杂。第二天的信息可以由一个 σ-代数 $\mathcal{F}_2$ 描述

$$\mathcal{F}_2 = \{\emptyset, \Omega, A_H, A_T, A_{HH}, A_{HT}, A_{TH}, A_{TT}, A_{HH}^c, A_{HT}^c, A_{TH}^c, A_{TT}^c,$$
$$A_{HH} \cup A_{TH}, A_{HH} \cup A_{TT}, A_{HT} \cup A_{TH}, A_{HT} \cup A_{TT}\},$$

其中

$$A_{HH} = \{HHH, HHT\}, \quad A_{HT} = \{HTH, HTT\},$$
$$A_{TH} = \{THH, THT\}, \quad A_{TT} = \{TTH, TTT\}.$$

第三天的信息 $\mathcal{F}_3$ 则由 Ω 所有子集的集合构成，此时 $\mathcal{F}_3 = \mathcal{F}$。

1.3.4 随机过程的数字特征

随机过程状态空间 E 可以取离散值或连续值,指标集 T 也有离散和连续之分。根据两者的不同情况,可以将随机过程分为**离散状态离散时间随机过程**,如离散时间马尔科夫链;**连续状态离散时间随机过程**;**离散状态连续时间随机过程**,如泊松的计数过程;以及**连续状态连续时间随机过程**,如布朗运动。

为了研究随机过程的统计特性,定义随机过程的 n **维分布函数**为 $(X(t_1), X(t_2), ..., X(t_n))$ 的分布函数,其中 $t_1 < t_2 < \cdots < t_n$,即随机变量 $(X(t_1), X(t_2), ..., X(t_n))$ 的联合分布函数

$$F_{X_{t_1}, X_{t_2}, ..., X_{t_n}}(x_1, x_2, ..., x_n) = \mathbb{P}(X_{t_1} \leqslant x_1, X_{t_2} \leqslant x_2, ..., X_{t_n} \leqslant x_n).$$

虽然随机过程的有限维分布函数能够刻画随机过程的统计特性,但在实际中,确定随机过程的分布函数族往往比较困难。于是,我们有必要引入随机过程的基本数字特征来刻画随机过程的重要统计特征,同时方便实际运算。最重要的数字特征有随机过程的**均值函数**、**方差函数**以及**自协方差函数**。随机过程 $\{X(t)\}$ 对于每一固定的 $t \in [0,T]$,$X(t)$ 是一个随机变量。

随机过程 $\{X(t)\}$ 的均值函数定义为

$$\mu(t) := \mathbb{E}(X(t)).$$

均值 $\mu(t)$ 为在每一时刻 t 随机变量 $X(t)$ 的均值。随机过程 $\{X(t)\}$ 的方差函数定义为

$$\sigma^2(t) := \text{Var}(X(t)).$$

方差函数表示随机变量 $X(t)$ 在每一时刻 t 对于其平均值的平均偏离程度。随机过程 $\{X(t)\}$ 的自协方差函数定义为

$$C(t,s) = \text{Cov}(X(t), X(s)) := \mathbb{E}(X(t)X(s)) - \mu(t)\mu(s).$$

自协方差函数 $C(t,s)$ 刻画了随机过程自身在两个不同时刻的状态之间的依从关系。研究随机过程的相关性在计量经济学建模中十分常用。它描述了随着时间推移,序列相关性的变化。

1.3.5 随机过程的一些理想性质

研究随机过程的统计性质自然地需要研究它自身状态在不同时间上的相互关系。上面所说的自协方差函数就是一种刻画随机过程本身在不同时间上状态的相互关系

的数字特征。随机过程自身状态在不同时间的相互关系还有其他性质，它们在研究随机过程中十分重要。

我们称一个过程是**平稳的**，如果随机过程的有限维分布具有平移不变性，即

$$(X(t_1), X(t_2), ..., X(t_n)) \stackrel{d}{=} (X(t_1+h), X(t_2+h), ..., X(t_n+h)),$$

$A \stackrel{d}{=} B$ 指 A 与 B 具有同样的分布。这一点在实际应用中是极为重要的。假设我们希望拟合一个时间序列模型并对未来进行预测，如果我们所研究的时间序列数据和模型是平稳的，则我们有理由相信利用历史数据拟合出来的模型在未来依然可以应用，进而可以用这一模型对未来进行预测。所以只有找到具有平稳性的数据，量化研究人员们才可以构建相应的平稳过程模型，从而进行交易决策的开发。

随机过程的**平稳增量性质**指对任意的时间 $t > s > 0$ 和时间间隔 h

$$X(t) - X(s) \stackrel{d}{=} X(t+h) - X(s+h),$$

即如果对增量 $X(t) - X(s)$ 进行时间整体平移，增量仍然具有相同的分布。下面我们举一个例子，假设 $S(t)$ 是描述一只股票价格的随机过程。此时考虑其价格的对数 $X(t) = \log S(t)$。那么，

$$X(t) - X(s) = \log S(t) - \log S(s) \approx \frac{S(t) - S(s)}{S(s)},$$

上式中的近似在 t 与 s 差距较小时可以由泰勒展开验证。我们注意到右侧式就是金融中常关注的股票回报率。此时，对数价格 $X(t)$ 的平稳增量性质就意味着股票回报率的分布不会随着时间的变化而改变。这是一个经常被采用的假设，因此在建模过程中，我们往往可以选择保证 $X(t) = \log S(t)$ 具有平稳增量的模型。

随机过程的**独立增量性质**指 $\forall\, 0 < t_1 < t_2 < \cdots < t_n < T$，

$$X(t_2) - X(t_1), X(t_3) - X(t_2), ..., X(t_n) - X(t_{n-1})$$

是独立的。独立增量性质要求只要增量所在的时间段是不重叠的，则增量之间就是独立的。

1.3.6 马尔科夫过程、转移概率和转移密度

在讨论随机过程时，我们经常会讨论一个重要的特殊性质——**马尔科夫性**（Markov property），其定义如下：

定义 1.19 有概率空间 $(\Omega, \mathcal{F}, \mathbb{P})$，域流 $\mathcal{F}(t) \subseteq \mathcal{F}$，$0 \leqslant t \leqslant T$，以及一个适应的随机过程 $X(t)$，$0 \leqslant t \leqslant T$。如果对所有 $0 \leqslant s \leqslant t \leqslant T$，对任意函数 f 都有

$$\mathbb{E}(f(X(t))|\mathcal{F}(s)) = \mathbb{E}(f(X(t))|X(s)), \quad \forall\, 0 \leqslant s \leqslant t \leqslant T,$$

则称随机过程 $X(t)$ 具有马尔科夫性。特别地，存在一个函数 g，满足

$$\mathbb{E}(f(X(t))|\mathcal{F}(s)) = \mathbb{E}(f(X(t))|X(s)) = g(X(s)).$$

函数 g 由 $f(\cdot)$，t 和 s 所决定。

马尔科夫性表明 $f(X(t))$ 在时刻 s 的估计 $\mathbb{E}(f(X(t))|\mathcal{F}(s))$ 仅依赖于过程在时刻 s 的值 $X(s)$，而不依赖于时刻 s 之前的路径，即与 s 之前过程的取值无关。马尔科夫性的直观解释是，对未来的估计仅依赖于当下所处的状态，而不依赖于过去是如何发展到这个状态的，即"忘记了过去"。例如一个离散时间离散状态的随机游走（我们后文会具体阐述），是符合马尔科夫性的，即之后的运动只与当前的状态有关，而与前面的路径无关。

现在，我们可以自然地引入**马尔科夫过程**（Markov process）的定义。马尔科夫过程会"忘记"过去所走的轨迹，未来仅依赖于现在的状态。

定义 1.20 如果一个随机过程 $\{X(t), 0 \leqslant t \leqslant T\}$ 满足马尔科夫性，则称这个过程为马尔科夫过程。

离散状态离散时间的马尔科夫过程就称为**马尔科夫链**（Markov chains），其严格定义如下。

定义 1.21 随机过程 $\{X_n, n = 0, 1, 2, ...\}$ 的所有可能的取值（即其状态空间 E 中的元素）为有限个或者可数个，通常地，这一集合以非负整数集 $\{0, 1, 2, ...\}$ 来表示。若 $X_n = i$，就说"过程在时刻 n 处于状态 i"。若对于任意状态 $i_0, i_1, ..., i_{n-1}, i, j$ 及任意的 $n \geqslant 0$ 有

$$\mathbb{P}(X_{n+1} = j | X_n = i, X_{n-1} = i_{n-1}, ..., X_1 = i_1, X_0 = i_0) = \mathbb{P}(X_{n+1} = j | X_n = i),$$

则称随机过程 $\{X_n, n = 0, 1, 2, ...\}$ 为马尔科夫链。

对于离散时间离散状态的马尔科夫链，我们考虑转移概率：

$$\mathbb{P}(X_{n+1} = a | X_n = b, X_{n-1} = c, ...) = \mathbb{P}(X_{n+1} = a | X_n = b).$$

倘若每当过程处于状态 i 时，在下一个时刻将处于状态 j 的概率是固定的 P_{ij}，即满足

$$\mathbb{P}(X_{n+1} = j | X_n = i) = P_{ij},$$

则称随机过程 $\{X_n, n = 0, 1, 2, ...\}$ 为**时间齐次马尔科夫链**（time-homogeneous Markov chains），这是一种特殊的、具有平稳转移概率的马尔科夫链。P_{ij} 称为马尔

科夫链 $\{X_n, n=0,1,2,...\}$ 的**转移概率**，它描述此过程如何从一个状态转移到另一个状态，后文的转移密度也有着类似的意义。

类似地，这里给出**连续时间马尔科夫链**，即离散状态连续时间的马尔科夫过程的定义。

定义 1.22 随机过程 $\{X_t, t \geqslant 0\}$ 称为连续时间马尔科夫链，如果对任意整数 $n > 0$，任意实数 $0 \leqslant t_0 < t_1 < \cdots < t_n < t$ 和任意 $i_0, i_1, ..., i_n \in E$ 有

$$\mathbb{P}(X_t = j | X_{t_0} = i_0, X_{t_1} = i_1, ..., X_{t_n} = i_n) = \mathbb{P}(X_t = j | X_{t_n} = i_n),$$

则 $\mathbb{P}(X_t = j | X_{t_n} = i_n)$ 称为连续时间马尔科夫链 $\{X_t, t \geqslant 0\}$ 的转移概率。特别地，当

$$\mathbb{P}(X_{t+s} = j | X_s = i) = P_{ij}(t),$$

即转移概率不依赖于 s 时，称其为**齐次的**。

对于连续时间连续状态的马尔科夫过程，我们定义**转移密度**来刻画其特征，即

$$p(t, y; s, x) := \frac{\mathrm{d}}{\mathrm{d} y}(\mathbb{P}(X(t) \leqslant y | X(s) = x), \quad 0 \leqslant s < t.$$

对于转移密度，有如下等式成立。

定理 1.6 (**Chapman-Kolmogorov 等式**) 设 $\{X(t), t \geqslant 0\}$ 为连续时间连续状态马尔科夫过程，$p(t, y; s, x)$ 是转移密度，则

$$p(t, y; s, x) = \int_E p(t, y; r, z) p(r, z; s, x) \mathrm{d} z.$$

证明：我们在这里用一种直观的方法简要地说明该定理的正确性。

$$\mathbb{P}(X(t) \in \mathrm{d} y | X(s) = x)$$
$$= \int_{Z \in E} \mathbb{P}(X(t) \in \mathrm{d} y | X(r) = z, X(s) = x) \mathbb{P}(X(r) \in \mathrm{d} z | X(s) = x)$$
$$= \int_{Z \in E} \mathbb{P}(X(t) \in \mathrm{d} y | X(r) = z) \mathbb{P}(X(r) \in \mathrm{d} z | X(s) = x).$$

其中 $\mathrm{d} y$ 和 $\mathrm{d} z$ 表示 y 和 z 的极小变化量。这说明 Chapman-Kolmogorov 等式成立。 □

对于马尔科夫过程 $X(t)$，还有

$$p(x_n, x_{n-1}, ..., x_1 | x_0) = \prod_{i=1}^{n} p(t_i, x_i; t_{i-1}, x_{i-1}). \tag{1.19}$$

证明：$(X(t_n), X(t_{n-1}), ..., X(t_1))$ 在 $X(t_0) = x_0$ 时的概率密度函数为

$$p(x_n, x_{n-1}, ..., x_1 | x_0) = \frac{\partial F^n(x_n, x_{n-1}, ..., x_1 | x_0)}{\partial x_1 \partial x_2 \cdots \partial x_n},$$

其中

$$F(x_n, x_{n-1}, ..., x_1 | x_0) = \mathbb{P}(X(t_n) \leqslant x_n, X(t_{n-1}) \leqslant x_{n-1}, ..., X(t_1) \leqslant x_1 | X(t_0) = x_0).$$

由于 $X(t)$ 是马尔科夫过程，我们可以得到

$$\begin{aligned}
&F(x_n, x_{n-1}, ..., x_1 | x_0) \\
=& \mathbb{P}(X(t_n) \leqslant x_n, X(t_{n-1}) \leqslant x_{n-1}, ..., X(t_1) \leqslant x_1 | X(t_0) = x_0) \\
=& \int_{u_1 \leqslant x_1} \mathbb{P}(X(t_n) \leqslant x_n, ..., X(t_2) \leqslant x_2 | X(t_1) = u_1, X(t_0) = x_0) \\
& \mathbb{P}(X(t_1) \in \mathrm{d}u_1 | X(t_0) = x_0) \\
=& \int_{u_1 \leqslant x_1} \mathbb{P}(X(t_n) \leqslant x_n, ..., X(t_2) \leqslant x_2 | X(t_1) = u_1) \mathbb{P}(X(t_1) \in \mathrm{d}u_1 | X(t_0) = x_0).
\end{aligned}$$

则

$$\begin{aligned}
&\frac{\partial F(x_n, x_{n-1}, ..., x_1 | x_0)}{\partial x_1} \\
=& \mathbb{P}(X(t_n) \leqslant x_n, ..., X(t_2) \leqslant x_2 | X(t_1) = x_1) \mathbb{P}(X(t_1) = x_1 | X(t_0) = x_0) \\
=& \mathbb{P}(X(t_n) \leqslant x_n, ..., X(t_2) \leqslant x_2 | X(t_1) = x_1) p(t_1, x_1; t_0, x_0).
\end{aligned}$$

类似地，

$$\begin{aligned}
&\mathbb{P}(X(t_n) \leqslant x_n, X(t_{n-1}) \leqslant x_{n-1}, ..., X(t_2) \leqslant x_2 | X(t_1) = x_1) \\
=& \int_{u_2 \leqslant x_2} \mathbb{P}(X(t_n) \leqslant x_n, ..., X(t_3) \leqslant x_3 | X(t_2) = u_2, X(t_1) = x_1) \\
& \mathbb{P}(X(t_2) \in \mathrm{d}u_2 | X(t_1) = x_1) \\
=& \int_{u_2 \leqslant x_2} \mathbb{P}(X(t_n) \leqslant x_n, ..., X(t_3) \leqslant x_3 | X(t_2) = u_2) \mathbb{P}(X(t_2) \in \mathrm{d}u_2 | X(t_1) = x_1).
\end{aligned}$$

所以

$$\begin{aligned}
&\frac{\partial F^2(x_n, x_{n-1}, ..., x_1 | x_0)}{\partial x_1 \partial x_2} \\
=& \mathbb{P}(X(t_n) \leqslant x_n, ..., X(t_3) \leqslant x_3 | X(t_2) = x_2) p(t_2, x_2; t_1, x_1) p(t_1, x_1; t_0, x_0).
\end{aligned}$$

依此类推，我们就可以得到式 (1.19)。 □

1.3.7 离散时间随机过程示例：随机游走

我们现在来具体定义上文提到的随机游走（random walk）。在之后学习中我们会发现，随机游走是对资产价格变化过程建模的基础。理解随机游走，有助于理解布朗运动的许多重要性质。

定义 1.23 （**对称随机游走**）对称随机游走是满足下列条件的离散时间离散状态随机过程：

1. $W_0 = 0$；
2. $W_n = \sum_{k=1}^{n} X_k$，其中 $\mathbb{P}(X_k = 1) = 1/2$，$\mathbb{P}(X_k = -1) = 1/2$.

对称随机游走每一个时间内只能向下或者向上走一步，其路径可以有很多条具体的实现，图 1.4 是对称随机游走的一条模拟路径。

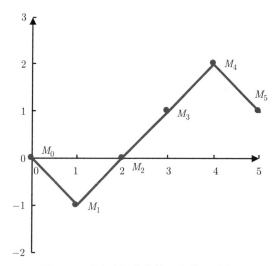

图 1.4 对称随机游走的一条模拟路径

对称随机游走有许多特殊性质，这些性质可以在很大程度上帮助我们深入地研究随机游走的特征。由于对称随机游走过于简单，不能很好地刻画资产的价格变化过程，所以几乎不能对真实世界中的资产进行建模。然而，研究对称随机游走的性质却着实为后面理解布朗运动及更复杂的随机过程奠定了基础。对于其性质，我们大致介绍如下。

性质 1.3.7.1 随机游走是一个马尔科夫链。

其转移概率为

$$\mathbb{P}(W_{n+1}=s|W_n=r) = \begin{cases} \dfrac{1}{2}, & \text{如果 } s=r+1 \\ \dfrac{1}{2}, & \text{如果 } s=r-1 \end{cases}.$$

这里 $n \geqslant 0$。

作为练习，读者也不妨自己尝试计算 $\mathbb{P}(W_{n+m}=s|W_n=r)$。

性质 1.3.7.2 随机游走具有独立且平稳的增量。

对于非负整数 $0 = k_0 < k_1 < \cdots < k_m$，随机变量 $(W_{k_1}-W_{k_0}),(W_{k_2}-W_{k_1}),\ldots,(W_{k_m}-W_{k_{m-1}})$ 是两两独立的，即不相交的时间区间上的随机游走的增量相互独立，这是因为

$$W_{k_{i+1}} - W_{k_i} = \sum_{j=k_i+1}^{k_{i+1}} X_j, \tag{1.20}$$

而各 X_j 是相互独立的。并且我们还可以推知，对每个增量

$$\mathbb{E}(W_{k_{i+1}} - W_{k_i}) = 0, \quad \text{Var}(W_{k_{i+1}} - W_{k_i}) = k_{i+1} - k_i.$$

事实上，增量的期望值可以由式 (1.20) 右端的每一个 X_j 的期望值为 0 推知。对于每一个 X_j，

$$\text{Var}(X_j) = \mathbb{E}(X_j^2) = 1,$$

且由各 X_j 是独立的，可以推知

$$\text{Var}(W_{k_{i+1}} - W_{k_i}) = \text{Var}\left(\sum_{j=k_i+1}^{k_{i+1}} X_j\right) = \sum_{j=k_i+1}^{k_{i+1}} \text{Var}(X_j) = k_{i+1} - k_i.$$

值得注意的是，随机变量 W_{k_i} 并不是平稳的，因为例如其方差

$$\text{Var}(W_{k_i}) = k_i$$

就非不变的常数。所以随机游走具有平稳独立的增量，但是随机游走并非平稳的。

下面我们引入随机过程研究中的一个重要概念，即**二次变差**或**二阶变差**（quadratic variation）。

定义 1.24 （**二次变差**） 离散时间随机过程 $\{M_n, n \geqslant 0\}$ 截至 k 的二次变差定义为

$$[M,M]_k := \sum_{j=1}^{k}(M_j - M_{j-1})^2.$$

直接应用这一定义,我们可以获得如下性质。

性质 1.3.7.3 对称随机游走的二次变差等于时间长度,即

$$[W,W]_k = \sum_{j=1}^{k}(W_j - W_{j-1})^2 = k. \tag{1.21}$$

我们将在第 2 章、第 3 章中更加详尽地讨论有关二次变差的定义和种种性质,这里仅进行简要介绍。二次变差是沿具体路径计算的。计算沿某条路径截至 k 的二次变差,即取沿该路径每一步的增量 $M_j - M_{j-1}$ 的平方后再求和。对于对称随机游走的任意一条路径,对任意 $j \geqslant 0$,有

$$(W_j - W_{j-1})^2 = X_j^2 = 1.$$

因此,对称随机游走的二次变差为

$$[W,W]_k := \sum_{j=1}^{k}(W_j - W_{j-1})^2 = \sum_{j=1}^{k} X_j^2 = \sum_{j=1}^{k} 1 = k.$$

式 (1.21) 是对称随机游走特有的性质。由于二次变差沿具体路径进行计算,通常情况下,随机过程的二次变差是路径依赖的。但是以上结果告诉我们,对于对称随机游走,不论走哪一条路径,其二次变差都等于时间长度。我们在之后的学习中将会看到,在连续时间情形下,布朗运动也具有这个性质。

这里需要说明的是,尽管对于对称随机游走,其二次变差和方差在数值上是一样的,但两者是完全不同的概念。方差针对所有可能的路径,根据其概率进行加权平均,是一个期望。而二次变差 $[W,W]_k$ 的计算中不涉及每一步上升或者下降的概率,它是沿着真实的路径确切地计算出的,所以二次变差依赖于路径。

此外,我们不妨利用上述性质计算出 $0 < m < n$ 时的条件期望

$$\mathbb{E}(W_n|\mathcal{F}_m) = \mathbb{E}(W_n - W_m + W_m|\mathcal{F}_m) = W_m + \mathbb{E}(W_n - W_m|\mathcal{F}_m)$$
$$= W_m + \mathbb{E}(\sum_{j=m+1}^{n} X_j|\mathcal{F}_m)$$
$$= W_m.$$

与条件二阶矩

$$\mathbb{E}(W_n^2|\mathcal{F}_m) = \mathbb{E}((W_n - W_m + W_m)^2|\mathcal{F}_m)$$
$$= \mathbb{E}((W_n - W_m)^2 + 2W_m(W_n - W_m) + W_m^2|\mathcal{F}_m)$$

$$= \mathbb{E}((\sum_{j=m+1}^{n} X_j)^2|\mathcal{F}_m) + 2W_m\mathbb{E}(\sum_{j=m+1}^{n} X_j|\mathcal{F}_m) + W_m^2$$
$$= \sum_{j=m+1}^{n} \mathbb{E}(X_j^2|\mathcal{F}_m) + W_m^2$$
$$= W_m^2 + (n-m).$$

其中 $\mathcal{F}_m = \sigma(X_1,...,X_m)$。注意，这里运用了随机游走增量的独立性。

计算 $\mathbb{E}(W_n|W_m)$ 还有另一种方法。我们可以先计算 W_m 取具体值时的结果，再"随机化"，也就是说我们遵循

$$\mathbb{E}(W_n|W_m) = \mathbb{E}(W_n|W_m=w)|_{w=W_m}.$$

首先,
$$\mathbb{E}(W_n|W_m=w) = \sum_{\text{所有可能的}r} r\mathbb{P}(W_n=r|W_m=w). \tag{1.22}$$

而多步转移概率可以表示为

$$\mathbb{P}(W_n=r|W_m=w) = \binom{n-m}{n_u}\left(\frac{1}{2}\right)^{n_u}\left(\frac{1}{2}\right)^{n_d},$$

其中 n_u 和 n_d 分别是上升和下降的步数，满足

$$\begin{cases} n_u + n_d = n-m \\ n_u - n_d = r-w \end{cases}.$$

接着代入式 (1.22) 中，就可以计算得到最终结果。

上述条件期望与条件二阶矩的结果揭示了对称随机游走优良的性质，我们将在下一章中重点讨论。

实际生活中的许多情境可以抽象为随机游走，下面我们来介绍一个典型的例子。

例 1.3.3 赌徒输光问题

假设一开始你有 n 元，你将用这 n 元钱进行一串连续赌博。每一次赌博有 $1/2$ 的概率赢 1 元，有 $1/2$ 的概率输 1 元。当你输光了所有的本金，或者当你手中的财富达到了 $n+m$ 元时，你将停止赌博，试求停止时你赢了的概率。

解：这个问题有多个求解办法。例如，根据随机游走模型并用条件期望来求解；或者利用鞅的性质来求解。下面我们用第一种办法求解，第二种方法将在下一章介绍鞅的概念之后进行讲解。

令 $\mathbb{P}_i = \mathbb{P}$（财富积累到 $n+m$ 元 | 开始时有 i 元）。根据规则，有

$$\mathbb{P}_0 = 0, \quad \mathbb{P}_{n+m} = 1.$$

我们注意到，开始时的 i 元在第一次赌博后只有两种可能：变为 $i+1$ 元或者 $i-1$ 元，根据条件概率公式，我们有如下等式：

$$\begin{aligned} p_i &= \mathbb{P}(\text{win}) \\ &= \mathbb{P}(\text{win}|i \to i+1)\mathbb{P}(i \to i+1) + \mathbb{P}(\text{win}|i \to i-1)\mathbb{P}(i \to i-1), \end{aligned}$$

这两种可能事件的概率均为 $1/2$，所以得到递推方程

$$\mathbb{P}_i = \frac{1}{2}\mathbb{P}_{i-1} + \frac{1}{2}\mathbb{P}_{i+1}.$$

上式可改写为

$$\mathbb{P}_{i+1} - \mathbb{P}_i = \mathbb{P}_i - \mathbb{P}_{i-1}.$$

这是一个等差数列，可以解得

$$\mathbb{P}_i = \frac{i}{n+m}.$$

故 $\mathbb{P}_n = n/(n+m)$ 即为所求。

1.3.8 连续时间随机过程示例：泊松过程

下面介绍连续时间下常用的一类随机过程——**泊松过程**。泊松过程是计数过程，刻画一种特殊的事件到达或发生的次数。它在随机过程的理论和应用方面都起着重要的作用，特别在运筹学和排队论中的作用更为显著。泊松过程在现实中的实例很多，在一段时间内到达超市的顾客个数、某个网页被浏览访问的次数、某电话交换台的呼唤数等都可以用泊松过程描述。在金融建模中，泊松过程广泛应用于跳跃扩散过程建模，比如可以用来描述股票价格发生跳动的事件。

首先引入**计数过程**的概念。

定义 1.25 随机过程 $\{N(t), t \geqslant 0\}$ 称为计数过程，如果 $N(t)$ 表示在时间区间 $(0,t]$ 中发生某种事件的数目。一个计数过程必然满足：

1. $N(t)$ 取非负整数；
2. 若 $s < t$，则 $N(s) \leqslant N(t)$；
3. $N(t)$ 在 $\mathbb{R}^+ = [0,\infty)$ 上右连续且每一段取常数；
4. 对于 $s < t$，增量 $N(t) - N(s)$ 等于时间区间 $(s,t]$ 中发生的事件数。

以上严谨的数学定义理解起来并不难，用通俗的语言叙述，即计数过程在某个时间段内发生的事件数目一定不可能是负数，且随着时间的增加，事件数目至少不会减少。在一段时间内没有事件发生时，计数数目不改变。另外，要求能用 $N(t) - N(s)$ 表示在时间 s 到 t 之间发生的事件数。

泊松过程是一种特殊的计数过程，它的定义如下：

定义 1.26 称计数过程 $\{N(t)\}$ 是强度为 λ 的泊松过程，如果

1. $N(0) = 0$；
2. 过程有平稳与独立增量；
3. 在任意长度为 t 的区间中事件的个数 $N(t+s) - N(s)$ 服从期望为 λt 的泊松分布

$$\mathbb{P}(N(t+s) - N(s) = k) = \frac{\lambda^k t^k}{k!} \mathrm{e}^{-\lambda t}.$$

图 1.5 为泊松过程路径示例。

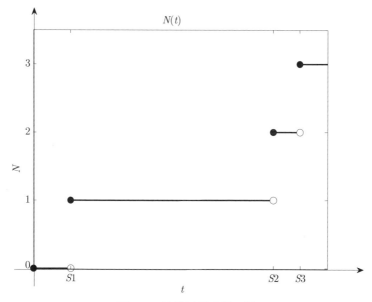

图 1.5 泊松过程路径示例

我们将在本节末证明泊松过程在每一时间段内的到达个数的期望是 $\mathbb{E}(N(t+\Delta t) - N(t)) = \lambda \Delta t$。$\lambda$ 可以看成单位时间内的平均到达个数，故称 λ 为此过程强度或速率。怎么理解这一定义呢？上面的条件 1 说明事件从 0 开始计数，条件 2 与实

际应用中计数过程的特征有关。但是条件 3 却不易理解与验证。因此我们对泊松过程的等价定义进行介绍，以方便我们更多地理解泊松过程。

在此之前，我们需要回忆在高等数学中曾定义过的函数 f 是 $o(h)$ 的概念。

定义 1.27 称函数 f 是 $o(h)$ 的，若满足下列条件：

$$\lim_{h \to 0} \frac{f(h)}{h} = 0,$$

有了 $o(h)$ 的概念，我们就能给出泊松过程的另一个定义。

定义 1.28 计数过程 $\{N(t), t \geqslant 0\}$ 称为参数为 λ 的泊松过程，如果

1. $N(0) = 0$；
2. 过程有平稳与独立增量；
3. $\mathbb{P}(N(h) = 1) = \lambda h + o(h)$；
4. $\mathbb{P}(N(h) \geqslant 2) = o(h)$。

定义 1.28 在判定一个过程是否是泊松过程时十分有用。定义 1.28 中的条件 3 和条件 4 可以理解为在一个很小的时间区间 h 内，某事件发生的概率是 λh，不发生的概率是 $1 - \lambda h$。而在这个很小的区间内，两个事件不会同时发生，这其实是从"泊松分布是二项分布的极限"得到的。将区间 $[0, t]$ 划分为 k 个相等的区间，当 $k \to \infty$ 时在任一子区间中发生两个或更多个事件的概率趋于 0。

数学上可以严格证明，定义 1.26 和定义 1.28 是等价的，本书在此不对这一点进行严格证明。但直观上可以看出，将区间 $[0, t]$ 划分为 k 个相等的区间，如果当 $k \to \infty$ 时任一子区间中发生两个或更多个事件的概率趋于 0，那么 $N(t)$ 就等于当划分个数 $k \to \infty$ 时，在 t 时间内有一个事件发生的子区间的个数，而这就是参数为 k 和 $\mathbb{P}(N(t/k) = 1)$ 的一个二项分布在划分 $k \to \infty$ 时的极限。反过来，也可以通过 $o(h)$ 语言和定义 1.26 中的条件 3 来验证定义 1.28 中的条件 3 和条件 4。感兴趣的读者可以自行证明。利用以上定义和性质，我们也容易计算参数为 λ 的泊松分布 $N(t)$ 的数学期望

$$\begin{aligned}\mathbb{E}(N(t)) &= \lim_{k \to \infty} k \times \mathbb{P}(N(\frac{t}{k}) = 1) \\ &= \lim_{k \to \infty} k \times \left[\lambda \cdot \frac{t}{k} + o\left(\frac{t}{k}\right)\right] \\ &= \lambda t + \lim_{k \to \infty} \left[t \times \frac{o(\frac{t}{k})}{\frac{t}{k}}\right] \\ &= \lambda t.\end{aligned}$$

值得注意的是，上面定义的实际上都是时齐泊松过程，也就是说单位时间内计数过程平均到达个数是不随时间变化的常量。除此之外，泊松过程还可以由到达时间间隔与等待时间的分布来定义。以 X_1 记为第一个事件来到的时刻。对 $n \geqslant 2$，以 X_n 记为第 n 个事件与第 $(n-1)$ 个事件之间的等待时间。序列 $\{X_n, n \geqslant 1\}$ 称为**到达时间间隔序列**。假设 $X_1, X_2, ..., X_n$ 是独立同分布的均值为 $1/\lambda$ 的指数随机变量，即

$$\mathbb{P}(X_i \leqslant x) = 1 - e^{-\lambda x}, \quad x \geqslant 0.$$

我们感兴趣的量是第 n 个事件的**等待时间**，将其记为 S_n，根据定义有

$$S_n = \sum_{i=1}^{n} X_i, \quad n \geqslant 1.$$

可以由 $X_1, X_2, ..., X_n$ 的矩母函数及 Γ-分布的矩母函数证明 S_n 服从参数为 n，λ 的 Γ-分布。对于服从均值为 $1/\lambda$ 的指数分布的 $X_1, X_2, ..., X_n$，其矩母函数为

$$\varphi_{X_i}(t) = \mathbb{E}(e^{tX_i}) = \frac{\lambda}{\lambda - t}, \quad t < \lambda.$$

因而，$S_n = \sum_{i=1}^{n} X_i$ 的矩母函数为

$$\begin{aligned}\varphi_{S_n}(t) =& \mathbb{E}(e^{tS_n}) = \mathbb{E}\left(e^{t\sum_{i=1}^{n} X_i}\right) \\ =& \prod_{i=1}^{n} \mathbb{E}(e^{tX_i}) \\ =& \left(\frac{\lambda}{\lambda - t}\right)^n.\end{aligned}$$

而参数为 n 和 λ 的 Γ-分布的矩母函数为

$$\varphi_{\Gamma(n,\lambda)}(t) = \left(\frac{\lambda}{\lambda - t}\right)^n.$$

即得第 n 个事件的等待时间 S_n 服从参数为 n，λ 的 Γ-分布。

这样，我们可以给出第三种定义泊松过程的方法。

定义 1.29 从一列均值为 $1/\lambda$ 的独立同分布的指数随机变量 $\{X_n, n \geqslant 1\}$ 出发。第 n 个事件在时刻 S_n 发生，这里

$$S_n = X_1 + X_2 + \cdots + X_n.$$

定义一个计数过程

$$N(t) = \max\left\{n : S_n = \sum_{i=1}^{n} X_i \leqslant t\right\},$$

该计数过程 $\{N(t), t \geqslant 0\}$ 就是参数为 λ 的泊松过程。

最后我们介绍泊松过程的两个重要性质，这两个性质在之后的学习中非常有用。

性质 1.3.8.1 $\mathbb{E}(N(t) - N(s)) = \lambda(t - s)$.

性质 1.3.8.2 $\mathbb{E}(N(t) - N(s))^2 = \lambda(t - s) + \lambda^2(t - s)^2$.

在此，我们对上述性质给出简单的证明。

证明：$N(t) - N(s)$ 是参数为 $\lambda(t-s)$ 的泊松随机变量，因此有

$$\mathbb{E}(N(t) - N(s))$$
$$= \sum_{n=1}^{\infty} n \mathbb{P}(N(t) - N(s) = n)$$
$$= \sum_{n=1}^{\infty} n e^{-\lambda(t-s)} \frac{(\lambda(t-s))^n}{n!}$$
$$= \lambda(t-s) e^{-\lambda(t-s)} \sum_{n=1}^{\infty} \frac{(\lambda(t-s))^{n-1}}{(n-1)!}.$$

由于 $\sum_{n=1}^{\infty} \frac{(\lambda(t-s))^{n-1}}{(n-1)!}$ 可以被视为 $e^{\lambda(t-s)}$ 的泰勒展开，因此

$$\sum_{n=1}^{\infty} \frac{(\lambda(t-s))^{n-1}}{(n-1)!} = e^{\lambda(t-s)},$$

可以化简得到

$$\mathbb{E}(N(t) - N(s)) = \lambda(t - s).$$

同理可得

$$\mathbb{E}(N(t) - N(s))^2$$
$$= \sum_{n=1}^{\infty} n^2 \mathbb{P}(N(t) - N(s) = n)$$
$$= \sum_{n=1}^{\infty} n e^{-\lambda(t-s)} \frac{(\lambda(t-s))^n}{(n-1)!}$$
$$= \sum_{n=2}^{\infty} e^{-\lambda(t-s)} \frac{(\lambda(t-s))^n}{(n-2)!} + \sum_{n=1}^{\infty} e^{-\lambda(t-s)} \frac{(\lambda(t-s))^n}{(n-1)!}.$$

类似地，有

$$\sum_{n=2}^{\infty} e^{-\lambda(t-s)} \frac{(\lambda(t-s))^n}{(n-2)!} = \lambda^2 (t-s)^2,$$

化简可以得到

$$\mathbb{E}(N(t)-N(s))^2 = \lambda^2(t-s)^2 + \lambda(t-s).$$

上述性质得证。 □

1.4 本章小结

本章首先从样本空间、可测空间的定义引入概率空间的概念，并介绍了随机变量的定义与一些常见例子。随后，我们讨论了独立性，并通过例子展示了独立性与期望和相关性之间的关系。接着我们给出了随机变量序列极限与收敛的定义，并详细介绍了最为重要的强大数定理与中心极限定理。最后，我们简单介绍了测度论中的积分的极限定理，作为读者知识的拓展。本章还介绍了条件期望与随机过程两大部分。我们回顾了条件概率的相关知识，并在此基础上给出了条件期望的定义，介绍并详细证明了条件期望的几条重要性质。望读者认真掌握这些性质，并尝试自己推算证明。同时，本章给出了随机过程这一重要概念的定义，并通过抛掷硬币的例子引出了信息集与域流的概念。接下来，该部分介绍了随机过程的分类和一些特殊性质，并详细介绍了几个常用随机过程示例，阐述了它们特有的性质与验证方法，重点讨论了随机游走与泊松过程这两个有代表性的随机过程。它们在理论和实际应用方面都意义重大，望读者认真学习研究，理解其定义与性质。对于本章内容的扩展与深化，读者可参阅书后参考文献 [1]、[6]、[11]、[32] 等。

第 2 章

鞅

在 18 世纪的法国，一种被称为"翻倍法"的赌博策略曾经十分流行。直到今天，从美国的拉斯维加斯到中国的澳门，大大小小的赌场里依旧可见这种策略。应用这一游戏策略的游戏类型各种各样，但基本原理相差无几。总的来说，该策略大致是这样的：玩家下赌金 X，每一回合，玩家有 $1/2$ 的概率赢、$1/2$ 的概率输，如果赢了则获得 $2X$，如果输了则赌金分文不还。这其实类似于一般赌场里常见的"押大小"的游戏。

"翻倍法"的要点是：假设第一次赌博下注 1 元，如果输了，则将上一回合的赌注"翻倍"，继续这一回合的赌博，直到赢一次为止。在这种策略下，不论之前输掉多少钱，只要赢一次，就可以弥补过去的全部亏损，还有 1 元的盈余。比如，玩家连续押错三次而第四次终于押对，先输掉前三次的 $1+2+4=7$ 元，而在第四次押 $4\times 2 = 8$ 元，最终会赚到 $8-(1+2+4)=1$ 元。一般地，如果玩家一直到第 $N+1$ 次才押对，则前 N 次将会输掉 $1+2+\cdots+2^{N-1}=2^N-1$ 元，而第 $N+1$ 次赚到的 2^N 元将会冲抵之前输掉的所有赌金，并且带来 1 元的收入。

可以证明，当玩家的财富和时间都趋于无穷时，他至少赢一次的概率趋近于 1。也就是说，至少赢一次这个事件的概率为 1。因此，人们认为这是一种赌博中的必胜策略。然而矛盾的是，实际中这种策略并不能带来绝对的正收益。这就是当时的**圣彼得堡悖论**（Saint Petersburg paradox）。在本章中我们将会看到，平均而言玩家每个回合的收益是不会改变的。而在现实中，该策略有极大风险，即赌金的指数级增长很可能导致玩家在赢一次之前就破产。因此，"翻倍法"并非传说中的那样神乎其神。

适用于处理上述问题的理论被称为**鞅**（martingale），这个词本身即源于赌博。而事实上，不仅是赌博，鞅这个概念在金融量化建模中也十分重要，它和市场的无套利条件紧密相连，一同构成金融衍生品定价理论的基石。接下来我们将介绍这个理论，并举例阐述其在实际中的应用。

2.1 鞅的定义及示例

2.1.1 鞅的定义

定义 2.1 设有概率空间 $(\Omega, \mathcal{F}, \mathbb{P})$，$\mathcal{F}(t) \subseteq \mathcal{F}$，$0 \leqslant t \leqslant T$ 为定义在其上的域流。$\{M(t), 0 \leqslant t \leqslant T\}$ 是适应的随机过程，且对任意 $t, 0 \leqslant t \leqslant T$，有 $\mathbb{E}|M(t)| < \infty$。

1. 如果对所有 $0 \leqslant s \leqslant t \leqslant T$，有

$$\mathbb{E}[M(t)|\mathcal{F}(s)] = M(s),$$

则称 $M(t)$ 是一个**鞅**（martingale）。

2. 如果对所有 $0 \leqslant s \leqslant t \leqslant T$, 有

$$\mathbb{E}\left[M(t)|\mathcal{F}(s)\right] \geqslant M(s),$$

则称 $M(t)$ 是一个**下鞅**（submartingale）。

3. 如果对所有 $0 \leqslant s \leqslant t \leqslant T$, 有

$$\mathbb{E}\left[M(t)|\mathcal{F}(s)\right] \leqslant M(s),$$

则称 $M(t)$ 是一个**上鞅**（supermartingale）。

类似地，鞅在离散时间下的定义如下。

定义 2.2 设有概率空间 $(\Omega, \mathcal{F}, \mathbb{P})$, $\mathcal{F}_n (\subseteq \mathcal{F})$ 为定义在其上的域流，$n \geqslant 1, n \in \mathbb{N}$。$\{M_n, n \geqslant 1\}$ 是适应的随机过程，且对一切 $n \geqslant 1$, $n \in \mathbb{N}$, $\mathbb{E}|M_n| < \infty$。如果对所有 $n \geqslant 1, n \in \mathbb{N}$, 有

$$\mathbb{E}(M_{n+1}|\mathcal{F}_n) = M_n,$$

则称 $\{M_n, n \geqslant 1\}$ 是一个**鞅**。

离散情况下的鞅还有另一种定义："若对任意 $n > m \in \mathbb{N}$, 都有 $\mathbb{E}[M_n|\mathcal{F}_m] = M_m$, 则称 $\{M_n, n \geqslant 1\}$ 是一个鞅"。这和定义 2.2 其实是等价的。可以这样来证明，从第二种定义出发，令 $n = m+1$, 可得到定义 2.2。从定义 2.2 出发，由累次条件期望定理，有

$$\mathbb{E}(M_{m+2}|\mathcal{F}_m) = \mathbb{E}\left[\mathbb{E}(M_{m+2}|\mathcal{F}_{m+1})|\mathcal{F}_m\right] = \mathbb{E}[M_{m+1}|\mathcal{F}_m] = M_m,$$

以此类推，即可证 $\mathbb{E}(M_n|\mathcal{F}_m) = M_m$。

值得注意的是，鞅的定义与域流 $\mathcal{F}(t)$、概率测度 $\mathbb{P}$ 紧密相关，在某一个测度下为鞅的随机过程在其他测度下未必是鞅。同时，一个鞅相对于某个域流为鞅，但相对于其他流域就未必为鞅。

由上述定义易知，鞅具有恒定不变的期望，即

$$\mathbb{E}M(t) = \mathbb{E}M(0), \quad \forall 0 < t < T. \tag{2.1}$$

这是因为根据鞅的定义，有等式

$$\mathbb{E}\left[M(t)|\mathcal{F}(s)\right] = M(s), \quad \forall 0 \leqslant s < t \leqslant T. \tag{2.2}$$

等式两边同时取期望，有

$$\mathbb{E}\left[\mathbb{E}\left[M(t)|\mathcal{F}(s)\right]\right] = \mathbb{E}[M(s)],$$

运用累次条件期望定理，可得

$$\mathbb{E}\left[\mathbb{E}\left[M(t)|\mathcal{F}(s)\right]\right] = \mathbb{E}\left[M(t)\right],$$

因此可以得到

$$\mathbb{E}\left[M(t)\right] = \mathbb{E}\left[M(s)\right].$$

且 $\mathbb{E}[M(t)] = \mathbb{E}[M(0)]$，$\forall 0 \leqslant t \leqslant T$。换句话说，鞅的无条件期望并不依赖于时间：在平均意义上，鞅的期望随着时间的推进既无上升也无下降的趋势。在之后的学习中，我们会多次使用鞅的这一特性解决问题。

2.1.2 鞅的例子

例 2.1.1 赌博游戏

回到本章开头所讲的赌博游戏，我们将利用游戏收益的鞅性质证明该策略并非必胜策略。用 V_n 代表第 n 个回合之后玩家的总收益或者总损失。在"翻倍法"的规则下，如果前 n 个回合至少赢了 1 次，则策略结束，即

$$\mathbb{P}(V_{n+1} = 1 | V_n = 1) = 1.$$

如果前 n 个回合都是输的，则第 n 回合的总损失为

$$V_n = -(1 + 2 + 4 + \cdots + 2^{n-1}) = -(2^n - 1).$$

由于每个回合都是互相独立的，因此在前 n 次都输的条件下，第 $n+1$ 回合的结果是赢的概率为 $1/2$，此时 $V_{n+1} = 1$，也就是

$$\mathbb{P}(V_{n+1} = 1 | V_n = -(2^n - 1)) = 1/2.$$

第 $n+1$ 回合结果是输的概率也为 $1/2$，此时 $V_{n+1} = -(2^{n+1} - 1)$，亦即

$$\mathbb{P}(V_{n+1} = -(2^{n+1} - 1) | V_n = -(2^n - 1)) = 1/2.$$

下面我们证明，在这个策略下玩家的总收益过程 $V_n (n \geqslant 1)$ 是一个鞅，即证明

$$\mathbb{E}\left(V_{n+1} | \mathcal{F}_n\right) = V_n.$$

首先，根据过程 V_n 的马尔科夫性，我们有

$$\mathbb{E}\left(V_{n+1} | \mathcal{F}_n\right) = \mathbb{E}\left(V_{n+1} | V_n\right).$$

因此，只需证
$$\mathbb{E}(V_{n+1}|V_n) = V_n.$$
这等价于证明，对于 V_n 的所有可能取值 v，有
$$\mathbb{E}(V_{n+1}|V_n = v) = v. \tag{2.3}$$
分析赌博规则可知，v 取值只可能为 1 或 $-(2^n - 1)$。因此，我们只需对这两种情况验证。首先，对于 $v = 1$ 的情况，我们有
$$\mathbb{E}(V_{n+1}|V_n = 1) = 1 \times \mathbb{P}(V_{n+1} = 1|V_n = 1) = 1.$$
其次，对于 $v = -(2^n - 1)$ 的情况，我们有
$$\begin{aligned}&\mathbb{E}(V_{n+1}|V_n = -(2^n-1))\\=&1 \times \mathbb{P}(V_{n+1} = 1|V_n = -(2^n-1)) - (2^{n+1}-1) \times\\&\mathbb{P}(V_{n+1} = -(2^{n+1}-1)|V_n = -(2^n-1))\\=&1/2 - (2^{n+1}-1) \times 1/2\\=&-(2^n-1).\end{aligned}$$
从而我们证明了式 (2.3)。综上，
$$\mathbb{E}(V_{n+1}|\mathcal{F}_n) = V_n.$$
即总收益（或总损失）过程 $\{V_n\}$ 是一个鞅，且
$$\mathbb{E}(V_n) = \mathbb{E}(V_1) = 0.$$

这个结果表明，假如玩家参与这个赌博游戏，从平均意义上讲他最终的盈亏会相抵；但整个过程中的风险是巨大的，很可能导致玩家破产。这个策略之所以会被认为是必胜的策略，是因为人们将其结束时间当作了玩家首次赢一局的时间——一个停时 τ。τ 其实是一个随机变量（这是本章稍后将要介绍的概念，事实上，$\tau = \inf\{t \geqslant 0, V_t = 1\}$），且有 $\mathbb{E}(V_\tau) = 1$。而在真实的赌博中，结束时间应为一个确定的时间 t，而且 $\mathbb{E}(V_t) = 0$。

例 2.1.2 对称随机游走及非对称随机游走

回忆在上一章里的定义，对称随机游走是满足下列条件的离散时间、离散状态的随机过程：

1. $W_0 = 0$；
2. $W_n = \sum_{k=1}^n X_k$，其中 $\mathbb{P}(X_k = 1) = 1/2$，$\mathbb{P}(X_k = -1) = 1/2$。

我们曾在上一章中证明了对称随机游走的许多特殊性质，如马尔科夫性、独立增量及二次变差等于时间长度等。有了鞅的定义，我们可以得到对称随机游走的其他重要性质。在上一章中，我们已经证明了，当 $0 < m < n$ 时，

$$\mathbb{E}(W_n | \mathcal{F}_m) = W_m.$$

其中，$\mathcal{F}_m$ 是由 $X_1, X_2, ..., X_m$ 生成的域流。由鞅的定义，我们证明了对称随机游走是鞅。根据鞅的不变期望的性质式 (2.1)，有

$$\mathbb{E}(W_n) = \mathbb{E}(W_0),$$

即平均意义上对称随机游走既没有上升趋势也没有下降趋势，其期望不随时间变化而发生改变。因为对称随机游走每一步向上或向下的概率相同，因此这是符合我们的直觉的。

得到了 W_n 是鞅这一性质，我们或许会问，它经过简单变化得到的 W_n^2 是否也是鞅？回顾上一章，我们有如下结论：

$$\mathbb{E}(W_n^2 | \mathcal{F}_m) = W_m^2 + (n - m).$$

由于 $n \geqslant m$，所以 $\mathbb{E}(W_n^2 | \mathcal{F}_m) \geqslant W_m^2$，因此 W_n^2 并不是鞅，而是下鞅。事实上，任何一个鞅 M_n 的平方 M_n^2 都是下鞅。在后文中我们会看到，通过凸函数对鞅进行变换，总会将鞅变换为下鞅。

实际中大多数时候我们遇到的随机过程都不是鞅，为了利用鞅的优良性质，我们常常寻找各种变换，通过让变换后的随机过程成为鞅来简化问题。这一技巧在随机分析理论中十分常见。举个例子，虽然 W_n^2 不是鞅，但是我们可以构造变换 $\{W_n^2 - n, n \geqslant 1\}$，由

$$\mathbb{E}(W_n^2 | \mathcal{F}_m) = W_m^2 + (n - m),$$

可得

$$\mathbb{E}(W_n^2 - n | \mathcal{F}_m) = W_m^2 - m.$$

所以 $W_n^2 - n$ 是鞅。实际上，这是一个更为一般的定理的特殊情形，即如果随机过程 $\{M(t), t \geqslant 0\}$ 是鞅，且其二次变差为 $\langle M, M \rangle_t$，那么过程 $M(t)^2 - \langle M, M \rangle_t$ 是一个鞅。我们将在后面对这个定理进行详细的分析。

更一般地，我们考虑非对称离散状态下的随机游走，即

1. $W_0 = 0$;
2. $W_n = \sum_{k=1}^{n} X_k$,其中$\mathbb{P}(X_k = 1) = p$, $\mathbb{P}(X_k = -1) = 1 - p$。

如果随机游走不是对称的,则 $p \neq 1/2$。此时 W_n 不再是鞅,因为 W_n 有了上升或下降的趋势。同理,我们希望对 W_n 作变换构造出鞅。由于鞅的必要条件是具有恒定的期望,所以一种尝试是将 W_n 存在的趋势减掉,使其变成一个既无上升趋势也无下降趋势的随机过程。由于对每个 $X_1, X_2, ..., X_n, ...$,有

$$\mathbb{E}(X_k) = 1 \times p - 1 \times (1-p) = 2p - 1,$$

所以定义

$$S_n = W_n - (2p-1)n = W_n + (1-2p)n,$$

易证 S_n 为鞅。另一种构造的办法是令

$$M_n = \left(\frac{1-p}{p}\right)^{W_n}, \tag{2.4}$$

为证明 M_n 是一个鞅,需要计算

$$\mathbb{E}(M_{n+1}|\mathcal{F}_n) = \mathbb{E}\left[\left(\frac{1-p}{p}\right)^{W_{n+1}} \bigg| \mathcal{F}_n\right].$$

根据随机游走的定义,有

$$\mathbb{E}\left[\left(\frac{1-p}{p}\right)^{W_{n+1}} \bigg| \mathcal{F}_n\right] = \mathbb{E}\left[\left(\frac{1-p}{p}\right)^{W_n} \times \left(\frac{1-p}{p}\right)^{X_{n+1}} \bigg| \mathcal{F}_n\right].$$

根据条件期望可提取已知量的性质以及独立增量的性质,有

$$\mathbb{E}\left[\left(\frac{1-p}{p}\right)^{W_n} \times \left(\frac{1-p}{p}\right)^{X_{n+1}} \bigg| \mathcal{F}_n\right] = \left(\frac{1-p}{p}\right)^{W_n} \times \mathbb{E}\left[\left(\frac{1-p}{p}\right)^{X_{n+1}}\right],$$

因此可以得到

$$\mathbb{E}(M_{n+1}|\mathcal{F}_n) = \left(\frac{1-p}{p}\right)^{W_n} \times \mathbb{E}\left[\left(\frac{1-p}{p}\right)^{X_{n+1}}\right] = M_n,$$

其中,

$$\mathbb{E}\left[\left(\frac{1-p}{p}\right)^{X_{n+1}}\right] = p\frac{1-p}{p} + (1-p)\left(\frac{1-p}{p}\right)^{-1} = 1 - p + p = 1.$$

由这个例子可以看出,从一个随机过程出发,我们有多种构造鞅的形式。

例 2.1.3　构造与泊松过程有关的鞅

读者可能会问,前面学过的泊松过程是否是鞅?我们知道泊松过程的均值是 λt,随着时间的增加,泊松过程的均值有增长的趋势,所以泊松过程 $\{N(t), t \geqslant 0\}$ 不是鞅。为了使其具有鞅性质,我们可以把 $N(t)$ 存在的趋势减掉,使之变成一个既无上升趋势也无下降趋势的随机过程 $N(t) - \lambda t$。我们猜测 $\{N(t) - \lambda t, t \geqslant 0\}$ 是鞅。在证明该过程是鞅之前,让我们先回顾泊松分布的两个重要性质:

$$\mathbb{E}(N(t) - N(s)) = \lambda(t - s), \tag{2.5}$$

$$\mathbb{E}\left[(N(t) - N(s))^2\right] = \lambda(t - s) + \lambda^2(t - s)^2. \tag{2.6}$$

在上一章的结尾我们对这两个性质进行了证明,在此不再赘述。下面我们很容易证明 $\{N(t) - \lambda t, t \geqslant 0\}$ 是鞅。

证明:对于 $s < t$,我们可以计算

$$\begin{aligned}\mathbb{E}\left(N(t) - \lambda t | \mathcal{F}(s)\right) &= \mathbb{E}\left(N(t) - \lambda t - N(s) + N(s) | \mathcal{F}(s)\right) \\ &= N(s) - \lambda t + \mathbb{E}\left(N(t) - N(s) | \mathcal{F}(s)\right).\end{aligned}$$

根据泊松过程的独立平稳增量性质以及上面的第一条性质,有

$$\mathbb{E}\left(N(t) - N(s) | \mathcal{F}(s)\right) = \mathbb{E}\left(N(t) - N(s)\right) = \lambda(t - s),$$

因此可得

$$\mathbb{E}\left(N(t) - \lambda t | \mathcal{F}(s)\right) = N(s) - \lambda t + \lambda(t - s) = N(s) - \lambda s.$$

因此我们得到,$N(t) - \lambda t$ 为一个鞅。类似地,我们提出这样一个问题,如何将 $(N(t) - \lambda t)^2$ 变换成一个鞅?答案是 $(N(t) - \lambda t)^2 - \lambda t$。实际上,$\lambda t$ 是 $(N(t) - \lambda t)^2$ 的二次变差。证明过程类似于上文所证的 $\{N(t) - \lambda t, t \geqslant 0\}$ 是鞅,即将 $N(t)$ 拆成两部分:$N(t) - N(s)$ 和 $N(s)$。

$$\begin{aligned}&\mathbb{E}\left[(N(t) - \lambda t)^2 - \lambda t | \mathcal{F}(s)\right] \\ =&\mathbb{E}\left[(N(s) - \lambda t + (N(t) - N(s)))^2 - \lambda t | \mathcal{F}(s)\right].\end{aligned}$$

把平方项展开,并提取已知量,上式可以转化为

$$\begin{aligned}&\mathbb{E}\big(N(s)^2 - 2\lambda t N(s) + (\lambda t)^2 + (N(t) - N(s))^2 + \\ &\quad 2(N(t) - N(s))(N(s) - \lambda t) - \lambda t | \mathcal{F}(s)\big) \\ =&(N(s)^2 - 2\lambda t N(s) + (\lambda t)^2) + \mathbb{E}\left((N(t) - N(s))^2 | \mathcal{F}(s)\right) + \\ &\mathbb{E}\left(2(N(t) - N(s))(N(s) - \lambda t) | \mathcal{F}(s)\right)) - \lambda t.\end{aligned}$$

根据泊松过程的两个性质式 (2.5) 和式 (2.6)，可以进行化简：

$$\mathbb{E}\left((N(t)-\lambda t)^2 - \lambda t | \mathcal{F}(s)\right)$$
$$=(N(s)^2 - 2\lambda t N(s) + (\lambda t)^2) + \lambda(t-s) + \lambda^2(t-s)^2 + 2\lambda(t-s)(N(s)-\lambda t) - \lambda t$$
$$=(N(s)-\lambda s)^2 - \lambda s.$$

由此，我们证明了 $(N(t)-\lambda t)^2 - \lambda t$ 是鞅。 □

例 2.1.4 鞅变换——离散时间积分

首先引入"可料"这一概念：如果 ϑ_n 是 $\mathcal{F}_{n-1}$ 可测的，也就是说 ϑ_n 根据 $n-1$ 时刻的信息就可以确定了，我们则称 $\{\vartheta_n\}$ 是**可料的**（predictable）。这个定义十分有用。我们注意到在金融投资领域中，投资策略往往是根据之前的信息决定在未来某个时间段内的投资量。也就是说，我们需要根据截至 $n-1$ 时刻的信息，决定在 $n-1$ 时刻到 n 时刻之间对某资产的持有量，并在不同时刻，根据新的信息，动态调整持有量。因此，一个可料的随机过程 ϑ_n 能够很好地描述特定投资决策的变化。

有了这个概念，我们即可用一个随机过程来表示在一个时间区间内的**动态投资策略**（dynamic trading strategy）。假设我们决定投资于某资产，其价格变化过程用 $\{M_n, n \geq 0\}$ 进行建模。我们用 ϑ_n 表示从时刻 $n-1$ 到 n 之间对该资产的持有量，ϑ_n 是可料的，即是 $\mathcal{F}_{n-1}$ 可测的。构造

$$T_0 = 0, \quad T_n = \sum_{k=1}^{n} \vartheta_k(M_k - M_{k-1}),$$

可以看出 T_n 代表了从 0 时刻到 n 时刻，用动态投资策略投资于该资产的财富变化。

如果资产的价格过程 $\{M_n\}$ 是一个鞅，可以证明动态投资策略下的财富变化过程 $\{T_n\}$ 也是一个鞅，我们将 $\{T_n\}$ 称作**鞅变换**（martingale transform）。证明如下。

证明：

$$\mathbb{E}(T_n|\mathcal{F}_{n-1})$$
$$=\mathbb{E}\left(\sum_{k=1}^{n}\vartheta_k(M_k-M_{k-1})\bigg|\mathcal{F}_{n-1}\right)$$
$$=\mathbb{E}\left(\sum_{k=1}^{n-1}\vartheta_k(M_k-M_{k-1})\bigg|\mathcal{F}_{n-1}\right) + \mathbb{E}(\vartheta_n(M_n-M_{n-1})|\mathcal{F}_{n-1})$$
$$=\sum_{k=1}^{n-1}\vartheta_k(M_k-M_{k-1}) + \mathbb{E}(\vartheta_n(M_n-M_{n-1})|\mathcal{F}_{n-1}).$$

根据 ϑ_n 的可料性，有

$$\mathbb{E}\left(\vartheta_n(M_n - M_{n-1})|\mathcal{F}_{n-1}\right) = \vartheta_n(\mathbb{E}\left(M_n|\mathcal{F}_{n-1}\right) - M_{n-1}) = \vartheta_n(M_{n-1} - M_{n-1}) = 0.$$

由此，可以得到

$$\mathbb{E}\left(T_n|\mathcal{F}_{n-1}\right) = T_{n-1}.$$

即 T_n 是鞅得证。 □

动态投资策略财富变化 T_n 的鞅性质表明，如果平均意义上投资标的盈亏为 0，则投资者无法通过确定性的投资策略获得正收益。

由于 T_n 是 ϑ 在 M 的各个小区间上的求和，它在形式上还可以被视为在 M 下对 ϑ 的"积分"。鞅变换的结果表明，可料函数 $\{\vartheta_n\}$ 对一个鞅 $\{M_n\}$ 的"积分"仍为鞅 $\{T_n\}$。这个结论可以推广到连续时间的情况，鞅变换成为随机积分，此时满足一定条件的过程 $\Delta(s)$ 对鞅 $M(s)$ 的积分也是一个鞅。我们将在后续章节中集中讨论这些内容。

例 2.1.5 其他重要的鞅

类似的还有许多其他构造鞅的方法，我们下面举几例进行介绍。在后面的学习中我们也会经常用到这些例子。

列维鞅（Lévy martingale）是通过在域流下求条件期望的方式，将一个随机变量变成一个随机过程来构造鞅。其定义为

$$X_n = \mathbb{E}\left(X|\mathcal{F}_n\right).$$

我们可以用累次条件期望定理证明 X_n 是鞅，即

$$\mathbb{E}\left(X_{n+1}|\mathcal{F}_n\right) = \mathbb{E}\left[\mathbb{E}\left(X|\mathcal{F}_{n+1}\right)|\mathcal{F}_n\right] = \mathbb{E}\left(X|\mathcal{F}_n\right) = X_n.$$

接下来我们考察一列独立同分布随机变量的和与乘积，并探索通过简单的变换将它们转换成鞅的方法。对一列独立同分布的变量 $X_1, X_2, ..., X_n$ 求和得到 $S_n = \sum_{k=1}^n X_k$。从直觉上看，如果 X_i 的期望 μ 不为 0，则每增加一个变量就会产生一个向上或者向下的趋势，因此 S_n 不为鞅：

$$\mathbb{E}(S_n|\mathcal{F}_m) = \mathbb{E}\left[\sum_{k=1}^n X_k \bigg| \mathcal{F}_m\right] = \sum_{k=1}^m X_k + \mathbb{E}\left(\sum_{k=m+1}^n X_k \bigg| \mathcal{F}_m\right) = S_m + (n-m)\mu.$$

若 X_i 的期望 $\mu > 0$，则 S_n 为下鞅，反之则为上鞅。因此要使其成为一个鞅，只需对上式进行简单变形，减去随机过程所带有的趋势即可得到。定义

$$M_0 = 0, \quad M_n = \sum_{k=1}^n X_k - n\mu = S_n - n\mu,$$

则 $\{M_n\}$ 是鞅。前述非对称随机游走的结论是此处的一个特例。

有时我们还需使独立同分布的 $X_1, X_2, ..., X_n$ 的乘积 $\prod_{k=1}^n X_k$ 变成一个鞅，那么只需定义

$$P_0 = 1, \quad P_n = \mu^{-n} \prod_{k=1}^n X_k,$$

其中 $\mathbb{E}(X_k) = \mu$。$\{P_n\}$ 是鞅的证明如下：

$$\begin{aligned}
\mathbb{E}(P_{n+1}|\mathcal{F}_n) &= \mathbb{E}\left(\mu^{-n+1} \prod_{k=1}^{n+1} X_k \bigg| \mathcal{F}_n\right) \\
&= \mu^{-n} \prod_{k=1}^n X_k \cdot \mu^{-1} \mathbb{E}(X_{n+1}|\mathcal{F}_n) \\
&= P_n,
\end{aligned}$$

其中 $\mathcal{F}_n = \sigma(X_1, X_2, ..., X_n)$。

还有一个重要的例子是**瓦尔德鞅**（Wald martingale）。定义为随机过程

$$W_0 = 1, \quad W_n = \frac{e^{\theta \sum_{k=1}^n X_k}}{(\phi(\theta))^n}$$

其中 X_k 是独立同分布的随机变量，且其矩母函数为 $\phi(\theta) = \mathbb{E}(e^{\theta X_i})$。$\{W_n\}$ 是鞅的证明如下：

$$\mathbb{E}(W_{n+1}|\mathcal{F}_n) = W_n \cdot \mathbb{E}\left(\frac{e^{\theta X_{n+1}}}{\phi(\theta)} \bigg| \mathcal{F}_n\right) = W_n \cdot \frac{\mathbb{E}(e^{\theta X_{n+1}})}{\phi(\theta)} = W_n.$$

最后再次强调，我们之所以煞费苦心地探索如何把不是鞅的随机过程变换为鞅，并不是在进行纯粹的数学游戏，而是为了简化之后的问题。当我们将这类技巧应用到金融建模中时，自然会看到这样做的好处。接下来，我们就会介绍一些由鞅衍生出的定义，它们在实际操作中常起到重要的作用。

2.1.3 停时及停止过程

金融建模中会接触到一类特定的问题，即一旦满足某个条件（例如股票价格触及一个约定的价位），某个合约就在该时刻生效或者失效。最典型的例子便是触及生效或失效期权。这些合约都涉及所谓的**停时**（stopping time）概念。在数学中，停时理论往往用来研究第一次满足某个条件的时间。

定义 2.3 随机变量 τ 是**停时**，如果对于任意 $0 < t < T$，$\{\tau \leqslant t\} \in \mathcal{F}(t)$。

初看上去，定义 2.3 可能略显抽象，下面我们就对这个定义做出进一步的解释。停时是一种特殊的"随机时刻"，它是一个随机变量。粗略来说，我们可以简单地将其理解成一个随机事件的"首次触发时间"，一旦触发它就将被确定。"t 时刻已经被触发"这一事件对应着 $\tau \leqslant t$，而 $\{\tau \leqslant t\} \in \mathcal{F}(t)$ 意味着在 t 时刻我们可以对 $\tau \leqslant t$ 回答"是"或者"不是"。也就是说，停时的定义要求"τ 在 t 时刻之前是否已经被确定"这个事件是 $\mathcal{F}(t)$ 可测的，仅由 t 时刻的信息就可以确定，不需要未来的任何信息。

下面介绍一类非常重要的停时：

$$\tau_L = \inf\{t \geqslant 0, S(t) = L\}$$

代表了随机过程 $\{S(t), t \geqslant 0\}$ 第一次达到水平 L 的时间。那么对于任意的时间 $t \geqslant 0$，事件 $\{\tau_L \leqslant t\}$ 是 $\mathcal{F}(t)$ 可测的，在时刻 t 以前 $S(t)$ 是否达到过水平 L 我们是知道的，因为 $S(t)$ 路径的信息包含在 $\mathcal{F}(t)$ 中。所以 τ_L 是一个停时。同理，第一次达到某个集合 A 的时间可以定义为

$$\tau_A = \inf\{t \geqslant 0 : X(t) \in A\},$$

这是一个非常重要的停时。

读者可能会问，一个什么样的随机时间不是停时呢？我们便在这里举一个反例。设

$$w = \inf\left\{t \geqslant 0, S(t) = \max_{0 \leqslant u \leqslant T} S(u)\right\},$$

可以看出，w 代表了第一次到达在时间区间 $[0, T]$ 中 $\{S(u), 0 \leqslant u \leqslant T\}$ 的最大值。w 非常重要，比如说它可以用于对一个既定时间区间中股价最大值的建模，从而预测股价在一段时间内的峰值。但是对于任意的 $t \geqslant 0$，w 不是 $\mathcal{F}(t)$ 可测的，因为 w 是否停止不仅依赖于到 t 时刻为止的信息，还依赖于 t 时刻到 T 时刻之间的信息。也就是说，我们除了需要知道随机过程 $S(t)$ 在 0 到 t 之间的取值，还需要知道 $S(t)$ 未来在 t 到 T 时刻之间的取值，才能确定 w 是否达到 $[0, T]$ 内的最大值，所以 w 是 $\mathcal{F}(T)$ 可测的，但不是 $\mathcal{F}(t)$ 可测的。w 不是一个停时，而是另一种类型的随机时间。

现在我们介绍一些停时的具体性质。假设 σ 和 τ 是停时，可以定义停时下的域流为

$$\mathcal{F}(\tau) = \{A \in \mathcal{F} : A \cap \{\tau \leqslant t\} \in \mathcal{F}(t)\},$$

根据定义，$\mathcal{F}(\tau)$ 代表的是所有截至时刻 τ 的信息。

性质 2.1.3.1 τ 是 $\mathcal{F}(\tau)$ 可测的。

这一点根据定义即可证明。

性质 2.1.3.2 如果 $\sigma \leqslant \tau$，则 $\mathcal{F}(\sigma) \subset \mathcal{F}(\tau)$。

如果 σ 在 τ 之前停止，根据域流的定义，随着时间增加，信息量只增不减。所以，$\mathcal{F}(\tau)$ 就包含了 $\mathcal{F}(\sigma)$ 中的全部信息，也就是 $\mathcal{F}(\sigma) \subset \mathcal{F}(\tau)$。

性质 2.1.3.3 $\mathcal{F}(\min(\sigma,\tau)) = \mathcal{F}(\sigma) \cap \mathcal{F}(\tau)$。

这一性质在直觉上也非常好理解，σ 和 τ 中最先停止的一个停时的信息集，必然是 $\mathcal{F}(\sigma)$ 和 $\mathcal{F}(\tau)$ 中较小的一个，即为 $\mathcal{F}(\sigma) \cap \mathcal{F}(\tau)$。对于上述最后两个性质，我们在此仅仅给出直观解释，感兴趣的读者可根据数学定义进行严格证明。

有了停时的概念，我们还能定义一种新的过程——**停止过程**（stopped process）。

定义 2.4 设有随机过程 $X(t)$, $t \geqslant 0$，则称 $X^\tau(t) = X(min(t,\tau))$ 为**停止过程**。

比如，图 2.1 中所示为某连续时间过程 $X(t)$ 产生的停止过程 $X^\tau(t)$，这里停时定义为

$$\tau = \inf\{t \geqslant 0 : X(t) \geqslant 0.3\}.$$

根据定义可以看出，当 $t < \tau$，停止过程 $X^\tau(t) = X(t)$；当 $t \geqslant \tau$，$X^\tau(t) = X(\tau)$，即 t 达到 τ 后，过程 $X^\tau(t)$ 的取值恒定不变，为 $X(\tau)$。

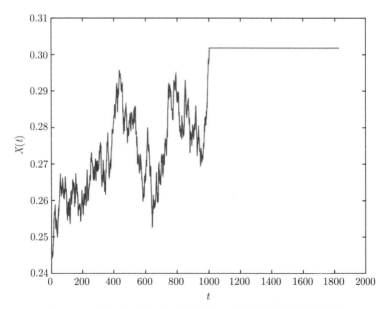

图 2.1　包含"$X(t)$ 第一次超过 0.3"的停时的随机过程

性质 2.1.3.4 若 $\{X(t)\}$ 是适应于域流 $\{\mathcal{F}(t)\}$ 的鞅, 则 $\{X^\tau(t)\}$ 是适应于域流 $\{\mathcal{F}(t)\}$ 的鞅, 被称为停止鞅。

读者可以通过定义证明上述"停止鞅是鞅"的性质。但这并不是我们关心的重点, 我们在此从直观上进行理解。如果 $X(t)$ 是鞅, 当 $t < \tau$ 时, 停止过程路径 $X^\tau(t) = X(t)$ 按照鞅 $X(t)$ 的路径发展。而 $t \geqslant \tau$ 时, $X^\tau(t) = X(\tau)$ 是定值, 也符合鞅的特点。所以, 直观来说, 停止过程 $X^\tau(t)$ 是鞅。值得注意的是, 该性质可拓宽至上鞅和下鞅: 若 $\{X(t)\}$ 是适应于域流 $\{\mathcal{F}(t)\}$ 的上鞅, 则 $\{X^\tau(t)\}$ 是适应于域流 $\{\mathcal{F}(t)\}$ 的上鞅; 若 $\{X(t)\}$ 是适应于域流 $\{\mathcal{F}(t)\}$ 的下鞅, 则 $\{X^\tau(t)\}$ 是适应于域流 $\{\mathcal{F}(t)\}$ 的下鞅。

停时不仅具有直观意义, 有时还能巧妙地帮助我们解决一些实际问题。我们在第 1 章学习随机游走时, 曾提到过赌徒输光的问题。下面我们用停时的知识, 给出一个解法。

例 2.1.6 赌徒输光问题

假设一开始你有 n 元, 你将用这 n 元进行一次连续的赌博。每一次赌博有 $1/2$ 的概率赢 1 元, 有 $1/2$ 的概率输 1 元。当输光了所有的本金, 或者当手中的财富达到了 $n+m$ 元时, 将停止赌博。试求停止时赢了的概率。

在第 1 章中, 我们根据随机游走模型并用条件期望列出递归式来求解。现在, 有了鞅和停时这两个有力的工具, 我们能更简单地求解这类问题。我们用随机游走对该游戏建模。假设 W_k 为第 k 次之后的游戏总收益(或总亏损), X_k 为第 k 次的收益(或损失), 那么 W_k 为随机游走, 满足:

1. $W_0 = 0$;
2. $W_n = \sum_{k=1}^{n} X_k$, 其中 $\mathbb{P}(X_k = 1) = 1/2$, $\mathbb{P}(X_k = -1) = 1/2$。

我们希望求解在停止赌博时玩家赢的概率, 也就是在输光之前达到 $n+m$ 元的财富的概率。我们发现, 停止赌博的时间 τ 其实是一个停时, 即

$$\tau = \min\{s \in \mathbb{N}, W_s = m \text{ 或者 } -n\}.$$

在时刻 τ 只能有两种结果, $W_\tau = m$ 或者 $W_\tau = -n$, 所以有

$$\mathbb{P}(W_\tau = m) + \mathbb{P}(W_\tau = -n) = 1. \tag{2.7}$$

我们要求的就是在 τ 时刻 $W_\tau = m$ 的概率。如果我们还知道 $\mathbb{E}W_\tau$ 就可以列出第二个等式, 从而求解出 $\mathbb{P}(W_\tau = m)$。那么 $\mathbb{E}W_\tau$ 等于什么呢? 注意到 $\{W_\tau\}$ 是一个鞅,

我们知道对于鞅有不变的期望，即

$$\mathbb{E}W_r = \mathbb{E}W_0.$$

那么鞅的不变期望的性质是否可以应用到停时 τ 呢？即如果

$$\mathbb{E}W_\tau = \mathbb{E}W_0$$

也成立的话，则可以顺利解出 $\mathbb{P}(W_\tau = m)$。下面我们说明此式成立。

构造一个停止鞅 $W_r^\tau = W_{\min\{r,\tau\}}$，根据上面的讨论，由于 W_r 是鞅，所以 W_r^τ 也是鞅。那么

$$\mathbb{E}W_r^\tau = \mathbb{E}W_0 = 0$$

成立。又因为

$$\mathbb{E}(W_\tau) = \mathbb{E}\left[\lim_{r\to\infty} W_r^\tau\right],$$

且 W_r^τ 是有界的

$$|W_r^\tau| \leqslant \max(m,n).$$

所以根据第 1 章中提到的控制收敛定理，有

$$\lim_{r\to\infty} \mathbb{E}W_r^\tau = \mathbb{E}\left[\lim_{r\to\infty} W_r^\tau\right].$$

所以

$$\mathbb{E}W_\tau = \mathbb{E}\left[\lim_{r\to\infty} W_r^\tau\right] = \lim_{r\to\infty} \mathbb{E}W_r^\tau = \mathbb{E}W_0,$$

即

$$\mathbb{E}W_\tau = \mathbb{E}W_0 = 0.$$

因此，可以列出第二个等式

$$m\mathbb{P}(W_\tau = m) - n\mathbb{P}(W_\tau = -n) = 0. \tag{2.8}$$

联立式 (2.7) 和式 (2.8)，可解得玩家赢的概率是

$$\mathbb{P}(W_\tau = m) = \frac{n}{m+n}. \tag{2.9}$$

这样，我们就通过停时和鞅巧妙地解决了这个应用问题。

需要注意的是，等式 $\mathbb{E}W_\tau = \mathbb{E}W_0$ 并不是对任何一个停时 τ 皆成立的。这里给出一个反例：一个对称随机游走 W_n 第一次到达 $W_n = 1$ 的时刻，即

$$\tau = \min\{j \in \mathbb{N},\ W_j = 1\},$$

就不满足。$\mathbb{E}W_\tau = 1$，而 $\mathbb{E}W_0 = 0$，所以

$$\mathbb{E}W_\tau \neq \mathbb{E}W_0.$$

因此，将鞅的不变期望性质应用到停时下需要满足一定的条件，即下面要介绍的一个很重要定理——**可选抽样定理**（optional sampling theorem）。它可以帮助我们判断在停时下，鞅的不变期望性质是否得到满足。

定理 2.1 （可选抽样定理）假设 $\{X_t\}$ 是鞅，在一定条件下，停时下的鞅的期望等于鞅的初始期望，即

$$\mathbb{E}X_\tau = \mathbb{E}X_0.$$

可选抽样定理有许多充分条件，例如这两种条件：

1. 停时 τ 是有界的，即存在 $M \in \mathbb{R}$，使得 $\mathbb{P}(\tau \leqslant M) = 1$；
2. 同时满足 $\mathbb{P}(\tau < \infty) = 1$、$\mathbb{E}|X_\tau| < \infty$ 和 $\lim_{n\to\infty} \mathbb{E}\left(|X_n|1_{\{\tau > n\}}\right) = 0$。

还有许多其他的条件，这里就不一一列举了。用可选抽样定理进行金融建模，我们可以得到一些启示：对于一个公平赌博（W_r 为鞅），平均而言玩家有恒定的期望总收益，玩家的盈利不会随时间而改变；玩家在平均意义上不能通过积累信息并选择最适当的退出时刻 τ 来获得更大的收益。鞅和停时是资产定价中非常有力的工具。运用鞅和停时，并结合可选抽样定理，我们可以简化一些问题。比如前文中的赌徒输光问题，我们不仅可以求得赌徒赢的概率，还可以用上述工具求解玩家结束游戏所需的时间的期望。

由于 τ 分布的复杂性，仅仅根据期望的定义来计算比较困难。我们先参考之前求解在停止赌博时玩家赢的概率的证明过程，构造 $W_{\min\{r,\tau\}}^2 - \min\{r,\tau\}$。前面我们证明了 $W_r^2 - r$ 是鞅。根据定义，由于 $W_r^2 - r$ 是鞅，所以 $W_{\min\{r,\tau\}}^2 - \min\{r,\tau\}$ 也是鞅。那么

$$\mathbb{E}\left[W_{\min\{r,\tau\}}^2 - \min\{r,\tau\}\right] = \mathbb{E}W_0^2 - 0 = 0.$$

于是我们有

$$\mathbb{E}W_{\min\{r,\tau\}}^2 = \mathbb{E}\min\{r,\tau\}. \tag{2.10}$$

对于式 (2.10) 左边，由于

$$|W_{\min(r,\tau)}^2| \leqslant \max(m^2, n^2),$$

应用控制收敛定理，有

$$\lim_{r\to\infty} \mathbb{E}W_{\min(r,\tau)}^2 = \mathbb{E}\left[\lim_{r\to\infty} W_{\min(r,\tau)}^2\right] = \mathbb{E}W_\tau^2.$$

对于式 (2.10) 右边，由于 $\min\{r,\tau\}$ 关于 r 的递增性质，应用单调收敛定理，有

$$\lim_{r\to\infty}\mathbb{E}\min(r,\tau)=\mathbb{E}\left[\lim_{r\to\infty}\min(r,\tau)\right]=\mathbb{E}(\tau).$$

因此，综上得到

$$\mathbb{E}(\tau)=\mathbb{E}\left(W_\tau^2\right).$$

容易计算得知

$$\mathbb{E}\left(W_\tau^2\right)=m^2\mathbb{P}\left(W_\tau=m\right)+n^2\mathbb{P}\left(W_\tau=-n\right),$$

将式 (2.9) 带入，即得

$$\mathbb{E}(\tau)=\mathbb{E}\left(W_\tau^2\right)=m^2\frac{n}{m+n}+n^2\frac{m}{m+n}=mn.$$

2.2 下鞅的 Doob 分解与 Doob-Meyer 分解

2.2.1 离散情况下的 Doob 分解

前文中我们主要探讨了鞅的定义和性质，并已经给出了对于下鞅的定义。从直观上讲我们知道，下鞅是一个在平均意义上具有上升趋势的随机过程。那么，如何把这一具有向上趋势的过程分解成一个平均意义上不变的过程和一个上升的过程呢？接下来介绍的 Doob 分解定理给出了一种分解下鞅的方法，并且证明了分解方法是唯一的。这一定理非常重要并且应用十分广泛，我们将在之后的章节中经常看到该定理的运用。

Doob 分解定理将下鞅分解为一个鞅与一个性质良好的序列之和。在具体讨论前，我们先就一些定义给出明确说明。此前我们介绍了可料这一概念，下面给出其明确定义：

定义 2.5 考虑一个概率空间 $(\Omega,\mathcal{F},\mathbb{P})$ 和其上的一个随机变量序列 $\{A_n\}_{n=0}^\infty$ 及其域流 $\{\mathcal{F}_n\}_{n=0}^\infty$。如果对于任意 $n\geqslant 1$，A_n 是 $\mathcal{F}_{n-1}$ 可测的，则称 $\{A_n\}$ 是**可料的**。

定理 2.2 （**Doob 分解定理**）考虑一个概率空间 $(\Omega,\mathcal{F},\mathbb{P})$，假设 $\{X_n\}_{n=0}^\infty$ 是域流 $\{\mathcal{F}_n\}_{n=0}^\infty$ 上的一个下鞅。则 X_n 可唯一地分解为两部分，

$$X_n=M_n+A_n,$$

其中 $\{M_n\}$ 是一个 $\{\mathcal{F}_n\}$ 上的鞅，而 $\{A_n\}$ 是一个单调非减、可料的随机变量序列，且 $A_0=0$。

为证明该定理，我们先假定定理成立并寻找一组分解方法，在此条件下推导出 $\{A_n\}$ 和 $\{M_n\}$ 的显式表达。若 Doob 分解定理中的 $\{A_n\}$ 和 $\{M_n\}$ 存在，根据 Doob 分解定理及鞅的性质，我们有

$$X_n - M_n = A_n, \tag{2.11}$$

$$\mathbb{E}[M_{n+1}|\mathcal{F}_n] = M_n. \tag{2.12}$$

将式 (2.11) 中的下标改为 $n+1$ 后对等式两边求条件期望，再减去式 (2.11)，得到

$$\mathbb{E}[X_{n+1} - M_{n+1}|\mathcal{F}_n] - (X_n - M_n) = \mathbb{E}[A_{n+1}|\mathcal{F}_n] - A_n.$$

利用式 (2.12)，于是上式左侧变为 $\mathbb{E}[X_{n+1}|\mathcal{F}_n] - X_n$；另一方面，由于 $\{A_n\}$ 是可料的，即

$$\mathbb{E}[A_{n+1}|\mathcal{F}_n] = A_{n+1},$$

于是上式右侧可化为 $A_{n+1} - A_n$。因此可得

$$\mathbb{E}[X_{n+1}|\mathcal{F}_n] - X_n = A_{n+1} - A_n.$$

再对上式用错项相消的方式从 $k=0$ 到 $n-1$ 进行求和，并将 $A_0 = 0$ 代入，于是 A_n 关于 $\{X_n\}$ 的显式表达形式如下：

$$A_n = \sum_{k=1}^{n}(A_k - A_{k-1}) = \sum_{k=1}^{n}[\mathbb{E}[X_k|\mathcal{F}_{k-1}] - X_{k-1}]. \tag{2.13}$$

代入 Doob 分解定理可得

$$M_n = X_n - A_n.$$

因此我们只需验证式 (2.13) 表示的 A_n 及 M_n 满足以下条件，即可完成对 Doob 分解定理存在性的证明：

1. A_n 是单调不减的随机变量序列；
2. A_n 是可料的；
3. M_n 为鞅。

证明：（存在性）令

$$A_n = \sum_{k=1}^{n}[\mathbb{E}[X_k|\mathcal{F}_{k-1}] - X_{k-1}], \quad M_n = X_n - A_n.$$

由于 X_n 为下鞅, 故 $\mathbb{E}[X_{n+1}|\mathcal{F}_n] \geqslant X_n$, 易知 $A_{n+1} \geqslant A_n$, 即 A_n 为单调不减的随机变量序列, 从而满足了上述的条件 1。并且由于 $\mathbb{E}[X_k|\mathcal{F}_{k-1}] - X_{k-1}$ 是 $\mathcal{F}_{k-1}$ 可测的, 所以 A_n 也是 $\mathcal{F}_{n-1}$ 可测的, 即 A_n 是可料的, 满足了上述的条件 2。最后验证 M_n 是鞅。我们可以计算 M_n:

$$\begin{aligned} M_n &= X_n - A_n \\ &= X_n - \sum_{k=1}^n \left[\mathbb{E}\left[X_k|\mathcal{F}_{k-1}\right] - X_{k-1}\right] \\ &= \sum_{k=1}^n \left[X_k - \mathbb{E}\left[X_k|\mathcal{F}_{k-1}\right]\right] + X_0 \\ &= X_n - \mathbb{E}[X_n|\mathcal{F}_{n-1}] + M_{n-1}. \end{aligned}$$

等式两侧关于 $\mathcal{F}_{n-1}$ 取条件期望, 则有

$$\mathbb{E}\left[M_n|\mathcal{F}_{n-1}\right] = M_{n-1},$$

因此, M_n 为鞅, 满足了上述的条件 3。至此, Doob 分解定理的存在性得到了证明。

(唯一性) 假设 X_n 存在另一种分解形式 $X_n = M'_n + A'_n$, 其中 M'_n 为鞅, 同时 A'_n 为单调不减的随机变量序列, 且 $A'_0 = 0$, 即

$$X_n = M_n + A_n, \ X_n = M'_n + A'_n.$$

将以上两式作差移项后可得

$$M_n - M'_n = A'_n - A_n,$$

将其记作 D_n, 也即

$$D_n := M_n - M'_n = A'_n - A_n.$$

由于 $A'_0 = A_0 = 0$, 因此 $D_0 = 0$。进一步, 由于等式成立, 而 A_n 和 A'_n 是可料的, 这表明 D_n 也是可料的; 又由于 M_n 和 M'_n 是鞅, 因此 D_n 也是鞅。由此, 递归可得

$$D_n = \mathbb{E}[D_n|\mathcal{F}_{n-1}] = D_{n-1} = \cdots = D_0 = 0.$$

于是对于任意的 n 有 $D_n = 0$, 也即

$$M_n = M'_n, \ A_n = A'_n.$$

至此, Doob 分解定理的唯一性也得到了证明。 □

评注 2.2.1 事实上，读者可以类似地验证：对于任意随机变量序列 X_n 均可唯一地将其分解为 $X_n = M_n + A_n$。此处 A_n 虽然不再是单调不减的随机变量序列，但是仍然具有可料性，且 M_n 仍为鞅。

推论 2.2.1.1 对于任意随机变量序列 $\{X_n\}$ 及其域流 $\{\mathcal{F}_n\}$，存在 X_n 的唯一分解

$$X_n = M_n + A_n,$$

其中 $\{M_n\}$ 是 $\{\mathcal{F}_n\}$ 上的鞅，$\{A_n\}$ 是一个可料过程。

有了 Doob 分解定理，我们对之前学习的例子会有更深的理解。现在我们重新审视本章介绍常见的鞅时所展示的两个例子。

第一个例子是关于一系列独立同分布随机变量之和的 Doob 分解。假设 $X_1, X_2, \ldots$ 为概率空间 $(\Omega, \mathcal{F}, \mathbb{P})$ 上独立同分布的随机变量序列，且适应于域流 $\{\mathcal{F}_n\}_{n=0}^{\infty}$。令

$$S_n = \sum_{k=1}^{n} X_k.$$

我们前面已经证明，若 $\mathbb{E}(X_1) = \mu > 0$，则 S_n 为下鞅。因此，我们很容易对 S_n 进行 Doob 分解：

$$S_n = (S_n - n\mu) + n\mu.$$

其中，$S_n - n\mu$ 为分解中的鞅部分，$n\mu$ 则为分解中的单调非减部分。本章中，我们已经证明了 S_n 为下鞅，即

$$\mathbb{E}(S_n|\mathcal{F}_m) = (n-m)\mu + S_m > S_m.$$

由下鞅定义可知，S_n 为下鞅。类似地，我们可证 $S_n - n\mu$ 为鞅：

$$\mathbb{E}(S_n - n\mu|\mathcal{F}_m) = \mathbb{E}(S_n|\mathcal{F}_m) - n\mu = (n-m)\mu + S_m - n\mu = S_m - m\mu.$$

由于 S_n 为下鞅，$S_n - n\mu$ 为鞅，而 $n\mu$ 为单调非减可料序列，故此 Doob 分解形式得证。

同时我们发现，在证明 $S_n - n\mu$ 为鞅的过程中并没有用到 $\mu > 0$ 的性质，此性质是为了确保 S_n 为下鞅而存在的，即在满足除 $\mu > 0$ 外其他条件的情况下，$S_n - n\mu$ 始终为鞅，而 S_n 的性质由 μ 的大小决定，若 $\mu = 0$ 则 S_n 为鞅；若 $\mu > 0$ 则 S_n 为下鞅；若 $\mu < 0$ 则 S_n 为上鞅。

第二个例子是关于对称随机游走的平方的 Doob 分解。设 W_n 为对称随机游走，则在本章前面我们已经推导得到

$$\mathbb{E}\left(W_n^2|\mathcal{F}_m\right) = W_m^2 + (n-m),$$

因此 W_n^2 为下鞅。经过简单移项我们又得到

$$\mathbb{E}\left(W_n^2 - n | \mathcal{F}_m\right) = W_m^2 - m,$$

因此 $W_n^2 - n$ 为鞅。于是我们可以得到 W_n^2 满足的 Doob 分解形式为

$$W_n^2 = (W_n^2 - n) + n.$$

其中 $W_n^2 - n$ 为分解中的鞅部分，而 n 则为分解中单调非减的部分。

2.2.2 连续时间情况下的 Doob-Meyer 分解

前文我们给出并证明了离散情况下的 Doob 分解定理，同时给出了一些简单的例子，接下来我们探讨连续情况下的 Doob 分解定理。

在连续情况下 Doob 分解定理被命名为 Doob-Meyer 分解定理，可类似地表述为，在一定的技术条件下，连续时间的下鞅可被唯一地分解为一个鞅和一个单调非减的"优质"随机过程之和，"优质"是说该随机过程有与可料性类似的较好性质。这里我们着重于初步的理解和实际应用，因此不对该定理进行严格阐述。感兴趣的读者可参阅书后参考文献 [16] 中 1.5 节的相关内容。下面我们给出泊松过程作为连续时间下 Doob-Meyer 分解的例子，在下一章学习了布朗运动之后，我们将看到更多 Doob-Meyer 分解的示例。

对于参数为 λ 的泊松过程 $N(t)$，$N(t)$ 为下鞅，且其 Doob-Meyer 分解为

$$N(t) = (N(t) - \lambda t) + \lambda t.$$

可见对于泊松过程，补偿泊松过程（即 $N(t) - t$）为其分解中的鞅部分，而 λt 为其分解中的可料单调非减部分。最后我们再留给读者一个有趣的问题作为练习。

练习： 在前文分析常见的鞅时，对于参数为 λ 的泊松过程 $N(t)$，我们曾经提出这样的问题："如何将 $\eta(t) = (N(t) - \lambda t)^2$ 变换成一个鞅？"在学习了 Doob-Meyer 分解定理之后，读者可以试着证明 $\eta(t) = (N(t) - \lambda t)^2$ 为下鞅，并给出其 Doob-Meyer 分解形式。

2.2.3 二次变差与协变差

在第 1 章中，我们提到了二次变差的相关概念。而这一小节中，我们将正式介绍这一重要概念，并考察它与 Doob 分解定理、下鞅等概念之间的联系。

前文中我们已经给出离散和连续情况下的 Doob 及 Doob-Meyer 分解定理，将鞅与下鞅联结起来。我们发现对于一些鞅过程，不论是离散时间下的对称随机游走 W_n 还是连续时间下的补偿泊松过程 $N(t) - \lambda t$，它们的平方 W_n^2 和 $(N(t) - \lambda t)^2$ 均为下鞅。故我们可大胆推测有如下命题成立。

性质 2.2.3.1 若 M_n（或 $M(t)$）为鞅，则 M_n^2（或 $M^2(t)$）为下鞅。

证明：因为 $M(t)$ 是鞅，有

$$\mathbb{E}\left[(M(t)-M(s))^2|\mathcal{F}(s)\right]$$
$$=\mathbb{E}\left[M^2(t)|\mathcal{F}(s)\right] - 2M(s)\mathbb{E}\left[M(t)|\mathcal{F}(s)\right] + M^2(s)$$
$$=\mathbb{E}\left[M^2(t)|\mathcal{F}(s)\right] - 2M^2(s) + M^2(s)$$
$$=\mathbb{E}\left[M^2(t)|\mathcal{F}(s)\right] - M^2(s).$$

于是有

$$\mathbb{E}\left[M^2(t)|\mathcal{F}(s)\right] = M^2(s) + \mathbb{E}\left[(M(t)-M(s))^2|\mathcal{F}(s)\right] \geqslant M^2(s).$$

因此 $M^2(t)$ 为下鞅得证。同理，离散情况下有

$$\mathbb{E}\left[M_{n+1}^2|\mathcal{F}_n\right] = M_n^2 + \mathbb{E}\left[(M_{n+1}-M_n)^2|\mathcal{F}_n\right] \geqslant M_n^2.$$

除此之外，我们再介绍一种更具一般性的证明方法，即利用条件期望的性质之一：条件 Jensen 不等式。根据该性质，对于变量 x 的凸函数 $\varphi(x)$，有 $\mathbb{E}[\varphi(X|\mathcal{F})] \geqslant \varphi(\mathbb{E}[X|\mathcal{F}])$。因此对于凸函数 $\varphi(x)=x^2$，令 $x=M(t)$ 为鞅，可得

$$\mathbb{E}\left[M^2(t)|\mathcal{F}(s)\right] \geqslant (\mathbb{E}[M(t)|\mathcal{F}(s)])^2 = M^2(s),$$

即 $M^2(t)$ 为下鞅得证。 □

我们进而讨论一个一般的鞅过程的平方 M_n^2（或 $M^2(t)$）的 Doob（或 Doob-Meyer）分解。假设 $\mathbb{E}(M_n^2)<\infty$（相应地，$\mathbb{E}(M^2(t))<\infty$），即 M_n（或 $M(t)$）是平方可积鞅。我们在此指出上述平方可积性质为 Doob-Meyer 分解相关结论的成立提供了技术性的前提，我们在此不深究这些条件及其作用，感兴趣的读者可以参见书后参考文献 [16] 的 1.4 和 1.5 节。

由前文可知，M_n^2（或 $M^2(t)$）是下鞅，那么对 M_n^2（或 $M^2(t)$）应用 Doob（或 Doob-Meyer）分解定理，可唯一地将其分解为：$M_n^2 = N_n + A_n$（或 $M^2(t) = N(t) + A(t)$），即 $N_n = M_n^2 - A_n$（或 $N(t) = M^2(t) - A(t)$）为鞅。现在我们针对离散时间的情况，探索其中单调非减部分的具体形式。回顾在本节离散情况下 Doob 分解定理的证明中，我们得到了 A_n 的表达式如下：

$$A_n = \sum_{k=1}^n [\mathbb{E}[X_k|\mathcal{F}_{k-1}] - X_{k-1}].$$

将 $X_n = M_n^2$ 代入，得到

$$A_n = \sum_{k=1}^n \left[\mathbb{E}\left[M_k^2|\mathcal{F}_{k-1}\right] - M_{k-1}^2\right]$$
$$= \sum_{k=1}^n \mathbb{E}\left[(M_k - M_{k-1})^2|\mathcal{F}_{k-1}\right].$$

我们便得到了下鞅分解中 A_n 的形式。这里的 A_n 对应下面这个重要的概念：二次变差。

定义 2.6 对一个平方可积鞅 M_n（或 $M(t)$），对其平方 M_n^2（或 $M^2(t)$）进行 Doob（或 Doob-Meyer）分解后，分解式中的单调非减随机变量序列部分称为其的**二次变差**，记作 $[M]_n$（或 $[M](t)$）。

对于任意平方可积鞅 M，$M^2 - [M]$ 也为鞅。让我们再次审视上述推导得到的二次变差的形式：

$$[M]_n = \sum_{k=1}^n \left[\mathbb{E}\left[M_k^2|\mathcal{F}_{k-1}\right] - M_{k-1}^2\right] = \sum_{k=1}^n \mathbb{E}\left[(M_k - M_{k-1})^2|\mathcal{F}_{k-1}\right]. \tag{2.14}$$

此形式很有趣，等式右侧的 $(M_k - M_{k-1})^2$ 部分可被视为"平均平方距离"，将其加总之后，可以用于刻画该过程的能量，十分形象。对于连续时间的情况，我们可以通过无限加细离散情况下的时间区间，很自然地推测 $M(t)$ 的二次变差可由如下逼近得到。

定义 2.7 用 $\Pi: 0 = t_0 < t_1 < \cdots < t_m = t$ 表示区间 $[0, t]$ 上的一种划分，并定义 $M(t)$ **关于划分** Π **的二次变差**为

$$QV_t^M(\Pi) = \sum_{k=1}^m |M(t_k) - M(t_{k-1})|^2.$$

可以证明，考虑路径连续的平方可积鞅 $M(t)$，当划分 Π 越来越细，即

$$\|\Pi\| = \max_{1 \leqslant k \leqslant m} |M(t_k) - M(t_{k-1})| \to 0,$$

$QV_t^M(\Pi)$ 将依概率收敛于二次变差 $[M](t)$，即

$$\plim_{\|\Pi\| \to 0} QV_t^M(\Pi) = [M](t).$$

至此，读者可能会问，为什么离散时间下的二次变差中带期望，而连续时间中则没有期望呢？即离散时间下的二次变差为

$$[M]_n = \sum_{k=1}^n \mathbb{E}\left[(M_k - M_{k-1})^2|\mathcal{F}_{k-1}\right],$$

而连续时间下，关于划分 Π 的二次变差为

$$QV_t^M(\Pi) = \sum_{k=1}^{m} |M(t_k) - M(t_{k-1})|^2.$$

从直观上理解，这是因为连续时间下，在划分非常小以至于划分下的每两点之间距离趋向于 0 的时候，该条件期望可以被视为"变量相对于条件是已知的"。因此在由无穷逼近得到的连续时间二次变差中，不再需要取期望。

前文定义了平方可积鞅 M 的二次变差，使得 $M^2 - [M]$ 也为鞅。我们很自然地想到，是否存在随机过程 A，使得对任意两个给定的鞅 M 和 N，也有 $MN - A$ 是鞅？如果存在，这样的随机过程是否具有唯一性？其具体的表达形式是什么？接下来我们对这些问题进行详细讨论。

首先由 M 和 N 为鞅，则易得 $M+N$ 和 $M-N$ 同样为鞅。那么由前所述 $(M+N)^2 - [M+N]$ 与 $(M-N)^2 - [M-N]$ 也均是鞅。利用恒等式 $(x+y)^2 - (x-y)^2 = 4xy$，我们有

$$MN = \frac{1}{4}(M+N)^2 - \frac{1}{4}(M-N)^2.$$

进一步地，

$$MN - \frac{1}{4}([M+N] - [M-N])$$
$$= \frac{1}{4}\left((M+N)^2 - [M+N]\right) - \frac{1}{4}\left((M-N)^2 - [M-N]\right).$$

上式右边为鞅，故左边也为鞅。由此，我们找到了 A 使得 $MN - A$ 也为鞅，具体形式如下：

$$A = \frac{1}{4}([M+N] - [M-N]).$$

我们将这样的 A 称作协变差（cross-variation），用 $[M, N]$ 表示。

定义 2.8 对于两个平方可积鞅 M 和 N，定义 M 和 N 的**协变差**或**交叉变差**为

$$[M, N] = \frac{1}{4}([M+N] - [M-N]).$$

我们可以观察到，如果 $M = N$，

$$[M, M] = \frac{1}{4}([M+M] - [M-M]) = \frac{1}{4}[2M] = [M].$$

对于离散情况，$[M,N]_n$ 有如下形式：

$$
\begin{aligned}
[M,N]_n &= \frac{1}{4}\left([M+N]_n - [M-N]_n\right) \\
&= \frac{1}{4}\bigg[\sum_{k=1}^{n}\mathbb{E}[(M_k+N_k-M_{k-1}-N_{k-1})^2|\mathcal{F}_{k-1}]- \\
&\qquad \sum_{k=1}^{n}\mathbb{E}[(M_k-N_k-M_{k-1}+N_{k-1})^2|\mathcal{F}_{k-1}]\bigg] \\
&= \sum_{k=1}^{n}\mathbb{E}[(M_k-M_{k-1})(N_k-N_{k-1})|\mathcal{F}_{k-1}].
\end{aligned}
\tag{2.15}
$$

此外由于 $[M+N]_n$ 和 $[M-N]_n$ 的可料性，由定义知 $[M,N]_n$ 也是可料的。由上式，$[M,N]_n$ 还有另外一种表示方式，请读者自行证明。

练习：

$$
[M,N]_n = \sum_{k=1}^{n}\left[\mathbb{E}\left[M_k N_k | \mathcal{F}_{k-1}\right] - M_{k-1}N_{k-1}\right]. \tag{2.16}
$$

对于路径连续的情况，如前所述，当 $\|\Pi\|$ 趋于 0 时，$QV_t^M(\Pi)$ 收敛于 $[M](t)$。所以根据 $[M,N](t)$ 的定义，我们可以用

$$
\begin{aligned}
&\frac{1}{4}\left(QV_t^{M+N}(\Pi) - QV_t^{M-N}(\Pi)\right) \\
=&\frac{1}{4}\bigg(\sum_{k=1}^{m}|M(t_k)+N(t_k)-M(t_{k-1})-N(t_{k-1})|^2- \\
&\qquad \sum_{k=1}^{m}|M(t_k)-N(t_k)-M(t_{k-1})+N(t_{k-1})|^2\bigg) \\
=&\sum_{k=1}^{m}[M(t_k)-M(t_{k-1})][N(t_k)-N(t_{k-1})]
\end{aligned}
$$

来趋近于 $[M,N]$。

接下来我们讨论使 $MN-A$ 为鞅的随机过程 A 的唯一性问题，即 $[M,N]$ 是否是唯一满足条件的 A 呢？虽然 M、N 本身为鞅而 MN 不一定为下鞅，但是根据推论 2.2.1.1，只要 A_n 是可料的，且 A_n 能够写成两个有界下鞅之差，则离散情况下就存在唯一的分解方式。在此建议感兴趣的读者可以模仿前文中对 Doob 下鞅分解唯一性的证明来自行证明。根据前例中离散和连续的相似性，我们有理由相信在一定条件下（例如，要求 $[M,N]$ 具有界变差），连续时间的平方可积鞅存在唯一的 Doob 分解。涉及该内容的定理及证明超出本书范围，有兴趣的读者可参阅书后参考文献 [16] 的相关章节。

为帮助读者深入理解协方差的概念，我们提供了一个有趣的练习。

练习： 给定概率空间 $(\Omega, \mathcal{F}, \mathbb{P})$ 上的独立同分布随机向量序列 $\{(X_n, Y_n)\}$，且 $\mathbb{E}(X_1) = \mu_X, \mathbb{E}(Y_1) = \mu_Y, \mathrm{Var}(X_1) = \sigma_X^2, \mathrm{Var}(Y_1) = \sigma_Y^2, \mathrm{Cov}(X_1, Y_1) = \sigma_{XY}$。设 S_n 和 T_n 分别为 X_n 和 Y_n 的部分和，即

$$S_n = \sum_{k=1}^{n} X_k, \quad T_n = \sum_{k=1}^{n} Y_k,$$

另设

$$M_n = S_n - n\mu_X, \quad N_n = T_n - n\mu_Y.$$

1. 证明：M_n 与 N_n 是平方可积鞅，且

$$[M]_n = n\sigma_X^2, \quad [N]_n = n\sigma_Y^2;$$

2. 证明：

$$[M, N]_n = n\sigma_{XY}.$$

2.3 局部鞅

从前面的讨论中可以看出，鞅是我们处理问题时一个非常强大的工具。然而在实际中鞅的定义似乎过于严格，这限制了它的应用。因此，我们在这里引入**局部鞅**（local martingale）这个更一般的概念，作为对鞅的推广。

定义 2.9 设 $\{M(t)\}$ 是一个适应于域流 $\{\mathcal{F}(t)\}$ 的随机过程，则 $\{M(t)\}$ 是一个**局部鞅**，当且仅当存在一个递增的停时序列 $\{\tau_n\}_{n=1}^{\infty}$，满足 $\lim_{n \to \infty} \tau_n = \infty$，使得对任意 $n \geqslant 1$，停止过程 $M(t \wedge \tau_n)$ 是一个适应于域流 $\{\mathcal{F}(t)\}$ 的鞅。

每一个鞅都是一个局部鞅。这是因为如果 $\{M(t)\}$ 是鞅，取 $\tau_n = n$，则 $\{\tau_n\}_{n=1}^{\infty}$ 是一个递增的停时序列，且满足 $\lim_{n \to \infty} \tau_n = \infty$。此时，对任意 $n \geqslant 1$，$M(t \wedge \tau_n)$ 是一个停止过程。根据我们之前的讨论，$M(t \wedge \tau_n)$ 是停止鞅。那么是否每一个局部鞅都是鞅呢？数学家已经证明，存在不是鞅的局部鞅。限于本书的范围，在这里我们就不给出这样的例子了。下面我们给出一个性质，以帮助大家更好地理解局部鞅这个概念。

例 2.3.1 非负的局部鞅是上鞅。

证明： 对任意 $0 < s < t$，我们有

$$\mathbb{E}\left[M(t \wedge \tau_n) | \mathcal{F}(s)\right] = M(s \wedge \tau_n).$$

对等式两边取下极限，得

$$\liminf_{n\to\infty} \mathbb{E}[M(t\wedge \tau_n)|\mathcal{F}(s)] = \liminf_{n\to\infty} M(s\wedge \tau_n) \equiv M(s).$$

根据在第 1 章中我们介绍的条件期望情形下的 Fatou 引理（其证明和 Fatou 引理类似），可以得到

$$\liminf_{n\to\infty} \mathbb{E}[M(t\wedge \tau_n)|\mathcal{F}(s)] \geqslant \mathbb{E}[\liminf_{n\to\infty} M(t\wedge \tau_n)|\mathcal{F}(s)] \equiv \mathbb{E}[M(t)|\mathcal{F}(s)].$$

综上，我们得到 $\mathbb{E}[M(t)|\mathcal{F}(s)] \leqslant M(s)$，定理得证。 $\square$

上一节中关于平方可积鞅的二次变差和协变差的概念可以推广到局部鞅。自然地，对于路径连续的局部鞅 $M(t)$，可以证明存在唯一非降的连续过程 $[M](t)$，使得 $M(t)^2 - [M](t)$ 是一个局部鞅。我们称 $[M](t)$ 为局部鞅 $M(t)$ 的二次变差。类似地，对于两个局部鞅 $M(t)$ 和 $N(t)$，可以证明存在唯一具有有限一阶变差（first-order variation）的连续过程 $[M,N](t)$，使得 $M(t)N(t) - [M,N](t)$ 是一个局部鞅。我们称 $[M,N](t)$ 为局部鞅 $M(t)$ 和 $N(t)$ 的协变差。

最后，我们不加证明地给出两个与鞅有关的著名不等式。

定理 2.3 （**Doob 不等式**）设 $M(t)$ 是路径右连续的上鞅，则

$$\mathbb{E}\left(\sup_{0\leqslant t\leqslant T} M(t)\right)^p \leqslant \left(\frac{p}{p-1}\right)^p \cdot \mathbb{E}M(T)^p, \forall p > 1.$$

Doob 不等式给出了在给定时间区间内，随机过程 $M(t)$ 的历史最大值 $\sup_{0\leqslant t\leqslant T} M(t)$ 和终值 $M(T)$ 之间的关系。

定理 2.4 （**Burkholder-Gundy 不等式**）设 $M(t)$ 是路径连续的局部鞅，$[M](t)$ 是其对应的二次变差过程，且对任意 $0 \leqslant t \leqslant \infty$，定义 $M^*(t) = \max_{0\leqslant s\leqslant t}|M(s)|$。则对任意 $p > 0$ 和任意停时 τ，我们有

$$k_p \cdot \mathbb{E}[M](\tau)^p \leqslant \mathbb{E}M^*(\tau)^{2p} \leqslant K_p \cdot \mathbb{E}[M](\tau)^p.$$

其中 k_p 和 K_p 是只与 p 有关的常数。

Burkholder-Gundy 不等式描述了随机过程 $M(t)$ 路径的历史最值 $M^*(t) = \max_{0\leqslant s\leqslant t}|M(s)|$ 和其二次变差 $[M](t)$ 之间的重要关系。上述两个不等式的证明可以在书后参考文献 [16] 的第 1 和第 3 章中找到。值得指出的是，它们在对某些问题的理论证明中起到了非常关键的作用，因为对于路径相关的变量可以自然地由路径的最值来控制，而不等式中给出的对于最值的进一步控制为更加具体的计算和进一步证明提供了基础。

2.4　本章小结

本章我们先通过著名的"翻倍法"赌博策略引入了鞅的概念，随后探索了鞅的优良性质，并讨论了一系列在金融建模中以及实际生活中常见的鞅。在介绍了鞅在简化问题上的重要作用之后，我们以随机游走为例，探讨了将非鞅过程转化为鞅的若干方法。随后，我们引入停时的概念，通过可选抽样定理将鞅与停时这两个概念结合，探讨了停止鞅的作用。以此为基础，我们介绍了 Doob 分解定理和 Doob-Meyer 分解定理，将可研究的对象放宽至下鞅，并利用此定理引入二次变差与协变差的概念，进一步拓宽了鞅的相关理论的使用范围。最后，为了拓展鞅的应用领域，我们延伸鞅的定义，介绍了局部鞅的概念及其简单性质。对于本章内容的扩展与深化，读者可参阅书后参考文献 [1]、[11]、[32]、[36] 等。

第 3 章

布朗运动

在前面的章节中我们学习了随机游走及其性质，但这一概念被限制在离散时间下，无法为我们接下来连续时间下的研究提供足够的支持。在本章，我们引入布朗运动的概念，它是随机游走在连续时间下的表达。本章的前几节中，我们首先介绍一维布朗运动，在本章的最后一节再介绍多维布朗运动。

3.1 通过随机游走构建布朗运动

我们知道，对称随机游走定义如下：

$$M_n := \sum_{j=1}^{n} X_j, \text{ 对于} n = 1, 2, \ldots \text{ 且 } M_0 := 0,$$

其中 X_j 互相独立且满足

$$\mathbb{P}(X_j = 1) = \mathbb{P}(X_j = -1) = 0.5.$$

根据前面章节的知识我们知道 $\{M_n\}$ 是鞅，且增量 $M_{k_1} - M_{k_0}, M_{k_2} - M_{k_1}, \ldots, M_{k_m} - M_{k_{m-1}}$ 是相互独立的随机变量，其中 $0 = k_0 < k_1 < \cdots < k_m$。其期望满足

$$\mathbb{E}(M_{k_{i+1}} - M_{k_i}) = \mathbb{E}\left(\sum_{j=k_i+1}^{k_{i+1}} X_j\right) = \sum_{j=k_i+1}^{k_{i+1}} \mathbb{E} X_j = 0.$$

运用类似的方法我们也证明过其方差满足

$$\text{Var}(M_{k_{i+1}} - M_{k_i}) = k_{i+1} - k_i.$$

特别地，$\text{Var}(M_k) = k$。下面我们将利用随机游走来构造布朗运动。

首先，我们让随机游走在单位时间内走更多的步数。同时，为避免步数增加带来随机游走的无限延伸，我们将随机游走到达的位置按照某种特定的方式"拉回来"——通过乘一个系数的方式对其生成的值进行"单位化"。对于正整数 nt，我们构造这样一个单位时间内走 n 步的随机游走 $\{W^{(n)}(t)\}$，使得其局部波动性被 nt 放大，同时又被系数 $1/\sqrt{n}$ 控制，即

$$W^{(n)}(t) = \frac{M_{nt}}{\sqrt{n}}. \tag{3.1}$$

如此，我们便构造了一个**规模化的对称随机游走**（scaled symmetric random walk）。经计算，可以发现在 ns 和 nt 都是整数的情况下，有

$$\mathbb{E}\left(W^{(n)}(t) - W^{(n)}(s)\right) = 0,$$

$$\text{Var}\left(W^{(n)}(t) - W^{(n)}(s)\right) = t - s.$$

结合式 (3.1)，即可得到

$$W^{(n)}(t) = \frac{M_{nt}}{\sqrt{n}} = \frac{\sum_{j=1}^{nt} X_j}{\sqrt{n}}. \tag{3.2}$$

细心的读者可能已经发现，上述讨论建立在 nt 是正整数的假设下，那么对于 nt 是非正整数的情形，我们该如何处理呢？这时，仅需用寻找插值（即中间值）的方法对式 (3.1) 进行如下修正：

$$W^{(n)}(t) = \frac{M_{[nt]}}{\sqrt{n}} + \left(\frac{M_{[nt]+1}}{\sqrt{n}} - \frac{M_{[nt]}}{\sqrt{n}}\right)(nt - [nt]).$$

这里 $[m]$ 表示不超过 m 的最大整数。

对于这样构造的规模化的对称随机游走，图 3.1 是 W^{100} 的一条路径。我们有以下定理：

定理 3.1 对于固定的非负实数 t，当 $n \to +\infty$ 时，$W^{(n)}(t)$ 在 t 时刻取值的分布收敛于均值为 0、方差为 t 的正态分布 $N(0,t)$。

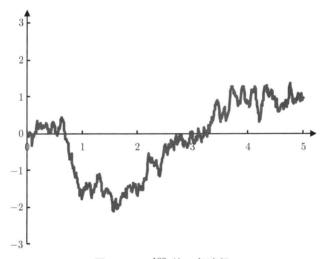

图 3.1 W^{100} 的一条路径

可以用中心极限定理直觉地理解这个定理，我们有

$$W^{(n)}(t) = \frac{M_{nt}}{\sqrt{n}} = \sqrt{t}\frac{\sum_{j=1}^{nt} X_j}{\sqrt{nt}} \to \sqrt{t}N(0,1) = N(0,t)$$

定理的严格证明是通过矩母函数的形式来判断分布的类型和性质的。考虑到本书的内容重心，这里仅仅给出证明概要，感兴趣的读者可以参照书后参考文献 [34] 中的 3.2 节自行证明。记 $W^{(n)}(t)$ 的矩母函数为

$$\phi_n(u) = \mathbb{E}e^{uW^{(n)}(t)}.$$

为证明定理 3.1，我们仅需证明 $\phi_n(u)$ 收敛于正态分布 $N(0,t)$ 的矩母函数

$$\phi(u) = \mathbb{E}e^{uN(0,t)} = e^{\frac{u^2 t}{2}}.$$

那么 $W^{(n)}(t)$ 就收敛到正态分布 $N(0,1)$。因此一定规模的对称随机游走的极限即是布朗运动。

定义 3.1 设 $(\Omega, \mathcal{F}, \mathbb{P})$ 是概率空间，随机过程 $\{W(t)\}$ 是一个（一维）**标准布朗运动**（standard Brownian motion），如果它满足

1. $W(0) = 0$；
2. 对每个 $\omega \in \Omega$，实现的路径 $W(t)(\omega)$ 对所有 $t \geqslant 0$ 是连续函数；
3. 每个增量服从正态分布 $W(t) - W(s) \sim N(0, t-s)$。
4. 每个增量都是独立的。也就是说，对所有 $0 = t_0 < t_1 < \cdots < t_m$，增量 $W(t_1) - W(t_0), W(t_2) - W(t_1), ..., W(t_m) - W(t_{m-1})$ 两两独立。

金融建模中常常用布朗运动来构建资产价格的模型。读者可能会感到奇怪，股价是在离散时间下观察到的，为什么要用一个连续时间下的随机过程来模拟呢？实际上，由于股价变化的时间增量通常很小，而近些年高频交易数据的引入又进一步缩小了这一时间增量，所以布朗运动等连续时间模型其实是相当恰当的近似。另一方面，布朗运动有很多重要的性质，使布朗运动在数学建模和计算上非常实用，这将在后续章节中体现。下面，我们将探讨布朗运动的性质。

3.2 布朗运动的性质

3.2.1 布朗运动的有限维分布

我们在前面定义了一维标准布朗运动，同时我们知道它的每个增量彼此独立，且服从正态分布。推广到多维的情况，我们知道 $(W(t_1), W(t_2) - W(t_1), ..., W(t_m) - W(t_{m-1}))$ 服从多维正态分布。我们又知道一个 m 维向量的联合密度函数如果服从正态分布，对这个向量进行非退化线性变换所得到的新向量仍然是服从 m 维正态分布的。所以从

$$\begin{pmatrix} W(t_1) \\ W(t_2) \\ \vdots \\ W(t_{m-1}) \\ W(t_m) \end{pmatrix} = \begin{pmatrix} 1 & 0 & 0 & 0 & 0 \\ 1 & 1 & 0 & 0 & 0 \\ \vdots & \vdots & \vdots & \vdots & \vdots \\ 1 & 1 & 1 & 1 & 0 \\ 1 & 1 & 1 & 1 & 1 \end{pmatrix} \begin{pmatrix} W(t_1) \\ W(t_2) - W(t_1) \\ \vdots \\ W(t_{m-1}) - W(t_{m-2}) \\ W(t_m) - W(t_{m-1}) \end{pmatrix}. \quad (3.3)$$

可以知道 $(W(t_1), W(t_2), ..., W(t_m))$ 服从多维正态分布。以上结果让我们自然联想到定义如下的高斯过程。

定义 3.2 $X(t)$ 是 **高斯过程**（Gaussian process），如果对于任意 $0 = t_0 < t_1 < \cdots < t_m$，其中 $m \in \mathcal{N}$，$(X(t_1), X(t_2), ..., X(t_m))$ 是多维正态分布。

由式 (3.3) 我们说明了 $(W(t_1), W(t_2), ..., W(t_m))$ 服从多维正态分布，因此布朗运动是一个高斯过程。一类很重要的过程——"布朗桥"（Brownian bridge）也是高斯过程，我们将在后文简要介绍布朗桥的概念。

下面我们给出布朗运动的期望和方差。因为

$$W(t) - W(0) \sim N(0, t) \text{ 且有 } W(0) = 0,$$

所以 $W(t)$ 的期望为

$$\mathbb{E}[W(t)] = 0,$$

方差为

$$\mathrm{Var}(W(t)) = t.$$

设 $0 \leqslant s < t$，因为 $W(t) - W(s) \sim N(0, t-s)$，$\mathbb{E}[W(t) - W(s)] = 0$，$\mathrm{Var}(W(t) - W(s)) = t - s$。接下来我们来看一下布朗运动的协方差。当 $s < t$ 时，我们有

$$\mathrm{Cov}[W(t), W(s)] = \mathbb{E}[W(t)W(s)] - \mathbb{E}[W(t)]\mathbb{E}[W(s)] = \mathbb{E}[W(t)W(s)].$$

使用条件期望，有

$$\begin{aligned} \mathbb{E}[W(t)W(s)] &= \mathbb{E}[(W(t) - W(s))W(s)] + \mathbb{E}[W^2(s)] \\ &= \mathbb{E}[W(t) - W(s)]\mathbb{E}[W(s)] + \mathbb{E}[W^2(s)] \\ &= 0 + s = s. \end{aligned}$$

同理，当 $s > t$ 时，有

$$\mathbb{E}[W(t)W(s)] = 0 + \mathbb{E}[W^2(t)] = t.$$

因此，布朗运动的协方差为

$$\mathrm{Cov}[W(t), W(s)] = t \wedge s = \min\{t, s\}.$$

进一步地，我们不妨再探讨一下相关系数的公式。不难看出 $\mathrm{Corr}[W(t), W(s)]$ 是关于 s 和 t 的函数，即

$$\mathrm{Corr}[W(t), W(s)] = \frac{\mathrm{Cov}[W(t), W(s)]}{\sqrt{\mathrm{Var}(W(t))}\sqrt{\mathrm{Var}(W(t))}} = \frac{\min\{t, s\}}{\sqrt{t}\sqrt{s}}.$$

最后，我们考察 $(W(t_1), W(t_2), ..., W(t_m))$ 的联合分布密度。我们已经知道它服从多维正态分布，因此我们可以用两种方法来达到这一目的，一是算出它的期望和协方差矩阵，从而直接得出其联合分布密度函数形式，二是通过转移密度函数计算联合分布密度函数。

让我们先来考虑期望和协方差矩阵的方法，首先我们有

$$(\mathbb{E}W(t_n), \mathbb{E}W(t_{n-1}), ..., \mathbb{E}W(t_1)) = (0, 0, ..., 0).$$

其次，协方差矩阵为

$$\Sigma = (\mathrm{Cov}(W(t_i), W(t_j)))_{m \times m} = (\min\{t_i, t_j\})_{m \times m}.$$

由此，运用多维正态分布的联合密度公式，我们得到

$$p(\boldsymbol{w}) = p(w_1, w_2, ..., w_n) = (2\pi)^{-\frac{n}{2}} (\det \Sigma)^{-\frac{1}{2}} \exp\left\{-\frac{1}{2} \boldsymbol{w}^\top \Sigma^{-1} \boldsymbol{w}\right\}.$$

对于上式中各个参数的值，我们先计算 $\det \Sigma$，即

$$\det \Sigma = \begin{vmatrix} t_1 & t_1 & \cdots & t_1 & t_1 \\ t_1 & t_2 & \cdots & t_2 & t_2 \\ \vdots & \vdots & & \vdots & \vdots \\ t_1 & t_2 & \cdots & t_{n-1} & t_{n-1} \\ t_1 & t_2 & \cdots & t_{n-1} & t_n \end{vmatrix} = \begin{vmatrix} t_1 & t_1 & \cdots & t_1 & t_1 \\ 0 & t_2 - t_1 & \cdots & t_2 - t_1 & t_2 - t_1 \\ \vdots & \vdots & & \vdots & \vdots \\ 0 & 0 & \cdots & t_{n-1} - t_{n-2} & t_{n-1} - t_{n-2} \\ 0 & 0 & \cdots & 0 & t_n - t_{n-1} \end{vmatrix}.$$

化简，我们可以得到

$$\det \Sigma = (t_n - t_{n-1})(t_{n-1} - t_{n-2}) \cdots (t_2 - t_1) t_1. \tag{3.4}$$

然后，我们需要求出 $\boldsymbol{w}^\top \Sigma^{-1} \boldsymbol{w}$ 的值。容易验证的是

$$\Sigma^{-1} = \begin{pmatrix} \frac{1}{t_1} + \frac{1}{t_2-t_1} & -\frac{1}{t_2-t_1} & 0 & \cdots & 0 & 0 \\ -\frac{1}{t_2-t_1} & \frac{1}{t_2-t_1} + \frac{1}{t_3-t_2} & -\frac{1}{t_3-t_2} & \cdots & 0 & 0 \\ 0 & -\frac{1}{t_3-t_2} & \frac{1}{t_3-t_2} + \frac{1}{t_4-t_3} & \cdots & 0 & 0 \\ \vdots & \vdots & \vdots & & \vdots & \vdots \\ 0 & 0 & 0 & \cdots & \frac{1}{t_{n-1}-t_{n-2}} + \frac{1}{t_n-t_{n-1}} & -\frac{1}{t_n-t_{n-1}} \\ 0 & 0 & 0 & \cdots & -\frac{1}{t_n-t_{n-1}} & \frac{1}{t_n-t_{n-1}} \end{pmatrix}. \tag{3.5}$$

通过计算可以求得联合密度

$$\begin{aligned} p(\boldsymbol{w}) &= (2\pi)^{-\frac{n}{2}} \left[(t_n - t_{n-1})(t_{n-1} - t_{n-2}) \cdots (t_2 - t_1) t_1 \right]^{-\frac{1}{2}} \\ &\quad \exp\left\{ -\frac{1}{2} \left(\frac{w_1^2}{t_1} + \frac{(w_2 - w_1)^2}{t_2 - t_1} + \cdots + \frac{(w_n - w_{n-1})^2}{t_n - t_{n-1}} \right) \right\} \\ &= (2\pi)^{-\frac{1}{2}} (t_n - t_{n-1})^{-\frac{1}{2}} \exp\left\{ -\frac{1}{2} \frac{(w_n - w_{n-1})^2}{t_n - t_{n-1}} \right\} \cdots (2\pi)^{-\frac{1}{2}} t_1^{-\frac{1}{2}} \exp\left\{ -\frac{1}{2} \frac{w_1^2}{t_1} \right\}. \end{aligned}$$

第二种方法依靠布朗运动是一个马尔科夫过程的性质，这一点将在 3.2.3 小节做详细介绍。

3.2.2 布朗运动的域流

除了布朗运动本身，我们还需要明确其**域流**。

定义 3.3 布朗运动的**域流**是满足下列条件的一族 σ-代数 $\{\mathcal{F}(t)\}$

1. （信息累积）对任意 $s < t$，$\mathcal{F}(s) \subseteq \mathcal{F}(t)$，在较后时刻所获得的信息 $\mathcal{F}(t)$ 至少包括较早时刻已获得的信息 $\mathcal{F}(s)$；
2. （适应性）对任意 $t \geqslant 0$，布朗运动 $W(t)$ 是 $\mathcal{F}(t)$ 可测的。也就是说，在时刻 t 所获得的信息足以确定布朗运动 $W(t)$ 在该时刻的值；
3. （未来增量的独立性）对于 $u > t \geqslant 0$，增量 $W(u) - W(t)$ 独立于 $\mathcal{F}(t)$。也就是说，时刻 t 以后布朗运动的任何增量都与时刻 t 所获得的信息无关。

根据定义 3.3，我们给出关于布朗运动的域流 $\mathcal{F}(t)$ 的两个例子，一个是 $\mathcal{F}(t)$ 仅包含截至时刻 t 观测布朗运动得到的信息，即 $\mathcal{F}(t) = \mathcal{F}^W(t) = \sigma(W(s); s \leqslant t)$；另一个是 $\mathcal{F}(t)$ 中包含了观测布朗运动及一个或多个其他过程得到的信息，例如 $N(t)$ 是一个独立于 $W(t)$ 的泊松过程，此时考 $\mathcal{F}(t) = \mathcal{F}^{W,N} = \sigma(W(s), N(s); s \leqslant t)$。在第二种情况下，根据定义中的未来增量的独立性，不允许其他过程（例如上述提到的泊松过程 $N(t)$）产生的额外信息给出关于布朗运动未来增量的任何线索。

3.2.3 布朗运动的马尔科夫性

我们知道，对称随机游走是一个马尔科夫过程，由直觉可以很容易地推出布朗运动也是一个马尔科夫过程。布朗运动的"记忆力"很差，常常"过河拆桥"。此处马尔科夫性的关键在于，$\mathcal{F}(s)$ 中只有 $W(s)$ 与未来有关，只有 $W(s)$ 会对布朗运动之后的变化做出影响，即

$$\mathbb{E}(f(W(u))|\mathcal{F}(s)) = \mathbb{E}(f(W(u))|W(s)), \quad 0 \leqslant s < u. \tag{3.6}$$

事实上，根据条件期望的定义和运算性质，等式左边可以写成

$$\begin{aligned}\mathbb{E}(f(W(u))|\mathcal{F}(s)) &= \mathbb{E}(f(W(u) - W(s) + W(s))|\mathcal{F}(s))\\ &= \mathbb{E}(f(W(u) - W(s) + w))|_{w=W(s)},\end{aligned}$$

而右边等于

$$\begin{aligned}\mathbb{E}(f(W(u))|W(s)) &= \mathbb{E}(f(W(u) - W(s) + W(s))|W(s) = w)|_{w=W(s)}\\ &= \mathbb{E}(f(W(u) - W(s) + w))|_{w=W(s)}.\end{aligned}$$

所以式 (3.6) 成立.

在第 1 章中我们定义过连续时间连续状态的马尔科夫过程的转移密度，在这里我们对布朗运动进行相应的探索。布朗运动的条件累积分布函数为

$$F(t, y|s, x) = P(W(t) \leqslant y | W(s) = x), 0 \leqslant s < t.$$

相应的转移密度为

$$p(t, y|s, x) = \frac{1}{\sqrt{2\pi(t-s)}} \exp\left\{-\frac{(y-x)^2}{2(t-s)}\right\}, 0 \leqslant s < t.$$

应用这一工具，我们可以给出 $(W(t_1), W(t_2), ..., W(t_m))$ 的联合分布密度：在第一章介绍马尔科夫过程时，我们介绍了 Chapman-Kolmogorov 等式，并且得到了下面的结果：

$$p(s_1, w_1; s_2, w_2; \cdots ; s_m, w_m) = p(s_1, w_1|0, 0)p(s_2, w_2|s_1, w_1) \cdots p(s_m, w_m|s_{m-1}, w_{m-1}).$$

根据上式，我们需要计算从 $W(t_{i-1})$ 到 $W(t_i)$ 的转移密度

$$p(s_i, w_i|s_{i-1}, w_{i-1}) = \frac{p(w_i, w_{i-1})}{p(w_{i-1})} = \frac{1}{\sqrt{2\pi(t_i - t_{i-1})}} \exp\left\{-\frac{(w_i - w_{i-1})^2}{2(t_i - t_{i-1})}\right\}.$$

即可得到 $(W(t_1), W(t_2), ..., W(t_m))$ 的联合分布密度

$$p(s_1, w_1; s_2, w_2; \cdots; s_m, w_m)$$
$$= p(s_1, w_1|0, 0)p(s_2, w_2|s_1, w_1) \cdots p(s_m, w_m|s_{m-1}, w_{m-1})$$
$$= (2\pi)^{-\frac{1}{2}}(t_n - t_{n-1})^{-\frac{1}{2}} \exp\left\{-\frac{1}{2}\frac{(w_n - w_{n-1})^2}{t_n - t_{n-1}}\right\} \cdots (2\pi)^{-\frac{1}{2}} t_1^{-\frac{1}{2}} \exp\left\{-\frac{1}{2}\frac{w_1^2}{t_1}\right\}.$$

可以看出，这种方法得到的联合分布密度与上一节中提出的方法给出的完全相同，而这里的方法更加简洁。

事实上，布朗运动具有比一般的马尔科夫过程更好的性质，我们称之为强马尔科夫过程。所谓强马尔科夫过程，就是将马尔科夫性推广到停时上来。首先，我们可以把布朗运动的马尔科夫性写成如下形式：

$$\mathbb{E}\left[f(W(s+t'))|\mathcal{F}(s)\right] = \mathbb{E}\left[f(W(s+t'))|W(s)\right].$$

是否可以将其中 s 这个固定时间推广到随机时间 τ（停时）呢？答案是肯定的。由于数学推导较为复杂，此处不加证明。设 τ 是一个有限的停时 $\tau_m = \inf\{t \geqslant 0 : Y(t) \geqslant m\}$，它对布朗运动的域流是已知的，即 $\{\tau < t\} \in \mathcal{F}(t)$，在 t 时刻我们已经知道 τ 是否小于 t。那么布朗运动的强马尔科夫性就可以表示为

$$\mathbb{E}\left[W(\tau+t')|\mathcal{F}(\tau)\right] = \mathbb{E}\left[W(\tau+t')|W(\tau)\right].$$

布朗运动的强马尔科夫性（如图 3.2 所示）使布朗运动的性质得到很好的非平凡推广。举例来说，读者可以容易地证明布朗运动有一个基本的性质：

$$B(t) = W(t+T) - W(T)$$

是布朗运动，且 $B(t)$ 独立于 $\mathcal{F}(t)$。对于该性质，当固定时间 t 推广到 τ 时，有

$$B(t) = W(\tau+t) - W(\tau)$$

是一个独立于 $\mathcal{F}(\tau)$ 的布朗运动。图 3.2 是一个例子，即 τ 时刻时在原布朗运动 $W(t)$ 上建立一个新的坐标轴，在新坐标轴上产生了一个新的布朗运动 $B(t)$。

3.2.4 布朗运动的鞅性质

性质 3.2.4.1 布朗运动 $W(t)$ 是鞅，即 $\mathbb{E}(W(t)|\mathcal{F}(t)) = W(s)$，$0 \leqslant s < t$。

证明：
$$\mathbb{E}[W(t)|\mathcal{F}(s)] = \mathbb{E}[W(t) - W(s) + W(s)|\mathcal{F}(s)],$$

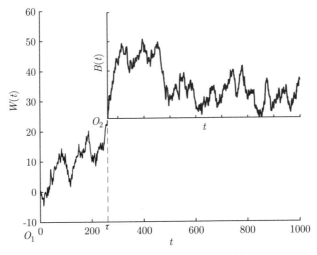

图 3.2 布朗运动的强马尔科夫性

利用 $W(t) - W(s)$ 独立于 $\mathcal{F}(s)$ 的性质，我们有

$$\mathbb{E}[W(t) - W(s) + W(s)|\mathcal{F}(s)] = \mathbb{E}[W(t) - W(s)] + \mathbb{E}[W(s)|\mathcal{F}(s)] = W(s).$$

由此我们说明了布朗运动是鞅。

性质 3.2.4.2 $W^2(t) - t$ 是鞅。

在证明之前，读者可以思考一下对称随机游走中提到的 $W_n^2 - n$ 是鞅的证明过程，此处有很大的相似性。

证明：对于 $0 \leqslant s < t$，考察

$$\mathbb{E}[W^2(t) - t|\mathcal{F}(s)] = \mathbb{E}[(W(t) - W(s) + W(s))^2|\mathcal{F}(s)] - t,$$

将上式展开，并且利用 $W(t) - W(s)$ 独立于 $\mathcal{F}(s)$，可以得到

$$\mathbb{E}[W^2(t) - t|\mathcal{F}(s)] = \mathbb{E}[(W(t) - W(s))^2] + 2W(s)\mathbb{E}[W(t) - W(s)] + \mathbb{E}[W^2(s)] - t.$$

由布朗运动的方差公式，有

$$\mathbb{E}[(W(t) - W(s))^2] = t - s, \quad \mathbb{E}[W^2(s)] = s.$$

所以我们可以求得

$$\mathbb{E}[W^2(t) - t|\mathcal{F}(s)] = t - s + W^2(s) - t = W^2(s) - s. \qquad \square$$

通过这个证明，读者可以将布朗运动 $W(t)$ 与对称随机游走 M_n，以及 $W^2(t)-t$ 与 M_n^2-n 做一个对比，加深对于布朗运动和对称随机游走关系的认识。

性质 3.2.4.3 $Z(t) = e^{\sigma W(t) - \frac{\sigma^2}{2}t}$ 是鞅。

通过上一个性质的证明，相信读者已对证明鞅的基本方法较为熟知，即利用增量独立的性质作为切入点。接下来的证明将强化对该方法的理解。

证明：对于 $0 \leqslant s < t$，

$$\mathbb{E}(Z(t)|\mathcal{F}(s)) = e^{-\frac{\sigma^2}{2}t}\mathbb{E}(e^{\sigma W(t)} \mid \mathcal{F}(s)) = e^{-\frac{\sigma^2}{2}t}\mathbb{E}(e^{\sigma(W(t)-W(s))+\sigma W(s)} \mid \mathcal{F}(s)).$$

利用 $W(t) - W(s)$ 独立于 $\mathcal{F}(s)$，有

$$e^{-\frac{\sigma^2}{2}t}\mathbb{E}(e^{\sigma(W(t)-W(s))+\sigma W(s)} \mid \mathcal{F}(s)) = e^{-\frac{\sigma^2}{2}t}e^{\sigma W(s)}\mathbb{E}(e^{\sigma(W(t)-W(s))}).$$

同时我们知道，如果 $X \sim N(\mu, \sigma^2)$，则 X 的矩母函数为

$$\mathbb{E}(e^{\theta X}) = e^{\mu\theta + \frac{\sigma^2}{2}\theta^2}.$$

所以我们可以得到

$$e^{-\frac{\sigma^2}{2}t}e^{\sigma W(s)}\mathbb{E}(e^{\sigma(W(t)-W(s))}) = e^{-\frac{\sigma^2}{2}t}e^{\sigma W(s)}e^{\frac{\sigma^2}{2}(t-s)} = e^{\sigma W(s) - \frac{\sigma^2}{2}s}.$$

于是我们说明了

$$\mathbb{E}(Z(t)|\mathcal{F}(s)) = Z(s),$$

即 $Z(t)$ 是鞅。 □

通过对上述后面两条性质的观察，我们可以延伸出这样一个疑问：$W^3(t)$ 是不是鞅？如果不是，可否通过加减一些项构造一个鞅出来？感兴趣的读者可以自行寻找这个问题的答案。

3.2.5 布朗运动的其他性质

布朗运动在以下四种情况中具有不变性。

性质 3.2.5.1 （按比例缩小下的不变性） 对于任何已知的 $c > 0$，$B(t) = W(ct)/\sqrt{c}$ 是布朗运动。

性质 3.2.5.2 （对称变化下的不变性） $B(t) = -W(t)$ 也是布朗运动。

性质 3.2.5.3 （平移不变性） $B(t) = W(t+T) - W(T)$ 也是布朗运动，而且其和 $\mathcal{F}(T)$ 独立。

性质 3.2.5.4 （时间逆转下的不变性）$B(t) = W(T) - W(T-t)$ 是布朗运动，其中 $0 \leqslant t \leqslant T$。

此处仅对性质 3.2.5.1 作出证明，余下三个性质留为练习供读者验证。具体来讲，我们对布朗运动定义中每一条性质进行验证。首先有

$$B(0) = \frac{1}{\sqrt{c}} W(0) = 0$$

然后，对于每一个 $\omega \in \Omega$，$W(t)(\omega)$ 是一个对任何 $t \geqslant 0$ 都成立的连续函数，所以 $B(t)$ 也是连续函数。同时，

$$W(ct) - W(cs) \sim N(0, c(t-s)).$$

所以

$$B(t) - B(s) \sim N(0, \frac{c(t-s)}{c}) = N(0, (t-s)).$$

再者，对所有 $0 = t_0 < t_1 < \cdots < t_m$，增量

$$B(t_1) - B(t_0), B(t_2) - B(t_1), ..., B(t_m) - B(t_{m-1})$$

互相独立。综上所述，可以证明 $W(ct)/\sqrt{c}$ 是布朗运动。

除不变性之外，布朗运动还满足一些其他性质。

性质 3.2.5.5 布朗运动是无界的：

$$\mathbb{P}\left(\sup_{0 \leqslant t < \infty} W(t) = \infty\right) = \mathbb{P}\left(\inf_{0 \leqslant t < \infty} W(t) = -\infty\right) = 1.$$

性质 3.2.5.6 布朗运动是常返的：对每一个位置，它都会能够到达并且不断地返回该位置。这可以通过强马尔科夫性来解释。

性质 3.2.5.7 布朗运动的路径是处处不可微（路径非常地曲折）。

把布朗运动应用于对股价的刻画与其处处不可微性密切相关。由泰勒展开式我们知道，一个函数如果对 t 可微，则在一个极短的时间段 dt 内，这个函数变化的方向和幅度是可以通过其对 t 导数的正负和大小近似判断出来的。而现实中，众所周知，股价在下一时间的变化是不能够被预测的。符合布朗运动的处处不可微性。

3.2.6 布朗运动的一阶变差和二阶变差

在第 1 章、第 2 章中，我们介绍了二阶变差（或二次变差）的概念及其与 Doob-Meyer 分解的关系。在这一小节我们主要讨论布朗运动的一阶变差和二阶变差。我们

将讨论两种求布朗运动的二阶变差的方法：一是根据定义分划取极限的方法；二是利用第 2 章提到的的 Doob-Meyer 分解。

在前文我们构建布朗运动的时候，我们先是引入了对称随机游走，然后进一步构造了规模化的对称随机游走，最后用中心极限定理说明了随机游走的极限是布朗运动。在这里我们用相似的逻辑顺序探索有关于布朗运动二阶变差的性质。

我们首先研究一下对称随机游走过程。定义其**一阶变差**为

$$FV_k = \sum_{j=1}^{k} |M_j - M_{j-1}| = k.$$

其**二阶变差**为

$$[M, M]_k = \sum_{j=1}^{k} (M_j - M_{j-1})^2 = k.$$

我们可以把一阶变差和二阶变差理解为该随机过程走过的路程，衡量随机过程有多大的运动能力。对于对称随机游走 $\{M_n\}$，它的一阶变差和二阶变差相同且等于 k，但这只是一个巧合，是由随机过程本身决定的。

同样地，规模化的对称随机游走 $W^{(n)}$ 的一阶变差为

$$FV_W(t) = \sum_{j=1}^{nt} |W^{(n)}(\frac{j}{n}) - W^{(n)}(\frac{j-1}{n})| = \sum_{j=1}^{nt} |\frac{X_j}{\sqrt{n}}|.$$

因为 $|X_j| = 1$，所以很容易计算得出

$$FV_W(t) = \sqrt{n}t.$$

规模化的对称随机游走的二阶变差为

$$\left[W^{(n)}, W^{(n)}\right](t) = \sum_{j=1}^{nt} \left[W^{(n)}\left(\frac{j}{n}\right) - W^{(n)}\left(\frac{j-1}{n}\right)\right]^2 = \sum_{j=1}^{nt} \left(\frac{X_j}{\sqrt{n}}\right)^2.$$

同一阶变差类似，很容易求出

$$\left[W^{(n)}, W^{(n)}\right](t) = t.$$

至此我们可以看到，当 $n \to +\infty$ 时，$W^{(n)}(t)$ 的一阶变差为 $+\infty$，二阶变差为 t。由于规模化的对称随机游走 $W^{(n)}$ 与布朗运动的相似性，我们自然希望以上述结果为出发点，研究布朗运动的一阶变差、二阶变差及更高阶变差。

布朗运动一阶变差的定义为，对任意 $T > 0$,

$$FV_W(T) = \lim_{||\Pi|| \to 0} \sum_{j=0}^{n-1} |W(t_{j+1}) - W(t_j)|.$$

其中，$\Pi := \{t_0, t_1, ..., t_n\}$ 是 $0 = t_0 < t_1 < \cdots < t_n = T$ 的一个分划，并且

$$||\Pi|| := \max_{0 \leqslant j \leqslant n-1} (t_{j+1} - t_j).$$

根据 Doob-Meyer 分解定理，布朗运动的二阶变差 $QV_W(t)$ 是使得 $W(t)^2 - QV_W(t)$ 为鞅的唯一非降过程，同时也可以等价地定义为，对任意 $T > 0$,

$$QV_W(T) = [W, W](T) = \lim_{||\Pi|| \to 0} \sum_{j=0}^{n-1} |W(t_{j+1}) - W(t_j)|^2,$$

这里的极限依概率成立。

在讨论布朗运动的相关性质之前，我们首先考虑一般函数 $f(t)$ 的一阶变差和二阶变差。根据微积分中值定理，当 $f(t)$ 处处可微（即导数存在且光滑）时，$f(t)$ 的一阶变差为

$$FV_f(T) = \lim_{||\Pi|| \to 0} \sum_{j=0}^{n-1} |f(t_{j+1}) - f(t_j.)|$$

其中 $\Pi := \{t_0, t_1, ..., t_n\}$ 是 $0 = t_0 < t_1 < \cdots < t_n = T$ 的一个分划，满足

$$\lim_{||\Pi|| \to 0} \sum_{j=0}^{n-1} |f(t_{j+1}) - f(t_j)| = \lim_{||\Pi|| \to 0} \sum_{j=0}^{n-1} |f'(t_j^*)(t_{j+1} - t_j)|$$
$$= \int_0^T |f'(t)| \mathrm{d}t < +\infty.$$

故连续可微函数的一阶变差是有限的。而对连续可微函数的二阶变差

$$[f, f](T) = \lim_{||\Pi|| \to 0} \sum_{j=0}^{n-1} |f(t_{j+1}) - f(t_j)|^2,$$

我们有

$$\sum_{j=0}^{n-1} |f(t_{j+1}) - f(t_j)|^2 = \sum_{j=0}^{n-1} |f'(t_j^*)|^2 (t_{j+1} - t_j)^2 \leqslant ||\Pi|| \sum_{j=0}^{n-1} |f'(t_j^*)|^2 (t_{j+1} - t_j).$$

所以

$$[f,f](T) \leqslant \lim_{||\Pi||\to 0}\left[||\Pi||\sum_{j=0}^{n-1}|f'(t_j^*)|^2(t_{j+1}-t_j)\right]$$

$$= \lim_{||\Pi||\to 0}||\Pi||\cdot\sum_{j=0}^{n-1}|f'(t_j^*)|^2(t_{j+1}-t_j)$$

$$= \lim_{||\Pi||\to 0}||\Pi||\cdot\int_0^T|f'(t)|^2\mathrm{d}t = 0.$$

以上是连续可微函数的相关性质。由于布朗运动 $W(t)$ 处处不可微，所以上述关于 $f(t)$ 的推导对于布朗运动并不成立。对布朗运动，我们有以下定理。

定理 3.2 设 $W(t)$ 是布朗运动，则对所有 $t \geqslant 0$，其二阶变差 $[W,W](t) = t$。

证明：令 $\Pi := \{t_0, t_1, ..., t_n\}$ 是 $0 = t_0 < t_1 < \cdots < t_n = T$ 的一个分划，则二阶变差定义为

$$\lim_{||\Pi||\to 0}\sum_{j=0}^{n-1}|W(t_{j+1})-W(t_j)|^2.$$

同时，定义 Q_Π 为

$$Q_\Pi = \sum_{j=0}^{n-1}|W(t_{j+1})-W(t_j)|^2.$$

从直觉上来讲，该定理相当于证明一个随机变量等于一个常数，很容易想到的一个思路是证明随机变量 X 的期望等于这个常数，只要证明方差恒为 0。即

$$\mathbb{E}\left[X - \mathbb{E}(X)\right]^2 = 0.$$

也就是说，X 恒等于 $\mathbb{E}(X)$。我们从这个思路进行推广，可以从下式入手进行证明

$$\lim_{||\Pi||\to 0}\mathrm{Var}(Q_\Pi) = 0.$$

由于 Q_Π 是多个独立随机变量的加总，它的均值和方差也是这些独立变量的加总。对于均值，我们有

$$\mathbb{E}\left[W(t_{j+1})-W(t_j)\right]^2 = \mathrm{Var}[W(t_{j+1})-W(t_j)] = t_{j+1}-t_j.$$

因此，

$$\mathbb{E}(Q_\Pi) \equiv \sum_{j=0}^{n-1}\mathbb{E}\left[W(t_{j+1})-W(t_j)\right]^2 = T.$$

进一步计算其方差

$$
\begin{aligned}
&\mathrm{Var}\left[(W(t_{j+1}) - W(t_j))^2\right] \\
&= \mathbb{E}\left[\left([W(t_{j+1}) - W(t_j)]^2 - (t_{j+1} - t_j)\right)^2\right] \\
&= \mathbb{E}\left[(W(t_{j+1}) - W(t_j))^4\right] - 2(t_{j+1} - t_j)\mathbb{E}\left[(W(t_{j+1}) - W(t_j))^2\right] + (t_{j+1} - t_j)^2.
\end{aligned}
$$

不难证明, 如果变量 X 服从标准正态分布 $N(0, \sigma^2)$, 那么有如下等式成立:

$$\mathbb{E}\left(X^4\right) = 3\sigma^4.$$

因此,

$$
\begin{aligned}
\mathrm{Var}\left[(W(t_{j+1}) - W(t_j))^2\right] &= 3(t_{j+1} - t_j)^2 - 2(t_{j+1} - t_j)^2 + (t_{j+1} - t_j)^2 \\
&= 2(t_{j+1} - t_j)^2.
\end{aligned}
$$

计算 Q_Π 的方差得

$$
\begin{aligned}
\mathrm{Var}(Q_\Pi) &= \mathrm{Var}\left[\sum_{j=0}^{n-1} (W(t_{j+1}) - W(t_j))^2\right] \\
&= \sum_{j=0}^{n-1} 2(t_{j+1} - t_j)^2 \\
&\leqslant \sum_{j=0}^{n-1} 2||\Pi||(t_{j+1} - t_j) = 2||\Pi||T.
\end{aligned}
$$

所以, 我们有

$$\lim_{||\Pi|| \to 0} \mathrm{Var}(Q_\Pi) = 0.$$

进而可以大致地得到

$$\lim_{||\Pi|| \to 0} Q_\Pi = \mathbb{E}(Q_\Pi) = T.$$

严格来说, 对于 $\forall \varepsilon, \delta > 0$, 当 $||\Pi|| < \varepsilon^2 \delta/(2T)$ 时, 由切比雪夫不等式

$$\mathbb{P}(|Q_\Pi - T| \geqslant \varepsilon) \leqslant \frac{1}{\varepsilon^2}\mathrm{Var}(Q_\Pi),$$

所以可以得到

$$\mathbb{P}(|Q_\Pi - T| \geqslant \varepsilon) \leqslant \frac{2||\Pi||T}{\varepsilon^2} < \delta.$$

这意味着，当 $||\Pi||$ 趋于 0 时，Q_Π 依概率收敛于 T。 □

应当注意的是，当 Π 为一些特殊的分割方式时，Q_Π 几乎必然收敛于 T。对于一般情况，Q_Π 总是依概率收敛的。例如，当 $\Pi_N : t_j^{(N)} = t_j 2^{-N}$ 时，我们事实上能够证明当 N 趋于无穷时，Q_{Π_N} 是几乎必然收敛于 T 的。证明过程可以参见本书参考文献 [16] 的第 2.9 节。

我们也可以用微分形式表示布朗运动二阶变差：

$$\mathrm{d}W(t)\mathrm{d}W(t) = \mathrm{d}t.$$

但值得注意的是，这只是一种形式写法，其真正含义是

$$\lim_{||\Pi|| \to 0} \sum_{j=0}^{n-1} |W(t_{j+1}) - W(t_j)|^2 = T.$$

虽然各个符号的具体含义仍然要遵从定义，但微分形式却有一些直观理解上的好处：微分式右端的 $\mathrm{d}t$ 前的系数为 1，可以很方便地被理解为布朗运动在单位时间内累积二次变差的速率为 1。类似地，有 $\mathrm{d}t\mathrm{d}t = 0$。其中，$\mathrm{d}W(t)\mathrm{d}t$ 被称为协变差或者交叉变差。事实上，对任意函数 $g(t)$，$f(t)$，我们可以定义

$$[g, f](T) = \lim_{||\Pi|| \to 0} \sum_{j=0}^{n-1} (g(t_{j+1}) - g(t_j))(f(t_{j+1}) - f(t_j)).$$

定理 3.3 设 $W(t)$ 是布朗运动，则其一阶变差为 $FV_W(T) = +\infty$。

证明： 我们首先用反证法直觉化地证明该定理。令 $\Pi = \{t_0, t_1, ..., t_n\}$ 为 $[0, T]$ 上的一个分划，那么一阶变差为

$$FV_W(T) = \lim_{||\Pi|| \to 0} \sum_{j=0}^{n-1} |W(t_{j+1}) - W(t_j)|,$$

显然

$$Q_\Pi \leqslant \max |W(t_{j+1}) - W(t_j)| \cdot \sum_{j=0}^{n-1} |W(t_{j+1}) - W(t_j)|. \tag{3.7}$$

假设

$$\lim_{||\Pi|| \to 0} \sum_{j=0}^{n-1} |W(t_{j+1}) - W(t_j)| < +\infty.$$

根据布朗运动的连续性，我们有

$$\lim_{||\Pi|| \to 0} \max |W(t_{j+1}) - W(t_j)| = 0.$$

在式 (3.7) 两边同时取极限，我们能得到

$$\lim_{||\Pi||\to 0} Q_\Pi \leqslant \lim_{||\Pi||\to 0} \max |W(t_{j+1}) - W(t_j)| \cdot \sum_{j=0}^{n-1} |W(t_{j+1}) - W(t_j)| = 0.$$

推出

$$\lim_{||\Pi||\to 0} Q_\Pi = 0.$$

显然与定理 3.2 相矛盾。因此，一定有

$$FV_W(T) = \lim_{||\Pi||\to 0} \sum_{j=0}^{n-1} |W(t_{j+1}) - W(t_j)| = +\infty.$$

即布朗运动一阶变差为无穷。 □

在上文，我们获得了

$$FV_W(T) = \lim_{||\Pi||\to 0} \sum_{j=0}^{n-1} |W(t_{j+1}) - W(t_j)| = +\infty. \tag{3.8}$$

但是，我们没有阐明是何种意义上的收敛。在下文中，我们将详尽地提供一些分析。

我们现在证明式 (3.8) 是依概率收敛的。这与几乎必然收敛相比显然是一种更弱的收敛。首先，我们说明"收敛到无穷"是什么含义。在标准的教材中，我们经常看到随机变量序列收敛到某个随机变量，但很少看到收敛到无穷的情况。事实上，对后者我们不难进行以下理解。

定义 3.4 给定一个随机变量序列 X_n，它依概率收敛到 $+\infty$，如果对任意 $M > 0$，有

$$\lim_{n\to\infty} \mathbb{P}(X_n < M) = 0. \tag{3.9}$$

现在，回到我们的问题。为了证明式 (3.8) 依概率收敛，只需证明对任意 $M > 0$

$$\lim_{||\Pi||\to 0} \mathbb{P}\left(\sum_{j=0}^{n-1} |W(t_{j+1}) - W(t_j)| < M\right) = 0. \tag{3.10}$$

事实上，前文我们已经证明，二阶变差满足

$$QV_W(T) := \lim_{||\Pi||\to 0} Q_\Pi = T, \text{ 依概率}, \tag{3.11}$$

其中

$$Q_\Pi := \sum_{j=0}^{n-1} |W(t_{j+1}) - W(t_j)|^2.$$

为了研究一阶变差，我们得到了不等式

$$\sum_{j=0}^{n-1}|W(t_{j+1})-W(t_j)|^2 \leqslant \max_{0\leqslant j\leqslant n-1}|W(t_{j+1})-W(t_j)|\cdot \sum_{j=0}^{n-1}|W(t_{j+1})-W(t_j)|. \quad (3.12)$$

在下文，我们利用这些工具证明式 (3.10)。

证明：由式 (3.11) 可以推出对任意 $0<\varepsilon<T$，

$$\lim_{||\Pi||\to 0}\mathbb{P}\left(\left|\sum_{j=0}^{n-1}|W(t_{j+1})-W(t_j)|^2-T\right|>\varepsilon\right)=0. \quad (3.13)$$

因为有

$$\mathbb{P}\left(\sum_{j=0}^{n-1}|W(t_{j+1})-W(t_j)|^2<T-\varepsilon\right)\leqslant \mathbb{P}\left(\left|\sum_{j=0}^{n-1}|W(t_{j+1})-W(t_j)|^2-T\right|>\varepsilon\right),$$

则由式 (3.13) 可进一步推出对任意 $0<\varepsilon<T$，

$$\lim_{||\Pi||\to 0}\mathbb{P}\left(\sum_{j=0}^{n-1}|W(t_{j+1})-W(t_j)|^2<T-\varepsilon\right)=0. \quad (3.14)$$

我们现在证明以下有用的辅助结果

$$\lim_{||\Pi||\to 0}\mathbb{P}\left(\sum_{j=0}^{n-1}|W(t_{j+1})-W(t_j)|<M,\ \max_{0\leqslant j\leqslant n-1}|W(t_{j+1})-W(t_j)|<\frac{T-\varepsilon}{M}\right)=0. \quad (3.15)$$

事实上，从式 (3.12) 我们得到

$$\mathbb{P}\left(\sum_{j=0}^{n-1}|W(t_{j+1})-W(t_j)|^2<T-\varepsilon\right)$$

$$\geqslant \mathbb{P}\left(\max_{0\leqslant j\leqslant n-1}|W(t_{j+1})-W(t_j)|\cdot\sum_{j=0}^{n-1}|W(t_{j+1})-W(t_j)|<T-\varepsilon\right)$$

$$\geqslant \mathbb{P}\left(\sum_{j=0}^{n-1}|W(t_{j+1})-W(t_j)|<M,\ \max_{0\leqslant j\leqslant n-1}|W(t_{j+1})-W(t_j)|<\frac{T-\varepsilon}{M}\right), \quad (3.16)$$

其中第二个不等式可由以下简单事实推出：

$$\left\{\sum_{j=0}^{n-1}|W(t_{j+1})-W(t_j)|<M,\ \max_{0\leqslant j\leqslant n-1}|W(t_{j+1})-W(t_j)|<\frac{T-\varepsilon}{M}\right\}$$

$$\subset\left\{\max_{0\leqslant j\leqslant n-1}|W(t_{j+1})-W(t_j)|\cdot\sum_{j=0}^{n-1}|W(t_{j+1})-W(t_j)|<T-\varepsilon\right\}.$$

然后，在式 (3.16) 两侧同时令 $||\Pi||\to 0$，并结合式 (3.14)，我们立即推出式 (3.15)。

接下来，我们注意到

$$\mathbb{P}\left(\sum_{j=0}^{n-1}|W(t_{j+1})-W(t_j)|<M\right)$$

$$=\mathbb{P}\left(\sum_{j=0}^{n-1}|W(t_{j+1})-W(t_j)|<M,\ \max_{0\leqslant j\leqslant n-1}|W(t_{j+1})-W(t_j)|<\frac{T-\varepsilon}{M}\right)+$$

$$\mathbb{P}\left(\sum_{j=0}^{n-1}|W(t_{j+1})-W(t_j)|<M,\ \max_{0\leqslant j\leqslant n-1}|W(t_{j+1})-W(t_j)|\geqslant\frac{T-\varepsilon}{M}\right). \quad (3.17)$$

现在我们将在以下部分证明另一个有用的辅助结果：

$$\lim_{||\Pi||\to 0}\mathbb{P}\left(\sum_{j=0}^{n-1}|W(t_{j+1})-W(t_j)|<M,\ \max_{0\leqslant j\leqslant n-1}|W(t_{j+1})-W(t_j)|\geqslant\frac{T-\varepsilon}{M}\right)=0.$$
$$(3.18)$$

事实上，显然有

$$\mathbb{P}\left(\sum_{j=0}^{n-1}|W(t_{j+1})-W(t_j)|<M,\ \max_{0\leqslant j\leqslant n-1}|W(t_{j+1})-W(t_j)|\geqslant\frac{T-\varepsilon}{M}\right)$$

$$\leqslant\mathbb{P}\left(\max_{0\leqslant j\leqslant n-1}|W(t_{j+1})-W(t_j)|\geqslant\frac{T-\varepsilon}{M}\right). \quad (3.19)$$

根据布朗运动路径的连续性，显然有

$$\mathbb{P}\left(\lim_{||\Pi||\to 0}\max|W(t_{j+1})-W(t_j)|=0\right)=1. \quad (3.20)$$

由此可以推出存在 $\delta_1>0$ 使得只要 $||\Pi||<\delta_1$，就有

$$\mathbb{P}\left(\max_{0\leqslant j\leqslant n-1}|W(t_{j+1})-W(t_j)|<\frac{T-\varepsilon}{M}\right)=1, \quad (3.21)$$

即
$$\mathbb{P}\left(\max_{0\leqslant j\leqslant n-1}|W(t_{j+1})-W(t_j)|\geqslant \frac{T-\varepsilon}{M}\right)=0.$$

因此，在式 (3.19) 两侧同时取极限，我们立刻得到式 (3.18)。

最后，在式 (3.17)、式 (3.15) 和式 (3.18) 两侧同时取极限即可推出式 (3.10)。 □

一个自然的问题是关于式 (3.8) 是否可以几乎必然收敛。根据上文证明的依概率收敛，我们期待存在一个分割的子序列，记作 $\{\Pi_k\}_{k=1}^{\infty}$，其中 $\Pi_k=\{0=t_0^{(k)}<\cdots<t_{n_k}^{(k)}=T\}$，满足 $\lim_{k\to\infty}\|\Pi_k\|=0$，使得

$$\lim_{k\to\infty}\sum_{j=0}^{n_k-1}\left|W(t_{j+1}^{(k)})-W(t_j^{(k)})\right|=+\infty,\ 几乎必然. \tag{3.22}$$

事实上，以上结论似乎可由这一事实直接推出："依概率收敛"意味着"某个子序列的几乎必然收敛"。但是，严格来说，我们需要的是这一事实："依概率发散"意味着"某个子序列几乎必然发散"。这一结论有可能可以通过仿照收敛的情况来证明；读者可参阅参考文献 [13] 中定理 3.4 的证明等。我们在此跳过这一讨论。

总而言之，布朗运动的一阶变差 $FV_W(T)=+\infty$，二阶变差 $QV_W(T)=T$，而 N 阶变差（$N\geqslant 3$）恒为 0。有兴趣的读者可根据分划的思想对高阶情况自行推导。通过证明布朗运动一阶变差是无穷的，我们可知道布朗运动一定不是连续可微函数，因为连续可微函数的一阶变差有限。

3.2.7 布朗运动与 Doob-Meyer 分解

在第 2 章中，我们给出了泊松过程作为连续时间下 Doob-Meyer 分解的例子。本节我们首先讨论两个与布朗运动相关的 Doob-Meyer 分解的例子，然后自然得出求解布朗运动二阶变差的第二种方法。

例 3.2.1 对于布朗运动 $W(t)$，设 $X(t)=aW(t)+\mu t$（$\mu>0$），则 $X(t)$ 为下鞅且其本身就是 Doob-Meyer 分解形式。

证明：我们首先验证 $X(t)$ 是一个下鞅，等价于证明

$$\mathbb{E}[X(t)|\mathcal{F}(s)]\geqslant X(s),\quad 0\leqslant s<t.$$

我们有

$$\mathbb{E}[X(t)|\mathcal{F}(s)]=\mathbb{E}[aW(t)+\mu t|\mathcal{F}(s)]=aW(s)+\mu t>aW(s)+\mu s.$$

所以我们说明了

$$\mathbb{E}[X(t)|\mathcal{F}(s)]\geqslant X(s).$$

即 $X(t)$ 是一个下鞅。由于 $aW(t)$ 为布朗运动，显然为鞅。同时，由于 $\mu > 0$ 所以 μt 显然为非减序列，根据定义可知

$$X(t) = aW(t) + \mu t \ (\mu > 0)$$

为 Doob-Meyer 分解。 □

在上一章中，我们知道若 $M(t)$ 是鞅，则 $M^2(t)$ 为下鞅，对其可以进行 Doob-Meyer 分解。下面，我们将这一性质应用于布朗运动。

例 3.2.2 对于布朗运动 $W(t)$，$W^2(t)$ 为下鞅，且 $W^2(t) = [W^2(t) - t] + t$ 为其 Doob-Meyer 分解。

证明：回顾在第 2 章中的讨论，鞅的平方是下鞅。所以 $W^2(t)$ 为下鞅。

下面我们证明 $W^2(t) - t$ 是鞅。将 $W(t)$ 拆成 $W(t) - W(s) + W(s)$，

$$\mathbb{E}[W(t)^2 - t | \mathcal{F}(s)] = \mathbb{E}[(W(t) - W(s))^2] + 2W(s)\mathbb{E}[W(t) - W(s)] + W(s)^2 - t$$
$$= \mathbb{E}[(W(t) - W(s))^2] + 0 + W(s)^2 - t.$$

由于标准布朗运动 $W(t)$ 的方差为 t，有

$$\mathbb{E}[W(t)^2 - t | \mathcal{F}(s)] = t - s + W(s)^2 - t = W(s)^2 - s.$$

所以 $W(t)^2 - t$ 为鞅。同时 t 显然非减。故 $W^2(t)$ 的 Doob-Meyer 分解为 $W^2(t) = [W^2(t) - t] + t$。 □

此时我们给出求解布朗运动二阶变差的第二种方法。根据 Doob-Meyer 分解的定义，对 $M^2(t)$ 进行 Doob-Meyer 分解后，分解式中的单调非减随机变量序列就是 $M(t)$ 的二阶变差。对于布朗运动 $W(t)$，$W^2(t)$ 是一个下鞅，

$$W^2(t) = (W^2(t) - t) + t.$$

由于 $W^2(t) - t$ 是一个鞅，再加上 Doob-Meyer 分解的唯一性，我们有

$$[W, W](t) = t.$$

我们就说明了布朗运动 $W(t)$ 的二阶变差为 t。近一步地，我们有

$$\lim_{||\Pi|| \to 0} \sum_{j=0}^{n-1} |W(t_{j+1}) - W(t_j)|^2 = [W, W](T) = T,$$

依概率成立，其中 $\Pi := \{t_0, t_1, ..., t_n\}$ 是 $0 = t_0 < t_1 < \cdots < t_n = T$ 的任意一个分划。

3.2.8 由布朗运动衍生出的其他过程

由布朗运动还可以衍生出很多其他过程用于对金融市场建模，比如布朗桥是一个一个"给定终值的布朗运动"。举个例子，[0,1] 上在 1 时刻终值为 0 的布朗桥 $BB(t)$ 应满足

$$\{BB(t)\} \stackrel{d}{=} \{Z(t)|Z(t) = 0\},$$

这里 $Z(t)$ 是一个标准的一维布朗运动。事实上，$BB(t)$ 可以按照如下方式构造：

$$BB(t) = W(t) - tW(1),$$

这里 $W(t)$ 是一个标准的一维布朗运动。

再比如带漂移的布朗运动

$$X(t) = \sigma W(t) + \mu t,$$

它引入了任意的波动率 (σ) 和一个趋势 (μ)。容易看出，带漂移的布朗运动期望为 μt，方差为 $\sigma^2 t$。下面，我们重点介绍**几何布朗运动**（geometric Brownian motion），也就是著名的 **Black-Scholes-Merton 期权模型**。

定义 3.5 设 a 和 σ 是常数，**几何布朗运动** 定义为

$$S(t) = S(0) \exp\{\sigma W(t) + at\}.$$

几何布朗运动是通过将带漂移的布朗运动进行指数函数映射而得的。显然，只要 $S(0) > 0$，即有 $S(t) > 0$。从而，相对于带漂移的布朗运动，它更适合被用来描述非负的资产价格，同时又保持了布朗运动方便的数学特性。我们将在后续的章节中探讨这一模型在期权定价中的应用。

3.3 首达时与反射原理

3.3.1 首达时

我们如果想研究股票价格第一次触及某一水平的时刻，自然需要用到**首达时**（first passage time）这一概念。不妨假设今天的股价是 100 元，且股价服从布朗运动。此时我们签订如下合约：当价格触及 200 元时，投资者将获得 1 元钱。如果我们想给这个合约定价，就自然地需要引出首达时的概念。

定义 3.6 一个过程 $Y(t)$ 到达水平 m 的**首达时**是

$$\tau_m := \inf\{t \geqslant 0 : Y(t) \geqslant m\},$$

其中 $\inf\emptyset := +\infty$。

对于上述定义，如果运动过程 $Y(t)$ 永远达不到水平 m，则令 $\tau_m = +\infty$。

首达时在障碍期权（barrier option）和信用违约风险的建模上都十分有用。我们用两种方法求首达时 τ_m 的分布，一种是根据反射原理（reflection principle）求解，另一种则是通过概率密度函数的拉普拉斯（Laplace）变换求解。接下来分别介绍这两种方法。

3.3.2 反射原理和首达时分布

反射原理指的是如果我们将水平 m 以上的路径关于水平线 m 做一个镜面反射，我们又会得到一个新的布朗运动。显然，原布朗运动完全有可能生成镜面反射后的路径，且关于水平线 m 镜面对称的路径和原始路径的产生概率完全相同。那么我们可以认为，从原点出发直到首次到达水平 m 的路径与从 m 开始实现镜面反射的路径的结合也是一个布朗运动（见图 3.3）。用数学的语言来描述，可以定义新的过程如下：

$$\widetilde{W}(t) = \begin{cases} W(t) & 0 \leqslant t \leqslant \tau_m, \\ 2m - W(t) & t > \tau_m. \end{cases}$$

那么 $\widetilde{W}(t)$ 是一个标准的布朗运动。

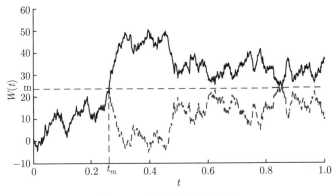

图 3.3 布朗运动反射原理

如何计算首达时的分布？乍一看这似乎是一件较为困难的事情，因为 τ_m 是一个随机的时间。事实上，使用反射原理可以使该问题变得简单。先让我们看一下首达时

和布朗运动的联合分布。当 $w, m > 0, w \leqslant m$ 时，考察
$$\mathbb{P}(\tau_m \leqslant t, W(t) \leqslant w).$$
为了计算这一联合分布，我们定义 $\widetilde{\tau}_m$ 为 $\widetilde{W}(t)$ 的停时，即
$$\widetilde{\tau}_m := \inf\{t \geqslant 0 : \widetilde{W}(t) = m\}.$$
容易看出，$\tau_m = \widetilde{\tau}_m$。又因为 $W(t)$ 和 $\widetilde{W}(t)$ 同为标准布朗运动，有
$$\mathbb{P}(\tau_m \leqslant t, W(t) \leqslant w) = \mathbb{P}(\widetilde{\tau}_m \leqslant t, \widetilde{W}(t) \leqslant w).$$
由定义，$t \geqslant \tau_m$ 时，$\widetilde{W}(t) = 2m - W(t)$，所以
$$\mathbb{P}(\widetilde{\tau}_m \leqslant t, \widetilde{W}(t) \leqslant w) = \mathbb{P}(\widetilde{\tau}_m \leqslant t, W(t) \geqslant 2m - w) = \mathbb{P}(\tau_m \leqslant t, W(t) \geqslant 2m - w).$$
接下来，因为 $w \leqslant m$，所以 $2m - w > m$，也就是说上式中的 $W(t)$ 是超过了对称轴 m 以后的路径。一旦超越了对称轴 m，结合布朗运动起始点为 0 及连续性的性质，我们可以知道 $\tau_m \leqslant t$ 一定成立。因此 $\{t : W(t) \geqslant 2m - w\} \subset$ 事件 $\{t : \tau_m \leqslant t\}$，进而
$$\mathbb{P}(\widetilde{\tau}_m \leqslant t, W(t) \geqslant 2m - w) = \mathbb{P}(W(t) \geqslant 2m - w).$$
我们得到了首达时和布朗运动的联合分布：
$$\mathbb{P}(\tau_m \leqslant t, W(t) \leqslant w) = \mathbb{P}(W(t) \geqslant 2m - w). \tag{3.23}$$
读者非常容易完成后续的计算。

基于上述讨论，接下来我们直接考虑首达时的分布。由于
$$\mathbb{P}(\tau_m \leqslant t) = \mathbb{P}(\tau_m \leqslant t, W(t) \leqslant m) + \mathbb{P}(\tau_m \leqslant t, W(t) \geqslant m),$$
因为 $\{t : W(t) \geqslant m\} \subset \{t : \tau_m \leqslant t\}$，有
$$\mathbb{P}(\tau_m \leqslant t, W(t) \geqslant m) = \mathbb{P}(W(t) \geqslant m).$$
又注意到在式 (3.23) 中取 $w = m$，可以得到
$$\mathbb{P}(\tau_m \leqslant t, W(t) \leqslant m) = \mathbb{P}(W(t) \geqslant m).$$
所以有
$$\begin{aligned}\mathbb{P}(\tau_m \leqslant t) &= \mathbb{P}(\tau_m \leqslant t, W(t) \leqslant m) + \mathbb{P}(\tau_m \leqslant t, W(t) \geqslant m) \\ &= 2\mathbb{P}(W(t) \geqslant m) \\ &= \frac{2}{\sqrt{2\pi t}} \int_m^{+\infty} \mathrm{e}^{-\frac{x^2}{2t}} \mathrm{d}x.\end{aligned}$$

对上式关于 t 求导即可得到所求的概率密度函数。

至此，我们已经介绍了布朗运动的反射原理，并运用该原理解决了布朗运动首达时的分布问题。读者可以用这种方法练习求解对称随机游走的首达时分布。

3.3.3 布朗运动及其最大值分布

基于上述结果，我们可以试着思考如下问题：如何刻画一个布朗运动截至 t 时刻的历史最大值的分布？

定义 3.7 布朗运动的**迄今最大值**为 $M(t) = \max_{0 \leqslant s \leqslant t} W(s)$。

我们可以得到
$$\{\tau_m \leqslant t\} = \{M(t) \geqslant m\}. \tag{3.24}$$

因为如果截至 t 时刻的历史最大值超越 m，那么 τ_m 一定在 t 之前达到，所以两者完全等价。为求得股价最大值，根据式 (3.24)，我们将反射等式 (3.23) 改写为

$$\mathbb{P}(M(t) \geqslant m, W(t) \leqslant w) = \mathbb{P}(\tau_m \leqslant t, W(t) \leqslant w).$$

由式 (3.23)
$$\mathbb{P}(\tau_m \leqslant t, W(t) \leqslant w) = \mathbb{P}(W(t) \geqslant 2m - w).$$

所以
$$\mathbb{P}(M(t) \geqslant m, W(t) \leqslant w) = \frac{1}{\sqrt{2\pi t}} \int_{2m-w}^{+\infty} \mathrm{e}^{-\frac{x^2}{2t}} \mathrm{d}x.$$

又因为
$$\mathbb{P}(M(t) \geqslant m, W(t) \leqslant w) = \int_m^\infty \int_{-\infty}^w f_{M(t),W(t)}(s,t) \mathrm{d}s \mathrm{d}t,$$

所以
$$\frac{1}{\sqrt{2\pi t}} \int_{2m-w}^{+\infty} \mathrm{e}^{-\frac{x^2}{2t}} \mathrm{d}x = \int_m^\infty \int_{-\infty}^w f_{M(t),W(t)}(s,t) \mathrm{d}s \mathrm{d}t.$$

对上式关于 m 和 w 依次求导然后乘以 -1 得到 $M(t)$ 和 $W(t)$ 的联合概率密度分布

$$f_{M(t),W(t)}(m,w) = \frac{2(2m-w)}{t\sqrt{2\pi t}} \mathrm{e}^{-\frac{(2m-w)^2}{2t}}.$$

3.3.4 拉普拉斯变换和首达时分布

我们在这一节用**拉普拉斯变换**的方法求首达时的分布。我们将用到**积分变换**（integral transform）的数学工具，即通过积分变换

$$F(\theta) = \int_{-\infty}^{+\infty} G(\theta, t) p(t) \mathrm{d}t,$$

将任意函数 $p(t)$ 变成另外一个不同变量的函数 $F(\theta)$,其中 $G(\theta,t)$ 被称为该变换的**核**(kernel)。因为在一定条件下,$p(t)$ 和 $F(\theta)$ 是一一对应的,所以可以通过 $F(\theta)$ 可以唯一反解出 $p(t)$。当函数 $G(\theta,t)$ 取为 $G(\theta,t) = \mathrm{e}^{\theta t}$ 时,我们获得拉普拉斯变换,定义为

$$L(\theta) = \mathcal{L}[p(t)] = \int_{-\infty}^{+\infty} \mathrm{e}^{\theta t} p(t) \mathrm{d}t.$$

如果 $p(t)$ 是某分布的密度函数,则 $L(\theta)$ 恰好是其矩生成函数。给定变换后的函数,我们可以通过反拉普拉斯变换

$$\mathcal{L}^{-1}[L(\theta)] = p(t),$$

反解回其原函数。

现在我们就来求解首达时 τ_m 密度函数的拉普拉斯变换,也即其矩生成函数。不失一般性,我们先设 $m > 0$,去求 $\mathbb{E}\left[\mathrm{e}^{\theta \tau_m}\right]$。我们可以考虑构造一个指数鞅 $Z(t) := \exp(\sigma W(t) - (\sigma^2/2)t)$。如果能证明

$$\mathbb{E}Z(\tau_m) = \mathbb{E}Z(0), \tag{3.25}$$

就可以得到

$$\mathbb{E}\left[\exp\left(\sigma W(\tau_m) - \frac{\sigma^2}{2}\tau_m\right)\right] = 1,$$

所以

$$\mathbb{E}\left[\exp\left(-\frac{\sigma^2}{2}\tau_m\right)\right] = \exp(-\sigma m). \tag{3.26}$$

然后令 $\theta = -\sigma^2/2$ 和 $\sigma = \pm\sqrt{-2\theta}$,就可以得到 τ_m 的矩生成函数。这里需要考虑的是结果该取 $\sigma = \sqrt{-2\theta}$ 还是 $\sigma = -\sqrt{-2\theta}$ 呢?接下来证明式 (3.25),我们将说明只有在 $\sigma = \sqrt{-2\theta}$ 时结论才成立。首先,由于布朗运动的无界和连续性,有

$$\mathbb{P}(\tau_m < +\infty) = 1,$$

接着我们考虑停止过程 $Z(t \wedge \tau_m)$。由于 $Z(t)$ 是鞅,$Z(t \wedge \tau_m)$ 也是鞅,因此有

$$\mathbb{E}Z(t \wedge \tau_m) = \mathbb{E}Z(0),$$

所以

$$\mathbb{E}\left[\exp\left(\sigma W(t \wedge \tau_m) - \frac{\sigma^2}{2}t \wedge \tau_m\right)\right] = 1.$$

当 $\sigma = \sqrt{-2\theta} > 0$,我们有

$$\left|\exp\left(\sigma W(t \wedge \tau_m) - \frac{\sigma^2}{2}t \wedge \tau_m\right)\right| \leqslant \left|\exp\left(\sigma W(t \wedge \tau_m)\right)\right| \leqslant \exp\left(\sigma m\right).$$

接着运用控制收敛定理就有

$$1 = \lim_{t \to +\infty} \mathbb{E}\left[\exp\left(\sigma W(t \wedge \tau_m) - \frac{\sigma^2}{2} t \wedge \tau_m\right)\right]$$
$$= \mathbb{E}\left[\lim_{t \to +\infty} \exp\left(\sigma W(t \wedge \tau_m) - \frac{\sigma^2}{2} t \wedge \tau_m\right)\right]$$
$$= \mathbb{E}\left[\exp\left(\sigma W(\tau_m) - \frac{\sigma^2}{2} \tau_m\right)\right].$$

于是我们就可以严格证明当 $\theta \leqslant 0$ 时，

$$\mathbb{E}\left[e^{\theta \tau_m}\right] = e^{-\sqrt{-2\theta}m},$$

当 $m < 0$ 时，根据类似的过程，我们可以求出

$$\mathbb{E}\left[e^{\theta \tau_m}\right] = e^{m\sqrt{-2\theta}}.$$

或者我们直接从 $m > 0$ 的情况推出。事实上，当 $m < 0$ 时，

$$\tau_m = \inf\{t > 0 : W(t) = m\} = \inf\{t > 0 : -W(t) = -m\} = \inf\{t > 0 : \widetilde{W}(t) = -m\}.$$

其中 $\widetilde{W}(t) = -W(t)$ 也是一个布朗运动。我们定义 $\widetilde{\tau}_m = \inf\{t > 0 : \widetilde{W}(t) = m\}$，则显然有 $\tau_m = \widetilde{\tau}_{-m}$，所以，当 $m < 0$ 时，$-m > 0$，

$$\mathbb{E}\left[e^{\theta \tau_m}\right] = \mathbb{E}\left[e^{\theta \widetilde{\tau}_{-m}}\right] = e^{m\sqrt{-2\theta}}.$$

综合上面的讨论，我们可以得到

$$\mathbb{E}\left[e^{\theta \tau_m}\right] = e^{-|m|\sqrt{-2\theta}}. \tag{3.27}$$

至此我们求出了 τ_m 的矩生成函数，可以用它求 τ_m 的各阶矩。例如我们将证明 $\mathbb{E}\tau_m = +\infty$，为此我们将 $\mathbb{E}[\exp(\theta \tau_m)]$ 对 θ 求导，得到

$$\mathbb{E}[\tau_m \exp(\theta \tau_m)] = \frac{|m|}{\sqrt{-2\theta}} \exp(-|m|\sqrt{-2\theta}).$$

然后，令 $\theta \to 0-$，我们有

$$\lim_{\theta \to 0-} \mathbb{E}[\tau_m \exp(\theta \tau_m)] = \lim_{\theta \to 0-} \frac{|m|}{\sqrt{-2\theta}} \exp(-|m|\sqrt{-2\theta}).$$

直接计算等式右端可以得到

$$\lim_{\theta \to 0-} \frac{|m|}{\sqrt{-2\theta}} \exp(-|m|\sqrt{-2\theta}) = \infty.$$

问题在于如何严格地处理等式左端。显然，我们期待得到

$$\lim_{\theta \to 0-} \mathbb{E}\left[\tau_m \exp(\theta \tau_m)\right] = \mathbb{E}\left[\lim_{\theta \to 0-} \tau_m \exp(\theta \tau_m)\right] \equiv \mathbb{E}\left[\tau_m\right].$$

如何保证极限运算与期望运算的可交换性？事实上，对于以 $\theta \leqslant 0$ 索引的随机序列 $\{\tau_m \exp(\theta \tau_m)\}$，我们易知 $\tau_m \exp(\theta \tau_m) \geqslant 0$，并且序列随 θ 增加而增加。因此，根据单调收敛定理，我们可以得到

$$\lim_{\theta \to 0-} \mathbb{E}\left[\tau_m \exp(\theta \tau_m)\right] = \mathbb{E}\left[\lim_{\theta \to 0-} \tau_m \exp(\theta \tau_m)\right].$$

可参见参考文献 [34] 的定理 1.4.5 等。

我们简单总结上述结论如下。

定理 3.4 对于 $m \in \mathcal{R}$，布朗运动关于水平 m 的首达时几乎必然有限，并且其分布的拉普拉斯变换为

$$\mathbb{E}\left[e^{\theta \tau_m}\right] = e^{-|m|\sqrt{-2\theta}}.$$

在公式两边关于 θ 求导，可得

$$\mathbb{E}\left[\tau_m e^{\theta \tau_m}\right] = \frac{|m|}{\sqrt{-2\theta}} e^{-|m|\sqrt{-2\theta}}.$$

令 $\theta \to 0+$，我们得到当 $m \neq 0$ 时，$\mathbb{E}\tau_m = +\infty$。

拉普拉斯变换的使用比反射定理更加普遍，一些无法用反射定理解决的问题可以用拉普拉斯变换解决。读者可以思考下面的练习。

练习：对于带漂移项的布朗运动 $X(t) = \sigma W(t) + \mu t$，其中 $W(t)$ 是标准布朗运动，定义 $\tau_m = \inf\{t > 0 : X(t) = m\}$，求 τ_m 的矩生成函数。

3.3.5 布朗运动的一个应用：对信用违约风险的建模

下面介绍应用布朗运动的一个经典例子，即 Merton 在 1974 年提出的 **Merton 结构信用风险模型**（Merton structural credit model）。该模型假设公司通过发行股票和无息债券（面值为 K，到期日为 T）来融资。公司在 t 时刻的价值即为公司的权益价值和负债价值之和，可以表示为

$$公司价值 V(t) = 权益价值 S(t) + 负债价值 B(t).$$

公司正常运行时其资金来源分为上述两部分。公司的股权持有人组成股东大会，选择高管来实际管理公司的日常运营。股东享受分红，其股权价值也可通过对股权的交易

来变现；债券持有人持有公司的债券，按照债券的具体条款收到债券的票息和面值。公司有义务先偿还对债券持有人的负债，再对股东进行分红。这一模型将债券简化成无息债券，即票息为 0，公司只需在到期日偿还面值。如果公司不能在 T 时刻偿还负债，那么债券所有者就会立刻接管公司。根据分析，公司债券持有人在到期日 T 可以得到的价值为

$$B(T) = \min\{K, V(T)\} = V(T) - \max\{0, V(T) - K\},$$

而公司股东在到期日 T 得到的价值为

$$S(T) = \max\{0, V(T) - K\}.$$

所以股东价值可以被视为以公司价值为标的资产的期权，如果公司违约，$S(T)$ 收益为 0。我们可以思考一个问题：如果用几何布朗运动对 $V(t)$ 建模

$$V(t) = V_0 \exp\left(\sigma W(t) + \mu t\right),$$

那么公司违约的概率是多少呢？读者容易获得如下公式

$$\mathbb{P}(V(T) < K) = \Phi\left(\frac{1}{\sigma\sqrt{T}}\left(\log\frac{K}{V_0} - \mu t\right)\right).$$

Moody 的子公司 KMV 制定了衡量违约概率的行业标准。它提出的预期违约频率模型（expected default frequency，EDF）被用于 VaR（Value at Risk）即风险价值模型计算、各种风险度量，以及简单的可违约资产估值。Moody 的想法基于 Merton 模型，但是它的细节技术是自有的。

在 Merton 结构信用风险模型中，违约的定义是 $V(T) < K$。但是现实中，有可能在 T 时刻之前公司价值 $V(T)$ 就低于 K，仅用 $V(T) < K$ 定义违约是不够完善的。为了把 T 时刻之前可能的违约加入建模，我们可以用首达时进行分析：假设 D 是一个 0 到 V_0 之间的常数，违约的时刻定义为停时

$$\tau = \inf\{t > 0, V(t) < D\}.$$

如果 $\tau < T$，那么违约发生在 $[0, T]$。这样一来，违约的定义就变为第一次碰到水平 D 的时刻在 T 之前。那么如何求违约的概率 $\mathbb{P}(\tau < T)$？这恰是我们在上一节中谈到的首达时问题，建议读者作为练习尝试求解。

3.4 多维布朗运动

下面将一维布朗运动推广到多维。现实中，资产价格的变化往往由很多因素同时引起，不同因素之间也可能存在关联。多维布朗运动为描述这种现象提供了很好的

手段。我们首先来看标准的 d 维布朗运动，它是由 d 个独立的一维布朗运动组成的向量。

定义 3.8 设 $(\Omega, \mathcal{F}, \mathbb{P})$ 是概率空间，d 维标准布朗运动是随机过程 $W(t) = (W_1(t), W_2(t), ..., W_d(t))$，它满足以下性质：

1. $W(0) = 0$；
2. 独立增量；
3. 对任意 $t > s$，$W(t) - W(s)$ 服从联合正态分布，其均值为 0，协方差矩阵为 $(t-s)I$；
4. 对任意 $i = 1, 2, ..., d$，$W_i(t)$ 是 t 的连续函数。

事实上，我们可以定义具有任意协方差的多维布朗运动如下。

定义 3.9 设 $(\Omega, \mathcal{F}, \mathbb{P})$ 是概率空间，d 维布朗运动是随机过程 $B(t) = (B_1(t), B_2(t), ..., B_d(t))$，它满足以下性质：

1. $B(0) = 0$；
2. 独立增量；
3. 对任意 $t > s$，$B(t) - B(s)$ 服从联合正态分布，其均值为 0，协方差矩阵为 $(t-s)\Sigma$，这里 Σ 是某多维分布的相关系数矩阵；
4. 对任意 $i = 1, 2, ..., d$，$B_i(t)$ 是 t 的连续函数。

由于 $B(t) - B(s)$ 的协方差矩阵为 $(t-s)\Sigma$，$\Sigma = (\rho_{ij})_{d \times d}$ 则对

$$B(t) = (B_1(t), B_2(t), ..., B_d(t))^\top.$$

有

$$t\Sigma = \mathrm{Cov}(B(t), B(t)) = (\mathrm{Cov}(B_i(t), B_j(t)))_{d \times d},$$

可以等价地写成如下形式

$$t\rho_{ij} = \mathrm{Cov}(B_i(t), B_j(t)).$$

因此，

$$\rho_{ij} = \frac{\mathrm{Cov}(B_i(t), B_j(t))}{t} = \frac{\mathrm{Cov}(B_i(t), B_j(t))}{\sqrt{\mathrm{Var}(B_i(t))}\sqrt{\mathrm{Var}(B_j(t))}} = \mathrm{Corr}(B_i(t), B_j(t)).$$

因此，矩阵中元素 ρ_{ij} 表示 $B_i(t)$ 和 $B_j(t)$ 的相关系数。

下面我们来讨论如何构造这样的布朗运动 $B(t)$。如果我们能找到一个矩阵 A 满足下式

$$AA^\top = \Sigma, \tag{3.28}$$

那么通过 $B(t) = AZ(t)$，就可以构造出一个满足条件的随机过程 $B(t)$，其中 $\{Z(t)\}$ 是一个 d 维的标准布朗运动。事实上，由平方根法（Cholesky decomposition），我们总可以找到一个下三角矩阵 A 满足上述条件。我们在这里验证期望和协方差矩阵，有

$$\mathbb{E}[B(t) - B(s)] = A\mathbb{E}[Z(t) - Z(s)] = 0.$$

协方差为

$$\begin{aligned}\mathrm{Cov}(AZ(t), AZ(t)) &= \mathbb{E}[AZ(t)(AZ(t))^\top] - \mathbb{E}(AZ(t))\mathbb{E}(AZ(t))^\top \\ &= \mathbb{E}[AZ(t)(AZ(t))^\top].\end{aligned}$$

利用矩阵转置的运算规则，我们有

$$\mathbb{E}[AZ(t)(AZ(t))^\top] = \mathbb{E}[AZ(t)Z(t)^\top A^\top].$$

提出常数系数，并且利用标准布朗运动 $Z(t)$ 满足

$$\mathbb{E}[Z(t)Z(t)^\top] = tI.$$

我们最后得到

$$\mathrm{Cov}(AZ(t), AZ(t)) = tAA^\top = t\Sigma.$$

如下，我们以 $d = 2$ 时的情形为例来寻找矩阵 A，使得

$$AA^\top = \Sigma = \begin{pmatrix} 1 & \rho_{12} \\ \rho_{12} & 1 \end{pmatrix}.$$

我们通过待定系数法求 A，因为 A 是下三角矩阵，所以我们设

$$A = \begin{pmatrix} a & 0 \\ b & c \end{pmatrix}.$$

则

$$AA^\top = \begin{pmatrix} a & 0 \\ b & c \end{pmatrix} \begin{pmatrix} a & b \\ 0 & c \end{pmatrix} = \begin{pmatrix} a^2 & ab \\ ab & b^2 + c^2 \end{pmatrix}.$$

令

$$\begin{pmatrix} a^2 & ab \\ ab & b^2 + c^2 \end{pmatrix} = \begin{pmatrix} 1 & \rho_{12} \\ \rho_{12} & 1 \end{pmatrix},$$

我们可以解得
$$a = 1,\ b = \rho_{12},\ c = \sqrt{1 - \rho_{12}^2}.$$

因此，我们获得如下构造方式：
$$W_1(t) = Z_1(t),$$
$$W_2(t) = \rho_{12} Z_1(t) + \sqrt{1 - \rho_{12}^2} Z_2(t).$$

最后，我们以 Doob-Meyer 分解定理为工具，讨论多维布朗运动的协变差。对于 $i \neq j$，我们首先证明 d 维标准布朗运动 $W(t)$ 的协变差满足
$$[W_i, W_j](t) = 0.$$

然后我们请读者练习证明 d 维一般布朗运动 $B(t)$ 的协变差满足
$$[B_i, B_j](t) = \mathrm{Cov}(B_i(t), B_j(t)) = \rho_{ij} t.$$

证明：首先，我们证明 $W_i(t)W_j(t)$ 是鞅，事实上，
$$\mathbb{E}[W_i(t)W_j(t)|\mathcal{F}(s)] = \mathbb{E}[(W_i(t) - W_i(s) + W_i(s))(W_j(t) - W_j(s) + W_j(s))|\mathcal{F}(s)].$$

按照 $W_i(t) - W_i(s)$ 和 $W_j(t) - W_j(s)$ 为整体展开，并且运用布朗运动独立增量的性质，可以得到
$$\mathbb{E}[W_i(t)W_j(t)|\mathcal{F}(s)] = \mathbb{E}[(W_i(t) - W_i(s))(W_j(t) - W_j(s))] + W_i(s)\mathbb{E}[W_j(t) - W_j(s)] +$$
$$W_j(s)\mathbb{E}[W_i(t) - W_i(s)] + W_i(s)W_j(s).$$

由 $W(t)$ 的分量彼此独立，有
$$\mathbb{E}[(W_i(t) - W_i(s))(W_j(t) - W_j(s))] = \mathbb{E}[W_i(t) - W_i(s)]\mathbb{E}[W_j(t) - W_j(s)].$$

所以
$$\mathbb{E}[W_i(t)W_j(t)|\mathcal{F}(s)] = 0 + 0 + 0 + W_i(s)W_j(s).$$

于是我们说明了 $W_i(t)W_j(t)$ 是鞅。根据 Doob-Meyer 分解定理，$[W_i, W_j](t)$ 是唯一使得 $W_i(t)W_j(t) - [W_i, W_j](t)$ 是鞅的拥有有界变差的过程。所以，我们有
$$[W_i, W_j](t) = 0. \qquad \square$$

3.5 本章小结

本章介绍了布朗运动的定义和其构造，介绍了它的各种性质，例如其一阶变差和二阶变差的性质。我们同时引入了几何布朗运动等相关的过程，几何布朗运动由于其良好的性质常常被用于刻画金融资产价格。我们应用反射原理和拉普拉斯变换研究了布朗运动首达时的分布。本章的末尾讨论了多维布朗运动的相关知识。关于布朗运动在随机微积分和其在金融建模中的应用，我们会在后面章节中进行更详细的说明。对于本章内容的扩展与深化，读者可参阅书后参考文献 [16]、[18]、[19]、[27]、[28]、[29]、[30]、[31]、[34]、[37] 等。

第 4 章

随机微积分

随机微积分，也可称为随机分析，是现代数学的一个重要分支，诞生于 20 世纪 40 年代，奠基人之一 K. Itô 先生获得了 1987 年沃尔夫数学奖。获奖评语这样写道："他的随机分析可以被视为随机王国中的牛顿定律。其通过对布朗运动的函数的微分和积分计算的讨论，揭示了支配自然现象的偏微分方程和隐藏着的概率机制之间的相互关联。由此产生的理论是近代纯粹与应用概率论的基石。"目前随机分析在很多领域都有重要应用，比如金融学、物理学、化学、生物学、信息论等。本章我们将从两个大的方向来讨论问题：一是从一类随机积分出发，引出随机微积分的基本定义与性质，再利用这个公式展开对随机微分方程（stochastic differential equation，SDE）的讨论；二是介绍随机分析中的一些基本定理。

在日常交易中，我们通常需要随着时间变化来调整资产组合中不同资产的权重。在连续时间情形下，我们需要拓展数学工具。我们首先考虑一个例子：假设一种资产价格服从布朗运动 $W(t)$，将交易日进行分划：$\Pi = \{t_0, t_1, ..., t_n\}(0 = t_0 < t_1 < \cdots < t_n = T)$，并假设在时间段 $[t_j, t_{j+1}]$，投资者始终持有 $\Delta(t_j)$ 股资产。那么在时间 $t \in [t_k, t_{k+1}]$，资产交易的收益过程 $I(t)$ 可以表示为

$$I(t) = \sum_{j=0}^{k-1} \Delta(t_j)[W(t_{j+1}) - W(t_j)] + \Delta(t_k)[W(t) - W(t_k)]. \tag{4.1}$$

为了将上述过程运用在金融建模中，我们需要在每个时间区间的起点决定持有资产的头寸。特别地，当 $||\Pi|| := \max_{1 \leqslant j \leqslant n}(t_j - t_{j-1})$ 趋于 0 时，上述求和可以被更加自然地认定为一种积分。由传统微积分我们推测

$$\int_0^t \Delta(t) \mathrm{d}W(t) = \int_0^t \Delta(t) W'(t) \mathrm{d}t,$$

而回忆上一章的知识，我们知道布朗运动 $W(t)$ 处处不可微，故上述推测是不成立的。因此，我们需要建立一种新的积分方式，即**随机积分**（stochastic calculus）。下面我们将重点介绍一类在金融建模中最为常用的随机积分，即 **Itô 积分**（Itô integral）。

4.1 Itô 积分

在定义 Itô 积分的时候，我们会先研究简单被积函数的情形，再从简单被积函数的情形推广到非简单被积函数的情形，从而完成对一般函数的 Itô 积分的讨论。

4.1.1 简单过程的 Itô 积分

图 4.1 为简单过程示例。

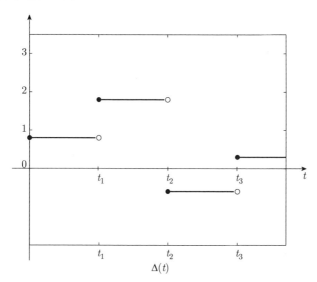

图 4.1 简单过程示例

定义 4.1 如果过程 $\Delta(t)$ 适应域流 $\mathcal{F}(t)$，满足

$$\mathbb{E}\int_0^t \Delta^2(u)\mathrm{d}u < +\infty,$$

并且对任意 $j = 0, 1, ..., n-1$，$t \in [t_j, t_{j+1})$ 满足 $\Delta(t) = \Delta(t_j)$，则称 $\Delta(t)$ 为简单过程。

定义 4.2 在时刻 $t \in [t_j, t_{j+1})$，对于简单过程 $\Delta(t)$，式 (4.1) 定义的过程 $I(t)$ 就是其 Itô 积分，记为

$$I(t) = \int_0^t \Delta(u)\mathrm{d}W(u).$$

简单被积函数的 Itô 积分具有如下良好性质：

性质 4.1.1.1 （**连续性**）$I(t)$ 在 t 处连续。

证明：对于任意 $t^* \in [t_k, t_{k+1})$，我们有

$$\lim_{t \to t^*} I(t) = \lim_{t \to t^*} \left(\sum_{j=0}^{k-1} \Delta(t_j)[W(t_{j+1}) - W(t_j)] + \Delta(t_k)[W(t) - W(t_k)] \right)$$

$$= I(t_k) + \lim_{t \to t^*} \Delta(t_k)[W(t) - W(t_k)]$$
$$= I(t^*).$$

连续性得证。 □

性质 4.1.1.2 （可测性） $I(t)$ 为 $\mathcal{F}(t)$ 可测。

证明：对于任意 $t \in [t_k, t_{k+1})$，
$$I(t) = \sum_{j=0}^{k-1} \Delta(t_j)[W(t_{j+1}) - W(t_j)] + \Delta(t_k)[W(t) - W(t_k)].$$

由定义我们知道 $\Delta(t_0), \Delta(t_1), ..., \Delta(t_k)$ 是 $\mathcal{F}(t)$ 可测的，$W(t_0), W(t_1), ..., W(t)$ 也是 $\mathcal{F}(t)$ 可测的，故 $I(t)$ 为 $\mathcal{F}(t)$ 可测的，得证。 □

性质 4.1.1.3 （积分线性性） 如果
$$I(t) = \int_0^t \Delta(u) \mathrm{d}W(u),$$
$$J(t) = \int_0^t \Gamma(u) \mathrm{d}W(u).$$

那么有
$$I(t) \pm J(t) = \int_0^t (\Delta(u) \pm \Gamma(u)) \mathrm{d}W(u),$$
$$cJ(t) = \int_0^t c\Gamma(u) \mathrm{d}W(u),$$

其中 c 是任意常数。

积分线性性与普通微积分的线性性一致。

性质 4.1.1.4 （鞅性） $I(t)$ 是鞅。

证明：对于任意 $t > s$，即要证明
$$\mathbb{E}[I(t)|\mathcal{F}(s)] = I(s). \tag{4.2}$$

事实上，在分划的格点处，我们能比较容易地得到该结论，因为
$$\mathbb{E}[I(t_{k+1})|\mathcal{F}(t_k)] = \mathbb{E}\left(\sum_{j=0}^{k} \Delta(t_j)[W(t_{j+1}) - W(t_j)] \Big| \mathcal{F}(t_k)\right)$$
$$= I(t_k) + \mathbb{E}[\Delta(t_k)[W(t_{k+1}) - W(t_k)]|\mathcal{F}(t_k)]$$
$$= I(t_k) + \Delta(t_k)\mathbb{E}[W(t_{k+1}) - W(t_k)|\mathcal{F}(t_k)].$$

由 $W(t_{k+1}) - W(t_k)$ 与 $\mathcal{F}(t_k)$ 的独立性,可得

$$I(t_k) + \Delta(t_k)\mathbb{E}[W(t_{k+1}) - W(t_k)|\mathcal{F}(t_k)] = I(t_k) + \Delta(t_k)\mathbb{E}[W(t_{k+1}) - W(t_k)] = I(t_k).$$

类似地,通过一些细节处理,我们能证明式 (4.2) 在格点之外也成立,请读者自行练习。 □

下面我们再看一个被称为 **Itô 等距**(Itô isometry)的非常有趣的性质。

性质 4.1.1.5 (**Itô 等距**) $\mathbb{E}I^2(t) = \mathbb{E}\int_0^t \Delta^2(u)\mathrm{d}u$.

证明:不失一般性地,我们仍然先证明 t 是格点的情况,即 $t = t_k$。为书写简便,我们记 $W(t_{j+1}) - W(t_j) = a_j$。于是,我们有

$$I(t) = \sum_{j=0}^{k-1} \Delta(t_j) a_j,$$

且

$$I^2(t) = \sum_{j=0}^{k-1} \Delta^2(t_j) a_j^2 + 2 \sum_{0 \leqslant i < j \leqslant k-1} \Delta(t_i)\Delta(t_j) a_i a_j.$$

首先,我们证明交叉项的期望是 0,

$$\mathbb{E}[\Delta(t_i)\Delta(t_j) a_i a_j] = \mathbb{E}[\mathbb{E}[\Delta(t_i)\Delta(t_j) a_i a_j | \mathcal{F}(t_j)]],$$

对于任意 $i < j$,$\Delta(t_i)$、$\Delta(t_j)$、a_i 都是 $\mathcal{F}(t_j)$ 可测的,因此

$$\mathbb{E}[\mathbb{E}[\Delta(t_i)\Delta(t_j) a_i a_j | \mathcal{F}(t_j)]] = \mathbb{E}[\Delta(t_i)\Delta(t_j) a_i \mathbb{E}[a_j | \mathcal{F}(t_j)]].$$

因为 a_j 独立于 $\mathcal{F}(t_j)$,并且 $\mathbb{E}[a_j] = 0$,所以

$$\mathbb{E}[\Delta(t_i)\Delta(t_j) a_i \mathbb{E}[a_j | \mathcal{F}(t_j)]] = \mathbb{E}[\Delta(t_i)\Delta(t_j) a_i \mathbb{E}[a_j]] = 0.$$

其次,我们考虑平方项,不难得到

$$\mathbb{E}[\Delta^2(t_j) a_j^2] = \mathbb{E}[\mathbb{E}\left[\Delta^2(t_j) a_j^2 | \mathcal{F}(t_j)\right]] = \mathbb{E}[\Delta^2(t_j)\mathbb{E}[a_j^2 | \mathcal{F}(t_j)]] = \mathbb{E}[\Delta^2(t_j)(t_{j+1} - t_j)].$$

于是有

$$\mathbb{E}I^2(t) = \sum_{j=0}^{k-1} \mathbb{E}[\Delta^2(t_j)(t_{j+1} - t_j)] = \mathbb{E}\int_0^t \Delta^2(u)\mathrm{d}u.$$

Itô 等距性质得证。 □

性质 4.1.1.6 （二次变差） $I(t)$ 的二次变差为

$$[I,I](t) = \int_0^t \Delta^2(u)\mathrm{d}u.$$

证明一： 首先我们利用定义直接计算二次变差。不失一般性地，我们仍然先证明 t 是格点的情况，即 $t=t_k$。考虑 $[t_j, t_{j+1})$ 之间的划分为 $t_j = s_0 < s_1 < \cdots < s_m = t_{j+1}$，令 $\|\Pi\| = \max\{s_{i+1} - s_i, i = 0,1,2,...,m-1\}$。因为 $\Delta(t_j)$ 在 $[t_j, t_{j+1})$ 上保持不变，有

$$\sum_{i=0}^{m-1} [I(s_{i+1}) - I(s_i)]^2 = \Delta^2(t_j) \sum_{i=0}^{m-1} [W(s_{i+1}) - W(s_i)]^2.$$

利用布朗运动的二次变差公式，可以得到

$$\lim_{\|\Pi\| \to 0} \sum_{i=0}^{m-1} [W(s_{i+1}) - W(s_i)]^2 = t_{j+1} - t_j.$$

因此

$$\sum_{i=0}^{m-1} [I(s_{i+1}) - I(s_i)]^2 \to \Delta^2(t_j)(t_{j+1} - t_j) = \int_{t_j}^{t_{j+1}} \Delta^2(u)\mathrm{d}u.$$

将各项加总，即可得到

$$[I,I](t) = \int_0^t \Delta^2(u)\mathrm{d}u.$$

其二次变差的形式得证。 □

证明二： 简单过程 Itô 积分的二次变差还可以通过 Doob-Meyer 分解得到。由于 $\mathbb{E}I^2(t) = \mathbb{E}\left(\int_0^t \Delta^2(u)du\right) < \infty$，而且 $I(t)$ 是鞅，所以 $I^2(t)$ 是平方可积下鞅。根据 Doob-Meyer 分解定理，我们只需要证明 $I^2(t) - \int_0^t \Delta^2(u)\mathrm{d}u$ 是鞅，就可以证明 $[I,I](t) = \int_0^t \Delta^2(u)\mathrm{d}u$。

$I^2(t) - \int_0^t \Delta^2(u)\mathrm{d}u$ 是鞅等价于

$$\mathbb{E}[(I^2(t) - I^2(s))|\mathcal{F}(s)] = \mathbb{E}\left[\int_s^t \Delta^2(u)\,\mathrm{d}u|\mathcal{F}(s)\right], \forall 0 \leqslant s < t.$$

由于 $I(t)$ 是鞅, 我们有

$$\begin{aligned}
\mathbb{E}[(I(t) - I(s))^2 | \mathcal{F}(s)] &= \mathbb{E}[I^2(t) + I^2(s) - 2I(t)I(s) | \mathcal{F}(s)] \\
&= \mathbb{E}[I^2(t) + I^2(s) | \mathcal{F}(s)] - \mathbb{E}[2I(t)I(s) | \mathcal{F}(s)] \\
&= \mathbb{E}[I^2(t) + I^2(s) | \mathcal{F}(s)] - 2I(s)\mathbb{E}[I(t) | \mathcal{F}(s)] \\
&= \mathbb{E}[I^2(t) + I^2(s) | \mathcal{F}(s)] - 2I(s)^2 \\
&= \mathbb{E}[I^2(t) + I^2(s) - 2I^2(s) | \mathcal{F}(s)] \\
&= \mathbb{E}[I^2(t) - I^2(s) | \mathcal{F}(s)].
\end{aligned}$$

所以我们只需要证明

$$\mathbb{E}\left[(I(t) - I(s))^2 | \mathcal{F}(s)\right] = \mathbb{E}\left[\int_s^t \Delta^2(u)\,\mathrm{d}u | \mathcal{F}(s)\right], \quad \forall 0 \leqslant s < t \leqslant T.$$

我们依然参照上面的方法, 不失一般性地假设 s 和 t 在格点上, 也就是说存在 i 和 j, 使得 $s = t_i \leqslant t_{j+1} = t$。令 $a_j = W_{t_{j+1}} - W_{t_j}$, 那么我们可以得到

$$\begin{aligned}
\mathbb{E}\left[(I(t) - I(s))^2 | \mathcal{F}(s)\right] &= \mathbb{E}\left[\left(\sum_{k=i}^{j} \Delta(t_k) a_k\right)^2 \bigg| \mathcal{F}(s)\right] \\
&\triangleq \sum_{k=i}^{j} A_k + 2 \sum_{i \leqslant k < l \leqslant j} B_{k,l},
\end{aligned}$$

其中

$$\begin{aligned}
A_k &= \mathbb{E}\left[\Delta^2(t_k) a_k^2 | \mathcal{F}(s)\right], \\
B_{k,l} &= \mathbb{E}\left[\Delta(t_k) \Delta(t_l) a_k a_l | \mathcal{F}(s)\right].
\end{aligned}$$

接下来我们分别计算 A_k 和 $B_{k,l}$。注意到

$$\mathbb{E}\left[a_k^2 | \mathcal{F}(t_k)\right] = \mathbb{E}\left[(W_{t_{k+1}} - W_{t_k})^2 | \mathcal{F}(t_k)\right] = t_{k+1} - t_k.$$

于是有

$$\begin{aligned}
A_k &= \mathbb{E}\left[\Delta^2(t_k) a_k^2 | \mathcal{F}(s)\right] \\
&= \mathbb{E}\left[\mathbb{E}\left[\Delta^2(t_k) a_k^2 | \mathcal{F}_{t_k}\right] | \mathcal{F}(s)\right] \\
&= \mathbb{E}\left[\Delta^2(t_k) \mathbb{E}\left[a_k^2 | \mathcal{F}_{t_k}\right] | \mathcal{F}(s)\right] \\
&= \mathbb{E}\left[\Delta^2(t_k)(t_{k+1} - t_k) | \mathcal{F}(s)\right].
\end{aligned}$$

另一方面，对于 $k < l$，$\Delta(t_k), a_k, \Delta(t_l)$ 都是 $\mathcal{F}(t_l)$ 可测的，因此我们得到

$$\begin{aligned}B_{k,l} &= \mathbb{E}\left[\Delta(t_k)\Delta(t_l)a_k a_l | \mathcal{F}(s)\right] \\ &= \mathbb{E}\left[\mathbb{E}\left[\Delta(t_k)\Delta(t_l)a_k a_l | \mathcal{F}(t_l)\right] | \mathcal{F}(s)\right] \\ &= \mathbb{E}\left[\Delta(t_k)\Delta(t_l)a_k \mathbb{E}\left[a_l | \mathcal{F}(t_l)\right] | \mathcal{F}(s)\right] \\ &= \mathbb{E}\left[\Delta(t_k)\Delta(t_l)a_k \mathbb{E}(a_l) | \mathcal{F}(s)\right] = 0.\end{aligned}$$

所以

$$\begin{aligned}\mathbb{E}\left[(I(t) - I(s))^2 | \mathcal{F}(s)\right] &= \sum_{k=i}^{j} A_k + 2 \sum_{i \leqslant k < l \leqslant j} B_{k,l} = \sum_{k=i}^{j} A_k \\ &= \sum_{k=i}^{j} \mathbb{E}\left[\Delta^2(t_k)(t_{k+1} - t_k) | \mathcal{F}(s)\right] \\ &= \mathbb{E}\left[\sum_{k=i}^{j} \Delta^2(t_k)(t_{k+1} - t_k) \bigg| \mathcal{F}(s)\right] \\ &= \mathbb{E}\left[\int_s^t \Delta^2(u) \mathrm{d}u | \mathcal{F}(s)\right].\end{aligned}$$

至此，我们就证明了 $I^2(t) - \int_0^t \Delta^2(u)\mathrm{d}u$ 是鞅。由 Doob-Meyer 分解的唯一性，即得 $[I, I](t) = \int_0^t \Delta^2(u)\mathrm{d}u$。 □

二次变差在随机分析中是一个非常重要的概念。我们可以通过两条路径来理解 Itô 等距和简单被积函数的 Itô 积分的二次变差两条性质之间的关系。

路径一：首先证明

$$\lim_{||\Pi|| \to 0} \sum_{j=0}^{n-1} [I(t_{j+1}) - I(t_j)]^2 = \int_0^t \Delta(s)^2 \mathrm{d}s.$$

根据 $I(t)$ 的定义，我们可以证明 $\mathbb{E}I(t)^2 < \infty$。因此，$I(t)$ 是二次可积鞅。根据 Doob-Meyer 分解，我们有

$$\lim_{||\Pi|| \to 0} \sum_{j=0}^{n-1} [I(t_{j+1}) - I(t_j)]^2 = [I, I](t).$$

因此，一定有 $[I, I](t) = \int_0^t \Delta(s)^2 \mathrm{d}s$。再次由 Doob-Meyer 分解，我们有 $I(t)^2 - \int_0^t \Delta(s)^2 \mathrm{d}s$ 是鞅。通过取期望，我们得到

$$\mathbb{E}\left(I(t)^2 - \int_0^t \Delta(s)^2 \mathrm{d}s\right) = 0 \Rightarrow \mathbb{E}I^2(t) = \mathbb{E}\int_0^t \Delta^2(s)\mathrm{d}s.$$

路径二：首先证明 $I(t)^2 - \int_0^t \Delta(s)^2 \mathrm{d}s$ 是鞅。然后，通过取期望，我们得到

$$\mathbb{E}\left(I(t)^2 - \int_0^t \Delta(s)^2 \mathrm{d}s\right) = 0 \Rightarrow \mathbb{E}I^2(t) = \mathbb{E}\int_0^t \Delta^2(s)\mathrm{d}s.$$

从而我们得到 $\mathbb{E}I(t)^2 < \infty$。因此，$I(t)$ 是平方可积鞅。根据 Doob-Meyer 分解，我们有

$$[I, I](t) = \int_0^t \Delta(s)^2 \mathrm{d}s.$$

再由 Doob-Meyer 分解，我们进一步得到

$$\lim_{||\Pi|| \to 0} \sum_{j=0}^{n-1} [I(t_{j+1}) - I(t_j)]^2 = [I, I](t) = \int_0^t \Delta(s)^2 \mathrm{d}s.$$

4.1.2 一般过程的 Itô 积分

接下来我们讨论一般过程的 Itô 积分。$\Delta(t)$ 不再是前面假设的简单过程，它可以随时间连续变化也甚至可以有跳跃，但我们要求 $\Delta(t)$ 可以通过简单过程的极限来逼近。事实上，所有随时间连续变化，过程都可以用简单过程的极限来逼近，有些不连续的过程也可以找到一个简单序列的逼近。由于对于简单序列 $\{\Delta_n\}$，Itô 积分式 $\int_0^t \Delta_n(u)\mathrm{d}W(u)$ 已经有定义，如果我们可以找到一个简单过程序列 $\{\Delta_n\}$ 来逼近 Δ（见图 4.2），那么我们就可以定义 $\int_0^t \Delta(u)\mathrm{d}W(u)$ 为下面积分的极限：

$$I_n(t) := \int_0^t \Delta_n(u)\mathrm{d}W(u).$$

定义 4.3 一个可以用一列简单过程逼近的适应性过程 $\Delta(t)$ 如果满足

$$\mathbb{E}\left(\int_0^t \Delta^2(u)\mathrm{d}u\right) < +\infty, \tag{4.3}$$

即 $\Delta(t) \in L^2([0,T] \times \Omega)$，那么其 Itô 积分定义为

$$I(t) := \int_0^t \Delta(u)\mathrm{d}W(u) = \lim_{n \to +\infty} I_n(t) = \lim_{n \to +\infty} \int_0^t \Delta_n(u)\mathrm{d}W(u), \tag{4.4}$$

关于上述定义中提到的两个极限的意义，读者可以按照如下方式理解：首先，在上述可积性条件下，存在简单过程序列 $\{\Delta_n(t) \in L^2([0,T] \times \Omega)\}$ 在如下的 L^2 意义下有极限 $\Delta(t)$，即

$$\lim_{n \to \infty} \mathbb{E}\int_0^t |\Delta_n(u) - \Delta(u)|^2 \mathrm{d}u = 0.$$

此外，Itô 积分定义式 (4.4) 中的极限可以被理解为，存在唯一的 $I(t)$ 使得
$$\lim_{n\to\infty} \mathbb{E}|I_n(t) - I(t)|^2 = 0,$$
而与简单过程序列 $\{\Delta_n(t) \in L^2([0,T] \times \Omega)\}$ 的选取无关。关于上述内容更加细致的理论超出本书的范围，我们建议感兴趣的读者阅读书后参考文献 [16] 第 3 章中的相关内容。

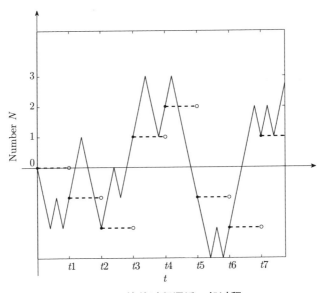

图 4.2 简单过程逼近一般过程

一般过程的 Itô 积分继承了简单被积函数 Itô 积分的良好性质：

性质 4.1.2.1 （**连续性**）$I(t)$ 在时间 t 上连续。

性质 4.1.2.2 （**适应性**）$I(t)$ 为 $\mathcal{F}(t)$ 可测。

性质 4.1.2.3 （**线性性**）如果
$$I(t) = \int_0^t \Delta(u) \mathrm{d}W(u),$$
$$J(t) = \int_0^t \Gamma(u) \mathrm{d}W(u).$$
那么有
$$I(t) \pm J(t) = \int_0^t (\Delta(u) \pm \Gamma(u)) \mathrm{d}W(u),$$
$$cJ(t) = \int_0^t c\Gamma(u) \mathrm{d}W(u).$$

其中 c 是任意常数。

性质 4.1.2.4 （**鞅性**）$\mathbb{E}[I(t)|\mathcal{F}(s)] = I(s)$.

性质 4.1.2.5 （**Itô 等距**）$\mathbb{E}I^2(t) = \mathbb{E}\int_0^t \Delta^2(u)\mathrm{d}u$.

性质 4.1.2.6 （**二次变差**）$[I,I](t) = \int_0^t \Delta^2(u)\mathrm{d}u$.

值得指出的是当可积分性条件式 (4.3) 不能被满足时，如果我们有更弱的条件，例如

$$\int_0^t \Delta^2(u)\mathrm{d}u < +\infty,$$

那么可以采用前述的想法和适当的局部化 (localization) 技巧来合理地定义 Itô 积分：

$$I(t) = \int_0^t \Delta(u)\mathrm{d}W(u).$$

此时，$I(t)$ 不再是鞅，而是局部鞅。此时，$I(t)$ 的路径连续，其二次变差性质仍然成立，即局部鞅 $I(t)$ 的二次变差满足：

$$[I,I](t) = \int_0^t \Delta^2(u)\mathrm{d}u,$$

但由于缺少鞅的性质 Itô 等距性质不再成立。上述讨论相关的具体技术细节，请感兴趣的读者参见参考文献 [16] 第 3 章的相关内容。

下面，我们提出一个对于二次变差的简单的理解：对于 Itô 积分

$$I(t) = \int_0^t \Delta(u)\mathrm{d}W(u).$$

当 $\Delta \equiv 1$ 时，我们有

$$I(t) = \int_0^t \Delta(u)\mathrm{d}W(u) = \int_0^t 1\mathrm{d}W(u) = W(t).$$

此时，我们有

$$[I,I](t) = [W,W](t) = t.$$

而上述二次变差性质恰好可以还原此特殊情形：

$$[I,I](t) = \int_0^t 1\mathrm{d}u = t.$$

在了解了 Itô 积分的定义以及性质之后，我们不禁想知道这样特殊的积分是怎样进行计算的呢？回顾传统微积分的发展历史，在最开始定义微积分时我们是对积分进行逼近，通过取极限的方式来计算积分的。类似地，下面我们通过一个例子来具体说明 Itô 积分的初级计算方法。

例 4.1.1 计算积分 $\int_0^T W(t)\mathrm{d}W(t)$。

解：首先，选取一个简单过程序列

$$\Delta_n(t) = \sum_{j=0}^{n-1} W\left(\frac{jT}{n}\right) I_{\{t\in[\frac{jT}{n},\frac{(j+1)T}{n})\}}.$$

根据 Itô 积分理论，这一列简单过程的选取并没有受到限制，选取任何一个收敛到 $W(t)$ 的简单过程序列所得出的计算结果都应该是一致的。接着计算

$$\int_0^T \Delta_n(t)\mathrm{d}W(t) := \sum_{j=0}^{n-1} W\left(\frac{jT}{n}\right)\left[W\left(\frac{(j+1)T}{n}\right) - W\left(\frac{jT}{n}\right)\right].$$

我们先推导得到如下等式成立，以便为上式中极限的计算做准备，

$$2\sum_{j=0}^{n-1} W\left(\frac{jT}{n}\right)\left[W\left(\frac{(j+1)T}{n}\right) - W\left(\frac{jT}{n}\right)\right]$$

$$= \sum_{j=0}^{n-1}\left[W^2\left(\frac{(j+1)T}{n}\right) - W^2\left(\frac{jT}{n}\right)\right] - \sum_{j=0}^{n-1}\left[W\left(\frac{(j+1)T}{n}\right) - W\left(\frac{jT}{n}\right)\right]^2$$

$$= W^2(T) - \sum_{j=0}^{n-1}\left[W\left(\frac{(j+1)T}{n}\right) - W\left(\frac{jT}{n}\right)\right]^2.$$

因此，想求的式子可以化为

$$\int_0^T \Delta_n(t)\mathrm{d}W(t) = \frac{1}{2}W^2(T) - \frac{1}{2}\sum_{j=0}^{n-1}\left[W\left(\frac{(j+1)T}{n}\right) - W\left(\frac{jT}{n}\right)\right]^2.$$

由二次变差的定义，有如下的依概率收敛：

$$\lim_{n\to+\infty}\sum_{j=0}^{n-1}\left[W\left(\frac{(j+1)T}{n}\right) - W\left(\frac{jT}{n}\right)\right]^2 = T,$$

于是，我们可以得到原积分

$$\int_0^T W(t)\mathrm{d}W(t) = \frac{1}{2}W^2(T) - \frac{1}{2}T.$$

作为一个有意思的拓展，我们不妨考虑将被积函数换为 $W(t)$ 的高次幂进一步考虑积分的求值问题。下面的问题留给读者作为练习。

练习：用上述类似的方法，试计算以下 Itô 积分：$\int_0^T W^2(t)\mathrm{d}W(t)$，$\int_0^T W^n(t)\mathrm{d}W(t)$，$n \in \mathbb{N}^+$。

4.2 Itô 公式

4.2.1 简单版本的 Itô 公式

上面我们通过例子简单了解了 Itô 积分的基于定义的计算方法,但如果每次都通过这种序列逼近取极限的计算方法来求积分,将会使计算变得十分繁杂。回忆传统微积分,一开始也是通过分割求和取极限的方式计算积分值的,但之后我们发现可以通过牛顿–莱布尼兹公式进行程式化的非常方便的推演计算。同样地,对于 Itô 积分,也有类似的计算法则。

对于传统微积分,如果 $W(t)$ 是可微的,那么可以通过链式法则得到微分形式

$$\mathrm{d}f(W(t)) = f'(W(t))\mathrm{d}W(t) = f'(W(t))W'(t)\mathrm{d}t,$$

以及积分形式

$$f(W(T)) - f(W(0)) = \int_0^T f'(W(t))\mathrm{d}W(t) = \int_0^T f'(W(t))W'(t)\mathrm{d}t.$$

然而,因为布朗运动 $W(t)$ 是处处不可微的,所以上面的两个式子都不再成立。为了建立著名的 Itô 公式,我们首先应用泰勒展开得到

$$\begin{aligned} & f(W(T)) - f(W(0)) \\ &= \sum_{j=0}^{n-1} [f(W(t_{j+1})) - f(W(t_j))] \\ &= \sum_{j=0}^{n-1} f'(W(t_j)) [W(t_{j+1}) - W(t_j)] + \sum_{j=0}^{n-1} \frac{1}{2} f''(W(t_j)) [W(t_{j+1}) - W(t_j)]^2 + \end{aligned} \tag{4.5}$$

更高阶的误差小量.

如图 4.3 所示。

我们注意到与第 3 章对布朗运动高阶变差为 0 的讨论类似,在分划趋于无限,即 $n \to \infty$ 时,二阶以上误差小量趋于 0。事实上,如果考虑 $f(W(T)) - f(W(0))$ 的泰勒展开中相对应的 p 阶项,有

$$\left| \sum_{j=0}^{n-1} \frac{1}{p!} f^{(p)}(W(t_j)) [W(t_{j+1}) - W(t_j)]^p \right|$$

$$\leqslant \frac{1}{p!} \max_{0 \leqslant j \leqslant n-1} f^{(p)}(W(t_j)) \cdot \max_{0 \leqslant j \leqslant n-1} |W(t_{j+1}) - W(t_j)|^{p-2} \cdot \sum_{j=0}^{n-1} [W(t_{j+1}) - W(t_j)]^2.$$

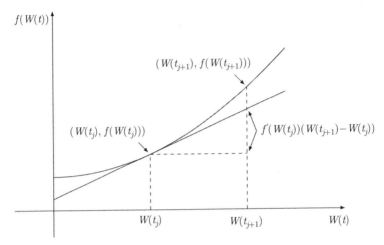

图 4.3 关于布朗运动函数的泰勒展开逼近

因为布朗运动连续，从而在有限区间 $[0,T]$ 上一致连续，故

$$\lim_{n\to\infty}\max_{0\leqslant j\leqslant n-1}|W(t_{j+1})-W(t_j)|^{p-2}=0.$$

又因为布朗运动至时间 T 的二阶变差等于 T，故

$$\lim_{n\to\infty}\sum_{j=0}^{n-1}[W(t_{j+1})-W(t_j)]^2<+\infty.$$

因此我们有

$$\lim_{n\to\infty}\sum_{j=0}^{n-1}\frac{1}{p!}f^{(p)}(W(t_j))[W(t_{j+1})-W(t_j)]^p=0.$$

式 (4.5) 的一阶项会随着分划 $||\Pi||\to 0$ 而趋近于 Itô 积分

$$\int_0^T f'(W(t))\mathrm{d}W(t).$$

而二阶项会随着分划 $||\Pi||\to 0$ 而趋近于

$$\int_0^T \frac{1}{2}f''(W(t))\mathrm{d}t.$$

特别地，我们发现 $W(t)$ 具有非零的二阶变差，是导致上述二阶导数项出现的原因。

下面我们给出关于布朗运动的简单版本的 Itô 公式。

第 4 章 随机微积分

定理 4.1 （关于布朗运动的简单版本的 Itô 公式） 设函数 $f(x)$ 的二阶导数 $f''(x)$ 存在且连续，那么 Itô 公式的微分形式为

$$df(W(t)) = f'(W(t))dW(t) + \frac{1}{2}f''(W(t))dt,$$

其积分形式为

$$f(W(T)) - f(W(0)) = \int_0^T f'(W(t))dW(t) + \int_0^T \frac{1}{2}f''(W(t))dt.$$

积分形式的 Itô 公式在数学上有明确的含义，它的第一项 $\int_0^T f'(W(t))dW(t)$ 是上面定义的 Itô 积分，第二项 $(1/2)\int_0^T f''(W(t))dt$ 是关于时间变量的普通积分。在计算上，微分形式的公式更方便一些。不过公式中的 $df(W(t))$，$dW(t)$，dt 等项虽然直观上容易理解，却没有具体的定义。我们进一步把 Itô 公式推广到同时有时间和空间的情况，就得到了下面的定理。

定理 4.2 （关于布朗运动的含时间的 Itô 公式） 设函数 $f(t,x)$ 的偏导数 $f_t(t,x)$，$f_x(t,x)$ 和 $f_{xx}(t,x)$ 都有定义且连续，那么 Itô 公式的微分形式为

$$df(t, W(t)) = f_t(t, W(t))dt + f_x(t, W(t))dW(t) + \frac{1}{2}f_{xx}(t, W(t))dt,$$

其积分形式为

$$f(T, W(T)) = f(0, W(0)) + \int_0^T f_t(t, W(t))dt + \int_0^T f_x(t, W(t))dW(t) + \frac{1}{2}\int_0^T f_{xx}(t, W(t))dt. \tag{4.6}$$

等式 (4.6) 右端的每一项都有切实含义，它包括了一个常数、两个关于时间变量的普通积分和一个 Itô 积分。与传统微积分相比多了最后一项，而这来源于布朗运动二阶变差非零的性质。下面我们通过两个例子来简单说明一下 Itô 公式的运用。

例 4.2.1 在上一小节中，我们用简单过程序列逼近的方法计算了积分：$\int_0^T W(t)dW(t)$，在学习了 Itô 公式之后，我们尝试使用 Itô 公式解决这一问题。

解：对于 $f(x) = x^2/2$，求导得 $f'(x) = x$，$f''(x) = 1$。因此通过 Itô 公式，我们有

$$\begin{aligned} f(W(t)) &= \frac{1}{2}W^2(t) \\ &= \frac{1}{2}W^2(0) + \int_0^t W(u)dW(u) + \frac{1}{2}\int_0^t 1 du \\ &= \int_0^t W(u)dW(u) + \frac{1}{2}t, \end{aligned}$$

于是有
$$\int_0^t W(u)\mathrm{d}W(u) = \frac{1}{2}(W^2(t) - t).$$

很明显，相比于之前的通过用序列逼近求极限的方法求 Itô 积分，这样的计算方式能够让我们更加快捷地得到结果。我们也建议读者用 Itô 公式重新考虑上一章给出的思考题，相信能够更加有效率地解决问题。

下面我们再来看一个有趣的问题，也是一道经典的面试题。在这道题中我们将给出三种解法，读者可以比较不同的解法，从而体会 Itô 公式的优越性。

例 4.2.2 试计算 $\mathbb{E}[W(t)^n]$。

解法一：利用 Itô 公式和递推关系式求解。设 $\mathbb{E}[W(t)^n]$ 的值为 f_n，运用 Itô 公式，我们有
$$\mathrm{d}W(t)^n = nW(t)^{n-1}\mathrm{d}W(t) + \frac{n(n-1)}{2}W(t)^{n-2}\mathrm{d}t.$$

两边同时积分并取期望，可以得到
$$\mathbb{E}[W(t)^n] = \int_0^t \frac{n(n-1)}{2}\mathbb{E}[W(s)^{n-2}]\mathrm{d}s,$$

从而我们有 f_n 与 f_{n-2} 之间的递推关系式
$$f_n = \frac{n(n-1)}{2}\int_0^t f_{n-2}\mathrm{d}s.$$

利用
$$f_1 = \mathbb{E}W(t) = 0,$$

和
$$f_2 = \mathbb{E}[W(t)^2] = (\mathbb{E}W(t))^2 + \mathrm{Var}(W(t)) = t,$$

即可得到 f_n 的值。

解法二：利用 $W(t)$ 的矩母函数进行求解。我们知道 $W(t)$ 满足正态分布，$W(t) \sim N(0,t)$，所以 $W(t)$ 的矩母函数为
$$M(\theta) = \mathbb{E}\mathrm{e}^{\theta W(t)} = \mathrm{e}^{\frac{\theta^2 t}{2}}.$$

同时，我们对矩母函数进行泰勒展开，即可得到
$$M(\theta) = \sum_{k=0}^{\infty} \frac{\theta^k}{k!}\mathbb{E}[W(t)^k].$$

此时，我们有

$$e^{\frac{\theta^2 t}{2}} = \sum_{k=0}^{\infty} \frac{\theta^k}{k!} \mathbb{E}[W(t)^k],$$

对等式两侧同时取 n 阶导数，并让 θ 趋于 0，即有

$$\mathbb{E}[W(t)^n] = M^{(n)}(0).$$

利用这种思路，我们也可以得到 $\mathbb{E}[W(t)^n]$ 的值。

解法三：利用正态分布的概率密度函数求解。我们知道 $W(t)$ 的概率密度函数为

$$f(x) = \frac{1}{\sqrt{2\pi t}} e^{-\frac{x^2}{2t}},$$

所以，直接利用它的概率密度函数可以得到

$$\mathbb{E}[W(t)^n] = \int_{-\infty}^{+\infty} f(x) x^n \mathrm{d}x = \int_{-\infty}^{+\infty} \frac{1}{\sqrt{2\pi t}} e^{-\frac{x^2}{2t}} x^n \mathrm{d}x.$$

令

$$g_n = \int_{-\infty}^{+\infty} \frac{1}{\sqrt{2\pi t}} e^{-\frac{x^2}{2t}} x^n \mathrm{d}x,$$

考虑 n 的奇偶性对 g_n 的取值的影响。当 n 为奇数时，被积函数是奇函数，此时对它在负无穷到正无穷上的积分应为 0，即

$$\int_{-\infty}^{+\infty} \frac{1}{\sqrt{2\pi t}} e^{-\frac{x^2}{2t}} x^n = 0.$$

当 n 为偶数时，利用分部积分的关系式，我们有

$$\int_{-\infty}^{+\infty} \frac{1}{\sqrt{2\pi t}} e^{-\frac{x^2}{2t}} x^n \mathrm{d}x = \frac{1}{\sqrt{2\pi t}} x^{n-1}(-t) e^{-\frac{x^2}{2t}} \Big|_{-\infty}^{+\infty} + (n-1)t \int_{-\infty}^{+\infty} \frac{1}{\sqrt{2\pi t}} e^{-\frac{x^2}{2t}} x^{n-2} \mathrm{d}x,$$

即有

$$g_n = 0 + (n-1)t g_{n-2}.$$

这样，我们可以得到 g_n 和 g_{n-2} 之间的递推关系式，并根据初值条件 $g_0 = 1$，$g_1 = 0$ 进行递推求解。

显然，第一种解法，也就是巧妙地利用 Itô 公式的方法最为简洁。

4.2.2 Itô 过程的 Itô 公式

现实中我们用到的随机过程远不止布朗运动这种最简单最基本的随机过程。为了满足实际应用的需要，我们考虑将随机过程从布朗运动扩展到以其为基础的更一般的随机过程——Itô 过程，并在此基础上建立 Itô 公式。

定义 4.4 一个 Itô 过程是有如下形式的随机过程

$$X(t) = X(0) + \int_0^t \Delta(u) dW(u) + \int_0^t \Theta(u) du,$$

其中 $X(0)$ 为非随机量，$\Delta(u)$ 与 $\Theta(u)$ 是适应性过程，并且对于任意 t，有

$$\mathbb{E}\left(\int_0^t \Delta^2(u) du\right) < +\infty,$$

$$\int_0^t |\Theta(u)| du < +\infty.$$

$X(t)$ 的微分形式为

$$dX(u) = \Delta(u) dW(u) + \Theta(u) du.$$

由 Itô 过程的定义，我们可以看出它由三部分构成：一个起始项、一个对布朗运动的 Itô 积分，和一个对时间的黎曼积分。其中 Itô 积分 $\int_0^t \Delta(u) dW(u)$ 中的 $\Delta(u)$ 的引入对于 $X(t)$ 提供了随着时间随机变化的波动率，$\int_0^t \Theta(u) du$ 提供了一个变动的趋势。鉴于这种灵活性，Itô 过程为资产定价提供了一个有力的工具。近些年来高频交易中的数据分析十分注重对二阶变差的分析和预测，这也让 Itô 过程更加有实用价值。在每一个瞬间，Itô 积分 $\int_0^t \Delta(u) dW(u)$ 为 Itô 过程贡献了振幅，而 Lebesgue 积分 $\int_0^t \Theta(u) du$ 贡献了一个相对高阶的趋势。因此，Itô 过程的依照路径定义的二阶变差将全部来源于其中的 Itô 积分部分，而 Lebesgue 积分部分对于二阶变差没有任何贡献。我们有如下性质。

性质 4.2.2.1 对于 Itô 过程

$$X(t) = X(0) + \int_0^t \Delta(u) dW(u) + \int_0^t \Theta(u) du,$$

我们定义其二阶变差为

$$[X, X](t) := \lim_{\|\Pi\| \to 0} \sum [X(t_{i+1}) - X(t_i)]^2, \tag{4.7}$$

这里 Π 是 $[0, t]$ 的划分。那么我们有

$$[X, X](t) = \int_0^t \Delta^2(u) du. \tag{4.8}$$

上述结果表明 $\int_0^t \Theta(u)\mathrm{d}u$ 对二阶变差没有任何贡献。如果记

$$I(t) = \int_0^t \Delta(u)\mathrm{d}W(u)$$

那么有

$$[X,X](t) = [I,I](t) = \int_0^t \Delta^2(u)\mathrm{d}u, \tag{4.9}$$

下面我们介绍关于 Itô 过程的积分。

定义 4.5 设 Itô 过程 $X(t)$ 满足前面的定义。$\Gamma(t)$ 是一个适应过程，且对任意 t，有

$$\mathbb{E}\left(\int_0^t \Gamma^2(u)\Delta^2(u)\mathrm{d}u\right) < +\infty \text{ 且 } \int_0^t |\Gamma(u)\Theta(u)|\mathrm{d}u < +\infty.$$

那么 $\Gamma(t)$ 关于 $X(t)$ 的积分定义为

$$\int_0^t \Gamma(u)\mathrm{d}X(u) = \int_0^t \Gamma(u)\Delta(u)\mathrm{d}W(u) + \int_0^t \Gamma(u)\Theta(u)\mathrm{d}u.$$

Itô 过程是应用最为广泛的描述资产价格变化的随机过程框架之一。因此全面掌握 Itô 过程的相关性质对于处理以后的问题是十分必要的。下面我们给出关于 Itô 过程的 Itô 公式。

定理 4.3 （**关于 Itô 过程的 Itô 公式**） 设函数 $f(t,x)$ 的偏导数 $f_t(t,x)$，$f_x(t,x)$ 和 $f_{xx}(t,x)$ 都有定义且连续，$X(t)$ 是一个 Itô 过程，满足

$$\mathrm{d}X(t) = \Delta(t)\mathrm{d}W(t) + \Theta(t)\mathrm{d}t,$$

那么有

$$\begin{aligned}
\mathrm{d}f(t,X(t)) &= f_t(t,X(t))\mathrm{d}t + f_x(t,X(t))\mathrm{d}X(t) + \frac{1}{2}f_{xx}(t,X(t))\mathrm{d}[X,X](t) \\
&= f_t(t,X(t))\mathrm{d}t + f_x(t,X(t))\Delta(t)\mathrm{d}W(t) + f_x(t,X(t))\Theta(t)\mathrm{d}t + \\
&\quad \frac{1}{2}f_{xx}(t,X(t))\Delta^2(t)\mathrm{d}t.
\end{aligned}$$

通过比较，我们发现关于 Itô 过程的 Itô 公式推广了布朗运动的 Itô 公式。其证明思想类似于布朗运动的版本，因此我们省略相关的讨论。

4.2.3 Itô 公式的应用举例

为了熟悉 Itô 公式在实际运算中的应用，我们介绍几个相关的具体例子。

例 4.2.3 我们以广义几何布朗运动作为例子，同时这个重要模型将在本章后面小节中详细介绍。设 $S(t) := S(0)\mathrm{e}^{X(t)}$，其中 $S(0)$ 为常数，$X(t)$ 是一个 Itô 过程，满足

$$\mathrm{d}X(t) = \sigma(t)\mathrm{d}W(t) + \left(\alpha(t) - \frac{1}{2}\sigma^2(t)\right)\mathrm{d}t,$$

$$X(0) = 0.$$

验证 $S(t)$ 满足随机微分方程

$$\mathrm{d}S(t) = \alpha(t)S(t)\mathrm{d}t + \sigma(t)S(t)\mathrm{d}W(t),$$

其中 $\alpha(t)$ 代表瞬时平均收益率，而 $\sigma(t)$ 代表波动率。

证明： 令 $f(x) = S(0)\mathrm{e}^x$。那么 $f_x(x) = S(0)\mathrm{e}^x$，$f_{xx}(x) = S(0)\mathrm{e}^x$，应用 Itô 公式可得

$$\begin{aligned}\mathrm{d}S(t) &= \mathrm{d}f(X(t)) \\ &= f_x(X(t))\mathrm{d}X(t) + \frac{1}{2}f_{xx}(X(t))\mathrm{d}[X,X](t) \\ &= S(0)\mathrm{e}^{X(t)}\mathrm{d}X(t) + \frac{1}{2}S(0)\mathrm{e}^{X(t)}\mathrm{d}[X,X](t) \\ &= \alpha(t)S(t)\mathrm{d}t + \sigma(t)S(t)\mathrm{d}W(t).\end{aligned}$$

$\square$

在后面的内容中我们将会看到这个模型扮演着非常重要的角色。我们将此模型的特点简要总结如下：在广义几何布朗运动模型中，$\alpha(t)$ 和 $\sigma(t)$ 可以随时间变化，可以是随机变量，也可以是常数。当 $\alpha(t) = \alpha$，$\sigma(t) = \sigma$ 时，可以得到几何布朗运动

$$\mathrm{d}S(t) = \alpha S(t)\mathrm{d}t + \sigma S(t)\mathrm{d}W(t).$$

这是著名的 Black-Scholes-Merton 模型。

此外，当 $\alpha(t) = 0$ 时，我们得到一个 Itô 积分

$$S(t) = S(0) + \int_0^t \sigma(s)S(s)\mathrm{d}W(s).$$

如果过程 $\sigma(s)$ 路径连续，我们可以验证

$$\int_0^t \sigma(s)^2 S(s)^2 \mathrm{d}s < \infty,$$

但无法验证
$$\mathbb{E}\left(\int_0^t \sigma(s)^2 S(s)^2 \mathrm{d}s\right) < \infty.$$

因此 $S(t) = S(0) + \int_0^t \sigma(s)S(s)\mathrm{d}W(s)$ 是一个局部鞅。结合

$$S(t) = S(0)\mathrm{e}^{X(t)} = S(0)\exp\left\{\int_0^t \sigma(s)\mathrm{d}W(s) - \frac{1}{2}\int_0^t \sigma^2(s)\mathrm{d}s\right\},$$

于是我们可以知道，$S(0)\exp\left\{\int_0^t \sigma(s)\mathrm{d}W(s) - \frac{1}{2}\int_0^t \sigma^2(s)\mathrm{d}s\right\}$ 是局部鞅。通过观察容易发现，这是指数鞅的自然推广，我们可以称之为广义指数鞅。

我们再来看一个例子。之前我们考虑过 $\int_0^t W(s)\mathrm{d}W(s)$ 的计算问题，现在更进一步地，我们考虑将积分变量由布朗运动 $W(s)$ 换为时间 s，进而研究积分 $\int_0^t W(s)\mathrm{d}s$。

例 4.2.4 试求积分 $\int_0^t s\mathrm{d}W(s)$ 和 $\int_0^t W(s)\mathrm{d}s$ 的分布。

我们先考虑求 $I(t) = \int_0^t \Delta(s)\mathrm{d}W(s)$ 的分布，其中 $\Delta(s)$ 是关于时间 t 的非随机的函数。对于这个问题，我们可以先采取离散化的思想，将积分视为求和。这样一来 $I(t)$ 就变成了很多个均值为 0 的正态变量的和，我们有理由猜测 $I(t)$ 也服从正态分布。综合考虑，我们猜测 $I(t) \sim N\left(0, \int_0^t \Delta(s)^2 \mathrm{d}s\right)$。

要证明一个分布是正态分布，我们通常的做法是从矩母函数入手。我们知道正态分布 $X \sim N\left(0, \sigma^2\right)$ 的矩母函数形如

$$\mathbb{E}\mathrm{e}^{uX} = \exp\left\{\frac{1}{2}u^2\sigma^2\right\}, u \in \mathbb{R},$$

所以我们只需证明

$$\mathbb{E}\mathrm{e}^{uI(t)} = \exp\left\{\frac{1}{2}u^2 \int_0^t \Delta(s)^2 \mathrm{d}s\right\}, u \in \mathbb{R}.$$

前文中已经提到，若在广义的几何布朗运动中令 $\alpha(t) = 0$，$\sigma(s) = u\Delta(s)$ 会得到一个鞅，于是

$$\mathbb{E}\exp\left\{u\int_0^t \Delta(s)\mathrm{d}W(s) - \frac{1}{2}\int_0^t (u\Delta(s))^2 \mathrm{d}s\right\} = 1.$$

因此我们证明了 $I(t)$ 的矩母函数满足

$$\mathbb{E}\mathrm{e}^{uI(t)} = \mathbb{E}\exp\left\{u\int_0^t \Delta(s)\mathrm{d}W(s)\right\} = \exp\left\{\frac{1}{2}u^2 \int_0^t \Delta(s)^2 \mathrm{d}s\right\}, u \in \mathbb{R}.$$

从而也就验证了我们之前的猜想。

回到例子，我们有
$$I(t) = \int_0^t s\mathrm{d}W(s) \sim N\left(0, \int_0^t s^2 \mathrm{d}s\right) = N\left(0, \frac{1}{3}t^3\right).$$

对于 $J(t)$，运用 Itô 公式易得
$$J(t) = tW(t) - \int_0^t s\mathrm{d}W(s).$$

这恰是两个正态分布的变量之差，因此 $J(t)$ 也服从正态分布。对于 $J(t)$ 的分布，我们只需考虑其均值与方差。我们有
$$\mathbb{E}[J(t)] = \mathbb{E}\left(\int_0^t W(s)\mathrm{d}s\right) = \int_0^t \mathbb{E}W(s)\mathrm{d}s = 0,$$

同时有
$$\begin{aligned}\mathbb{E}[J^2(t)] &= \mathbb{E}\left[\int_0^t W(s)\mathrm{d}s\right]^2 = \mathbb{E}\left[\int_0^t W(s)\mathrm{d}s \times \int_0^t W(u)\mathrm{d}u\right] \\ &= \mathbb{E}\int_0^t \left[\int_0^t W(s)W(u)\mathrm{d}u\right]\mathrm{d}s \\ &= \int_0^t \int_0^t \mathbb{E}(W(s)W(u))\mathrm{d}u\mathrm{d}s,\end{aligned}$$

又 $\mathbb{E}[W(s)W(u)] = s \wedge u$，所以有
$$\begin{aligned}\mathbb{E}[J^2(t)] &= \int_0^t \int_0^t \mathbb{E}(s \wedge u)\mathrm{d}u\mathrm{d}s \\ &= \int_0^t \mathrm{d}u \int_0^u s\mathrm{d}s + \int_0^t \mathrm{d}s \int_0^s u\mathrm{d}u \\ &= \frac{1}{3}t^3.\end{aligned}$$

由此我们即可得到
$$\int_0^t W(s)\mathrm{d}s \sim N\left(0, \frac{1}{3}t^3\right).$$

4.2.4 拓展：一般鞅过程的 Itô 积分和 Itô 公式

在结束关于 Itô 积分的内容之前，我们给出进一步的拓展。很自然地，我们会想到把随机积分中的 $W(t)$ 用一个一般性的鞅来替代，即 $M(t)$。令 M 是一个连续时间的局部鞅，并且满足
$$\mathbb{E}\int_0^t \Delta^2(u)\mathrm{d}[M, M](u) < +\infty,$$

我们可以对下式给出定义

$$I^M(t) = \int_0^t \Delta(u)\mathrm{d}M(u). \tag{4.10}$$

这种定义和我们之前定义的关于布朗运动的随机积分是一致的。并且，$I^M(t)$ 也满足布朗运动下的随机积分所具有的可测性、线性和鞅性性质。Itô 等距性则被表示为

$$\mathbb{E}\left(I^M(t)\right)^2 = \mathbb{E}\left(\int_0^t \Delta^2(u)\mathrm{d}[M,M](u)\right), \tag{4.11}$$

二阶变差表示为

$$[I^M, I^M](t) = \int_0^t \Delta^2(u)\mathrm{d}[M,M](u). \tag{4.12}$$

假设我们没有条件

$$\mathbb{E}\left(\int_0^t \Delta(u)^2 \mathrm{d}\langle M\rangle(u)\right) < \infty,$$

而只有

$$\int_0^t \Delta(u)^2 \mathrm{d}\langle M\rangle(u) < \infty,$$

通过合理地运用前述定义 Itô 积分的思想和适当的局部化技巧来合理地定义 Itô 积分 $I^M(t) = \int_0^t \Delta(u)\mathrm{d}M(u)$，我们只能得到其是一个局部鞅，而并不一定是鞅。此时，$I^M(t)$ 的路径连续，其二阶变差性质式 (4.12) 仍然成立，但由于缺少鞅的性质，Itô 等距性式 (4.11) 不再成立。上述讨论相关的具体技术细节，请感兴趣的读者参见参考文献 [16] 第 3 章的相关内容。

接下来，我们引入连续半鞅的概念和其 Itô 公式。半鞅是满足如下结构的过程：

$$X(t) = X(0) + M(t) + V(t),$$

其中 $M(t)$ 是一个局部鞅，V 是一个一阶变差有限的过程。下面我们给出其 Itô 公式。

定理 4.4 （半鞅的 Itô 公式） 令 $X(t)$ 是一个路径连续的半鞅，即

$$X(t) = X(0) + M(t) + V(t),$$

其中 $M(t)$ 是一个样本路径连续的局部鞅，V 是一个有连续路径且一阶变差有限的过程，这样对 $\forall f: \mathbb{R} \to \mathbb{R}, f \in C^2$ 我们有

$$f(X(t)) = f(X(0)) + \int_0^t f'(X(s))\mathrm{d}M(s) + \int_0^t f'(X(s))\mathrm{d}V(s) + \frac{1}{2}\int_0^t f''(X(s))\mathrm{d}[M,M](s).$$

上述公式的证明思想和此前介绍的证明其他版本的 Itô 公式的思想类似，因此我们略去其证明。值得指出的是，其中的 Itô 积分 $\int_0^t f'(X(s))\mathrm{d}M(s)$ 在条件

$$\mathbb{E}\left(\int_0^t f'(X(s))^2 \mathrm{d}[M,M](s)\right) < \infty$$

满足时成为一个鞅，而在其他情况下是一个局部鞅。读者容易发现半鞅是前面介绍的 Itô 过程的推广。作为练习，读者可以验证，上述半鞅的 Itô 公式可以蕴含 Itô 过程的 Itô 公式。

4.2.5 多元随机微积分

在前面的章节中，我们通过 Itô 公式对于一维的随机分析有了一个初步的了解。在这一节中，我们从维数上对之前的内容进行拓展，从一维空间拓展到高维空间，探讨高维空间下基于 Itô 公式的随机分析。我们随后会发现，尽管维数变高了，但随机积分的性质仍然有很好的类比性。为了节省篇幅，我们集中讨论多维 Itô 过程和多维半鞅的 Itô 公式。

为了进一步讨论的方便，我们首先介绍一个有用的性质：基于一般鞅的随机积分的协变差。假定我们有以下两个一般鞅下的随机积分，和式 (4.10) 一致

$$I^M(t) = \int_0^t \Delta_1(u)\mathrm{d}M(u),$$
$$I^N(t) = \int_0^t \Delta_2(u)\mathrm{d}N(u),$$

其中 M 和 N 是两个鞅。例如，我们能选择 M 和 N 为两个布朗运动

$$M(t) = W_1(t) \text{ 和 } N(t) = W_2(t),$$

则它们的协变差为

$$[I^M, I^N](t) = \int_0^t \Delta_1(u)\Delta_2(u)\mathrm{d}[M,N](u).$$

特别地，当 $M = N$ 且 $\Delta_1 = \Delta_2$ 时，这个性质就简化为式 (4.12)，其中的原理和我们之前讨论的完全一致。因此，尽管我们没有给出证明，读者也可以放心大胆地使用该性质。了解这个性质为我们接下来研究高维随机分析做好了铺垫。当然，读者可以练习证明这一性质在 $\Delta_1(u)$ 和 $\Delta_2(u)$ 为简单过程的情形下的正确性。

下面我们将从二维情形入手，将其作为代表展开对多元随机分析的讨论。设有一个二维标准布朗运动 $(W_1(t), W_2(t))$，我们有如下两个 Itô 过程

$$X(t) = X(0) + \int_0^t \Theta_1(u)\mathrm{d}u + \int_0^t \sigma_{11}(u)\mathrm{d}W_1(u) + \int_0^t \sigma_{12}(u)\mathrm{d}W_2(u),$$

$$Y(t) = Y(0) + \int_0^t \Theta_2(u)\mathrm{d}u + \int_0^t \sigma_{21}(u)\mathrm{d}W_1(u) + \int_0^t \sigma_{22}(u)\mathrm{d}W_2(u).$$

接着我们来分析上述两个 Itô 过程的二次变差和协变差。实际上，和式 (4.8) 类似，$\mathrm{d}u$ 项对于二次变差没有任何贡献，加之协变差的线性性（读者可以作为 Doob-Meyer 分解理论部分的练习证明此性质），我们能得到以下结论：

$[X, X](t)$
$$= \left[\int_0^{\cdot} \sigma_{11}(u)\mathrm{d}W_1(u) + \int_0^{\cdot} \sigma_{12}(u)\mathrm{d}W_2(u), \int_0^{\cdot} \sigma_{11}(u)\mathrm{d}W_1(u) + \int_0^{\cdot} \sigma_{12}(u)\mathrm{d}W_2(u) \right](t)$$
$$= \left[\int_0^{\cdot} \sigma_{11}(u)\mathrm{d}W_1(u), \int_0^{\cdot} \sigma_{11}(u)\mathrm{d}W_1(u) \right](t) +$$
$$\left[\int_0^{\cdot} \sigma_{11}(u)\mathrm{d}W_1(u), \int_0^{\cdot} \sigma_{12}(u)\mathrm{d}W_2(u) \right](t) +$$
$$\left[\int_0^{\cdot} \sigma_{12}(u)\mathrm{d}W_2(u), \int_0^{\cdot} \sigma_{11}(u)\mathrm{d}W_1(u) \right](t) +$$
$$\left[\int_0^{\cdot} \sigma_{12}(u)\mathrm{d}W_2(u), \int_0^{\cdot} \sigma_{12}(u)\mathrm{d}W_2(u) \right](t).$$

再利用协方差性质，我们能得到

$$\left[\int_0^{\cdot} \sigma_{11}(u)\mathrm{d}W_1(u), \int_0^{\cdot} \sigma_{11}(u)\mathrm{d}W_1(u) \right](t)$$
$$= \int_0^t \sigma_{11}(u)\sigma_{11}(u)\mathrm{d}[W_1, W_1](u) = \int_0^t \sigma_{11}^2(u)\mathrm{d}u,$$
$$\left[\int_0^{\cdot} \sigma_{11}(u)\mathrm{d}W_1(u), \int_0^{\cdot} \sigma_{12}(u)\mathrm{d}W_2(u) \right](t) = \int_0^t \sigma_{11}(u)\sigma_{12}(u)\mathrm{d}[W_1, W_2](u) = 0,$$
$$\left[\int_0^{\cdot} \sigma_{12}(u)\mathrm{d}W_2(u), \int_0^{\cdot} \sigma_{11}(u)\mathrm{d}W_1(u) \right](t) = \int_0^t \sigma_{12}(u)\sigma_{11}(u)\mathrm{d}[W_1, W_2](u) = 0,$$
$$\left[\int_0^{\cdot} \sigma_{12}(u)\mathrm{d}W_2(u), \int_0^{\cdot} \sigma_{12}(u)\mathrm{d}W_2(u) \right](t)$$
$$= \int_0^t \sigma_{12}(u)\sigma_{12}(u)\mathrm{d}[W_2, W_2](u) = \int_0^t \sigma_{12}^2(u)\mathrm{d}u.$$

因此，我们有
$$[X, X](t) = \int_0^t \sigma_{11}^2(u)\mathrm{d}u + \int_0^t \sigma_{12}^2(u)\mathrm{d}u.$$

类似地，我们也有
$$[Y, Y](t) = \int_0^t \sigma_{21}^2(u)\mathrm{d}u + \int_0^t \sigma_{22}^2(u)\mathrm{d}u,$$

和
$$[X,Y](t) = \int_0^t \sigma_{11}(u)\sigma_{21}(u)\mathrm{d}u + \int_0^t \sigma_{12}(u)\sigma_{22}(u)\mathrm{d}u.$$

我们也可以用微分形式表示上述性质

$$\mathrm{d}X(t)\mathrm{d}X(t) = \mathrm{d}[X,X](t) = [\sigma_{11}^2(t) + \sigma_{12}^2(t)]\mathrm{d}t,$$
$$\mathrm{d}Y(t)\mathrm{d}Y(t) = \mathrm{d}[Y,Y](t) = [\sigma_{21}^2(t) + \sigma_{22}^2(t)]\mathrm{d}t,$$
$$\mathrm{d}X(t)\mathrm{d}Y(t) = \mathrm{d}[X,Y](t) = [\sigma_{11}(t)\sigma_{21}(t) + \sigma_{12}(t)\sigma_{22}(t)]\mathrm{d}t.$$

现在，我们来讨论二维情形下的 Itô 公式。

定理 4.5 （**二维 Itô 公式**）设函数 $f(t,x,y)$ 的偏导数 f_t，f_x，f_y，f_{xx}，f_{xy} 和 f_{yy} 有定义并且连续。设 $X(t)$ 和 $Y(t)$ 是如上讨论的两个 Itô 过程。则有

$$\begin{aligned}
&\mathrm{d}f(t,X(t),Y(t)) \\
&= f_t(t,X(t),Y(t))\mathrm{d}t + f_x(t,X(t),Y(t))\mathrm{d}X(t) + f_y(t,X(t),Y(t))\mathrm{d}Y(t) \\
&\quad + \frac{1}{2}f_{xx}(t,X(t),Y(t))\mathrm{d}X(t)\mathrm{d}X(t) + f_{xy}(t,X(t),Y(t))\mathrm{d}X(t)\mathrm{d}Y(t) \\
&\quad + \frac{1}{2}f_{yy}(t,X(t),Y(t))\mathrm{d}Y(t)\mathrm{d}Y(t).
\end{aligned}$$

令 $f(t,x,y) = xy$，可以得到乘积 Itô 公式

$$\mathrm{d}X(t)Y(t) = X(t)\mathrm{d}Y(t) + Y(t)\mathrm{d}X(t) + \mathrm{d}X(t)\mathrm{d}Y(t). \tag{4.13}$$

二维及多维的 Itô 公式非常有用。下面，我们通过两个例子来简要说明乘积 Itô 公式的运用。

例 4.2.5 令

$$W_3(t) = \rho W_1(t) + \sqrt{1-\rho^2}W_2(t),$$

其中 $W_1(t)$，$W_2(t)$，$W_3(t)$ 均为布朗运动，$W_1(t)$ 和 $W_2(t)$ 相互独立，$W_3(t)$ 由 $W_1(t)$ 和 $W_2(t)$ 构造而成。通过使用 Itô 公式证明

$$\mathrm{Corr}(W_1(t), W_3(t)) = \rho.$$

证明： 由乘积 Itô 公式，我们有

$$\mathrm{d}W_1(t)W_3(t) = W_1(t)\mathrm{d}W_3(t) + W_3(t)\mathrm{d}W_1(t) + \mathrm{d}[W_1,W_3](t).$$

因此，根据鞅的性质

$$\mathbb{E}\left[W_1(t)W_3(t)\right] = \mathbb{E}\left(\int_0^t W_1(s)\mathrm{d}W_3(s) + \int_0^t W_3(s)\mathrm{d}W_1(s) + [W_1, W_3](t)\right)$$
$$= (0 + 0 + \mathbb{E}[W_1, W_3](t))$$
$$= \mathbb{E}[W_1, W_3](t).$$

同时我们有

$$[W_1, W_3](t) = \left[W_1, \rho W_1 + \sqrt{1-\rho^2}W_2\right](t) = \rho t,$$

则

$$\mathbb{E}\left[W_1(t)W_3(t)\right] = \mathbb{E}\left[[W_1, W_3](t)\right] = \rho t.$$

因此，我们能得到

$$\mathrm{Corr}(W_1(t), W_3(t)) = \rho.$$

命题得证。 □

例 4.2.6 设有两种资产，价格分别满足

$$S_1(t) = S_1(0)\exp\left\{\sigma_1 W_1(t) + \left(\alpha_1 - \frac{1}{2}\sigma_1^2\right)t\right\},$$

和

$$S_2(t) = S_2(0)\exp\left\{\sigma_2\left[\rho W_1(t) + \sqrt{1-\rho^2}W_2(t)\right] + \left(\alpha_2 - \frac{1}{2}\sigma_2^2\right)t\right\},$$

其中 $W_1(t)$ 和 $W_2(t)$ 是两个相互独立的布朗运动。通过使用 Itô 公式，写出两个资产价格满足的方程。

在这个例子中，我们可以用 Itô 公式求得 $S_1(t)$ 和 $S_2(t)$ 满足的微分方程，对第一种资产使用一维的 Itô 公式可以得到

$$\mathrm{d}S_1(t) = S_1(t)\alpha_1\mathrm{d}t + S_1(t)\sigma_1\mathrm{d}W_1(t).$$

对第二种资产，令 $X(t) = W_1(t)$，$Y(t) = W_2(t)$，和

$$f(t, x, y) = S_2(0)\exp\left\{\sigma_2\left[\rho x + \sqrt{1-\rho^2}y\right] + \left(\alpha_2 - \frac{1}{2}\sigma_2^2\right)t\right\}.$$

我们可以通过二维的 Itô 公式得到 $\mathrm{d}f(t, X(t), Y(t))$，进而得到

$$\mathrm{d}S_2(t) = \mathrm{d}f(t, X(t), Y(t)) = \alpha_2 S_2(t)\mathrm{d}t + \sigma_2 S_2(t)\left[\rho\mathrm{d}W_1(t) + \sqrt{1-\rho^2}\mathrm{d}W_2(t)\right].$$

当然，上述通过二维的 Itô 公式获得 $S_2(t)$ 满足的方程仅仅是作为多维 Itô 公式的练习。读者如果引入
$$W_3(t) = \rho W_1(t) + \sqrt{1-\rho^2} W_2(t).$$
由上例，我们知道 $W_3(t)$ 是一个标准布朗运动。那么使用一维的 Itô 公式同样可以获得 $S_2(t)$ 满足的方程。

由条件，我们知道
$$\log \frac{S_1(t)}{S_1(0)} = \sigma_1 W_1(t) + \left(\alpha_1 - \frac{1}{2}\sigma_1^2\right)t,$$
$$\log \frac{S_2(t)}{S_2(0)} = \sigma_2 W_3(t) + \left(\alpha_2 - \frac{1}{2}\sigma_2^2\right)t.$$

由上例有 $\mathrm{Corr}(W_1(t), W_3(t)) = \rho$。所以，两种资产的对数回报率之间的相关系数为
$$\mathrm{Corr}\left(\log \frac{S_1(t)}{S_1(0)}, \log \frac{S_2(t)}{S_2(0)}\right) = \rho.$$

下面我们进一步扩展维度，给出多维过程的 Itô 公式。

定理 4.6 （多维 Itô 过程的 Itô 公式）令
$$X(t) = (X_1(t), X_2(t), ..., X_n(t)),$$
设对于任意 $i = 1, 2, ..., n$，
$$X_i(t) = X_i(0) + \int_0^t \Theta_i(u)\mathrm{d}u + \sum_{k=1}^d \int_0^t \sigma_{ik}(u)\mathrm{d}W_k(u),$$
则 Itô 公式为
$$\mathrm{d}f(t, X(t)) = \frac{\partial f}{\partial t}(t, X(t))\mathrm{d}t + \sum_{i=1}^n \frac{\partial f}{\partial x_i}(t, X(t))\mathrm{d}X_i(t) +$$
$$\frac{1}{2}\sum_{i=1}^n \sum_{j=1}^n \frac{\partial^2 f}{\partial x_i \partial x_j}(t, X(t))\mathrm{d}[X_i, X_j](t),$$
其中
$$\mathrm{d}X_i(t) = \Theta_i(t)\mathrm{d}t + \sum_{k=1}^d \sigma_{ik}(t)\mathrm{d}W_k(t),$$
且有
$$\mathrm{d}[X_i, X_j](t) = \sum_{k=1}^d \sigma_{ik}(t)\sigma_{jk}(t)\mathrm{d}t.$$

更一般地，我们有多维半鞅的 Itô 公式：

定理 4.7 令 $X(t) = (X_1(t), X_2(t), ..., X_n(t))$ 为多维半鞅，其中

$$X_i(t) = X_i(0) + M_i(t) + V_i(t),$$

$M_i(t)$ 是一个样本路径连续的局部鞅，$V_i(t)$ 是一个一阶变差有限的样本路径连续的过程，考虑函数 $f: \mathbb{R}^n \to \mathbb{R}$, $f \in C^2$，则我们有

$$f(X(t)) = f(X(0)) + \sum_{i=1}^{n} \int_0^t \frac{\partial f}{\partial x_i}(X(s)) \mathrm{d}M_i(s) + \sum_{i=1}^{n} \int_0^t \frac{\partial f}{\partial x_i}(X(s)) \mathrm{d}V_i(s)$$
$$+ \frac{1}{2} \sum_{i=1}^{n} \sum_{j=1}^{n} \int_0^t \frac{\partial^2 f}{\partial x_i \partial x_j}(X(s)) \mathrm{d}[M_i, M_j](s).$$

4.2.6 布朗运动的 Lévy 定理

回顾之前所学的知识，我们知道布朗运动 $\{W(t)\}$ 不仅具有良好的性质，而且在随机积分和随机微分方程的构造中扮演着非常重要的角色。一个值得关注的问题是：给定某一特定的随机过程 $\{M(t)\}$ 及其具有的某些性质，如何判断 $\{M(t)\}$ 是否是一个布朗运动？

首先考虑利用我们熟悉的布朗运动的定义进行判断：对于随机过程 $\{M(t)\}$，我们可以通过验证其是否满足 $M(0) = 0$、具有连续样本路径、独立增量以及增量 $W(t) - W(s)$ 服从正态分布 $N(0, t-s)$ 等性质来判别。不难发现，前两个性质的验证往往并不困难；但是，在布朗运动 $\{W(t)\}$ 的定义中，具有独立增量、增量 $W(t) - W(s)$ 服从正态分布 $N(0, t-s)$ 等性质却并非总能得到简洁的验证。因此，仍然有必要从其他角度出发，寻找更加可行的判别方法。

我们不妨直接关注 d 维情形，考虑布朗运动的一些典型性质：首先，由于 d 维标准布朗运动 $\{W(t)\}$ 是鞅，因此若给定的随机过程 $\{M(t)\}$ 是布朗运动，那么 $\{M(t)\}$ 至少也应当是鞅；接着，我们已经知道 d 维标准布朗运动 $\{W(t) = (W_1(t), W_2(t), ..., W_d(t))\}$ 的二阶变差满足

$$[W_i, W_j](t) = \delta_{ij} t.$$

那么 $\{M(t)\}$ 也必然满足这个性质。这两条性质似乎已经对给定的随机过程 $\{M(t)\}$ 限定了足够严苛的条件，那么是否可以大胆地猜测，具有上述性质的 d 维随机过程 $\{M(t)\}$ 一定是标准布朗运动？Lévy 定理提供了肯定的回答。这个定理的证明过程也帮助我们进一步熟悉前面给出的多维半鞅的 Itô 公式。

定理 4.8 （**Lévy 定理**）d 维随机过程 $\{M(t) = (M_1(t), M_2(t), ..., M_d(t))\}$ 是一个适应于域流 $\{\mathcal{F}(t)\}$ 的具有连续样本路径的局部鞅过程。不失一般性地，令 $M(0) = 0$，若对任意 $i, j = 1, ..., d$，$M_i(t)$ 和 $M_j(t)$ 之间的协变差满足

$$[M_i, M_j](t) = \delta_{ij} t,$$

则 $\{M(t)\}$ 是一个 d 维标准布朗运动。

在证明这个定理之前，我们首先提出并证明以下引理。

引理 4.1 随机变量 X 和 $\sigma-$ 代数 $\mathcal{F}$ 是独立的，当且仅当

$$\mathbb{E}(e^{i\theta X} | \mathcal{F}) = \mathbb{E} e^{i\theta X}, \tag{4.14}$$

即条件特征函数与对应的非条件特征函数相同。

证明：只需证明对任意 $A \in \mathcal{F}$ 和集合 B，下式成立：

$$\mathbb{P}(A \cap \{X \in B\}) = \mathbb{P}(A) \mathbb{P}(X \in B).$$

这等价于

$$\mathbb{P}(X \in B | A) = \mathbb{P}(X \in B).$$

根据条件概率的定义，式 (4.14) 等价于

$$\mathbb{E}[e^{i\theta X} 1_A] = \mathbb{E}[(\mathbb{E} e^{i\theta X}) 1_A], \tag{4.15}$$

对任意 $A \in \mathcal{F}$。由于

$$\mathbb{E}[e^{i\theta X} 1_A] = \mathbb{E}[e^{i\theta X} 1_A | A] \mathbb{P}(A) + \mathbb{E}[e^{i\theta X} 1_A | A^c] \mathbb{P}(A^c) = \mathbb{E}[e^{i\theta X} | A] \mathbb{P}(A),$$

和

$$\mathbb{E}[(\mathbb{E} e^{i\theta X}) 1_A] = \mathbb{E}[(\mathbb{E} e^{i\theta X}) 1_A | A] \mathbb{P}(A) + \mathbb{E}[(\mathbb{E} e^{i\theta X}) 1_A | A^c] \mathbb{P}(A^c) = \mathbb{E} e^{i\theta X} \mathbb{P}(A),$$

式 (4.15) 进一步等价于

$$\mathbb{E}[e^{i\theta X} | A] = \mathbb{E} e^{i\theta X}.$$

根据特征函数和概率分布的一一对应关系，这就说明了

$$\mathbb{P}(X \in B | A) = \mathbb{P}(X \in B). \qquad \square$$

接下来我们证明定理 4.8。

证明：根据布朗运动的定义，我们只需要证明，对任意 $0 \leqslant s < t$，$M(t) - M(s)$ 独立于 $\mathcal{F}(s)$，并且服从期望为 0，协方差矩阵为 $(t-s)I$ 的 d 维正态分布，其中 I 是 $(d \times d)$ 的单位矩阵。我们只需要证明

$$\mathbb{E}\left[\mathrm{e}^{iu \cdot (M(t)-M(s))} \big| \mathcal{F}(s)\right] = \mathrm{e}^{-(1/2)\|u\|^2(t-s)}, \forall u = (u_1, u_2, ..., u_d) \in \mathbb{R}^d, \quad (4.16)$$

其中，符号 · 是 d 维欧几里得空间上的内积。如果式 (4.16) 成立，一定有

$$\mathbb{E}\left[\mathrm{e}^{iu \cdot (M(t)-M(s))}\right] = \mathbb{E}\left[\mathbb{E}\left[\mathrm{e}^{iu \cdot (M(t)-M(s))} \big| \mathcal{F}(s)\right]\right] = \mathrm{e}^{-(1/2)\|u\|^2(t-s)}. \quad (4.17)$$

可以推出

$$\mathbb{E}\left[\mathrm{e}^{iu \cdot (M(t)-M(s))} \big| \mathcal{F}(s)\right] = \mathbb{E}\left[\mathrm{e}^{iu \cdot (M(t)-M(s))}\right] = \mathrm{e}^{-(1/2)\|u\|^2(t-s)}, \quad (4.18)$$

根据上述引理，由上式第一个等号可以推出 $M(t) - M(s) \perp \mathcal{F}(s)$；由第二个等号可以推出 $M(t) - M(s) \sim \mathcal{N}(0, (t-s)I_{d \times d})$，因为 $\mathrm{e}^{-(1/2)\|u\|^2(t-s)}$ 正是 $\mathcal{N}(0, (t-s)I_{d \times d})$ 的特征函数。

我们接下来证明式 (4.16)。这等价于要证明

$$\mathbb{E}\left[\mathrm{e}^{iu \cdot M(t)+(1/2)\|u\|^2 t} \big| \mathcal{F}(s)\right] = \mathrm{e}^{iu \cdot M(s)+(1/2)\|u\|^2 s}. \quad (4.19)$$

对于给定的 $u = (u_1, u_2, ..., u_d) \in \mathbb{R}^d$，考虑函数

$$f(t,x) = \exp\left\{iu \cdot x + (1/2)\|u\|^2 t\right\},$$

函数 f 将实数对 (t,x) 映射为复数，$f(t,x) = \operatorname{Re} f(t,x) + i \operatorname{Im} f(t,x)$。因此，式 (4.19) 等价于

$$\mathbb{E}\left[f(t, M(t)) \big| \mathcal{F}(s)\right] = f(s, M(s)),$$

即

$$\mathbb{E}\left[\operatorname{Re} f(t, M(t)) \big| \mathcal{F}(s)\right] = \operatorname{Re} f(s, M(s)) \text{ 且 } \mathbb{E}\left[\operatorname{Im} f(t, M(t)) \big| \mathcal{F}(s)\right] = \operatorname{Im} f(s, M(s)).$$

显然，函数 $f(t,x)$ 属于集合 $C^{1,2}\left(\mathbb{R}_+ \times \mathbb{R}^d\right)$ 并且满足条件

$$\frac{\partial f}{\partial t} + \frac{1}{2}\sum_{k=1}^{d}\frac{\partial^2 f}{\partial x_k^2} = 0, \ \forall (t,x) \in \mathbb{R}_+ \times \mathbb{R}^d,$$

其中导数是对实数和虚数部分分别求导，即 $\partial f/\partial t = \partial \operatorname{Re} f/\partial t + \partial \operatorname{Im} f/\partial t$。换言之，我们有

$$\frac{\partial \operatorname{Re} f}{\partial t} + \frac{1}{2}\sum_{k=1}^{d}\frac{\partial^2 \operatorname{Re} f}{\partial x_k^2} = 0,$$

$$\frac{\partial \operatorname{Im} f}{\partial t} + \frac{1}{2}\sum_{k=1}^{d}\frac{\partial^2 \operatorname{Im} f}{\partial x_k^2} = 0.$$

对 $\operatorname{Re} f(t, M(t))$ 和 $\operatorname{Im} f(t, M(t))$ 使用对于局部鞅的 Itô 公式,可以得到

$$\operatorname{Re} f(t, M(t))$$
$$= \operatorname{Re} f(s, M(s)) + \int_s^t \frac{\partial \operatorname{Re} f}{\partial t}(r, M(r)) \mathrm{d}r +$$
$$\frac{1}{2} \sum_{k=1}^d \int_s^t \frac{\partial^2 \operatorname{Re} f}{\partial x_k^2}(r, M(r)) \mathrm{d}\langle M_k \rangle(r) + \int_s^t \sum_{k=1}^d \frac{\partial \operatorname{Re} f}{\partial x_k}(r, M(r)) \mathrm{d}M_k(r)$$
$$= \operatorname{Re} f(s, M(s)) + \int_s^t \left[\frac{\partial \operatorname{Re} f}{\partial t} + \frac{1}{2} \sum_{k=1}^d \int_s^t \frac{\partial^2 \operatorname{Re} f}{\partial x_k^2} \right](r, M(r)) \mathrm{d}r +$$
$$\int_s^t \sum_{k=1}^d \frac{\partial \operatorname{Re} f}{\partial x_k}(r, M(r)) \mathrm{d}M_k(r)$$
$$= \operatorname{Re} f(s, M(s)) - \sum_{k=1}^d u_k \int_s^t \operatorname{Im} f(r, M(r)) \mathrm{d}M_k(r),$$

其中第二个等式是根据 $f(t,x)$ 的定义对函数 $\operatorname{Re} f(t,x)$ 直接求导得到的。类似地,

$$\operatorname{Im} f(t, M(t))$$
$$= \operatorname{Im} f(s, M(s)) + \int_s^t \frac{\partial \operatorname{Im} f}{\partial t}(r, M(r)) \mathrm{d}r +$$
$$\frac{1}{2} \sum_{k=1}^d \int_s^t \frac{\partial^2 \operatorname{Im} f}{\partial x_k^2}(r, M(r)) \mathrm{d}\langle M_k \rangle(r) + \int_s^t \sum_{k=1}^d \frac{\partial \operatorname{Im} f}{\partial x_k}(r, M(r)) \mathrm{d}M_k(r)$$
$$= \operatorname{Im} f(s, M(s)) + \int_s^t \left[\frac{\partial \operatorname{Im} f}{\partial t} + \frac{1}{2} \sum_{k=1}^d \int_s^t \frac{\partial^2 \operatorname{Im} f}{\partial x_k^2} \right](r, M(r)) \mathrm{d}r +$$
$$\int_s^t \sum_{k=1}^d \frac{\partial \operatorname{Im} f}{\partial x_k}(r, M(r)) \mathrm{d}M_k(r)$$
$$= \operatorname{Im} f(s, M(s)) + \sum_{k=1}^d u_k \int_s^t \operatorname{Re} f(r, M(r)) \mathrm{d}M_k(r).$$

将这两部分组合起来,就可以得到

$$f(t, M(t))$$
$$= f(s, M(s)) + \int_s^t \frac{\partial f}{\partial t}(r, M(r)) \mathrm{d}r + \frac{1}{2} \sum_{k=1}^d \int_s^t \frac{\partial^2 f}{\partial x_k^2}(r, M(r)) \mathrm{d}\langle M_k \rangle(r) +$$
$$\int_s^t \sum_{k=1}^d \frac{\partial f}{\partial x_k}(r, M(r)) \mathrm{d}M_k(r)$$

$$= f(s, M(s)) + \int_s^t \left[\frac{\partial f}{\partial t} + \frac{1}{2}\sum_{k=1}^d \int_s^t \frac{\partial^2 f}{\partial x_k^2}\right](r, M(r))\,\mathrm{d}r +$$
$$\int_s^t \sum_{k=1}^d \frac{\partial f}{\partial x_k}(r, M(r))\,\mathrm{d}M_k(r)$$
$$= f(s, M(s)) + i\sum_{k=1}^d u_k \int_s^t f(r, M(r))\,\mathrm{d}M_k(r).$$

这说明随机过程 $\left\{f(t, M(t)) = \exp\left\{iu \cdot M(t) + (1/2)\|u\|^2 t\right\}, \mathcal{F}(t)\right\}$ 是一个取复数值的局部鞅,即实部和虚部都是实值局部鞅。我们接着将说明这个随机过程的实部和虚部都是鞅,那么 $f(t, M(t))$ 也是鞅。不失一般性地,我们以实部 $\operatorname{Re} f(t, M(t))$ 为例。根据局部鞅的定义,存在一列停时 $\{\tau_n\}$ 满足 $\mathbb{P}(\lim_{n\to\infty}\tau_n = \infty) = 1$,使得 $\{f(t\wedge\tau_n, M(t\wedge\tau_n)), \mathcal{F}(t)\}$ 为鞅过程。根据鞅性质,我们有当 $0 \leqslant s < t$,

$$\mathbb{E}\left[\operatorname{Re} f(t\wedge\tau_n, M(t\wedge\tau_n))|\mathcal{F}(s)\right] = \operatorname{Re} f(s\wedge\tau_n, M(s\wedge\tau_n)). \tag{4.20}$$

注意到对任意 t 和 u,鞅 $\operatorname{Re} f(t\wedge\tau_n, M(t\wedge\tau_n))$ 是一致有界的,因为

$$|\operatorname{Re} f(t\wedge\tau_n, M(t\wedge\tau_n))| \leqslant |f(t\wedge\tau_n, M(t\wedge\tau_n))| \leqslant \exp\left\{(1/2)\|u\|^2 t\right\}.$$

因此,根据控制收敛定理就得到

$$\lim_{n\to\infty}\mathbb{E}\left[\operatorname{Re} f(t\wedge\tau_n, M(t\wedge\tau_n))|\mathcal{F}(s)\right] = \mathbb{E}\left[\lim_{n\to\infty}\operatorname{Re} f(t\wedge\tau_n, M(t\wedge\tau_n))|\mathcal{F}(s)\right]$$
$$= \mathbb{E}\left[\operatorname{Re} f(t, M(t))|\mathcal{F}(s)\right].$$

另一方面,我们有

$$\lim_{n\to\infty}\operatorname{Re} f(s\wedge\tau_n, M(s\wedge\tau_n)) = f(s, M(s)).$$

因此,根据式 (4.20) 就得到

$$\mathbb{E}\left[\operatorname{Re} f(t, M(t))|\mathcal{F}(s)\right] = \operatorname{Re} f(s, M(s)). \tag{4.21}$$

类似地,应用控制收敛定理,基于

$$|\operatorname{Im} f(t\wedge\tau_n, M(t\wedge\tau_n))| \leqslant |f(t\wedge\tau_n, M(t\wedge\tau_n))| \leqslant \exp\left\{(1/2)\|u\|^2 t\right\},$$

我们可以从

$$\mathbb{E}\left[\operatorname{Im} f(t\wedge\tau_n, M(t\wedge\tau_n))|\mathcal{F}(s)\right] = \operatorname{Im} f(s\wedge\tau_n, M(s\wedge\tau_n))$$

证明
$$\mathbb{E}[\operatorname{Im} f(t, M(t))|\mathcal{F}(s)] = \operatorname{Im} f(s, M(s)). \tag{4.22}$$

结合式 (4.21) 和式 (4.22)，就证明了
$$\mathbb{E}[f(t, M(t))|\mathcal{F}(s)] = f(s, M(s)),$$

因此式 (4.19) 成立。 □

Lévy 定理指出了给定的随机过程 $\{M(t)\}$ 成为布朗运动所需的条件，使得验证一个过程是布朗运动变得相对容易。为了证明一个过程是布朗运动，我们不再需要证明它们有独立增量，且增量满足正态分布；而只需要证明其是一个具有连续路径的鞅，且二次变差等于 t。

练习：设 $W_3(t) = \rho W_1(t) + \sqrt{1-\rho^2} W_2(t)$，其中 $W_1(t)$ 和 $W_2(t)$ 是两个相互独立的布朗运动。应用 Lévy 定理证明 $W_3(t)$ 也是布朗运动。

4.3 随机微分方程及其在金融建模中的应用

正如在传统微积分中学习了牛顿–莱布尼兹公式之后我们能将其运用在求解微分方程上一样，在详细了解了 Itô 公式后，我们将转向随机微分方程，利用 Itô 公式探讨其求解与相关特性。

4.3.1 随机微分方程基础知识

定义 4.6 多维随机微分方程式是如下形式的方程，即
$$dX(t) = \mu(t, X(t))dt + \sigma(t, X(t))dW(t),$$

其中 $X(t)$ 是 m 维随机过程
$$X(t) = (X_1(t), X_2(t), ..., X_m(t))^\top,$$

$\mu(t, x)$ 是 m 维随机向量
$$\mu(t, x) = (\mu_1(t, x), \mu_2(t, x), ..., \mu_m(t, x))^\top,$$

$\sigma(t, x)$ 是一个 $m \times d$ 维的随机矩阵
$$\sigma(t, x) = \begin{pmatrix} \sigma_{11}(t,x) & \sigma_{12}(t,x) & \cdots & \sigma_{1d}(t,x) \\ \sigma_{21}(t,x) & \sigma_{22}(t,x) & \cdots & \sigma_{2d}(t,x) \\ \vdots & \vdots & & \vdots \\ \sigma_{m1}(t,x) & \sigma_{m2}(t,x) & \cdots & \sigma_{md}(t,x) \end{pmatrix},$$

$W(t)$ 是一个由 d 个独立布朗运动构成的 d 维向量

$$W(t) = (W_1(t), W_2(t), \cdots, W_d(t))^\top.$$

因此，也可以写成如下分量形式

$$d\begin{pmatrix} X_1(t) \\ X_2(t) \\ \vdots \\ X_m(t) \end{pmatrix} = \begin{pmatrix} \mu_1(t, X(t)) \\ \mu_2(t, X(t)) \\ \vdots \\ \mu_m(t, X(t)) \end{pmatrix} dt + \begin{pmatrix} \sigma_{11}(t, X(t)) & \sigma_{12}(t, X(t)) & \cdots & \sigma_{1d}(t, X(t)) \\ \sigma_{21}(t, X(t)) & \sigma_{22}(t, X(t)) & \cdots & \sigma_{2d}(t, X(t)) \\ \vdots & \vdots & & \vdots \\ \sigma_{m1}(t, X(t)) & \sigma_{m2}(t, X(t)) & \cdots & \sigma_{md}(t, X(t)) \end{pmatrix} d\begin{pmatrix} W_1(t) \\ W_2(t) \\ \vdots \\ W_d(t) \end{pmatrix}.$$

当 $m = d = 1$ 时，我们给出一维随机微分方程的具体形式如下

$$dX(t) = \beta(t, X(t))dt + \gamma(t, X(t))dW(t), \tag{4.23}$$

$$X(0) = x, \ x \in \mathbb{R}, \tag{4.24}$$

其中 $\beta(t, X(t))$ 和 $\gamma(t, X(t))$ 都是适应的可测函数。该微分方程是在 Itô 积分意义下定义的，它包含随机过程 $X(t)$ 和布朗运动 $W(t)$ 两部分。通常称 $\beta(t, X(t))$ 为漂移项，$\gamma(t, X(t))$ 为扩散项。

以上给出了随机微分方程的形式，但在实际应用过程中，我们更关心的是随机微分方程的解。此处我们为读者介绍一下强解和弱解的概念。对于随机微分方程，理论上有两种解。一种解被称为**强解**，指在给定的概率空间中解出的满足式 (4.23) 的随机过程，即若把给定概率空间中的布朗运动作为输入，那么解出的这个方程的输出则为强解。另一种解被称为**弱解**，指的是不固定概率空间及其上的布朗运动，而直接找出满足方程的一个概率空间和其上的一个布朗运动以及一个随机过程，即找到一组满足随机微分方程的解 $(\mathbb{P}, W, X)$。由定义可以看出，强解一定是弱解。

不是所有的随机微分方程都有解，更不必说强解。有弱解的随机微分方程不一定

有强解。读者可以考虑如下的例子，考虑 Tanaka 随机微分方程：

$$dX(t) = sgn(X(t))dW(t), \quad X(0) = 0, \tag{4.25}$$

其中 $sgn(x)$ 是符号函数。当 $x > 0$ 时 $sgn(x)$ 取值为 1，$x \leqslant 0$ 时它取值为 -1。显然 $X(t)$ 是连续且二次可积的，而且 $[X](t) = t$，所以根据 Lévy 定理（见定理 4.8），$X(t)$ 是布朗运动。这启发我们从一个概率空间 $(\Omega, \mathcal{F}, \mathbb{P})$ 出发，其中的布朗运动 $X(t)$ 适应于其布朗运动域流 $\mathcal{F}^X(t)$。于是，我们可以构造一个 Itô 积分 $W(t)$：

$$W(t) = \int_0^t sgn(X(s))dX(s). \tag{4.26}$$

因为

$$\langle W \rangle(t) = \int_0^t sgn(X(s))^2 ds \equiv t,$$

其中 $W(t)$ 根据 Lévy 定理是适应于 $\mathcal{F}^X(t)$ 的布朗运动。于是我们构造了一个弱解 $(\Omega, \mathcal{F}, \mathbb{P}, \{W(t)\}, \{X(t)\})$。现在，我们有 $\mathcal{F}^W(t) \subset \mathcal{F}^X(t)$，也就是说 $X(t)$ 的路径决定了 $W(t)$ 的路径，而非 $\mathcal{F}^X(t) \subset \mathcal{F}^W(t)$，即 $X(t)$ 的路径决定了 $X(t)$ 的路径，而这是强解要求的。这个现象暗示着这个方程的强解是不存在的。

我们提供以下直观原因，说明该方程没有强解：从一个给定的概率空间 $(\Omega, \mathcal{F}, \mathbb{P})$ 出发，其中 $W(t)$ 是一个输入的适应于其布朗域流 $\mathcal{F}^W(t)$ 的布朗运动。假设 $X(t)$ 是一个强解，那么在这种情况下，我们应有 $\mathcal{F}^X(t) \subset \mathcal{F}^W(t)$，即 $W(t)$ 的路径决定了 $X(t)$ 的路径。根据 Lévy 定理，$X(t)$ 一定是一个布朗运动。而随机微分方程 $dX(t) = sgn(X(t))dW(t)$ 表明，如果 $X(t)$ 为正（或负），它将跟随布朗运动 $W(t)$（或布朗运动 $W(t)$ 的相反数）。因此，当 $X(t)$ 达到 0，它必然要反射，而不是按照一个布朗运动的轨迹进行运动。这自然违反了 $X(t)$ 遵从布朗运动的事实。值得指出的是，上述分析是直觉化的，一个利用局部时的严格数学证明可以在参考文献 [16] 的 5.3 节中找到，感兴趣的读者可以自行阅读。

随机微分方程的解都有马尔科夫性，这一点可以从方程表达式

$$dX(t) = \mu(t, X(t))dt + \sigma(t, X(t))dW(t), \tag{4.27}$$

中看出，即随机过程在下一刻的变化取决于此刻的状态而非达到这个状态之前的路径。

下面我们不加证明地介绍随机微分方程具有强解的充分条件。

定理 4.9 如果对于任意 $t \in [0, T]$，以及 $x \in \mathbb{R}$，随机微分方程 (4.27) 的系数函数同时满足线性增长条件，也即存在常数 C 使得

$$\|\mu(t, x)\| + \|\sigma(t, x)\| \leqslant C(1 + \|x\|),$$

和 Lipschitz 条件，即存在常数 D 使得

$$\|\mu(t,x) - \mu(t,y)\| + \|\sigma(t,x) - \sigma(t,y)\| \leqslant D\|x-y\|,$$

这时，随机微分方程有且仅有一个强解。

其中第一个条件被称为线性增长条件，第二个被称为 Lipschitz 条件。对于上述存在性和唯一性的证明可仿照对常微分方程情形的证明，即对 $k=0,1,2,...$ 考虑 Picard 迭代

$$X^{(0)} \equiv \eta, X^{(k+1)}(t) = \eta + \int_0^t \mu(s, X^{(k)}(s))\mathrm{d}s + \int_0^t \sigma(s, X^{(k)}(s))\mathrm{d}W(s),$$

则前述两个条件保证连续过程序列 $\{X^{(k)}\}_{k=0}^{\infty}$ 收敛到一个连续过程 X，而它是方程 (4.27) 的唯一解；同时可以证明解 X 对任意实数 $\lambda \geqslant 1$ 和 $T>0$ 满足矩增长条件

$$E\|X(t)\|^{2\lambda} \leqslant C_{\lambda,T}(1 + E\|\eta\|)^{2\lambda},\ \forall 0 \leqslant t \leqslant T,$$

其中 $C_{\lambda,T}$ 是仅依赖于 λ，T 和两个条件中的常数 C 的常数。相关细节请感兴趣的读者参阅书后参考文献 [16] 的 5.1 节。

由于本书模型中涉及的随机微分方程大多有解，且相对于随机微分方程是否有解，我们也更关心如何对有解的随机微分方程进行求解，或者研究解的性质，故本书不深究强解和弱解的理论特性与差别等。有些简单的随机微分方程可以被显式求解，但大多数随机微分方程难以得到解析解。在无法求解时，我们还可以利用数值计算方法比如蒙特卡洛模拟来解决实际问题。

下面具体介绍几类随机微分方程，比如几何布朗运动、Vasicek 模型、Cox-Ross-Ingersoll (CIR) 模型，以及局部波动率模型、随机波动率模型等。

4.3.2 随机微分方程举例

在本节中，我们将介绍几个经典的随机微分方程的例子。我们首先来考虑最一般的线性随机微分方程。

考虑随机微分方程

$$\mathrm{d}X_i(t) = \mu_i(t, X(t))\mathrm{d}t + \sum_{j=1}^d \sigma_{ij}(t, X(t))\mathrm{d}W_j(t),$$

这里 $i=1,2,...,m$，$(W_1(t), W_2(t),...,W_d(t))$ 是一个 d 维标准布朗运动。如果有

$$\mu_i(t,x) = \mu_i^{(0)}(t) + \sum_{k=1}^d \mu_i^{(k)}(t)x_k \text{ 且 } \sigma_{ij}(t,x) = \sigma_{ij}^{(0)}(t) + \sum_{k=1}^d \sigma_{ij}^{(k)}(t)x_k,$$

则称该随机微分方程为线性随机微分方程。很多实际问题都可以用线性方程建模，许多有用的模型也都是线性方程应用的典型例子。一维线性方程是有显式解的。我们将以广义几何布朗运动与 Vasicek 模型为例进行具体分析，再抽象到一般的线性随机微分方程。

下面我们介绍一类应用十分广泛的过程及其对应的随机微分方程——广义几何布朗运动。在本章前面介绍的例题中，我们已经提到了广义几何布朗运动并做了一些简要的说明，现在我们进行更进一步的探讨。

例 4.3.1　广义几何布朗运动

假设资产的价格过程 $S(t)$ 满足常数初始条件为 $S(0) = S_0$，且满足如下随机微分方程：

$$\mathrm{d}S(t) = \alpha(t)S(t)\mathrm{d}t + \sigma(t)S(t)\mathrm{d}W(t), \tag{4.28}$$

其中 $\alpha(t)$ 表示瞬时平均收益率，$\sigma(t)$ 代表瞬时波动率，$\alpha(t)$ 和 $\sigma(t)$ 为适应的随机过程。当 $\alpha(t)$ 和 $\sigma(t)$ 都为常数时，式 (4.28) 便是著名的 Black-Scholes-Merton 模型（后文简称"BSM 模型"）。首先我们已经反向验证

$$S(t) = S_0 \exp\left\{\int_0^t \left(\alpha(u) - \frac{1}{2}\sigma^2(u)\right)\mathrm{d}u + \int_0^t \sigma(u)\mathrm{d}W(u)\right\}, \tag{4.29}$$

是满足式 (4.28) 所示方程的一个随机过程，因此这个方程一定有解。但读者也许会质疑该方程的解是否唯一，是否还有其他的随机过程满足该方程。我们将对式 (4.28) 直接进行求解。如果求解方程的结果等于式 (4.29)，则可以顺便验证方程 (4.28) 的解具有唯一性。

下面将推导如何求解该方程。方程 (4.28) 的解包含指数函数，因此猜想可以通过对 $\log S(t)$ 利用 Itô 公式来化简。显然 $S(t)$ 是一个 Itô 过程，对于函数

$$f(x) = \log x,$$

有

$$f'(x) = \frac{1}{x} \text{ 和 } f''(x) = -\frac{1}{x^2},$$

则对 $\log S(t)$ 用 Itô 公式可以求得

$$\begin{aligned}
\mathrm{d}\log S(t) &= \frac{1}{S(t)}\mathrm{d}S(t) + \frac{1}{2}\left(-\frac{1}{S^2(t)}\right)\mathrm{d}[S,S](t) \\
&= \frac{1}{S(t)}[\alpha(t)S(t)\mathrm{d}t + \sigma(t)S(t)\mathrm{d}W(t)] + \frac{1}{2}\left(-\frac{1}{S^2(t)}\right)\sigma^2(t)S^2(t)\mathrm{d}t \\
&= \left(\alpha(t) - \frac{1}{2}\sigma^2(t)\right)\mathrm{d}t + \sigma(t)\mathrm{d}W(t).
\end{aligned}$$

两边同时积分得

$$\log S(t) - \log S(0) = \int_0^t \left(\alpha(u) - \frac{1}{2}\sigma^2(u)\right) du + \int_0^t \sigma(u) dW(u).$$

于是有

$$S(t) = S_0 \exp\left\{\int_0^t \left(\alpha(u) - \frac{1}{2}\sigma^2(u)\right) du + \int_0^t \sigma(u) dW(u)\right\}.$$

通过直接求解随机微分方程，我们可以清楚地认识到该方程的确有唯一强解。上述通过 Itô 公式展开再积分的方式是随机微分方程的常见解法。当然，对于有些方程无法求得显式解。对于这些不能求解的随机微分方程，我们往往可以通过蒙特卡洛模拟等数值方法来处理。因此无法求解的方程不是没有用处，只要它能很好地模拟现实、解释实际问题，就可以在实际的金融建模中帮助我们量化地理解问题。值得一提的是，几何布朗运动是最常见的资产价格模型之一，因为它可以较好地模拟现实中资产价格走势，而且和真实世界中的价格一样，永远不会为负。

接下来，我们继续介绍一种基本的利率模型，即 Vasicek 模型。

例 4.3.2 Vasicek 模型

关于利率过程 $R(t)$ 的 Vasicek 模型为

$$dR(t) = (\alpha - \beta R(t))dt + \sigma dW(t). \tag{4.30}$$

作为穆迪（Moody）曾经的首席执行官，Oldrich Vasicek 产学联结，很早就把自己发明的模型用于实际交易中，并为他所在的公司带来了巨大的收益。无论是在中国还是在美国，应用利率模型的基本目标都是更好地刻画收益率曲线。如果希望对更多的金融衍生品进行定价，就需要引入更加复杂的模型。Vasicek 模型在 20 世纪 70 年代左右出现，恰是此类模型的一个早期代表。

上述模型在 $\alpha = 0$ 时，其便是著名的 Ornstein-Uhlenbeck 模型。此时当 β 取正值时，这个方程有十分直观的含义。当 $R(t) > 0$ 时，由于系数 $-\beta < 0$，所以 $-\beta R(t) < 0$；当 $R(t) < 0$ 时，由于系数 $-\beta < 0$，所以 $-\beta R(t) > 0$。由此可见，无论 $R(t)$ 取何值都将使其向相反符号的方向运动，即有回到 0 的趋势。这与物理学中的弹簧振子模型十分类似，这一特性被称为均值回复（mean reversion）特性。当 α 不为 0 时，为了对模型的特点做进一步分析，我们对原方程进行简单变形即可得到

$$dR(t) = \kappa(\theta - R(t))dt + \sigma dW(t),$$

其中 $\kappa = \beta$，$\theta = \alpha/\beta$。如果 $\kappa > 0$，当 $R(t) < \theta$ 时，$\kappa(\theta - R(t)) > 0$，这时 $R(t)$ 向上接近中心 θ；而当 $R(t)$ 超过中心 θ 时，$\kappa(\theta - R(t)) < 0$，这时 $R(t)$ 有向下接近中

心 θ 的趋势,所以 $R(t)$ 总是以 θ 为中心在做回复运动,且该回复运动表现稳定。运动周期由 κ 决定,κ 值越大,回复速度越大,周期越短;κ 值越小,回复速度越小,周期越长。因而 θ 表示回复的中心值,κ 表示回复中心的速度。

Vasicek 模型的随机微分方程是有解析解的,下面我们试着去解这个方程。这个方程等式两边都含有 $R(t)$,故即使直接对等式两边积分,两侧的 $R(t)$ 还是没有办法消去,但我们可以从常微分方程的解法中找灵感。回顾一阶线性常微分方程

$$\frac{\mathrm{d}f(x)}{\mathrm{d}x} = -af(x) + g(x),$$

其中 $g(x)$ 已知。可得

$$\mathrm{d}f(x) + af(x)\mathrm{d}x = g(x)\mathrm{d}x,$$

两边同乘 e^{ax},得

$$\mathrm{e}^{ax}\mathrm{d}f(x) + a\mathrm{e}^{ax}f(x)\mathrm{d}x = \mathrm{e}^{ax}g(x)\mathrm{d}x,$$

即

$$\mathrm{d}[\mathrm{e}^{ax}f(x)] = \mathrm{e}^{ax}g(x)\mathrm{d}x.$$

由此得到常微分方程的解

$$f(x) = \mathrm{e}^{-ax}\left[f(0) + \int_0^x \mathrm{e}^{as}g(s)\mathrm{d}s\right].$$

此时我们再回到 Vasicek 模型,观察到模型等式左边是函数的微分形式,右边是线性关系乘以函数的形式,于是尝试借鉴上述常微分方程的求解方法,在等号两边同时乘以 $\mathrm{e}^{\beta t}$。下面我们有两种运算方法可供选择,第一种是利用包含时间和空间的 Itô 公式,令 $f(t,x) = \mathrm{e}^{\beta t}x$,将 $f(t,x)$ 作用在 $R(t)$ 上。利用公式得

$$\mathrm{d}f(t,R(t)) = f_t(t,R(t))\mathrm{d}t + f_x(t,R(t))\mathrm{d}R(t) + \frac{1}{2}f_{xx}(t,R(t))\mathrm{d}R(t)\mathrm{d}R(t),$$

其中,$f_{xx}(t,R(t)) = 0$。进一步可得

$$\mathrm{d}[\mathrm{e}^{\beta t}R(t)] = \mathrm{e}^{\beta t}\mathrm{d}R(t) + \beta\mathrm{e}^{\beta t}R(t)\mathrm{d}t = \mathrm{e}^{\beta t}\alpha\mathrm{d}t + \mathrm{e}^{\beta t}\sigma\mathrm{d}W(t).$$

第二种方法则是将其视为两个分开的过程,运用二维的 Itô 公式。令 $X(t) = \mathrm{e}^{\beta t}$,$Y(t) = R(t)$,根据二维 Itô 公式,我们有

$$\mathrm{d}[\mathrm{e}^{\beta t}R(t)] = \mathrm{e}^{\beta t}\mathrm{d}R(t) + R(t)\mathrm{d}\mathrm{e}^{\beta t} = \mathrm{e}^{\beta t}\alpha\mathrm{d}t + \mathrm{e}^{\beta t}\sigma\mathrm{d}W(t).$$

现在,等号左边有 $R(t)$,右边没有 $R(t)$,则可以两边同时积分得

$$\mathrm{e}^{\beta t}R(t) = R(0) + \frac{\alpha}{\beta}(\mathrm{e}^{\beta t} - 1) + \int_0^t \sigma\mathrm{e}^{\beta s}\mathrm{d}W(s),$$

即 $R(t)$ 的解析解为

$$R(t) = \mathrm{e}^{-\beta t}R(0) + \frac{\alpha}{\beta}(1-\mathrm{e}^{-\beta t}) + \sigma\mathrm{e}^{-\beta t}\int_0^t \mathrm{e}^{\beta s}\mathrm{d}W(s). \tag{4.31}$$

又由于在例 4.2.4 中我们介绍的 $I(t) \sim N\left(0, \int_0^t \Delta(s)^2 \mathrm{d}s\right)$ 这一性质,所以有

$$\int_0^t \mathrm{e}^{\beta s}\mathrm{d}W(s) \sim N\left(0, \int_0^t (\mathrm{e}^{\beta s})^2 \mathrm{d}s\right).$$

因此 $R(t)$ 也服从正态分布

$$R(t) \sim N\left(\mathrm{e}^{-\beta t}R(0) + \frac{\alpha}{\beta}(1-\mathrm{e}^{-\beta t}), \frac{\sigma^2}{2\beta}(1-\mathrm{e}^{-2\beta t})\right). \tag{4.32}$$

值得注意的是,由于 $R(t)$ 服从正态分布,故而它的取值可正可负,但现实生活中利率一般却不会出现负值。这确实是该模型的一个理论缺陷。有些资料上可能夸大了这个缺陷,而在本书看来,这一点瑕不掩瑜。如果参数估计出的中心值 θ 很大,那么估计出利率为负的可能性则极小,这时模型完全能够大致模拟出现实情况。同时该模型具有其他模型所不具备的优点,例如 $R(t)$ 具有数学上容易处理的正态分布。在前面,我们在 $\beta > 0$ 的情况下给出了均值回复特性的直观描述。在推导出 Vasicek 模型的分布之后,我们可以进一步考察这一性质。

首先,我们目前的讨论都是基于 $\beta > 0$ 且 $\sigma > 0$ 这两个假设。此时,均值回复特性可以这样理解:

1. β 表示中心回复的速度;
2. 计算可得 $lim_{t \to +\infty} \mathbb{E}R(t) = \alpha/\beta$,这表示长期均值水平;
3. 计算可得 $lim_{t \to +\infty} \mathrm{Var}[R(t)] = \sigma^2/2\beta$,这表示长期方差。

最后两点说明了当 $t \to +\infty$ 时,$R(t)$ 服从一个稳定的分布,且当 t 不断增大时,$R(t)$ 会越来越趋向于这个分布。在这里我们进一步考虑,如果 $R(0)$ 服从正态分布,其均值与方差和长期分布相同,那么我们可以证明 $R(t)$ 的分布将不随时间改变,也即具有平稳性。稍后,我们将对该性质进行进一步的证明和讨论。

我们考虑,如果放松 $\beta > 0$ 这一假设,会造成什么样的影响呢?首先考察模型的随机微分方程形式:式 (4.30)。依然假设 $\alpha = 0$,如果 $\beta < 0$,那么当 $R(t) > 0$ 时,由于系数 $(-\beta) > 0$,所以 $-\beta R(t) > 0$,即会向更加偏离原点的方向运动;当 $R(t) < 0$ 时,由于系数 $(-\beta) > 0$,所以 $-\beta R(t) < 0$,同样也会向更加偏离原点的方向运动。因此如果 $\beta < 0$,模型的解将会成为一个爆炸性的过程。从另一个角度

来观察，如果 $\beta < 0$，则上述推导中的分布方差中的 $e^{-2\beta t}$ 等在 $t \to +\infty$ 时将是发散的。

进而我们再考虑，如果放松 $\sigma > 0$ 这一假设，而变成 $\sigma = 0$，会有什么影响？此时，没有布朗运动带来的随机影响，Vasicek 模型便退化为一个常微分方程

$$dR(t) = (\alpha - \beta R(t))dt. \tag{4.33}$$

易求得该常微分方程的解为

$$R(t) = \frac{\alpha}{\beta} - \left(\frac{\alpha}{\beta} - R(0)\right)e^{-\beta t}. \tag{4.34}$$

可以看出，若 $R(0) < \alpha/\beta$，当 t 增大趋近于无穷，$R(t)$ 从下方趋近于水平线 α/β；若 $R(0) > \alpha/\beta$，当 t 增大趋近于无穷，$R(t)$ 从上方趋近于水平线 α/β；而若 $R(0) = \alpha/\beta$，则 $R(t) \equiv \alpha/\beta$。无论哪种情况，当参数和起始点给定，即 $R(0)$ 与 α/β 的关系确定后，对于任意时间上的 $R(t)$ 与 α/β 的大小关系也就确定了。若 $R(0)$ 与 α/β 不相等，则 α/β 便是 $R(t)$ 的一条渐近线，随着时间增大，该过程会无限接近于 α/β，但是永远无法穿过这条线，如图 4.4 所示。而在 Vasicek 模型中，正因为 $\sigma > 0$，有了布朗运动这一随机项，该过程才能够穿过其长期均值，如图 4.5 所示。

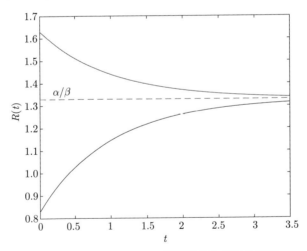

图 4.4 $\sigma = 0$：Vasicek 模型退化为常微分方程

现在，我们回到正常情况下的 Vasicek 模型，即 $\beta > 0$，$\sigma > 0$。我们可以证明，如果 $R(0)$ 服从正态分布，且其均值与方差和长期分布相同，那么 $R(t)$ 的分布将不随时间改变，即具有平稳性。

性质 4.3.2.1 （平稳性）$N(\alpha/\beta, \sigma^2/(2\beta))$ 为 $R(t)$ 的平稳分布。

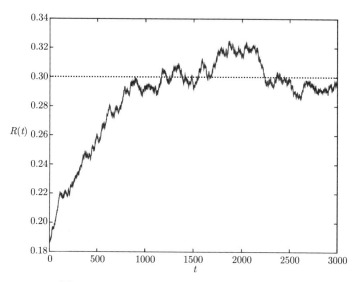

图 4.5 $\sigma > 0$：**Vasicek 模型与其长期均值**

证明：如果 $R(t)$ 是平稳的，假设 $p_0(x)$ 是 $R(0)$ 的密度，那么 $R(t)$ 也应该有此密度，因此我们有

$$\int_{-\infty}^{\infty} p(t,x,0,y)p_0(y)\mathrm{d}y = p_0(x), \tag{4.35}$$

其中 $p(t,x,0,y)$ 表示从 $R(0) = y$ 到 $R(t) = x$ 的转移密度。我们将验证 $N(\alpha/\beta, \sigma^2/(2\beta))$ 的密度函数

$$p_0(x) = \frac{1}{\sqrt{2\pi}\sigma_1}\exp\left(-\frac{(x-\mu_1)^2}{2\sigma_1^2}\right), \tag{4.36}$$

其中

$$\mu_1 = \frac{\alpha}{\beta}, \ \sigma_1^2 = \frac{\sigma^2}{2\beta}.$$

即满足式 (4.35)，即 $N(\frac{\alpha}{\beta}, \frac{\sigma^2}{2\beta})$ 为 $R(t)$ 的平稳分布。由 $R(t)$ 的解析解式 (4.31) 可知

$$p(t,x,0,y) = \frac{1}{\sqrt{2\pi}\sigma_2}\exp\left(-\frac{(x-\mu_2)^2}{2\sigma_2^2}\right), \tag{4.37}$$

其中

$$\mu_2 = \mathrm{e}^{-\beta t}y + \frac{\alpha}{\beta}\left(1 - \mathrm{e}^{-\beta t}\right),$$
$$\sigma_2^2 = \frac{\sigma^2}{2\beta}\left(1 - \mathrm{e}^{-2\beta t}\right).$$

将式 (4.36) 以及式 (4.37) 代入式 (4.35) 左侧，可得

$$\int_{-\infty}^{\infty} p(t,x,0,y)p_0(y)\mathrm{d}y$$
$$= \frac{1}{\sqrt{2\pi}\sigma_1} \exp\left(-\frac{(x-\mu_1)^2}{2\sigma_1^2}\right) \int_{-\infty}^{\infty} \frac{1}{\sqrt{2\pi}\sigma_2} \exp\left(-\frac{\left(y-\left(x-\frac{\alpha}{\beta}\right)\mathrm{e}^{-\beta t}\right)^2}{2\sigma_2^2}\right) \mathrm{d}y.$$

注意到

$$\int_{-\infty}^{\infty} \frac{1}{\sqrt{2\pi}\sigma_2} \exp\left(-\frac{\left(y-\left(x-\frac{\alpha}{\beta}\right)\mathrm{e}^{-\beta t}\right)^2}{2\sigma_2^2}\right) \mathrm{d}y = 1,$$

所以有

$$\int_{-\infty}^{\infty} p(t,x,0,y)p_0(y)\mathrm{d}y = \frac{1}{\sqrt{2\pi}\sigma_1} \exp\left(-\frac{(x-\mu_1)^2}{2\sigma_1^2}\right) = p_0(x).$$

因此式 (4.35) 成立，$N(\alpha/\beta, \sigma^2/(2\beta))$ 为 $R(t)$ 的平稳分布。 □

以上我们介绍的两种模型都是具体的线性随机微分方程，下面我们给出一般意义上的一维线性随机微分方程的解。

例 4.3.3 线性随机微分方程

考虑如下随机微分方程

$$\mathrm{d}X(t) = [a(t)+b(t)X(t)]\mathrm{d}t + [\gamma(t)+\sigma(t)X(t)]\mathrm{d}W(t),\ X(0)=X_0, \tag{4.38}$$

其中 $a(t)$, $b(t)$, $\gamma(t)$, $\sigma(t)$ 都是 $\mathcal{F}(t)$ 可测的随机过程，并不要求必须是非随机的确定函数。应用 Itô 公式可以验证广义随机微分方程的解为

$$X(t) = Y(t)Z(t),$$

其中

$$Y(t) = X_0 + \int_0^t (a(s)-\gamma(s)\sigma(s))Z(s)^{-1}\mathrm{d}s + \int_0^t \gamma(s)Z(s)^{-1}\mathrm{d}W(s),$$
$$Z(t) = Z_0 \exp\left\{\int_0^t \left(b(s)-\frac{1}{2}\sigma(s)^2\right)\mathrm{d}s + \int_0^t \sigma(s)\mathrm{d}W(s)\right\}.$$

此处验证解的正确性。

第 4 章 随机微积分

证明：如果 $X(t) = Y(t)Z(t)$，由二维的 Itô 公式有

$$\begin{aligned}
\mathrm{d}X(t) &= Y(t)\mathrm{d}Z(t) + Z(t)\mathrm{d}Y(t) + \mathrm{d}Y(t)\mathrm{d}Z(t) \\
&= Y(t)(b(t)Z(t)\mathrm{d}t + \sigma(t)Z(t)\mathrm{d}W(t)) + \\
&\quad Z(t)\left(\frac{a(t) - \sigma(t)\gamma(t)}{Z(t)}\mathrm{d}t + \frac{\gamma(t)}{Z(t)}\mathrm{d}W(t)\right) + \sigma(t)Z(t)\frac{\gamma(t)}{Z(t)}\mathrm{d}t \\
&= [a(t) + b(t)X(t)]\mathrm{d}t + [\gamma(t) + \sigma(t)X(t)]\mathrm{d}W(t).
\end{aligned}$$

$\square$

假定 $a(t)$, $b(t)$, $\gamma(t)$, $\sigma(t)$ 都是有确定形式的函数，我们再来推导广义线性随机微分方程的解的期望和方差，即明确地解出 $\mathbb{E}X(t)$ 和 $\mathrm{Var}(X(t))$。对式 (4.38) 两边同时积分，就能得出

$$X(t) = X_0 + \int_0^t [a(s) + b(s)X(s)]\mathrm{d}s + \int_0^t [\gamma(s) + \sigma(s)X(s)]\mathrm{d}W(s).$$

然后两边同时取期望，有

$$\begin{aligned}
\mathbb{E}X(t) &= X_0 + \int_0^t [a(s) + b(s)\mathbb{E}X(s)]\mathrm{d}s + \mathbb{E}\left[\int_0^t [\gamma(s) + \sigma(s)X(s)]\mathrm{d}W(s)\right] \\
&= X_0 + \int_0^t [a(s) + b(s)\mathbb{E}X(s)]\mathrm{d}s.
\end{aligned}$$

它对应的一阶线性微分方程形式是

$$\mathrm{d}\mathbb{E}X(t) = a(t)\mathrm{d}t + b(t)\mathbb{E}X(t)\mathrm{d}t, \mathbb{E}X(0) = X_0,$$

这是一个关于 $\mathbb{E}X(t)$ 的微分方程。两边同乘以因子 $\exp\left(-\int_0^t b(s)\mathrm{d}s\right)$，我们进一步能解得

$$\mathbb{E}X(t) = \exp\left(\int_0^t b(s)\mathrm{d}s\right)\left(X_0 + \int_0^t a(s)\exp\left(\int_0^s -b(u)\mathrm{d}u\right)\mathrm{d}s\right).$$

计算该过程方差 $\mathrm{Var}\,(X(t))$ 则留给读者作为练习。注意，因为

$$\mathrm{Var}\,(X(t)) = \mathbb{E}X^2(t) - (\mathbb{E}X(t))^2,$$

所以我们只需计算 $\mathbb{E}X^2(t)$。与求解一阶线性微分方程的过程一样，可以先利用 Itô 公式得到 $\mathrm{d}X^2(t)$ 的表达式，然后再通过两边取期望并利用之前的结果，就能求得 $\mathbb{E}X^2(t)$。

以上介绍了线性随机微分方程，但我们知道现实生活中常见的例子不一定是线性方程。这类方程往往难以求解甚至无法求得解析解，但是我们仍然可以通过一些方法来研究其解的性质。下面我们将以 Cox-Ross-Ingersoll (CIR) 模型为例介绍非线性随机微分方程。

例 4.3.4　CIR 模型

Cox-Ingersoll-Ross 模型在 1985 年由 Cox、Ingersoll 和 Ross 三位教授共同研究发表，它满足下面的随机微分方程：

$$\mathrm{d}R(t) = (\alpha - \beta R(t))\mathrm{d}t + \sigma\sqrt{R(t)}\mathrm{d}W(t),\ R(0) = r_0, \tag{4.39}$$

其中 α，β，σ 都是常数。其可以被视为对 Vasicek 模型的一个改进，同时该模型也是数学理论中经常被提到的平方根模型。相较于 Vasicek 模型中利率可能出现负值的问题，CIR 模型的优势在于其还兼具"非负性"的特征。CIR 模型广泛应用于利率模型、信用违约模型以及随机波动率模型。虽然不能得到 $R(t)$ 的解析解，但是我们可以得到 $R(t)$ 的很好的数学性质，并去研究它的分布。例如，文献中指出 CIR 模型中 $R(t)$ 服从非中心的卡方分布（chi-square distribution）。本书对此性质不进行深入讨论。尽管我们不能得到式 (4.39) 的解析解，但通过 Itô 公式和一阶线性微分方程，我们能计算出 $R(t)$ 的期望和方差，从而对其分布获得一定的认识。

我们首先来计算其期望 $\mathbb{E}R(t)$。将式 (4.39) 写成积分形式，即

$$R(t) - R(0) = \int_0^t (\alpha - \beta R(s))\mathrm{d}s + \int_0^t \sigma\sqrt{R(s)}\mathrm{d}W(s),$$

两边同时取期望，得

$$\mathbb{E}R(t) - R(0) = \mathbb{E}\left(\int_0^t (\alpha - \beta R(s))\mathrm{d}s\right) + \mathbb{E}\left(\int_0^t \sigma\sqrt{R(s)}\mathrm{d}W(s)\right).$$

因为随机积分 $\int_0^t \sigma\sqrt{R(s)}\mathrm{d}W(s)$ 是鞅（此时我们假设有 $\mathbb{E}\int_0^t R(s)\mathrm{d}s < \infty$），于是我们有

$$\mathbb{E}\left(\int_0^t \sigma\sqrt{R(s)}\mathrm{d}W(s)\right) = 0,$$

所以

$$\mathbb{E}R(t) - R(0) = \mathbb{E}\left(\int_0^t (\alpha - \beta R(s))\mathrm{d}s\right).$$

我们把上式写成微分形式

$$\mathrm{d}\mathbb{E}R(t) = [\alpha - \beta\mathbb{E}R(t)]\mathrm{d}t,\ \mathbb{E}R(0) = r_0,$$

第 4 章 随机微积分

这是一个关于 $\mathbb{E}R(t)$ 的微分方程。令 $y(t) = \mathbb{E}R(t)$，这样我们就得到了一阶微分方程

$$y'(t) = \alpha - \beta y(t), y(0) = r_0, \tag{4.40}$$

在方程 (4.40) 两边同时乘以 $e^{\beta t}$，有

$$e^{\beta t} y'(t) + e^{\beta t} \beta y(t) = \alpha e^{\beta t},$$

其等价于

$$[e^{\beta t} y(t)]' = \alpha e^{\beta t}.$$

两边同时积分，我们可得

$$e^{\beta t} y(t) = \int_0^t e^{\beta s} \alpha \mathrm{d}s + C,$$

其中 C 是任意常数，代入 $t = 0$ 时的情形，进一步有

$$y(0) = 0 + C = r_0.$$

因此，我们便求得期望

$$\mathbb{E}R(t) = y(t) = e^{-\beta t}\left(r_0 + \int_0^t e^{\beta s}\alpha \mathrm{d}s\right) = e^{-\beta t}r_0 + \frac{\alpha}{\beta}(1 - e^{-\beta t}). \tag{4.41}$$

接下来，我们来计算方差。因为

$$\mathrm{Var}(R(t)) = \mathbb{E}R^2(t) - (\mathbb{E}R(t))^2,$$

且我们已经得到 $\mathbb{E}R(t)$，故而现在只需计算 $\mathbb{E}R^2(t)$。运用 Itô 公式，我们有

$$\begin{aligned}\mathrm{d}R^2(t) &= 2R(t)\mathrm{d}R(t) + \mathrm{d}[R,R](t)\\ &= 2R(t)[(\alpha - \beta R(t))\mathrm{d}t + \sigma\sqrt{R(t)}\mathrm{d}W(t)] + (\sigma\sqrt{R(t)})^2\mathrm{d}t,\end{aligned}$$

两边同时积分并取期望，我们能得到

$$\begin{aligned}&\mathbb{E}R^2(t) - R^2(0)\\ &= 2\mathbb{E}\left(\int_0^t R(s)(\alpha - \beta R(s))\mathrm{d}s\right) + 2\sigma\mathbb{E}\left(\int_0^t R(s)\sqrt{R(s)}\mathrm{d}W(s)\right) +\\ &\quad \mathbb{E}\left(\int_0^t (\sigma\sqrt{R(s)})^2\mathrm{d}s\right)\\ &= 2\int_0^t \mathbb{E}\left[R(s)(\alpha - \beta R(s))\right]\mathrm{d}t + 2\sigma\mathbb{E}\left(\int_0^t R(s)\sqrt{R(s)}\mathrm{d}W(s)\right) + \sigma^2\int_0^t \mathbb{E}R(s)\mathrm{d}s.\end{aligned}$$

因为 $\int_0^t \sigma R(s)\sqrt{R(s)}\mathrm{d}W(s)$ 是一个鞅（此时我们假设有 $\mathbb{E}\int_0^t R(s)^3 \mathrm{d}s < \infty$），所以

$$\mathbb{E}\left(\int_0^t \sigma R(s)\sqrt{R(s)}\mathrm{d}W(s)\right) = 0,$$

两边同时取微分，我们进一步有

$$\mathrm{d}\mathbb{E}R^2(t) = [(2\alpha + \sigma^2)\mathbb{E}R(t) - 2\beta\mathbb{E}R^2(t)]\mathrm{d}t,\ \mathbb{E}R^2(0) = r_0^2.$$

令 $y(t) = \mathbb{E}R^2(t)$，就有

$$y'(t) = (2\alpha + \sigma^2)\mathbb{E}R(t) - 2\beta y(t),\ y(0) = r_0^2, \tag{4.42}$$

其中 $\mathbb{E}R(t)$ 直接替换为我们之前计算的结果式 (4.41)，在式 (4.42) 两边同乘以 $\mathrm{e}^{2\beta t}$，我们就能得到

$$\mathrm{e}^{2\beta t}y'(t) + 2\beta\mathrm{e}^{2\beta t}y(t) = \mathrm{e}^{2\beta t}(2\alpha + \sigma^2)\mathbb{E}R(t).$$

于是

$$[\mathrm{e}^{2\beta t}y(t)]' = \mathrm{e}^{2\beta t}(2\alpha + \sigma^2)\mathbb{E}R(t),$$

两边同时积分，我们有

$$\mathrm{e}^{2\beta t}y(t) = \int_0^t \mathrm{e}^{2\beta s}(2\alpha + \sigma^2)\mathbb{E}(R(s))\mathrm{d}s + C,$$

代入初始条件，解得 $C = r_0^2$。因此，我们就有

$$y(t) = \mathbb{E}R^2(t) = \mathrm{e}^{-2\beta t}r_0^2 + \frac{2\alpha + \sigma^2}{\beta}\left(r_0 - \frac{\alpha}{\beta}\right)(\mathrm{e}^{-\beta t} - \mathrm{e}^{-2\beta t}) + \frac{\alpha(2\alpha + \sigma^2)}{2\beta^2}(1 - \mathrm{e}^{-2\beta t}).$$

然后就可以计算得到 $R(t)$ 的方差

$$\mathrm{Var}(R(t)) = \mathbb{E}R^2(t) - (\mathbb{E}R(t))^2 = \frac{\sigma^2}{\beta}R(0)(\mathrm{e}^{-\beta t} - \mathrm{e}^{-2\beta t}) + \frac{\alpha\sigma^2}{2\beta^2}(1 - 2\mathrm{e}^{-\beta t} - \mathrm{e}^{-2\beta t}).$$

随机微分方程给我们提供了描述金融市场动态特征的有力工具。一些较为复杂的模型，大多是当基本的模型无法解释真实世界中的现象时应运而生的。比如，为了描述股票收益率的典型特征——波动率微笑（volatility smile），人们在研究中引入了波动率模型。局部波动率模型由 Dupire 和 Derman 最早提出。相较于一般 BSM 模型波动率为恒定值的情况，局部波动率模型允许波动率随时间和标的资产价格变化，即 $\sigma(t) = \sigma(t, S(t))$，这弥补了 BSM 模型中波动率恒定这一与现实情况不符的缺点。方程如下：

$$\mathrm{d}S(t) = \mu S(t)\mathrm{d}t + \sigma(t, S(t))S(t)\mathrm{d}W(t).$$

另外一种可以捕捉波动率变化的模型是随机波动率模型，如 Heston 在 1993 年提出的模型：

$$dS(t) = \mu S(t)dt + \sqrt{V(t)}S(t)dW_1(t),$$
$$dV(t) = \kappa(\theta - V(t))dt + \sigma_v\sqrt{V(t)}dW_2(t),$$

其中，二维布朗运动 $(W_1(t), W_2(t))$ 满足 $dW_1(t)dW_2(t) = \rho dt$。在此模型下，波动率不仅不是恒定的，其自身也是一个随机过程。这里随机方差 $V(t)$ 是服从 CIR 过程。跳过程（jump process）有离散运动的随机过程，可以刻画出现突发大型事件时，股价短时间内大幅波动的情况。Merton 将简单的跳过程与连续运动结合，形成跳跃扩散过程（jump diffusion process），在定价领域应用甚广。这些模型将在本书的后续章节进一步介绍。

4.4 随机分析中的重要定理

之前我们介绍了随机微积分和其基本公式——Itô 公式，并利用它对随机微分方程做了细致的研究。接下来，我们将介绍随机分析中一些非常重要的定理，这些定理不仅有助于提高读者对随机分析的理解，也为随机分析在金融建模中的应用提供了更多坚实的理论基础和有力的工具。在之后的讨论中，除介绍定理的内容及相关的证明外，我们还会适当介绍其直观理解和具体的应用，以便读者能比较深入地掌握其数学本质和整体的结构，而非仅局限于对定理本身的记忆和推导。即便如此，这些定理对初学者而言仍然是不易掌握的。有兴趣的读者不妨在学习定理本身的同时，着重关注本章的内容安排方式和其中蕴含的逻辑关系，这对加深理解是有益的。

4.4.1 鞅与时变的布朗运动

相信对 Lévy 定理（定理 4.8）的研究已经使读者认识到：布朗运动 $\{W(t)\}$ 在具有优良性质的同时，还具有相当高的普遍性。布朗运动在构建随机积分、随机微分方程等方面有着重要作用。进一步可以猜想：在诸多已知的鞅过程的实例中，布朗运动很可能是其中一个"非常基本的随机过程"。当然，数学上并没有对所谓的"基本"一词做出严格的定义，但这并不妨碍我们从直觉上体会。

概率论中著名的中心极限定理指出，对于一系列独立同分布的随机变量序列（该条件也可以适当放宽），其均值的概率分布将随序列项数趋于无穷而渐进于正态分布，且这一事实的正确性不依赖于序列中各个随机变量本身的分布。这或许意味着，在各类概率分布中，正态分布具有某种"普遍性"和"基本性"。我们可以从中受到启发：既然正态分布在概率论中有一定的"普遍性"和"基本性"，那么在任意时刻

金融中的数学方法

均服从正态分布的布朗运动 $\{W(t)\}$ 相较于其他的鞅过程，是否在随机分析中也会有类似的性质和地位？上述问题的回答是肯定的。接下来，通过本节给出的两个定理，我们将严格地阐明：布朗运动是最基本的具有连续样本路径的鞅。

下面的定理表明，通过对变量 t 进行适当的变换，任何具有连续样本路径的鞅都能够表现为一个布朗运动。换句话说，其他具有连续路径的鞅与布朗运动 $\{W(t)\}$ 的区别仅仅是在不同的时钟下进行观测而已。这种联系进一步凸显了布朗运动在随机分析中的"基本"地位。

定理 4.10 （Dambis (1965), Dubins and Schwartz (1965)） 若 $\{M(t)\}$ 是一个具有连续样本路径的局部鞅，并且满足
$$\lim_{t \to \infty} [M, M](t) = \infty,$$
则存在一个布朗运动 W，使得
$$M(t) = W([M, M](t)), 0 \leqslant t < \infty,$$
即布朗运动 $\{W(t)\}$ 的时钟由 t 换成二阶变差 $[M, M](t)$ 即可得到 $\{M(t)\}$。

我们在此给出证明的思想和框架，具体细节请感兴趣的读者参见参考文献 [16] 的 3.4 节。不失一般性，考虑 $[M, M](t)$ 严格递增的情形，这时 $[M, M](t)$ 存在反函数，不妨设其反函数为 $T(s)$，则 $T(s)$ 也是连续并且严格递增的（见图 4.6），且由定义知 $T(s) = \inf\{u \geqslant 0, [M, M](u) = s\}$。据此可以定义随机过程
$$W(s) = M(T(s)), 0 \leqslant s < \infty. \tag{4.43}$$

我们接下来将论证，W 正是定理中所述的布朗运动。因为 $W(s)$ 由连续的映射 $T : \mathbb{R}^+ \to \mathbb{R}^+$ 和 $M(\cdot) : \mathbb{R}^+ \to \mathbb{R}$ 复合而成，$T(s) = \inf\{u \geqslant 0, [M, M](u) = s\}$ 可被视为停时，我们基于 $\{M(t)\}$ 的局部鞅性质和定义式 (4.43)，证明 $\{M(T(s))\}$ 即 $\{W(s)\}$ 是一个关于域流 $\{\mathcal{G}(s) = \mathcal{F}(T(s))\}$ 的具有连续样本路径的局部鞅，即证明存在停时序列 $\{\tau_n\}$ 递增且收敛到 ∞，使得
$$\mathbb{E}\left(M\left(T\left(s_2 \wedge \tau_n\right)\right) | \mathcal{F}(T(s_1))\right) = M\left(T\left(s_1 \wedge \tau_n\right)\right), 0 \leqslant s_1 \leqslant s_2.$$
在此证明中可以同时使用选择性抽样定理。另一方面，根据上述讨论可得
$$[W, W](s) = [M, M](T(s)) = s.$$

由 Lévy 定理可知，之前定义的随机过程 $W(t)$ 正是我们试图寻找的布朗运动。最后，用 $[M, M](t)$ 代替上式中的 s，可以得到
$$W([M, M](t)) = M(T([M, M](t))) \equiv M(t).$$

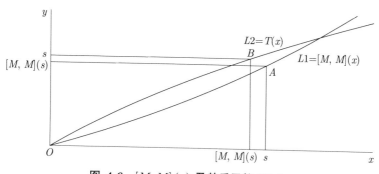

图 4.6 $[M, M](x)$ 及其反函数 $T(x)$

这正是我们想要的结果,将布朗运动 $\{W(t)\}$ 的时钟由 t 换成 $[M, M](t)$ 就得到了 $\{M(t)\}$。 □

上述定理有着丰富的内涵:如果把均匀演进的时间 t 变换为某种非均匀的时间度量 $[M, M](t)$,那么 $\{M(t)\}$ 在使用这种度量的观察者眼中将表现为一个布朗运动。进一步地,根据同样的想法,我们可以在多维情形下做如下推广。

定理 4.11 若 $\{M(t) = (M_1(t), M_2(t), ..., M_d(t))\}$ 是一个 d 维连续的局部鞅,并且满足

$$\lim_{t \to \infty} [M_i, M_i](t) = \infty, i = 1, 2, ..., d,$$

则存在一个 d 维标准布朗运动 W,使得

$$M_i(t) = W_i([M_i, M_i](t)), 0 \leqslant t < \infty.$$

这两个定理的其他形式及严格证明见参考文献 [16] 的 3.4 节,有兴趣的读者可以自行参考。另一方面,上述的两个定理可以推广到连续样本路径的局部鞅的情形,读者同样可以参考上述书目和章节。

4.4.2 鞅表示定理

以上两节着重考察了布朗运动 $\{W(t)\}$ 及其二阶变差 $[W_i, W_j](t)$ 具有的重要意义,接下来我们不妨把视线转向关于布朗运动的 Itô 积分。我们将引出著名的鞅表示定理。在本章节的学习中,读者还将了解鞅表示定理给出的结论与微积分基本定理之间具有许多相似性和丰富的联系,这些思考将是饶有趣味的。

定理 4.12 (**鞅表示定理**) 对任何适应于 $\{\mathcal{F}_W(t)\}$ 的局部鞅 $\{M(t)\}$,存在适应于 $\{\mathcal{F}_W(t)\}$ 的 d 维向量过程 $\{\varphi(s)\}$,使得

$$M(t) = M(0) + \int_0^t \varphi(s)^\top \mathrm{d}W(s), \tag{4.44}$$

特别地，如果 $\{M(t)\}$ 是二阶可积的鞅，那么 $\varphi(s)$ 满足 $\mathbb{E}\left(\int_0^T \|\varphi(s)\|^2 \,\mathrm{d}s\right) < \infty$。

这个定理的一个推论如下：

定理 4.13 假设随机变量 F 满足 $F \in L^2$。如果 F 是 $\mathcal{F}_W(T)$ 可测的，就存在一个 d 维向量过程 $\phi(s)$，使得

$$F = \mathbb{E}[F] + \int_0^T \phi(s)^\top \mathrm{d}W(s), \tag{4.45}$$

从式 (4.44) 到式 (4.45) 的推导如下。给定 $\mathcal{F}_W(T)$ 可测的随机变量 $F \in L^2$，考虑一个如下定义的 Lévy 鞅：

$$M(t) = \mathbb{E}[F|\mathcal{F}_W(t)].$$

式 (4.44) 说明

$$M(T) = M(0) + \int_0^T \varphi(s)^\top \mathrm{d}W(s),$$

即

$$\mathbb{E}[F|\mathcal{F}_W(T)] = \mathbb{E}[F|\mathcal{F}_W(0)] + \int_0^T \varphi(s)^\top \mathrm{d}W(s).$$

那么我们就可以得到

$$F = \mathbb{E}[F] + \int_0^T \varphi(s)^\top \mathrm{d}W(s).$$

式 (4.45) 说明，可以用布朗运动来表示随机变量。值得关注的是式 (4.45) 与我们所熟知的微积分基本定理具有相似性。微积分基本定理指出

$$f(x) = f(0) + \int_0^x f'(y)\,\mathrm{d}y.$$

它是建立在欧几里得空间上的定理，$f(x)$ 是实值函数，$\mathrm{d}y$ 是欧几里得空间上的增量。通过类比不难发现，式 (4.45) 可以被理解为是建立在概率空间 $(\Omega, \mathcal{F}_W(t), \mathbb{P})$ 上的、与微积分基本定理类似的定理。式 (4.44) 及 $\varphi(t)$ 的唯一性的证明可以参考书后参考文献 [16] 的 3.4 节。

从金融学中资产定价的角度，我们还可以给出如下解释：假定股票价格服从 d 维标准布朗运动 $\{W(t)\}$，若 ϕ 是一描述各股票持有数量的投资组合，则 $\phi(s)^\top \mathrm{d}W(s)$ 代表投资者在时间 s 附近的局部投资回报，相应地积分 $\int_0^t \phi(s)^\top \mathrm{d}W(s)$ 就是投资组合的总回报。鞅表示定理指出，任意价格过程为 $\{M(t)\}$ 的、由资产 $\{W(t)\}$ 衍生的未定权益（contingent claim），都可以通过按一定的投资策略 $\{\phi(t)\}$ 对 $\{W(t)\}$

进行交易来复制。也就是说指定任一该种类的过程，投资者都可以通过制定某一投资策略 $\phi(t)$ 来复制它。对未定权益概念不熟悉的读者可以将其简单理解为一项资产——如一个期权——在各时刻具有的价格构成的随机过程。读者可能会考虑：如何显式地找到投资策略 $\phi(t)$？详细的讨论已经超出了本书的范围，这需要进一步了解 Malliavin 分析（Malliavin calculus），有兴趣的读者可以对此进行专门的学习。

4.4.3 Girsanov 定理

本节将介绍非常重要的 Girsanov 定理，它提供的测度变换的思想将成为以后学习中的有力工具。例如，读者将会看到，在处理期权定价问题时使用到的风险中性测度（risk neutral measure）就是应用 Girsanov 定理的一个实例。事实上，在处理随机分析问题时，常常可能出现一些性质比较复杂、难以用简单方法处理的随机变量或随机过程。在这种情况下，可以尝试使用 Girsanov 定理，将原有的概率测度变换为我们所需要的概率测度，使原有的随机变量或随机过程具有更加容易处理的概率分布。读者将在之后的阅读中对此有所体会。在下文中，我们会讨论著名的 Black-Scholes-Merton 期权定价公式（后文简称 BSM 公式），从而引出风险中性测度，为测度变换的概念加以精妙的例证，帮助读者进一步理解。

在讨论 Girsanov 定理的正式形式之前，这里先讨论它的一个简单版本。假定 X 是概率空间 $(\Omega, \mathcal{F}, \mathbb{P})$ 上的一个服从标准正态分布的随机变量，定义

$$Z = \exp\left(-\theta X - \frac{1}{2}\theta^2\right),$$

则可以通过概率测度的"导数"形式定义如下的概率测度 $\widetilde{\mathbb{P}}$：

$$\frac{\mathrm{d}\widetilde{\mathbb{P}}}{\mathrm{d}\mathbb{P}} = Z,$$

上述对概率测度进行的"求导"被称为 Radon-Nikodym 导数。

可以看出，上式在原有概率测度 $\mathbb{P}$ 的基础上，通过恰当使用随机变量 Z，的确得到了一种新的"度量"。接下来要论证的是，满足该等式的 $\widetilde{\mathbb{P}}$ 确实是一个概率测度。首先可以计算得到

$$\begin{aligned}\widetilde{\mathbb{P}}(\Omega) &= \int_\Omega \mathrm{d}\widetilde{\mathbb{P}} = \int_\Omega Z \mathrm{d}\mathbb{P} = \mathbb{E}Z \\ &= \mathbb{E}\exp\left(-\theta X - \frac{1}{2}\theta^2\right) = \mathbb{E}\exp(-\theta X)\exp\left(-\frac{1}{2}\theta^2\right) = 1,\end{aligned}$$

上式中的 $\mathbb{E}$ 指在概率测度 $\mathbb{P}$ 下的期望。此外，通过定义可以证明对于 $A, B \in \mathcal{F}, A \cap B = \emptyset$，$\widetilde{\mathbb{P}}(A \cup B) = \widetilde{\mathbb{P}}(A) + \widetilde{\mathbb{P}}(B)$ 成立。

对于上述推导过程中出现的基于测度的期望概念，读者不妨与熟知的微积分知识进行适当的类比，从直觉上作如下理解：在经典的微积分中，给定可积函数 $f: \mathbb{R} \mapsto \mathbb{R}$，积分 $\int_{\mathbb{R}} f(x)\mathrm{d}x$ 表示把实数域分为无穷多个小区间，其长度为 $\mathrm{d}x$，再在 $\mathbb{R}$ 上对 $f(x)\mathrm{d}x$ 进行"无穷求和"。若不直接使用 $\mathrm{d}x$ 参与求和，而是先对区间 $(x, x+\mathrm{d}x)$ 用某种法则 F 进行测量，用测量结果（记作 $\mathrm{d}F(x)$）参与求和，积分将变为 $\int_{\mathbb{R}} f(x)\mathrm{d}F(x)$，通常的积分 $\int_{\mathbb{R}} f(x)\mathrm{d}x$ 则反过来成为其特例，即 $F(x)$ 测量的是无穷小区间的长度的特殊情形。类比上文中求期望时所用的积分，由于随机变量 $Z(\omega): \Omega \mapsto \mathbb{R}$，期望 $\mathbb{E}Z$ 可以被视为在全集 Ω 中 $Z(\omega)$ 关于 ω 进行的积分。而抽象的 ω 不能像通常积分一样测量其长度，但我们可以用概率测度 $\mathbb{P}$ 来测量它，并用测量结果参与积分，即得到

$$\mathbb{E}Z = \int_{\Omega} Z \mathrm{d}\mathbb{P},$$

它与经典微积分有如下类比关系：

$$\int_{\mathbb{R}} f(x)\mathrm{d}x \sim \int_{\Omega} Z \mathrm{d}\mathbb{P}.$$

值得注意的是，上述的阐释是不够严谨的。严格证明需要学习实分析和测度论中关于 Lebesgue 积分的知识，有兴趣的读者可以自行学习，本章不再赘述。

给定上述测度变换法则，我们将指出：在概率测度 $\widetilde{\mathbb{P}}$ 下，$Y = X + \theta$ 服从标准正态分布。相对应地，$X = Y - \theta$ 在 $\widetilde{\mathbb{P}}$ 下服从正态分布 $N(-\theta, 1)$。可以通过说明在概率测度 $\widetilde{\mathbb{P}}$ 下 Y 的矩母函数与标准正态分布的完全相同来证明这一点。

$$\mathbb{E}^{\widetilde{\mathbb{P}}} \mathrm{e}^{\lambda Y} = \int_{\Omega} \mathrm{e}^{\lambda Y} \mathrm{d}\widetilde{\mathbb{P}} = \int_{\Omega} \mathrm{e}^{\lambda Y} \frac{\mathrm{d}\widetilde{\mathbb{P}}}{\mathrm{d}\mathbb{P}} \mathrm{d}\mathbb{P} = \mathbb{E}^{\mathbb{P}} \left[\frac{\mathrm{d}\widetilde{\mathbb{P}}}{\mathrm{d}\mathbb{P}} \mathrm{e}^{\lambda Y} \right],$$

代入具体式子，可得

$$\begin{aligned}
\mathbb{E}^{\widetilde{\mathbb{P}}} \mathrm{e}^{\lambda Y} &= \mathbb{E}^{\mathbb{P}} \left[\exp\left(-\theta X - \frac{1}{2}\theta^2 + \lambda(X + \theta)\right) \right] \\
&= \mathbb{E}^{\mathbb{P}} \left[\exp\left((\lambda - \theta)X - \frac{1}{2}\theta^2 + \lambda\theta\right) \right] \\
&= \exp[\frac{1}{2}(\lambda - \theta)^2 - \frac{1}{2}\theta^2 + \lambda\theta] \\
&= \mathrm{e}^{\frac{1}{2}\lambda^2},
\end{aligned}$$

其中，$\mathbb{E}^{\mathbb{P}}$ 和 $\mathbb{E}^{\widetilde{\mathbb{P}}}$ 分别指在概率测度 $\mathbb{P}$ 和 $\widetilde{\mathbb{P}}$ 下求期望。上式充分表明，在概率测度 $\widetilde{\mathbb{P}}$ 下，$Y = X + \theta$ 是一个服从标准正态分布的随机变量。为了表达测度变换前后 X 与 Y 的关系，读者可以参考表 4.1。不难看出，由随机变量 Z 诱导出的测度变换

把 X 所服从的概率分布函数的中心向左移动了 θ。至此，读者已经了解了 Girsanov 测度变换的一个简单版本，接下来我们正式介绍 Girsanov 定理的内容。

表 4.1 测度变换前后 X 与 Y 的概率分布

	$\mathbb{P}$	$\widetilde{\mathbb{P}}$
X	$N(0,1)$	$N(-\theta,1)$
$Y = X + \theta$	$N(\theta,1)$	$N(0,1)$

给定概率空间 $(\Omega, \mathcal{F}, \mathbb{P})$ 以及域流 $\{\mathcal{F}(t)\}$，假定 $\{W(t)\}$ 是一个 d 维标准布朗运动，$\{\theta(t)\}$ 是一个适应的随机过程，并定义

$$\eta(t) := \exp\left(-\sum_{i=1}^{d}\int_0^t \theta_i(s)\mathrm{d}W_i(s) - \frac{1}{2}\sum_{i=1}^{d}\int_0^t \theta_i^2(s)\mathrm{d}s\right),$$

对其使用 Itô 公式，不难求得

$$\mathrm{d}\eta(t) = -\sum_{i=1}^{d}\theta_i(t)\eta(t)\mathrm{d}W_i(t).$$

因此，$\eta(t)$ 可以写为随机积分

$$\eta(t) = 1 - \sum_{i=1}^{d}\int_0^t \theta_i(s)\eta(s)\mathrm{d}W_i(s). \tag{4.46}$$

上式利用了事实 $\eta(0) = \mathrm{e}^0 = 1$。根据随机积分的理论，若不再附加额外的条件，则 $\{\eta(t)\}$ 是一个局部鞅，而不一定是真正的鞅。我们可以增添某些限制条件，使得 $\{\eta(t)\}$ 是真正的鞅。例如，一个经常用到的条件是

$$\mathbb{E}\left[\int_0^t \theta_i(s)^2 \eta(s)^2\,\mathrm{d}s\right] < \infty,$$

若此式成立，则 $\{\eta(t)\}$ 是鞅。然而，由于上式的被积函数含有 $\eta(t)$ 本身，这个条件的应用有时会受到限制。下面介绍的定理则提供了较为易用的 Novikov 条件，$\{\eta(t)\}$ 在满足这个条件时成为鞅。

定理 4.14 （Novikov 条件） 若

$$\mathbb{E}\left[\exp\left(\frac{1}{2}\sum_{i=1}^{d}\int_0^t \theta_i(s)^2\mathrm{d}s\right)\right] < \infty,$$

则 $\{\eta(t)\}$ 是一个真正的鞅，并且

$$\mathbb{E}\eta(t) = 1, \forall t \in [0, T].$$

读者可能会有疑问：为什么我们要花如此多的精力，来研究 $\{\eta(t)\}$ 是否是真正的鞅？事实上，在下文证明 Girsanov 定理时，我们将多次使用某些必需的条件，而这些条件需要 $\{\eta(t)\}$ 是真正的鞅而非仅是局部鞅时才能成立，届时我们将着重将其指出，以便读者参考和领会。有了前面这些基础，现在我们可以引出 Girsanov 定理，这是随机分析发展中的里程碑之一。在之后的学习中，读者会更深入地体会到其丰富的用途和强大的威力。

定理 4.15（**Girsanov 定理**）若 $\{\eta(t)\}$ 是一个鞅，则我们可以构造出一个新的概率测度 $\mathbb{Q}$ 使得

$$\frac{\mathrm{d}\mathbb{Q}}{\mathrm{d}\mathbb{P}} = \eta(T),$$

即

$$\mathbb{Q}(A) = \int_A \eta(T)\mathrm{d}\mathbb{P}, \forall A \in \Omega.$$

给定上述的概率测度 $\mathbb{Q}$，若定义

$$W^{\mathbb{Q}}(t) = W(t) + \int_0^t \theta(s)\mathrm{d}s,$$

则 $W^{\mathbb{Q}}$ 是概率测度 $\mathbb{Q}$ 下的标准布朗运动。

显然，在 $\mathbb{P}$ 下 $\{W^{\mathbb{Q}}(t)\}$ 不是标准布朗运动，而是一个带有随机漂移项 $\int_0^t \theta(s)\mathrm{d}s$ 的布朗运动。但在 Girsanov 定理指出的测度变换下，$\{W^{\mathbb{Q}}(t)\}$ 成为标准布朗运动。Girsanov 定理的一个简单且常用的情形是 $\theta(t) \equiv \theta$，Novikov 条件得到满足，根据 $\eta(t)$ 的定义有

$$\eta(t) = \exp\left(-\theta^\top W(t) - \frac{1}{2}\|\theta\|^2 t\right),$$

这正是著名的指数鞅（exponential martingale）。由 Girsanov 定理可知，在概率测度 $\mathbb{Q}$ 下，$W^{\mathbb{Q}}(t) = W(t) + \theta t$ 是标准布朗运动，但在 $\mathbb{P}$ 下它是一个带有漂移项的布朗运动。

表 4.2 显示了测度变换前后两种过程的性质。

表 4.2 测度变换前后两种过程的性质

	$\mathbb{P}$	$\mathbb{Q}$
$W(t)$	布朗运动	带漂移项的布朗运动 $-\int_0^t \theta(u)\mathrm{d}u$
$W^{\mathbb{Q}}(t)$ $= W(t) + \int_0^t \theta(u)\mathrm{d}u$	带漂移项的布朗运动 $\int_0^t \theta(u)\mathrm{d}u$	布朗运动

考虑首达时

$$\tau_\alpha = \inf\{t \geqslant 0,\ W^{\mathbb{Q}}(t) = W(t) + \theta t = a\}.$$

为了计算 τ_α,我们计算 $\mathbb{P}$ 下 τ_α 的矩生成函数。

$$\begin{aligned}\mathbb{E}^{\mathbb{P}}\left[\exp\{\theta\tau_\alpha\}\right] &= \int_\Omega \exp(\theta\tau_\alpha)\mathrm{d}\mathbb{P} \\ &= \int_\Omega \exp(\theta\tau_\alpha)\eta^{-1}(T)\mathrm{d}\mathbb{Q} = \mathbb{E}^{\mathbb{Q}}\left[\eta^{-1}(T)\exp(\theta\tau_\alpha)\right].\end{aligned}$$

根据 Girsanov 定理,$W^{\mathbb{Q}}(t)$ 是 $\mathbb{Q}$ 下的标准布朗运动。因此,在 $\mathbb{Q}$ 下,τ_α 是标准布朗运动的首达时。我们需要通过 $W^{\mathbb{Q}}(t)$ 表达 $\eta(T)$。然后,使用某些条件概率技巧计算 $\mathbb{E}^{\mathbb{Q}}\left[\eta^{-1}(T)\exp(\theta\tau_\alpha)\right]$。

为了证明 Girsanov 定理,我们从证明 $\mathbb{Q}$ 确实是一个概率测度入手。可以验证

$$\mathbb{Q}(\Omega) = \int_\Omega \eta(T)\mathrm{d}\mathbb{P} = \mathbb{E}^{\mathbb{P}}\eta(T) = 1,$$

以及对于 σ-代数 $\mathcal{F}(T)$ 中任意两个不相交集合 A 和 B,有

$$\mathbb{Q}(A \cup B) = \int_{A \cup B} \eta(T)\mathrm{d}\mathbb{P} = \int_A \eta(T)\mathrm{d}\mathbb{P} + \int_B \eta(T)\mathrm{d}\mathbb{P} = \mathbb{Q}(A) + \mathbb{Q}(B),$$

在上述的推导中我们应用了 $\mathbb{E}^{\mathbb{P}}\eta(T) = 1$。若 $\{\eta(t)\}$ 是真正的鞅,该式显然成立。这正是之前研究 $\{\eta(t)\}$ 在何时成为真正的鞅的原因之一。通过这些推导,我们证明了 $\mathbb{Q}$ 确实是一个概率测度。进一步地,我们需要证明 Girsanov 定理中的 $\{W^{\mathbb{Q}}(t)\}$ 在概率测度 $\mathbb{Q}$ 下确实是标准布朗运动,为此需要使用下面将要介绍的 Bayes 法则。

定理 4.16 (**Bayes 法则**) $(\Omega, \mathcal{F}, \mathbb{P})$ 是一个概率空间,$\mathcal{G} \subseteq \mathcal{F}$。概率测度 $\mathbb{Q}$ 由

$$\frac{\mathrm{d}\mathbb{Q}}{\mathrm{d}\mathbb{P}} = Z$$

定义。那么，对一个随机变量 $X \in L^1(\Omega, \mathcal{F}, \mathbb{Q})$，即 $\mathbb{E}^{\mathbb{Q}}|X| < \infty$，有 $ZX \in L^1(\mathcal{F}, \mathbb{P})$，即 $\mathbb{E}^{\mathbb{P}}|ZX| < \infty$，且

$$\mathbb{E}^{\mathbb{Q}}[X|\mathcal{G}] = \frac{\mathbb{E}^{\mathbb{P}}[ZX|\mathcal{G}]}{\mathbb{E}^{\mathbb{P}}[Z|\mathcal{G}]}. \tag{4.47}$$

读者可能对此产生疑问：为什么要"突兀"地引入 Bayes 法则？事实上，在之后对 Girsanov 定理的证明过程中，我们试图使用之前介绍的 Lévy 定理来证明 $\{W^{\mathbb{Q}}(t)\}$ 在概率测度 $\mathbb{Q}$ 下是布朗运动，为此首先要证明 $\{W^{\mathbb{Q}}(t)\}$ 是 $\mathbb{Q}$ 下的局部鞅。而在证明 $\{W^{\mathbb{Q}}(t)\}$ 是局部鞅的过程中，不可避免地要处理概率测度 $\mathbb{Q}$ 下的条件期望，因此需要一个适用于条件概率和条件期望运算的测度变换公式，而 Bayes 法则正说明了如何对条件概率进行测度变换。因此，Bayes 法则对于证明 Girsanov 定理是十分重要的，接下来我们将证明它。

证明： 为了证明式 (4.47)，我们只需要证明

$$\mathbb{E}^{\mathbb{Q}}[1_A X] = \mathbb{E}^{\mathbb{Q}}\left[1_A \frac{\mathbb{E}^{\mathbb{P}}[ZX|\mathcal{G}]}{\mathbb{E}^{\mathbb{P}}[Z|\mathcal{G}]}\right], \forall A \in \mathcal{G}. \tag{4.48}$$

下面我们将分别证明

$$\mathbb{E}^{\mathbb{Q}}[1_A X] = \mathbb{E}^{\mathbb{P}}[1_A ZX], \tag{4.49}$$

和

$$\mathbb{E}^{\mathbb{Q}}\left[1_A \frac{\mathbb{E}^{\mathbb{P}}[ZX|\mathcal{G}]}{\mathbb{E}^{\mathbb{P}}[Z|\mathcal{G}]}\right] = \mathbb{E}^{\mathbb{P}}[1_A ZX]. \tag{4.50}$$

只要这两个式子成立，我们就证明了式 (4.48)。为了证明式 (4.49)，我们根据 $\mathbb{Q}$ 的定义

$$\mathbb{E}^{\mathbb{Q}}[1_A X] = \int_{\Omega} 1_A X \mathrm{d}\mathbb{Q} = \int_{\Omega} 1_A ZX \mathrm{d}\mathbb{P} = \mathbb{E}^{\mathbb{P}}[1_A ZX].$$

接下来，我们证明式 (4.50)。再次使用 $\mathbb{Q}$ 的定义，式 (4.48) 的右侧满足

$$\mathbb{E}^{\mathbb{Q}}\left[1_A \frac{\mathbb{E}^{\mathbb{P}}[ZX|\mathcal{G}]}{\mathbb{E}^{\mathbb{P}}[Z|\mathcal{G}]}\right] = \mathbb{E}^{\mathbb{P}}\left[1_A Z \frac{\mathbb{E}^{\mathbb{P}}[ZX|\mathcal{G}]}{\mathbb{E}^{\mathbb{P}}[Z|\mathcal{G}]}\right].$$

运用全概率公式，我们可以得到

$$\mathbb{E}^{\mathbb{P}}\left[1_A Z \frac{\mathbb{E}^{\mathbb{P}}[ZX|\mathcal{G}]}{\mathbb{E}^{\mathbb{P}}[Z|\mathcal{G}]}\right] = \mathbb{E}^{\mathbb{P}}\left[\mathbb{E}^{\mathbb{P}}\left[1_A Z \frac{\mathbb{E}^{\mathbb{P}}[ZX|\mathcal{G}]}{\mathbb{E}^{\mathbb{P}}[Z|\mathcal{G}]}\bigg|\mathcal{G}\right]\right].$$

注意到 $1_A \frac{\mathbb{E}^{\mathbb{P}}[ZX|\mathcal{G}]}{\mathbb{E}^{\mathbb{P}}[Z|\mathcal{G}]}$ 是 $\mathcal{G}$-可测的，我们可以使用"提取已知量"的性质，得到

$$\mathbb{E}^{\mathbb{P}}\left[\mathbb{E}^{\mathbb{P}}\left[1_A Z \frac{\mathbb{E}^{\mathbb{P}}[ZX|\mathcal{G}]}{\mathbb{E}^{\mathbb{P}}[Z|\mathcal{G}]}\bigg|\mathcal{G}\right]\right] = \mathbb{E}^{\mathbb{P}}\left[1_A \frac{\mathbb{E}^{\mathbb{P}}[ZX|\mathcal{G}]}{\mathbb{E}^{\mathbb{P}}[Z|\mathcal{G}]} \mathbb{E}^{\mathbb{P}}[Z|\mathcal{G}]\right],$$

等价于
$$\mathbb{E}^{\mathbb{P}}\left[\mathbb{E}^{\mathbb{P}}\left[1_A Z \frac{\mathbb{E}^{\mathbb{P}}[ZX|\mathcal{G}]}{\mathbb{E}^{\mathbb{P}}[Z|\mathcal{G}]}\bigg|\mathcal{G}\right]\right] = \mathbb{E}^{\mathbb{P}}\left[1_A \mathbb{E}^{\mathbb{P}}[ZX|\mathcal{G}]\right].$$

根据条件概率的定义，以及 1_A 是 $\mathcal{G}$-可测的这个条件，我们可以得到
$$\mathbb{E}^{\mathbb{P}}\left[1_A \mathbb{E}^{\mathbb{P}}[ZX|\mathcal{G}]\right] = \mathbb{E}^{\mathbb{P}}[1_A ZX],$$
于是我们证明了式 (4.50)。 □

考虑前述引入的带域流的概率空间 $(\Omega, \mathcal{F}, \mathbb{P}, \{\mathcal{F}(t)\})$ 和新测度 $\mathbb{Q}$，这里 $\mathbb{Q}$ 由
$$\frac{\mathrm{d}\mathbb{Q}}{\mathrm{d}\mathbb{P}} = \eta(T)$$
定义，其中 $\eta(t)$ 是指数鞅。事实上，让 $\mathcal{G} = \mathcal{F}(t)$ 且 $Z = \eta(T)$，应用上面的 Bayes 法则，我们可以实现如下侧度变换：
$$\mathbb{E}^{\mathbb{Q}}[X|\mathcal{F}(t)] = \frac{\mathbb{E}^{\mathbb{P}}[\eta(T)X|\mathcal{F}(t)]}{\mathbb{E}^{\mathbb{P}}[\eta(T)|\mathcal{F}(t)]} = \frac{\mathbb{E}^{\mathbb{P}}[\eta(T)X|\mathcal{F}(t)]}{\eta(t)} = \mathbb{E}^{\mathbb{P}}[\eta(t,T)X|\mathcal{F}(t)],$$
其中应用了 $\eta(T)$ 的鞅性质，即
$$\mathbb{E}^{\mathbb{P}}[\eta(T)|\mathcal{F}(t)] = \eta(t),$$
这里记
$$\eta(t,T) := \frac{\eta(T)}{\eta(t)}.$$

下面，我们证明 Girsanov 定理。首先给出如下引理：

引理 4.2 在具有域流 $\{\mathcal{F}(t)\}$ 的概率空间 $(\Omega, \mathbb{P}, \mathcal{F})$ 下，假设 τ 是一个停时。记 $X^\tau(t) := X(t \wedge \tau)$ 为一个由 τ 引导的停止过程。从而，$X^\tau(t)$ 是一个适应于域流 $\{\mathcal{F}(t)\}$ 的鞅，当且仅当它是一个适应于域流 $\{\mathcal{F}(t \wedge \tau)\}$ 的鞅。

证明：只需证明对任意 $0 \leqslant s < t$，
$$\mathbb{E}[X(t \wedge \tau)|\mathcal{F}(s)] = X(s \wedge \tau) \tag{4.51}$$
和
$$\mathbb{E}[X(t \wedge \tau)|\mathcal{F}(s \wedge \tau)] = X(s \wedge \tau) \tag{4.52}$$
的等价性。事实上，可以直接证明由式 (4.51) 可以推出式 (4.52)，因为我们有
$$\mathbb{E}[X(t \wedge \tau)|\mathcal{F}(s \wedge \tau)] = \mathbb{E}[\mathbb{E}[X(t \wedge \tau)|\mathcal{F}(s)]|\mathcal{F}(s \wedge \tau)]$$
$$= \mathbb{E}[X(s \wedge \tau)|\mathcal{F}(s \wedge \tau)]$$
$$= X(s \wedge \tau).$$

在以下部分，我们重点证明由式 (4.52) 推出式 (4.51)。

只需由定义证明

$$\mathbb{E}[X(t \wedge \tau)|\mathcal{F}(s)] = \mathbb{E}[X(t \wedge \tau)|\mathcal{F}(s \wedge \tau)].$$

注意到由简单代数计算可得

$$\mathbb{E}[X(t \wedge \tau)|\mathcal{F}(s)] = \mathbb{E}[X(t \wedge \tau)1_{\{\tau \leqslant s\}}|\mathcal{F}(s)] + \mathbb{E}[X(t \wedge \tau)1_{\{\tau > s\}}|\mathcal{F}(s)]$$

以及

$$\mathbb{E}[X(t \wedge \tau)|\mathcal{F}(s \wedge \tau)] = \mathbb{E}[X(t \wedge \tau)1_{\{\tau \leqslant s\}}|\mathcal{F}(s \wedge \tau)] + \mathbb{E}[X(t \wedge \tau)1_{\{\tau > s\}}|\mathcal{F}(s \wedge \tau)].$$

从而，只需证明

$$\mathbb{E}[X(t \wedge \tau)1_{\{\tau \leqslant s\}}|\mathcal{F}(s)] = \mathbb{E}[X(t \wedge \tau)1_{\{\tau \leqslant s\}}|\mathcal{F}(s \wedge \tau)] \tag{4.53}$$

以及

$$\mathbb{E}[X(t \wedge \tau)1_{\{\tau > s\}}|\mathcal{F}(s)] = \mathbb{E}[X(t \wedge \tau)1_{\{\tau > s\}}|\mathcal{F}(s \wedge \tau)]. \tag{4.54}$$

我们现在证明式 (4.53)。由定义，我们有

$$X(t \wedge \tau)1_{\{\tau \leqslant s\}} \equiv X(s \wedge \tau)1_{\{\tau \leqslant s\}}.$$

这个量是 $\mathcal{F}(s \wedge \tau)$-可测的，从而也是 $\mathcal{F}(s)$ 可测的。然后，我们有

$$\mathbb{E}[X(t \wedge \tau)1_{\{\tau \leqslant s\}}|\mathcal{F}(s)] = X(t \wedge \tau)1_{\{\tau \leqslant s\}}$$

以及

$$\mathbb{E}[X(t \wedge \tau)1_{\{\tau \leqslant s\}}|\mathcal{F}(s \wedge \tau)] = X(t \wedge \tau)1_{\{\tau \leqslant s\}},$$

由这两点可以联合得到式 (4.53)。

下面，我们通过条件期望的定义证明式 (4.54)。更精确地来说，考虑定义左端条件期望，即 $\mathbb{E}[X(t \wedge \tau)1_{\{\tau > s\}}|\mathcal{F}(s)]$。我们需要证明右端条件期望 $\mathbb{E}[X(t \wedge \tau)1_{\{\tau > s\}}|\mathcal{F}(s \wedge \tau)]$ 是 $\mathcal{F}(s)$ 可测的，并且满足部分平均条件。事实上，可测性很明显。我们只需要着重验证部分平均性。我们只需要证明，对任意 $A \in \mathcal{F}(s)$，有

$$\mathbb{E}[\mathbb{E}[X(t \wedge \tau)1_{\{\tau > s\}}|\mathcal{F}(s \wedge \tau)]1_A] = \mathbb{E}[X(t \wedge \tau)1_{\{\tau > s\}}1_A]. \tag{4.55}$$

根据 $\{\tau > s\} \in \mathcal{F}(s \wedge \tau)$ 和 $\{\tau > s\} \cap A \in \mathcal{F}(s \wedge \tau)$，我们可以根据左端推出

$$\mathbb{E}[\mathbb{E}[X(t \wedge \tau)1_{\{\tau > s\}}|\mathcal{F}(s \wedge \tau)]1_A] = \mathbb{E}[\mathbb{E}[X(t \wedge \tau)|\mathcal{F}(s \wedge \tau)]1_{\{\tau > s\}}1_A]$$
$$= \mathbb{E}[\mathbb{E}[X(t \wedge \tau)1_{\{\tau > s\}}1_A|\mathcal{F}(s \wedge \tau)]]$$
$$= \mathbb{E}[X(t \wedge \tau)1_{\{\tau > s\}}1_A],$$

由此可以得到式 (4.55)。 □

应用引理 4.2，我们证明下述引理，该引理对证明 Girsanov 定理十分重要。

引理 4.3 考虑适应于域流 $\{\mathcal{F}(t)\}$ 的随机过程 $X(t)$。如果 $X(t)\eta(t)$ 是概率测度 $\mathbb{P}$ 下的局部鞅，则 $X(t)$ 是概率测度 $\mathbb{Q}$ 下的局部鞅。

证明：由于 $X(t)\eta(t)$ 是概率测度 $\mathbb{P}$ 下的局部鞅，存在一个递增停时序列 $\{\tau_n\}$，其极限在概率 $\mathbb{P}$ 下几乎必然为无穷，使得 $X(t\wedge\tau_n)\eta(t\wedge\tau_n)$ 是 $\mathbb{P}$ 下的鞅，即对任意 $0\leqslant s<t\leqslant T$，

$$\mathbb{E}^{\mathbb{P}}[X(t\wedge\tau_n)\eta(t\wedge\tau_n)|\mathcal{F}(s)] = X(s\wedge\tau_n)\eta(s\wedge\tau_n). \tag{4.56}$$

首先，我们可以证明 $X(t\wedge\tau_n)$ 是概率测度 $\mathbb{Q}$ 下适应于域流 $\{\mathcal{F}(t\wedge\tau_n)\}$ 的鞅，即对任意 $0\leqslant s<t\leqslant T$，

$$\mathbb{E}^{\mathbb{Q}}[X(t\wedge\tau_n)|\mathcal{F}(s\wedge\tau_n)] = X(s\wedge\tau_n).$$

事实上，应用 Bayes 法则，我们可以推出

$$\begin{aligned}
\mathbb{E}^{\mathbb{Q}}[X(t\wedge\tau_n)|\mathcal{F}(s\wedge\tau_n)] &= \frac{\mathbb{E}^{\mathbb{P}}[\eta(T)X(t\wedge\tau_n)|\mathcal{F}(s\wedge\tau_n)]}{\mathbb{E}^{\mathbb{P}}[\eta(T)|\mathcal{F}(s\wedge\tau_n)]}\\
&= \frac{\mathbb{E}^{\mathbb{P}}[\eta(T)X(t\wedge\tau_n)|\mathcal{F}(s\wedge\tau_n)]}{\eta(s\wedge\tau_n)}\\
&= \frac{\mathbb{E}^{\mathbb{P}}\left[\mathbb{E}^{\mathbb{P}}[\eta(T)X(t\wedge\tau_n)|\mathcal{F}(t\wedge\tau_n)]|\mathcal{F}(s\wedge\tau_n)\right]}{\eta(s\wedge\tau_n)}\\
&= \frac{\mathbb{E}^{\mathbb{P}}\left[X(t\wedge\tau_n)\mathbb{E}^{\mathbb{P}}[\eta(T)|\mathcal{F}(t\wedge\tau_n)]|\mathcal{F}(s\wedge\tau_n)\right]}{\eta(s\wedge\tau_n)}\\
&= \frac{\mathbb{E}^{\mathbb{P}}[X(t\wedge\tau_n)\eta(t\wedge\tau_n)|\mathcal{F}(s\wedge\tau_n)]}{\eta(s\wedge\tau_n)}\\
&= \frac{\mathbb{E}^{\mathbb{P}}\left[\mathbb{E}^{\mathbb{P}}[X(t\wedge\tau_n)\eta(t\wedge\tau_n)|\mathcal{F}(s)]|\mathcal{F}(s\wedge\tau_n)\right]}{\eta(s\wedge\tau_n)}\\
&= \frac{\mathbb{E}^{\mathbb{P}}[X(s\wedge\tau_n)\eta(s\wedge\tau_n)|\mathcal{F}(s\wedge\tau_n)]}{\eta(s\wedge\tau_n)}\\
&= \frac{X(s\wedge\tau_n)\eta(s\wedge\tau_n)}{\eta(s\wedge\tau_n)}\\
&= X(s\wedge\tau_n),
\end{aligned}$$

其中第二个和第五个等号可由对有限停时应用可选抽样定理得出，倒数第三个等号可由式 (4.56) 推出。

随后，应用引理 4.2，我们证明 $X(t\wedge\tau_n)$ 是一个概率测度 $\mathbb{Q}$ 下适应于域流 $\{\mathcal{F}(t)\}$ 的鞅。由于 $\mathbb{P}(\lim_{n\to\infty}\tau_n=\infty)=1$ 意味着 $\mathbb{Q}(\lim_{n\to\infty}\tau_n=\infty)=1$，$X(t)$ 是概率测度 $\mathbb{Q}$ 下的局部鞅。 $\square$

现在我们可以开始证明 Girsanov 定理。

Girsanov 定理的证明：我们依靠布朗运动的 Lévy 定理来完成证明。第一，我们证明 $W^{\mathbb{Q}}(t)$ 是概率测度 $\mathbb{Q}$ 下的局部鞅。我们现在应用 Itô 公式来证明

$$d[W_i^{\mathbb{Q}}(t)\eta(t)] = -\sum_{k=1}^{d} W_i^{\mathbb{Q}}(t)\theta_k(t)\eta(t)dW_k(t) + \eta(t)dW_i(t). \tag{4.57}$$

事实上，使用 Itô 公式，我们有

$$d[W_i^{\mathbb{Q}}(t)\eta(t)] = W_i^{\mathbb{Q}}(t)d\eta(t) + \eta(t)dW_i^{\mathbb{Q}}(t) + d\left\langle W_i^{\mathbb{Q}}, \eta\right\rangle(t). \tag{4.58}$$

回忆

$$d\eta(t) = -\sum_{k=1}^{d}\theta_k(t)\eta(t)dW_k(t) \tag{4.59}$$

以及

$$dW_i^{\mathbb{Q}}(t) = dW_i(t) + \theta_i(t)dt, \tag{4.60}$$

我们得到

$$d\left\langle W_i^{\mathbb{Q}}, \eta\right\rangle(t) = -\theta_i(t)\eta(t)dt. \tag{4.61}$$

通过将式 (4.59) 至式 (4.61) 带入式 (4.58)，直接的代数化简可以得到

$$d[W_i^{\mathbb{Q}}(t)\eta(t)] = -\sum_{k=1}^{d}W_i^{\mathbb{Q}}(t)\theta_k(t)\eta(t)dW_k(t) + \eta(t)(dW_i(t) + \theta_i(t)dt) - \theta_i(t)\eta(t)dt$$

$$= -\sum_{k=1}^{d}W_i^{\mathbb{Q}}(t)\theta_k(t)\eta(t)dW_k(t) + \eta(t)dW_i(t),$$

这正是式 (4.57)。因此，$W_i^{\mathbb{Q}}(t)\eta(t)$ 是 $\mathbb{P}$ 下的局部鞅。对 $X(t) = W_i^{\mathbb{Q}}(t)$ 应用引理 4.3，我们得到 $W^{\mathbb{Q}}(t)$ 是 $\mathbb{Q}$ 下的局部鞅。

第二，还需要证明

$$\left\langle W_i^{\mathbb{Q}}, W_j^{\mathbb{Q}}\right\rangle(t) = \delta_{ij}t. \tag{4.62}$$

首先，在测度 $\mathbb{P}$ 下，我们利用 Itô 公式来证明

$$d[(W_i^{\mathbb{Q}}(t)W_j^{\mathbb{Q}}(t) - \delta_{ij}t)\eta(t)]$$
$$= -\sum_{k=1}^{d}(W_i^{\mathbb{Q}}(t)W_j^{\mathbb{Q}}(t) - \delta_{ij}t)\theta_k(t)\eta(t)dW_k(t) + W_i^{\mathbb{Q}}(t)\eta(t)dW_j(t) +$$
$$W_j^{\mathbb{Q}}(t)\eta(t)dW_i(t). \tag{4.63}$$

事实上，由 Itô 乘积公式，我们有

$$\begin{aligned}&\mathrm{d}[(W_i^{\mathbb{Q}}(t)W_j^{\mathbb{Q}}(t)-\delta_{ij}t)\eta(t)]\\&=(W_i^{\mathbb{Q}}(t)W_j^{\mathbb{Q}}(t)-\delta_{ij}t)\mathrm{d}\eta(t)+\eta(t)\left[\mathrm{d}\left(W_i^{\mathbb{Q}}(t)W_j^{\mathbb{Q}}(t)\right)-\delta_{ij}\mathrm{d}t\right]+\mathrm{d}\left\langle W_i^{\mathbb{Q}}W_j^{\mathbb{Q}},\eta\right\rangle(t).\end{aligned} \quad (4.64)$$

随后，应用 Itô 公式可以推出

$$\begin{aligned}&\mathrm{d}\left(W_i^{\mathbb{Q}}(t)W_j^{\mathbb{Q}}(t)\right)\\&=W_i^{\mathbb{Q}}(t)\mathrm{d}W_j^{\mathbb{Q}}(t)+W_j^{\mathbb{Q}}(t)\mathrm{d}W_i^{\mathbb{Q}}(t)+\mathrm{d}\left\langle W_i^{\mathbb{Q}},W_j^{\mathbb{Q}}\right\rangle(t)\\&=W_i^{\mathbb{Q}}(t)\left(\mathrm{d}W_j(t)+\theta_j(t)\mathrm{d}t\right)+W_j^{\mathbb{Q}}(t)\left(\mathrm{d}W_i(t)+\theta_i(t)\mathrm{d}t\right)+\delta_{ij}\mathrm{d}t.\end{aligned} \quad (4.65)$$

注意到式 (4.59)，我们继而得到

$$\begin{aligned}&\mathrm{d}\left\langle W_i^{\mathbb{Q}}W_j^{\mathbb{Q}},\eta\right\rangle(t)\\&=-\sum_{k=1}^d\left[W_i^{\mathbb{Q}}(t)\theta_k(t)\eta(t)\mathrm{d}\left\langle W_j,W_k\right\rangle(t)+W_j^{\mathbb{Q}}(t)\theta_k(t)\eta(t)\mathrm{d}\left\langle W_i,W_k\right\rangle(t)\right]\\&=-\left[W_i^{\mathbb{Q}}(t)\theta_j(t)\eta(t)+W_j^{\mathbb{Q}}(t)\theta_i(t)\eta(t)\right]\mathrm{d}t.\end{aligned} \quad (4.66)$$

将式 (4.59)、式 (4.65) 和式 (4.66) 代入式 (4.64)，直接进行代数化简可得

$$\begin{aligned}&\mathrm{d}[(W_i^{\mathbb{Q}}(t)W_j^{\mathbb{Q}}(t)-\delta_{ij}t)\eta(t)]\\&=-\sum_{k=1}^d(W_i^{\mathbb{Q}}(t)W_j^{\mathbb{Q}}(t)-\delta_{ij}t)\theta_k(t)\eta(t)\mathrm{d}W_k(t)+W_i^{\mathbb{Q}}(t)\eta(t)\left(\mathrm{d}W_j(t)+\theta_j(t)\mathrm{d}t\right)+\\&\quad W_j^{\mathbb{Q}}(t)\eta(t)\left(\mathrm{d}W_i(t)+\theta_i(t)\mathrm{d}t\right)-\left[W_i^{\mathbb{Q}}(t)\theta_j(t)\eta(t)+W_j^{\mathbb{Q}}(t)\theta_i(t)\eta(t)\right]\mathrm{d}t\\&=-\sum_{k=1}^d(W_i^{\mathbb{Q}}(t)W_j^{\mathbb{Q}}(t)-\delta_{ij}t)\theta_k(t)\eta(t)\mathrm{d}W_k(t)+W_i^{\mathbb{Q}}(t)\eta(t)\mathrm{d}W_j(t)+\\&\quad W_j^{\mathbb{Q}}(t)\eta(t)\mathrm{d}W_i(t),\end{aligned}$$

而这正是式 (4.63)。因此 $(W_i^{\mathbb{Q}}(t)W_j^{\mathbb{Q}}(t)-\delta_{ij}t)\eta(t)$ 是 $\mathbb{P}$ 下的局部鞅。对 $X(t)=W_i^{\mathbb{Q}}(t)W_j^{\mathbb{Q}}(t)-\delta_{ij}t$ 应用引理 4.3，我们得到 $W_i^{\mathbb{Q}}(t)W_j^{\mathbb{Q}}(t)-\delta_{ij}t$ 是 $\mathbb{Q}$ 下的局部鞅。因此，可以推出 $\mathbb{Q}$ 协变差如式 (4.62) 所示。由于我们已经证明了 $W^{\mathbb{Q}}(t)$ 是 $\mathbb{Q}$ 下的局部鞅，由布朗运动的 Lévy 定理，$W^{\mathbb{Q}}(t)$ 是 $\mathbb{Q}$ 下的标准布朗运动。 □

4.4.4 联系随机微分方程与偏微分方程：Feynman-Kac 定理

在本小节，我们将介绍通过随机过程的期望来方便地求解偏微分方程的重要定理：Feynman-Kac 定理。在下一章中，作为应用，我们将利用该定理，求解著名的 Black-Scholes-Merton 期权定价公式，并给出解析解。

我们首先来介绍热传导方程并讨论热传导方程与布朗运动的关系。热传导方程，顾名思义是描述一个区域内的温度随时间变化的方程。为便于理解，在此我们不去深究它在物理学中更深刻的背景，而对最简单的一维情形给出一个直观的描述。可以想象这样一个一维热传导的情景：在一个起始时刻给出温度在空间上的分布，然后让热量沿一维方向进行传导，那么之后该方向上某点的温度 u 可以由两个变量加以描述，一个是给予热量之后经过的时间 t，另一个便是该点的位置 x。用方程描述这个情形，即为

$$\frac{\partial u}{\partial t} - \frac{1}{2}\frac{\partial^2 u}{\partial x^2} = 0, \tag{4.67}$$

$$u(0, x) = f(x), \tag{4.68}$$

$$u(t, \pm\infty) = 0, \tag{4.69}$$

其中 $t \in [0, \infty)$，$x \in \mathbb{R}$。式 (4.67) 描述了温度 u 与时间 t 及位置 x 之间的关系，式 (4.68) 为初值条件，$f(x)$ 是连续的一致有界函数，式 (4.69) 为边值条件。此一维热传导方程的唯一解为

$$u(t, x) = \int_{-\infty}^{+\infty} f(y) G(x, y, t)\,\mathrm{d}y, \tag{4.70}$$

$$G(x, y, t) = \frac{1}{\sqrt{2\pi t}} \mathrm{e}^{-\frac{(x-y)^2}{2t}}, \tag{4.71}$$

其中 $G(x, y, t)$ 称为格林函数（Green's function）。我们需要注意，严格地讲当仅有偏微分方程 (4.67) 与初值条件式 (4.68) 时，方程并没有唯一解。

注意到这个解与正态分布的密度函数高度相似，由此我们可以推测，该解可以由标准的一维布朗运动 $\{W(t)\}$ 来描述，不难发现

$$u(t, x) = \mathbb{E}f(W(t) + x). \tag{4.72}$$

从直观上看，物理学告诉我们，温度来源于分子或原子等的热运动，运动越剧烈，温度也就越高，而这种无规则运动就是服从正态分布的布朗运动。因此，从这个角度来说，上述结论是很好理解的。更严谨地，我们也可以反过来验证式 (4.72) 是热传导方程的解。首先，不难发现式 (4.72) 满足初值条件式 (4.68) 与边界条件式 (4.69)。

接下来,我们只需要证明其满足式 (4.67)。事实上,读者可以通过计算对此进行验证。如下我们给出一种验证方法,它虽然不够严格,但很有启发性。由偏导数的定义以及式 (4.72) 可得

$$\frac{\partial u(t,x)}{\partial t} = \lim_{\Delta t \to 0} \frac{u(t+\Delta t, x) - u(t,x)}{\Delta t} = \lim_{\Delta t \to 0} \frac{\mathbb{E}f(W(t+\Delta t) + x) - \mathbb{E}f(W(t) + x)}{\Delta t}, \tag{4.73}$$

将其泰勒展开至二阶可得

$$\begin{aligned}&\lim_{\Delta t \to 0} \frac{\mathbb{E}f(W(t+\Delta t) + x) - \mathbb{E}f(W(t) + x)}{\Delta t}\\ &= \lim_{\Delta t \to 0} \frac{1}{\Delta t} \mathbb{E}[f'(W(t)+x)(W(t+\Delta t) - W(t)) + \frac{1}{2} f''(W(t)+x) \cdot\\ &\quad (W(t+\Delta t) - W(t))^2 + o((W(t+\Delta t) - W(t))^2)].\end{aligned} \tag{4.74}$$

可知

$$\begin{aligned}&\mathbb{E}f'(W(t)+x)(W(t+\Delta t) - W(t))\\ &= \mathbb{E}\left[\mathbb{E}\left[f'(W(t)+x)(W(t+\Delta t) - W(t))|\mathcal{F}(t)\right]\right]\\ &= \mathbb{E}\left[f'(W(t)+x)\mathbb{E}\left[W(t+\Delta t) - W(t)|\mathcal{F}(t)\right]\right]\\ &= 0,\end{aligned}$$

并且

$$\begin{aligned}&\mathbb{E}f''(W(t)+x)(W(t+\Delta t) - W(t))^2\\ &= \mathbb{E}\left[\mathbb{E}\left[f''(W(t)+x)(W(t+\Delta t) - W(t))^2|\mathcal{F}(t)\right]\right],\end{aligned}$$

将 $f''(W(t)+x)$ 从条件期望中提取出来,可以得到

$$\begin{aligned}&\mathbb{E}f''(W(t)+x)(W(t+\Delta t) - W(t))^2\\ &= \mathbb{E}\left[f''(W(t)+x)\mathbb{E}\left[(W(t+\Delta t) - W(t))^2|\mathcal{F}(t)\right]\right]\\ &= \Delta t \mathbb{E}f''(W(t)+x) = \Delta t u''(t,x).\end{aligned}$$

式 (4.74) 的右侧可化简为

$$\begin{aligned}&\lim_{\Delta t \to 0} \frac{1}{\Delta t} \mathbb{E}[f'(W(t)+x)(W(t+\Delta t) - W(t)) + \frac{1}{2} f''(W(t)+x) \cdot\\ &\quad (W(t+\Delta t) - W(t))^2 + o((W(t+\Delta t) - W(t))^2)]\\ &= \lim_{\Delta t \to 0} \frac{1}{\Delta t} \left[0 + \frac{1}{2} \Delta t u''(t,x) + o(\Delta t)\right]\\ &= \frac{1}{2} u''(t,x).\end{aligned}$$

因此，我们验证了

$$\frac{\partial u}{\partial t}(t,x) = \frac{1}{2}\frac{\partial^2 u}{\partial x^2}.$$

我们进一步将上面的讨论在维数上加以扩展，考虑多维热传导方程与多维布朗运动的关系。对于 $x = (x_1, x_2, ..., x_d) \in \mathbb{R}^d$，已知的作为初值条件的函数 $g: \mathbb{R}^d \to \mathbb{R}$，以及未知的函数 $u(t,x)$，d 维热传导方程表述为

$$\begin{aligned}&\frac{\partial u}{\partial t} - \frac{1}{2}\Delta u = 0,\\&u(0,x) = g(x),\\&u(t,\infty) = 0,\end{aligned} \qquad (4.75)$$

其中 Δ 是拉普拉斯算子

$$\Delta = \frac{\partial^2}{\partial x_1^2} + \frac{\partial^2}{\partial x_2^2} + \cdots + \frac{\partial^2}{\partial x_d^2}.$$

同样，可以得出 $u(t,x)$ 的表达式

$$u(t,x) = \mathbb{E}g(W(t) + x),$$

其中 $\{W(t)\}$ 为标准 d 维布朗运动。

该结果的物理意义与一维情形类似，可以被视为对热量在 d 维物体上传播过程中各点温度的一种描述。偏微分方程 (4.75) 属于二阶偏微分方程中的抛物型偏微分方程（parabolic PDE），式 (4.75) 中 $u(t,x)$ 关于 t 的一阶偏导数以及作用于 $u(t,x)$ 的椭圆型微分算子（elliptic differential operator）表明了它的特征，而 $u(t,x)$ 可以用布朗运动来描述也是其重要特点之一。抛物型偏微分方程不仅在自然科学中的扩散、演化等过程中经常出现，同样也可以应用于经济、金融等领域，这可以理解为经济或金融市场随时间变化的行为与自然界的扩散、演化过程具有高度相似性。

除抛物型偏微分方程之外，还有椭圆型偏微分方程（elliptic PDE）、双曲型偏微分方程（hyperbolic PDE）等。例如，去掉式 (4.75) 中 $u(t,x)$ 关于 t 的一阶偏导数且只有椭圆型微分算子 Δ 作用于 $u(t,x)$ 时，偏微分方程 $\Delta u = 0$ 就是一个椭圆型偏微分方程，此时的 u 被称为调和函数。尤为值得注意的是，在已知边界条件及满足一定前提时，调和函数甚至也可以写成含有布朗运动的表达式。这充分显示出偏微分方程与随机微分方程之间可能的紧密联系，感兴趣的读者可以参阅参考文献 [16] 的 4.2 节。关于二阶偏微分方程较为深入的讨论，有兴趣的读者可以查阅相关数学书籍。

进一步地，我们来考虑反向热传导方程与布朗运动的关系。除了上述热传导方程与布朗运动的联系之外，我们还可以把布朗运动与反向热传导方程联系起来。例如，在一维情形下，反向热传导方程可以表达为

$$\frac{\partial v}{\partial t} + \frac{1}{2}\frac{\partial^2 v}{\partial x^2} = 0,$$
$$v(T,x) = f(x),$$
$$v(t,\pm\infty) = 0.$$

显然，其解可以由正向热传导方程的解 u 通过如下变换获得：

$$v(t,x) = u(T-t,x).$$

于是，我们就得到了

$$v(t,x) = u(T-t,x) = \int_{-\infty}^{+\infty} f(y)\frac{1}{\sqrt{2\pi(T-t)}}\exp\left\{-\frac{(x-y)^2}{2(T-t)}\right\}\mathrm{d}y.$$

若 $\{B(t)\}$ 是一维标准布朗运动，则由条件期望的计算可以得到

$$\mathbb{E}[f(B(T))|B(t)=x] = \frac{1}{\sqrt{2\pi(T-t)}}\int_{-\infty}^{+\infty} f(y)\exp\left\{-\frac{(x-y)^2}{2(T-t)}\right\}\mathrm{d}y,$$

所以有

$$v(t,x) = \mathbb{E}[f(B(T))|B(t)=x]. \tag{4.76}$$

因此，反向热传导方程同样可以用布朗运动描述。

一个重要的问题是，是否可以不依赖正向热传导方程解的表达式，而通过随机分析直接证明反向热传导方程解的表示式 (4.76) 呢？

性质 4.4.1 如果函数 $v(t,x)$ 定义为

$$v(t,x) = \mathbb{E}[f(B(T))|B(t)=x],$$

那么它是以下偏微分方程的解：

$$\frac{\partial v}{\partial t} + \frac{1}{2}\frac{\partial^2 v}{\partial x^2} = 0, \tag{4.77}$$

并且满足边界条件：

$$v(T,x) = f(x). \tag{4.78}$$

证明：根据条件期望的定义和布朗运动的马尔科夫性，

$$v(t, B(t)) = \mathbb{E}[f(B(T))|B(t)] = \mathbb{E}[f(B(T))|\mathcal{F}(t)],$$

其中 $\{\mathcal{F}(t)\}$ 是布朗运动产生的域流。显然，$\{\mathbb{E}[f(B(T))|\mathcal{F}(t)]\}$ 是一个 Lévy 鞅，所以 $\{v(t, B(t))\}$ 也是鞅。根据 Itô 公式，

$$\begin{aligned}\mathrm{d}v(t, B(t)) &= v_t(t, B(t))\mathrm{d}t + v_x(t, B(t))\mathrm{d}B(t) + \frac{1}{2}v_{xx}(t, B(t))\mathrm{d}t \\ &= \left[v_t(t, B(t)) + \frac{1}{2}v_{xx}(t, B(t))\right]\mathrm{d}t + v_x(t, B(t))\mathrm{d}B(t).\end{aligned}$$

把这个 Itô 过程写成积分形式，

$$v(t, B(t)) = v(0, 0) + \int_0^t \left[v_s(s, B(s)) + \frac{1}{2}v_{xx}(s, B(s))\right]\mathrm{d}s + \int_0^t v_x(s, B(s))\mathrm{d}B(s).$$

由于 $v(t, B(t))$ 是鞅（当然也是局部鞅），并且等式右侧的 Itô 积分也是一个局部鞅（不熟悉局部鞅的读者可以将简化地认为是鞅），故积分项

$$\int_0^t \left[v_s(s, B(s)) + \frac{1}{2}v_{xx}(s, B(s))\right]\mathrm{d}s$$

必为局部鞅。而又由于这个过程的变差是有界的，所以它必须退化为一个常数。这是因为，从直观来看，一个随机过程，如果要保持其局部鞅性质就需要始终围绕其期望值不停地波动，而如果这个过程是变差有界的，那只能退化为一个常数。更严格地，我们可以用 Doob-Meyer 分解定理进行证明，这一证明留给读者作为练习。

从而，我们有

$$\int_0^t \left[v_s(s, B(s)) + \frac{1}{2}v_{xx}(s, B(s))\right]\mathrm{d}s = C,$$

这里 C 是某常数。对此式关于 t 求导可得

$$v_s(s, B(s)) + \frac{1}{2}v_{xx}(s, B(s)) = 0.$$

由于随机变量 $B(s)$ 可以取任意值，代换可得

$$v_s(s, x) + \frac{1}{2}v_{xx}(s, x) = 0.$$

因此，PDE 式 (4.77) 成立，而且边界条件式 (4.78) 得以满足：

$$v(T, x) = \mathbb{E}[f(B(T))|B(T) = x] = f(x). \qquad \square$$

性质 4.4.1 给出了热传导方程的一个解。接下来我们将得出一个更强的结论，说明这个解在一定条件下的唯一性。

性质 4.4.2 假设方程 $f(x):\mathbb{R}\to\mathbb{R}$ 是连续的，并满足多项式增长条件

$$|f(x)| \leqslant L\left(1+|x|^{2\lambda}\right), \tag{4.79}$$

其中 $L>0$ 且 $\lambda\geqslant 1$。假设 $v(t,x):[0,T]\times\mathbb{R}\to\mathbb{R}$ 是连续的，在 $[0,T]\times\mathbb{R}$ 上属于 $C^{1,2}$，并且满足 Cauchy 问题

$$\frac{\partial v}{\partial t}+\frac{1}{2}\frac{\partial^2 v}{\partial x^2}=0,\quad [0,T]\times\mathbb{R},$$

和边界条件

$$v(T,x)=f(x),\quad x\in\mathbb{R}, \tag{4.80}$$

以及多项式增长条件

$$\max_{0\leqslant t\leqslant T}|v(t,x)|\leqslant M\left(1+\|x\|^{2\mu}\right),\quad x\in\mathbb{R},$$

其中 $M>0$ 且 $\mu\geqslant 1$，那么 $v(t,x)$ 一定在区间 $[0,T]\times\mathbb{R}^d$ 满足

$$v(t,x)=\mathbb{E}[f(B(T))|B(t)=x]. \tag{4.81}$$

因此，这个解是唯一的。

证明：只要我们证明表达式 (4.81)，就可以说明解的唯一性。注意到 Cauchy 问题的边界条件，我们只需要证明

$$v(t,B(t))=\mathbb{E}[f(B(T))|B(t)]. \tag{4.82}$$

由于函数 $v(t,x)$ 在 $[0,T]\times\mathbb{R}$ 上是 $C^{1,2}$ 的，根据 Itô 公式可以得到

$$\mathrm{d}v(t,B(t))=\left(\frac{\partial v}{\partial t}+\frac{1}{2}\frac{\partial^2 v}{\partial x^2}\right)(t,B(t))\,\mathrm{d}t+\frac{\partial v}{\partial x}(t,B(t))\,\mathrm{d}B(t).$$

根据 Cauchy 问题，$\mathrm{d}t$ 项为 0，

$$\mathrm{d}v(t,B(t))=\frac{\partial v}{\partial x}(t,B(t))\,\mathrm{d}B(t),$$

这等价于

$$v(t,B(t))=v(0,B(0))+\int_0^t \frac{\partial v}{\partial x}(r,B(r))\,\mathrm{d}B(r).$$

因此，$v(t, B(t))$ 是一个局部鞅，但目前还没有说明它是鞅。

对于任意 t，我们用"局部化"的思路：考虑一系列停时，对 $n = 1, 2, \ldots$，

$$\tau_n = \inf\{u \geqslant t;\ |B(u)| \geqslant n\},$$

并令 $\inf \emptyset = \infty$，显然 τ_n 是停时。$\{\mathcal{F}(s)\}$ 是对应的域流，可以直观地检验 $\{\tau_n \leqslant s\} \in \mathcal{F}(s)$，$\forall s \geqslant 0$。对 $s < t$，我们有 $\{\tau_n \leqslant s\} = \emptyset \in \mathcal{F}(s)$，而对 $s \geqslant t$，有 $\{\tau_n \leqslant s\} = \{\max_{t \leqslant u \leqslant s} |B(u)| \geqslant n\} \in \mathcal{F}(s)$。（直觉上看，这相当于 $\tau_n \leqslant s$ 是否成立依赖于布朗运动 B 在 s 之前的路径。）借助停时，我们可以得到

$$v(u \wedge \tau_n, B(u \wedge \tau_n)) = v(t, B(t)) + \int_t^{u \wedge \tau_n} \frac{\partial v}{\partial x}(r, B(r))\, \mathrm{d}B(r)$$

在 $t \leqslant u \leqslant T$ 必然是一个鞅。显然，

$$\int_t^{u \wedge \tau_n} \frac{\partial v}{\partial x}(r, B(r))\, \mathrm{d}B(r) = \int_t^u \frac{\partial v}{\partial x}(r, B(r)) 1_{\{r \leqslant \tau_n\}} \mathrm{d}B(r).$$

由于积分 $\frac{\partial v}{\partial x}(r, B(r)) 1_{\{r \leqslant \tau_n\}}$ 在 $[t, T]$ 上有界，$\int_t^u \frac{\partial v}{\partial x}(r, B(r)) 1_{\{r \leqslant \tau_n\}} \mathrm{d}B(r)$ 满足鞅性质，$v(u \wedge \tau_n, B(u \wedge \tau_n))$ 也是。所以，

$$v(t \wedge \tau_n, B(t \wedge \tau_n)) = \mathbb{E}[v(T \wedge \tau_n, B(T \wedge \tau_n))|\mathcal{F}(t)].$$

根据定义，$\tau_n \geqslant t$。因此，

$$v(t, B(t)) = \mathbb{E}[v(T \wedge \tau_n, B(T \wedge \tau_n))|\mathcal{F}(t)].$$

由布朗运动的马尔科夫性，我们得到

$$v(t, B(t)) = \mathbb{E}[v(T \wedge \tau_n, B(T \wedge \tau_n))|B(t)].$$

接下来我们证明如何通过令 n 趋向 ∞，即

$$v(t, B(t)) = \lim_{n \to \infty} \mathbb{E}[v(T \wedge \tau_n, B(T \wedge \tau_n))|B(t)].$$

来得到式 (4.82).

注意到

$$\begin{aligned}
v(T \wedge \tau_n, B(T \wedge \tau_n)) &= v(T, B(T)) 1_{\{\tau_n > T\}} + v(\tau_n, B(\tau_n)) 1_{\{\tau_n \leqslant T\}} \\
&= f(B(T)) 1_{\{\tau_n > T\}} + v(\tau_n, B(\tau_n)) 1_{\{\tau_n \leqslant T\}} \\
&= f(B(T)) - f(B(T)) 1_{\{\tau_n \leqslant T\}} + v(\tau_n, B(\tau_n)) 1_{\{\tau_n \leqslant T\}}.
\end{aligned}$$

所以,

$$\lim_{n\to\infty} \mathbb{E}[v(T\wedge\tau_n, B(T\wedge\tau_n))|B(t)]$$
$$= \lim_{n\to\infty} \mathbb{E}[f(B(T)) - f(B(T))\mathbf{1}_{\{\tau_n\leqslant T\}} + v(\tau_n, B(\tau_n))\mathbf{1}_{\{\tau_n\leqslant T\}}|B(t)]$$
$$= \mathbb{E}[f(B(T))|B(t)] - \lim_{n\to\infty}\mathbb{E}[f(B(T))\mathbf{1}_{\{\tau_n\leqslant T\}}|B(t)] +$$
$$\lim_{n\to\infty}\mathbb{E}[v(\tau_n, B(\tau_n))\mathbf{1}_{\{\tau_n\leqslant T\}}|B(t)].$$

然后与式 (4.82) 比较, 即

$$v(t, B(t)) = \mathbb{E}[f(B(T))|B(t)],$$

我们接下来只需要证明

$$\lim_{n\to\infty}\mathbb{E}[v(\tau_n, B(\tau_n))\mathbf{1}_{\{\tau_n\leqslant T\}}|B(t)] = 0, \tag{4.83}$$

和

$$\lim_{n\to\infty}\mathbb{E}[f(B(T))\mathbf{1}_{\{\tau_n\leqslant T\}}|B(t)] = 0. \tag{4.84}$$

为了证明上面的两个式子, 我们先说明下面的结论:

$$\mathbb{P}[\tau_n\leqslant T|B(t)=x] \leqslant \frac{4}{\sqrt{2\pi(T-t)}}\int_{n-|x|}^{\infty}e^{-\frac{y^2}{2(T-t)}}dy, \tag{4.85}$$

其中 n 足够大, 满足 $n\geqslant |x|$。这说明 $P[\tau_n\leqslant T|B(t)=x]$ 以一个非常快的速度收敛到 0。为了证明式 (4.85), 我们首先注意到

$$\{\tau_n\leqslant T\} = \left\{\max_{t\leqslant r\leqslant T}|B(r)|\geqslant n\right\} \text{ (根据定义)}$$
$$\subseteq \left\{\max_{t\leqslant r\leqslant T}|B(r) - B(t)|\geqslant n - |B(t)|\right\},$$

其中用到了如下代数结论

$$|B(r)| = |B(r) - B(t) + B(t)| \leqslant |B(r) - B(t)| + |B(t)|,$$

从而,

$$n \leqslant \max_{t\leqslant r\leqslant T}|B(r)| = \max_{t\leqslant r\leqslant T}|B(r) - B(t) + B(t)| \leqslant \max_{t\leqslant r\leqslant T}|B(r) - B(t)| + |B(t)|.$$

因此, 我们可以得到

$$\mathbb{P}[\tau_n\leqslant T|B(t)=x] \leqslant \mathbb{P}\left[\max_{t\leqslant r\leqslant T}|B(r) - B(t)|\geqslant n - |x|\bigg|B(t)=x\right].$$

根据布朗运动的"独立增量"性质，$W(u) := B(t+u) - B(t)$ 是独立于 $B(t)$ 的新布朗运动。因此，

$$\mathbb{P}[\max_{t \leq r \leq T} |B(r) - B(t)| \geq n - |x| \Big| B(t) = x] = \mathbb{P}[\max_{0 \leq r \leq T-t} |W(r)| \geq n - |x|],$$

这就是布朗运动 $W(r)$ 脱离区间 $[-(n-|x|), n-|x|]$ 的概率。我们接着计算其上限，注意到

$$\left\{ \max_{0 \leq r \leq T-t} |W(r)| \geq n - |x| \right\}$$
$$\subset \left\{ \max_{0 \leq r \leq T-t} W(r) \geq n - |x| \right\} \cup \left\{ \min_{0 \leq r \leq T-t} W(r) \leq -(n - |x|) \right\}.$$

我们得到

$$\mathbb{P}[\max_{0 \leq r \leq T-t} |W(r)| \geq n - |x|]$$
$$\leq \mathbb{P}[\max_{0 \leq r \leq T-t} W(r) \geq n - |x|] + \mathbb{P}[\min_{0 \leq r \leq T-t} W(r) \leq -(n - |x|)]$$
$$= 2\mathbb{P}[\max_{0 \leq r \leq T-t} W(r) \geq n - |x|].$$

这里用到了

$$\mathbb{P}[\max_{0 \leq r \leq T-t} W(r) \geq n - |x|] = \mathbb{P}[\min_{0 \leq r \leq T-t} W(r) \leq -(n - |x|)],$$

这是由于布朗运动的对称性。回顾布朗运动历史最大值的分布，我们有

$$\mathbb{P}[\max_{0 \leq r \leq T-t} W(r) \geq n - |x|] = \frac{2}{\sqrt{2\pi(T-t)}} \int_{n-|x|}^{\infty} e^{-\frac{y^2}{2(T-t)}} dy.$$

不等式 (4.85) 得证。

接下来我们证明式 (4.83)。$v(t,x)$ 的多项式增长条件说明

$$|v(\tau_n, B(\tau_n))| \leq M(1 + |B(\tau_n)|^{2\mu}).$$

所以有

$$\left| \mathbb{E}[v(\tau_n, B(\tau_n)) 1_{\{\tau_n \leq T\}} | B(t)] \right|$$
$$\leq \mathbb{E}[|v(\tau_n, B(\tau_n))| 1_{\{\tau_n \leq T\}} | B(t)] (根据 \text{Jensen} 不等式)$$
$$\leq \mathbb{E}[M(1 + |B(\tau_n)|^{2\mu}) 1_{\{\tau_n \leq T\}} | B(t)] \ (根据多项式增长)$$
$$\leq M(1 + n^{2\mu}) \mathbb{E}[1_{\{\tau_n \leq T\}} | B(t)] \ (因为在 \{\tau_n \leq T\} 时 |B(\tau_n)| = n)$$
$$= M(1 + n^{2\mu}) \mathbb{P}[\tau_n \leq T | B(t)].$$

根据不等式 (4.85) 可以得到

$$\left|\mathbb{E}[v(\tau_n, B(\tau_n))\mathbf{1}_{\{\tau_n \leqslant T\}}|B(t)]\right| \leqslant M\left(1+n^{2\mu}\right)\frac{4}{\sqrt{2\pi(T-t)}}\int_{n-|B(t)|}^{\infty} e^{-\frac{y^2}{2(T-t)}}\mathrm{d}y.$$

上式两边取极限得到

$$\lim_{n\to\infty}\left|\mathbb{E}[v(\tau_n, B(\tau_n))\mathbf{1}_{\{\tau_n \leqslant T\}}|B(t)]\right|$$
$$\leqslant \lim_{n\to\infty} M\left(1+n^{2\mu}\right)\frac{4}{\sqrt{2\pi(T-t)}}\int_{n-|B(t)|}^{\infty} e^{-\frac{y^2}{2(T-t)}}\mathrm{d}y = 0,$$

也就证明了式 (4.83).

然后我们证明式 (4.84)。$f(x)$ 满足多项式增长条件说明

$$|f(B(T))| \leqslant L(1+|B(T)|^{2\lambda}).$$

与证明式 (4.83) 的思路相似，我们可以计算

$$\left|\mathbb{E}[f(B(T))\mathbf{1}_{\{\tau_n \leqslant T\}}|B(t)]\right|$$
$$\leqslant \mathbb{E}[|f(B(T))|\mathbf{1}_{\{\tau_n \leqslant T\}}|B(t)]$$
$$\leqslant \mathbb{E}[L(1+|B(T)|^{2\lambda})\mathbf{1}_{\{\tau_n \leqslant T\}}|B(t)]$$
$$= L\{\mathbb{P}[\tau_n \leqslant T|B(t)] + \mathbb{E}[|B(T)|^{2\lambda}\mathbf{1}_{\{\tau_n \leqslant T\}}|B(t)]\}.$$

另外，根据 Cauchy-Schwarz 不等式

$$\mathbb{E}[|B(T)|^{2\lambda}\mathbf{1}_{\{\tau_n \leqslant T\}}|B(t)] \leqslant [\mathbb{E}[|B(T)|^{4\lambda}|B(t)]]^{1/2}[\mathbb{P}[\tau_n \leqslant T|B(t)]]^{1/2},$$

其中 $\mathbb{E}[|B(T)|^{4\lambda}|B(t)]$ 在给定 $B(t)$ 的情况下是几乎有界的。因此，

$$\left|\mathbb{E}[f(B(T))\mathbf{1}_{\{\tau_n \leqslant T\}}|B(t)]\right|$$
$$\leqslant L\{\mathbb{P}[\tau_n \leqslant T|B(t)] + [\mathbb{E}[|B(T)|^{4\lambda}|B(t)]]^{1/2}[\mathbb{P}[\tau_n \leqslant T|B(t)]]^{1/2}\}.$$

令 $n\to\infty$ 并用到式 (4.85)，就可以得到 $\lim_{n\to\infty}\left|\mathbb{E}[f(B(T))\mathbf{1}_{\{\tau_n \leqslant T\}}|B(t)]\right| = 0$，即可证明式 (4.84)。 □

下面我们正式开始对于更一般的情形进行探讨。对于随机微分方程

$$\mathrm{d}X(t) = \beta(t, X(t))\mathrm{d}u + \gamma(t, X(t))\mathrm{d}W(t), \tag{4.86}$$

假定其存在并有唯一解，我们能否用这个更为一般的随机过程 $X(t)$ 的期望来表示某些偏微分方程的解呢？考虑方程 (4.86) 的一个解 $X(t)$，以及一个函数 $h(y)$，定义

$$g(t,x) := \mathbb{E}[h(X(T))|X(t) = x].$$

利用随机微分方程解 $X(t)$ 的马尔科夫性，有

$$g(t,X(t)) = \mathbb{E}\left[h(X(T))|\mathcal{F}(t)\right],$$

可知 $g(t,X(t))$ 是一个 Lévy 鞅，即对于 $0 \leqslant s < t$，有

$$\mathbb{E}\left[g(t,X(t))|\mathcal{F}(s)\right] = \mathbb{E}\left[\mathbb{E}[h(X(T))|\mathcal{F}(t)]|\mathcal{F}(s)\right] = \mathbb{E}\left[h(X(T))|\mathcal{F}(s)\right] = g(s,X(s)).$$

对 $g(t,x)$ 应用 Itô 定理，即可得到

$$\begin{aligned}
&\mathrm{d}g(t,X(t))\\
&= g_t(t,X(t))\mathrm{d}t + g_x(t,X(t))\mathrm{d}X(t) + \frac{1}{2}g_{xx}(t,X(t))\mathrm{d}X(t)\mathrm{d}X(t)\\
&= \left[g_t(t,X(t)) + \beta g_x(t,X(t)) + \frac{1}{2}\gamma^2 g_{xx}(t,X(t))\right]\mathrm{d}t + \gamma g_x(t,X(t))\mathrm{d}W(t),
\end{aligned}$$

对上式进行积分可得

$$\begin{aligned}
&g(t,X(t)) - g(0,X(0))\\
&= \int_0^t \left[g_t(s,X(s)) + \beta g_x(s,X(s)) + \frac{1}{2}\gamma^2 g_{xx}(s,X(s))\right]\mathrm{d}t + \int_0^t \gamma g_x(s,X(s))\mathrm{d}W(s).
\end{aligned}$$

由于 $g(t,X(t))$ 是鞅（当然也是局部鞅），并且等式右侧第二部分为 Itô 积分，也是一个局部鞅（不熟悉局部鞅的读者可以将之简化地认为是鞅即可），故积分项

$$\int_0^t \left[g_t(s,X(s)) + \beta g_x(s,X(s)) + \frac{1}{2}\gamma^2 g_{xx}(s,X(s))\right]\mathrm{d}t$$

必为局部鞅。而又由于这个过程的变差是有界的，所以它必须退化为一个常数。（我们已在性质 4.4.1 的证明中解释了这里的原因。）从而，我们有

$$\int_0^t \left[g_t(s,X(s)) + \beta g_x(s,X(s)) + \frac{1}{2}\gamma^2 g_{xx}(s,X(s))\right]\mathrm{d}t = C.$$

因此被积函数为 0，即

$$g_t(t,X(t)) + \beta(t,X(t))g_x(t,X(t)) + \frac{1}{2}\gamma^2(t,X(t))g_{xx}(t,X(t)) = 0.$$

由此，我们再将上式中的 $X(t)$ 代换为 x，我们即可得到如下的 Feynman-Kac 定理。

定理 4.17 （**Feynman-Kac 定理**）考虑随机微分方程

$$\mathrm{d}X(t) = \beta(t,X(t))\mathrm{d}t + \gamma(t,X(t))\mathrm{d}W(t),$$

$X(t)$ 是它的解,给定函数 $h(x)$,$T>0$,$t\in[0,T]$,定义

$$g(t,x):=\mathbb{E}[h(X(T))|X(t)=x],$$

则 $g(t,x)$ 满足偏微分方程

$$g_t(t,x)+\beta(t,x)g_x(t,x)+\frac{1}{2}\gamma^2(t,x)g_{xx}(t,x)=0, \tag{4.87}$$

以及终值条件

$$g(T,x)=h(x). \tag{4.88}$$

值得注意的是,方程 (4.87) 并不直接关系到 $h(\cdot)$,$h(\cdot)$ 只在终值条件式 (4.88) 中出现。

进一步地,我们来考虑 Feynman-Kac 定理的拓展情形。从前面的推导过程中可以看出,推导出偏微分方程的关键在于,首先设 $X(t)$ 是某个随机微分方程的解且是一个马尔科夫过程,再构造出一个含有 $X(t)$ 的鞅,然后对其应用 Itô 定理,根据鞅的性质以及实变函数的相关结论可得 dt 项系数为 0。应用这个思路,我们即可得到 Feynman-Kac 定理的如下拓展情形。

首先,考虑

$$f(t,X(t)):=\mathbb{E}\left[\mathrm{e}^{-r(T-t)}h(X(T))|\mathcal{F}(t)\right],$$

其中定义的 $f(t,x)$ 是否是某个偏微分方程的解呢?根据 Lévy 鞅的性质,由于

$$\begin{aligned}\mathbb{E}[f(t,X(t))|\mathcal{F}(s)]&=\mathbb{E}\left[\mathbb{E}\left[\mathrm{e}^{-r(T-t)}h(X(T))|\mathcal{F}(t)\right]\mathcal{F}(s)\right]\\&=\mathbb{E}\left[\mathrm{e}^{-r(T-t)}h(X(T))|\mathcal{F}(s)\right],\end{aligned}$$

方程的右侧与 t 有关,因此 $\{f(t,X(t))\}$ 并不是鞅,不能够直接对其应用之前介绍的方法。然而,若将等式两侧稍微变形后,我们就可以发现

$$\begin{aligned}\mathbb{E}\left[\mathrm{e}^{-rt}f(t,X(t))|\mathcal{F}(s)\right]&=\mathbb{E}[\mathbb{E}\left[\mathrm{e}^{-rT}h(X(T))|\mathcal{F}(t)\right]|\mathcal{F}(s)]\\&=\mathbb{E}[\mathrm{e}^{-rT}h(X(T))|\mathcal{F}(s)]\\&=\mathrm{e}^{-rs}f(s,X(s)).\end{aligned}$$

因此,$\{\mathrm{e}^{-rt}f(t,X(t))\}$ 是一个 Lévy 鞅,那么应用 Itô 定理,可得

$$\begin{aligned}&\mathrm{d}\left(\mathrm{e}^{-rt}f(t,X(t))\right)\\&=\mathrm{e}^{-rt}\bigg[-rf(t,X(t))+f_t(t,X(t))+\beta(t,X(t))f_x(t,X(t))+\end{aligned}$$

$$\frac{1}{2}\gamma^2(t, X(t))f_{xx}(t, X(t))\bigg]dt +$$
$$e^{-rt}\gamma(t, X(t))f_x(t, X(t))dW(t),$$

和前文同理，dt 项前面的系数必须为 0，同时 $X(t)$ 可取值域内任何值，从而用哑变量 x 代替，就得到了 $f(t,x)$ 满足的偏微分方程

$$f_t(t,x) + \beta(t,x)f_x(t,x) + \frac{1}{2}\gamma^2(t,x)f_{xx}(t,x) = rf(t,x), \tag{4.89}$$

其终值条件为

$$f(T,x) = h(x). \tag{4.90}$$

于是我们得到 Feynman-Kac 定理的"折现"版本，与前面的 Feynman-Kac 定理相类似，方程 (4.89) 中并不直接关系到 $h(\cdot)$，$h(\cdot)$ 只在终值条件式 (4.90) 中出现。

定理 4.18 （**折现版本的 Feynman-Kac 定理**） 考虑随机微分方程

$$dX(t) = \beta(t, X(t))dt + \gamma(t, X(t))dW(t),$$

$X(t)$ 是它的解，给定函数 $h(x)$，$T > 0$，$t \in [0, T]$，定义

$$f(t, x) := \mathbb{E}\left[e^{-r(T-t)}h(X(T))|X(t) = x\right]$$

则 $f(t, x)$ 满足偏微分方程

$$f_t(t,x) + \beta(t,x)f_x(t,x) + \frac{1}{2}\gamma^2(t,x)f_{xx}(t,x) = rf(t,x),$$

以及终值条件

$$f(T, x) = h(x).$$

为了讨论一般情形下的 Feynman-Kac 定理，我们首先给出无穷小生成元（infinitesimal generator）的定义。假设有一个 d 维的随机微分方程，

$$dX(t) = \mu(t, X(t))dt + \sigma(t, X(t))dW(t). \tag{4.91}$$

其中 $\{W(t)\}$ 是 r 维布朗运动。如果我们对 $u(t, X(t))$ 应用 Itô 公式，如何用一个精简的形式表达其结果呢？令

$$a_{ij}(x) = \sum_{k=1}^{r}\sigma_{ik}(x)\sigma_{jk}(x)$$

即

$$(a_{ij}(t,x))_{d \times d} = \sigma(t,x)\sigma(t,x)^\top,$$

一般我们称之为扩散矩阵。计算可得

$$\mathrm{d}[X_i, X_j](t) = \sum_{k=1}^{r} \sigma_{ik}(X(t))\sigma_{jk}(X(t))\mathrm{d}t = a_{ij}(X(t))\mathrm{d}t,$$

根据多维 Itô 公式，

$$\begin{aligned}
&\mathrm{d}u(t, X(t)) \\
&= u_t(t, X(t))\mathrm{d}t + \sum_{i=1}^{d} u_{x_i}(t, X(t))\mathrm{d}X_i(t) + \frac{1}{2}\sum_{i,j=1}^{d} u_{x_i x_j}(t, X(t))\mathrm{d}[X_i, X_j](t) \\
&= u_t(t, X(t))\mathrm{d}t + \nabla u(t, X(t))\left[\mu(t, X(t))\mathrm{d}t + \sigma(t, X(t))\mathrm{d}W(t)\right] + \\
&\quad \frac{1}{2}\sum_{i,j=1}^{d} u_{x_i x_j}(t, X(t))\mathrm{d}[X_i, X_j](t) \\
&= u_t(t, X(t))\mathrm{d}t + \nabla u(t, X(t))\left[\mu(t, X(t))\mathrm{d}t + \sigma(t, X(t))\mathrm{d}W(t)\right] + \\
&\quad \frac{1}{2}\sum_{i,j=1}^{d} u_{x_i x_j}(t, X(t))a_{ij}(t, X(t))\mathrm{d}t \\
&= \left[u_t(t, X(t)) + \mathcal{A}_t u(t, X(t))\right]\mathrm{d}t + \nabla u(t, X(t))\sigma(t, X(t))\mathrm{d}W(t),
\end{aligned}$$

其中 $\mathcal{A}_t$ 是一个二阶微分算子，表达式如下：

$$\mathcal{A}_t = \frac{1}{2}\sum_{i,j=1}^{d} a_{ij}(t, x)\frac{\partial^2}{\partial x_i \partial x_j} + \sum_{i=1}^{d} \mu_i(t, x)\frac{\partial}{\partial x_i}. \tag{4.92}$$

我们称之为式 (4.91) 的无穷小生成元。之所以称为"无穷小生成元"，是因为在某些条件下（比如说 μ 和 a 连续有界时），它有如下的良好性质：

$$\lim_{h \to 0} \frac{1}{h}\mathbb{E}\left[X_i(t+h) - x_i | X(t) = x\right] = \mu_i(t, x),$$

和

$$\lim_{h \to 0} \frac{1}{h}\mathbb{E}\left[(X_i(t+h) - x_i)(X_k(t+h) - x_k) | X(t) = x\right] = a_{ik}(t, x),$$

对任意 $x \in \mathbb{R}^d$ 成立，其中 $1 \leqslant i, k \leqslant d$。此外还有

$$\lim_{h \to 0_+} \frac{1}{h}\left[\mathbb{E}f(X(t+h)) - f(x) | X(t) = x\right] = (\mathcal{A}_t f)(x), \ \forall x \in \mathbb{R}^d,$$

对任意函数本身有界，且 $\mathcal{A}_t f$ 中包含的一阶及二阶导数也是有界的函数 $f \in C^2(\mathbb{R}^d)$。

证明：不失一般性，我们证明 $t=0$ 的情况。根据 Itô 公式，

$$f(X(h))-f(x)=\sum_{i=1}^{d}\int_{0}^{h}\frac{\partial f(X(s))}{\partial x_i}\mathrm{d}X^{(i)}(s)+\frac{1}{2}\sum_{i=1}^{d}\sum_{k=1}^{d}\int_{0}^{h}\frac{\partial^2 f(X(s))}{\partial x_i \partial x_k}\mathrm{d}[X^{(i)},X^{(k)}](s),$$

其中

$$X^{(i)}(h)=x_i+\int_0^h \mu_i(s,X(s))\mathrm{d}s+\sum_{j=1}^r \int_0^h \sigma_{ij}(s,X(s))\mathrm{d}W^{(j)}(s),$$

且

$$[X^{(i)},X^{(k)}](s)=\sum_{j=1}^r \int_0^s \sigma_{ij}(s,X(s))\sigma_{kj}(s,X(s))\mathrm{d}s=\int_0^s a_{ik}(s,X(s))\mathrm{d}s.$$

那么

$$\begin{aligned}&f(X(h))-f(x)\\&=\sum_{i=1}^d \int_0^h \mu_i(s,X(s))\frac{\partial f(X(s))}{\partial x_i}\mathrm{d}s+\sum_{i=1}^d\sum_{j=1}^r \int_0^h \sigma_{ij}(s,X(s))\frac{\partial f(X(s))}{\partial x_i}\mathrm{d}W^{(j)}(s)+\\&\quad\frac{1}{2}\sum_{i=1}^d\sum_{k=1}^d \int_0^h a_{ik}(s,X(s))\frac{\partial^2 f(X(s))}{\partial x_i \partial x_k}\mathrm{d}s\\&=\int_0^h (\mathcal{A}_s f)(X(s))\mathrm{d}s+\sum_{i=1}^d\sum_{j=1}^r \int_0^h \sigma_{ij}(s,X(s))\frac{\partial f(X(s))}{\partial x_i}\mathrm{d}W^{(j)}(s).\end{aligned}$$

等式两边同时取期望，可以得到

$$\mathbb{E}^x f(X(j))-f(x)=\mathbb{E}\int_0^h (\mathcal{A}_s f)(X(s))\mathrm{d}s,$$

这说明

$$\lim_{h\to 0_+}\frac{1}{h}[\mathbb{E}^x f(X(h))-f(x)]=(\mathcal{A}_0 f)(x),$$

$f\in C^2(\mathbb{R}^d)$ 可说明 $\mathcal{A}f\in C(\mathbb{R}^d)$，且 X 有连续路径。

特别地，如果令 $f(y)=y_i$，那么 $(\mathcal{A}_t f)(y)=\mu_i(t,y)$，我们可以得到

$$\lim_{h\to 0_+}\frac{1}{h}[\mathbb{E}^x X^{(i)}(h)-x_i]=\mu_i(0,y).$$

如果令 $f(y)=(y_i-x_i)(y_k-x_k)$，那么 $(\mathcal{A}_t f)(y)=a_{ik}(t,y)+\mu_i(t,y)(y_k-x_k)+\mu_k(t,y)(y_i-x_i)$，我们可以得到

$$\lim_{h\to 0_+}\frac{1}{h}\mathbb{E}^x[(X^{(i)}(h)-x_i)(X^{(k)}(h)-x_k)]=a_{ik}(0,x).$$

在有了关于无穷小生成元的相关知识后,我们给出一般条件下的 Feynman-Kac 定理。我们首先假设定理 4.9 中的线性增长条件和 Lipschitz 条件都成立。

定理 4.19 (**一般条件下的 Feynman-Kac 定理**) 设常数 $L > 0$,$\lambda \geqslant 1$,函数 $f(x): \mathbb{R}^d \to \mathbb{R}$, $g(t,x): [0,T] \times \mathbb{R}^d \to \mathbb{R}$ 以及 $k(t,x): [0,T] \times \mathbb{R}^d \to [0,\infty)$ 连续,并且满足多项式增长条件

$$\max_{0 \leqslant t \leqslant T} |f(x)| + |g(t,x)| \leqslant L \left(1 + \|x\|^{2\lambda}\right). \tag{4.93}$$

设 $v(t,x): [0,T] \times \mathbb{R}^d \to \mathbb{R}$ 是连续的,在 $[0,T) \times \mathbb{R}^d$ 上属于 $C^{1,2}$,并且在 $[0,T) \times \mathbb{R}^d$ 上满足边值条件为

$$v(T,x) = f(x); \quad x \in \mathbb{R}^d \tag{4.94}$$

的 Cauchy 问题

$$-\frac{\partial v}{\partial t} + kv = \mathcal{A}_t v + g, \tag{4.95}$$

这里的微分算子 $\mathcal{A}_t$ 由式 (4.92) 给出;并且对某个 $M > 0$, $\mu \geqslant 1$ 满足多项式增长条件

$$\max_{0 \leqslant t \leqslant T} |v(t,x)| \leqslant M \left(1 + \|x\|^{2\mu}\right); \quad x \in \mathbb{R}^d. \tag{4.96}$$

假设 $X(t)$ 是随机微分方程 (4.91) 的唯一解,则 $v(t,x)$ 在 $[0,T] \times \mathbb{R}^d$ 上满足

$$v(t,x) = \mathbb{E}\left[f(X(T)) \exp\left(-\int_t^T k(\theta, X(\theta)) \, d\theta\right) + \int_t^T g(u, X(u)) \exp\left(-\int_t^u k(\theta, X(\theta)) \, d\theta\right) du \Big| X(t) = x\right]. \tag{4.97}$$

特别地,该解是唯一的。

为了证明这一定理,我们给出如下引理:

引理 4.4 对任意 $m \geqslant 1$,我们有

$$\mathbb{E}\left[\max_{t \leqslant \theta \leqslant u} \|X(\theta)\|^{2m} \Big| X(t) = x\right] \leqslant C \left(1 + \|x\|^{2m}\right) e^{C(u-t)}; \quad t \leqslant u \leqslant T,$$

其中 C 是一个仅依赖于 m, T, K 和 d 的正的常数。

该引理可以通过 Burholder-Davis-Gundy 不等式证明。我们在介绍鞅的一节中已经提到了这个不等式的一维形式,下面我们引述其多维形式,其证明可以参见参考文献 [16] 的 3.3 节。

引理 4.5 （Burholder-Davis-Gundy 不等式）令 $M(t) = (M_1(t), M_2(t), ..., M_d(t))$ 是定义在概率空间 $(\Omega, \mathcal{F}, \mathbb{P})$ 上适应于域流 $\{\mathcal{F}(t)\}$ 的连续局部鞅。令

$$A(t) = \sum_{i=1}^{d} [M_i, M_i](t), \quad 0 \leqslant t < \infty,$$

则对于任意 $m > 0$，存在仅与 m 有关的正数 λ_m 和 Λ_m 使得

$$\lambda_m \mathbb{E}[A^m(\tau)] \leqslant \mathbb{E}\left[\max_{0 \leqslant t \leqslant \tau} \|M(t)\|^{2m}\right] \leqslant \Lambda_m \mathbb{E}[A^m(\tau)],$$

对所有停时 τ 均成立。

下面我们就来证明定理 4.19。

证明：欲证明唯一性，只需证明式 (4.97)。我们现在开始证明式 (4.97)。为了方便表达，记

$$Z(u) = \exp\left\{-\int_t^u k(\theta, X(\theta)) \, d\theta\right\}; \quad t \leqslant u \leqslant T,$$

以及

$$Y(u) = v(u, X(u)) Z(u) + \int_t^u g(\theta, X(\theta)) Z(\theta) \, d\theta; \quad t \leqslant u \leqslant T. \tag{4.98}$$

一方面，注意到 $Z(t) = 1$，我们有

$$Y(t) = v(t, X(t)),$$

另一方面，由边值条件式 (4.94) 可以得出

$$Y(T) = f(X(T)) Z(u) + \int_t^T g(u, X(u)) Z(u) \, du.$$

从而，等价于要证明

$$Y(t) = \mathbb{E}[Y(T) | X(t)]. \tag{4.99}$$

定理 4.20

证明：由于函数 $v(u, x)$ 属于 $C^{1,2}$，由 Itô 引理可得

$$dv(u, X(u)) = \left(\frac{\partial v}{\partial u} + \mathcal{A}_u v\right)(u, X(u)) \, du + dM(u),$$

其中 $\{M(u)\}$ 是一个局部鞅，由

$$M(u) = \sum_{j=1}^{r} \int_0^u \left(\sum_{i=1}^{d} \sigma_{i,j}(\theta, X(\theta)) \frac{\partial v}{\partial x_i}(\theta, X(\theta))\right) dW_j(\theta) \tag{4.100}$$

定义。此外，由分部积分公式可以得到

$$\mathrm{d}Y(u) = Z(u)\left(\frac{\partial v}{\partial u} + \mathcal{A}_u v - kv + g\right)(u, X(u))\mathrm{d}u + Z(u)\mathrm{d}M(u).$$

由 Cauchy 问题式 (4.95) 可得出 $\mathrm{d}t$ 项等于 0。从而，我们有

$$Y(u) = Y(t) + \int_t^u Z(\theta)\mathrm{d}M(\theta); t \leqslant u \leqslant T.$$

$\{Y(u), \mathcal{F}(u)\}$ 是一个对局部鞅的 Itô 积分，从而也是一个局部鞅，但不一定是鞅。在下文中，我们将会利用一种局部化技巧来证明式 (4.99)。

对于 $n = 1, 2, ...$，定义停时序列

$$\tau_n = \inf\{t \leqslant u \leqslant T; \|X(u)\| \geqslant n\}, \tag{4.101}$$

规定空集的下确界为无穷。由随机过程 $X(u)$ 的连续性以及适应性能够推出 τ_n 是一个停时。漂移项向量 $\mu(t, x)$ 和方差矩阵 $\sigma(t, x)$ 的线性增长条件能够进一步保证 $X(u)$ 是非爆炸性的，并且在 $[t, T]$ 上全局存在。因此，我们有

$$\mathbb{P}\left(\lim_{n \to \infty} T \wedge \tau_n = T\right) = 1. \tag{4.102}$$

可以推出在式 (4.100) 中出现的 $\sigma_{i,j}(u, X(u))$ 和 $\partial v / \partial x_i(u, X(u))$, $i = 1, ..., d$, $j = 1, ..., r$ 在 $[t, T \wedge \tau_n]$ 上有界，其中 $\{\tau_n\}$ 是由式 (4.101) 定义的停时，从而过程 $\{M(u \wedge \tau_n), \mathcal{F}(u)\}$ 是一个平方可积鞅。对于函数 $k(t, x)$ 的非负假设保证了过程 $\{Z(u)\}$ 总是有界的，因而停止过程 $\{Y(u \wedge \tau_n), \mathcal{F}(u)\}$ 是一个平方可积鞅。因此，一定有

$$Y(t) = \mathbb{E}\left[Y(T \wedge \tau_n)|\mathcal{F}(t)\right]$$
$$= \mathbb{E}\left[v(T \wedge \tau_n, X(T \wedge \tau_n))Z(T \wedge \tau_n) + \int_t^{T \wedge \tau_n} g(u, X(u))Z(u)\mathrm{d}u \Big| \mathcal{F}(t)\right].$$

事实上，由 $X(u)$ 的马尔科夫性，我们有

$$Y(t) = \mathbb{E}\left[Y(T \wedge \tau_n)|X(t)\right]$$
$$= \mathbb{E}\left[v(T \wedge \tau_n, X(T \wedge \tau_n))Z(T \wedge \tau_n) + \int_t^{T \wedge \tau_n} g(u, X(u))Z(u)\mathrm{d}u \Big| X(t)\right].$$

接下来，我们令 n 趋于 ∞，即

$$Y(t) = \lim_{n \to \infty} \mathbb{E}\left[Y(Y \wedge \tau_n)|X(t)\right],$$

然后证明
$$\lim_{n\to\infty} \mathbb{E}\left[Y\left(T\wedge\tau_n\right)|X\left(t\right)\right] = \mathbb{E}\left[Y\left(T\right)|X\left(t\right)\right], \tag{4.103}$$
继而得到式 (4.99)。

我们注意到
$$v\left(T\wedge\tau_n, X\left(T\wedge\tau_n\right)\right)Z\left(T\wedge\tau_n\right)$$
$$= v\left(T, X\left(T\right)\right)Z\left(T\right)1_{\{\tau_n > T\}} + v\left(\tau_n, X\left(\tau_n\right)\right)Z\left(\tau_n\right)1_{\{\tau_n \leqslant T\}}$$
$$= f\left(X\left(T\right)\right)Z\left(T\right)1_{\{\tau_n > T\}} + v\left(\tau_n, X\left(\tau_n\right)\right)Z\left(\tau_n\right)1_{\{\tau_n \leqslant T\}}.$$

以及
$$\int_t^{T\wedge\tau_n} g\left(u, X\left(u\right)\right) Z\left(u\right) \mathrm{d}u$$
$$= \int_t^T f\left(u, X\left(u\right)\right) Z\left(u\right) \mathrm{d}u 1_{\{\tau_n > T\}} + \int_t^{\tau_n} g\left(u, X\left(u\right)\right) Z\left(u\right) \mathrm{d}u 1_{\{\tau_n \leqslant T\}}.$$

从而，我们有
$$Y\left(T\wedge\tau_n\right) = v\left(T\wedge\tau_n, X\left(T\wedge\tau_n\right)\right) Z\left(T\wedge\tau_n\right) + \int_t^{T\wedge\tau_n} g\left(u, X\left(u\right)\right) Z\left(u\right) \mathrm{d}u$$
$$= \left\{ f\left(X\left(T\right)\right) Z\left(T\right) + \int_t^T g\left(u, X\left(u\right)\right) Z\left(u\right) \mathrm{d}u \right\} 1_{\{\tau_n > T\}} +$$
$$\left\{ v\left(\tau_n, X\left(\tau_n\right)\right) Z\left(\tau_n\right) + \int_t^{\tau_n} g\left(u, X\left(u\right)\right) Z\left(u\right) \mathrm{d}u \right\} 1_{\{\tau_n \leqslant T\}}.$$

代入式 (4.103) 左边，我们有
$$\lim_{n\to\infty} \mathbb{E}\left[Y\left(T\wedge\tau_n\right)|X\left(t\right)\right]$$
$$= \mathbb{E}\left[Y\left(T\right)|X\left(t\right)\right] + \lim_{n\to\infty} \mathbb{E}\left[v\left(\tau_n, X\left(\tau_n\right)\right) Z\left(\tau_n\right) 1_{\{\tau_n \leqslant T\}}|X\left(t\right)\right] -$$
$$\lim_{n\to\infty} \mathbb{E}\left[f\left(X\left(T\right)\right) Z\left(T\right) 1_{\{\tau_n \leqslant T\}}|X\left(t\right)\right] -$$
$$\lim_{n\to\infty} \mathbb{E}\left[\int_{\tau_n}^T g\left(u, X\left(u\right)\right) Z\left(u\right) \mathrm{d}u 1_{\{\tau_n \leqslant T\}}|X\left(t\right)\right].$$

因此，和式 (4.103) 相比，只需分别证明
$$\lim_{n\to\infty} \mathbb{E}\left[v\left(\tau_n, X\left(\tau_n\right)\right) Z\left(\tau_n\right) 1_{\{\tau_n \leqslant T\}}|X\left(t\right)\right] = 0, \tag{4.104}$$

并且
$$\lim_{n\to\infty} \mathbb{E}\left[f\left(X\left(T\right)\right) Z\left(T\right) 1_{\{\tau_n \leqslant T\}}|X\left(t\right)\right] = 0, \tag{4.105}$$

以及
$$\lim_{n\to\infty} \mathbb{E}\left[\int_{\tau_n}^{T} g(u, X(u)) Z(u) \, du 1_{\{\tau_n \leqslant T\}} | X(t)\right] = 0. \tag{4.106}$$

我们首先应用引理 4.4 来证明式 (4.104)。由条件式 (4.96) 以及停时的定义式 (4.101) 可以推出

$$\mathbb{E}\left[\left|v(\tau_n, X(\tau_n)) Z(\tau_n) 1_{\{\tau_n \leqslant T\}}\right| X(t)\right] \leqslant M\left(1 + n^{2\mu}\right) \mathbb{P}(\tau_n \leqslant T | X(t)).$$

注意到，根据定义有

$$\{\tau_n \leqslant T\} = \left\{\max_{t \leqslant u \leqslant T} \|X(u)\| \geqslant n\right\}.$$

因此，由引理 4.4 可以推出，对任意 $m \geqslant 1$，最后一项中的概率可以继续由切比雪夫不等式控制为

$$\mathbb{P}(\tau_n \leqslant T | X(t)) = \mathbb{P}\left(\max_{t \leqslant u \leqslant T} \|X(u)\| \geqslant n | X(t)\right)$$
$$\leqslant n^{-2m} \mathbb{E}\left[\max_{t \leqslant u \leqslant T} \|X(u)\|^{2m} | X(t)\right]$$
$$\leqslant C n^{-2m} \left(1 + \|x\|^{2m}\right) e^{C(T-t)},$$

从而有

$$\mathbb{E}\left[\left|v(\tau_n, X(\tau_n)) Z(\tau_n) 1_{\{\tau_n \leqslant T\}}\right| X(t)\right]$$
$$\leqslant M C n^{-2m} \left(1 + n^{2\mu}\right) \left(1 + \|X(t)\|^{2m}\right) e^{C(T-t)}.$$

只需取 $m > \mu$，就可以得到式 (4.104)。

接下来，由式 (4.102) 很容易推出，当 $n \to \infty$ 时，

$$f(X(T)) Z(T) 1_{\{\tau_n \leqslant T\}} \to 0,$$

并且

$$\int_{\tau_n}^{T} g(u, X(u)) Z(u) \, du 1_{\{\tau_n \leqslant T\}} \to 0.$$

此外，注意到 $\max_u |Z(u)| \leqslant 1$，从而

$$\left|f(X(T)) Z(T) 1_{\{\tau_n \leqslant T\}}\right| \leqslant |f(X(T))|,$$

并且

$$\left|\int_{\tau_n}^{T} g(u, X(u)) Z(u) \, du 1_{\{\tau_n \leqslant T\}}\right| \leqslant \int_{t}^{T} |g(u, X(u))| \, du.$$

因此，由控制收敛定理，欲证明式 (4.105) 以及式 (4.106)，只需证明随机变量 $|f(X(T))|$ 和 $\int_t^T |g(u, X(u))| du$ 是可积的，即

$$\mathbb{E}[|f(X(T))| \,|\, X(t) = x] < \infty, \forall x \in \mathbb{R}^d, \tag{4.107}$$

以及

$$\mathbb{E}\left[\int_t^T |g(u, X(u))| du \Big| X(t) = x\right] < \infty, \forall x \in \mathbb{R}^d. \tag{4.108}$$

现在，我们开始证明式 (4.107) 和式 (4.108) 以完成证明。事实上，由多项式增长条件式 (4.93) 可以推出

$$\mathbb{E}[|f(X(T))| \,|\, X(t) = x] \leqslant L\left(1 + \mathbb{E}\left[\|X(T)\|^{2\lambda} \,|\, X(t) = x\right]\right) \tag{4.109}$$

$$\leqslant L\left(1 + \mathbb{E}\left[\max_{t \leqslant u \leqslant T} \|X(u)\|^{2\lambda} \,|\, X(t) = x\right]\right).$$

此外，由 Fubini 交换积分次序定理，以及条件式 (4.93) 可以推出

$$\mathbb{E}\left[\int_t^T |g(u, X(u))| du \Big| X(t) = x\right] = \int_t^T \mathbb{E}[|g(u, X(u))| \,|\, X(t) = x] du \tag{4.110}$$

$$\leqslant \int_t^T L\left(1 + \mathbb{E}\left[\|X(u)\|^{2\lambda} \,|\, X(t) = x\right]\right) du$$

$$\leqslant (T-t) L\left(1 + \mathbb{E}\left[\max_{t \leqslant u \leqslant T} \|X(u)\|^{2\lambda} \,|\, X(t) = x\right]\right).$$

由引理 4.4 可知存在某个常数 $C = C(\lambda, K, T, d) > 0$，使得

$$\mathbb{E}\left[\max_{t \leqslant u \leqslant T} \|X(u)\|^{2\lambda} \,|\, X(t) = x\right] \leqslant C\left(1 + \|x\|^{2\lambda}\right) e^{C(T-t)} < \infty,$$

由这一点再结合式 (4.109) 至式 (4.110) 可以立即推出式 (4.105) 和式 (4.106)。□

4.4.5 转移密度的 Kolmogorov 方程

假设 $X(t)$ 是随机微分方程 (4.91) 的唯一解。对 $t > s \geqslant 0$，令 $p(t, x; s, y)$ 为过程 $\{X(t)\}$ 的转移密度，即

$$\mathbb{P}(X(t) \in A | X(s) = y) = \int_A p(t, x; s, y) dx.$$

我们有初始条件

$$\lim_{t \to s} p(t, x; s, y) = \delta(x - y),$$

其中 $\delta(\cdot)$ 是著名的 Dirac Delta 函数。我们引入算子式 (4.92) 的对偶微分算子 $\mathcal{A}_t^*$：

$$\mathcal{A}_t^* f(x) \triangleq \frac{1}{2}\sum_{i=1}^d\sum_{j=1}^d \frac{\partial^2}{\partial x_i \partial x_j}[a_{ij}(t,x)f(x)] - \sum_{i=1}^d \frac{\partial}{\partial x_i}[\mu_i(t,x)f(x)].$$

$\mathcal{A}_t^*$ 是 $\mathcal{A}_t$ 对偶微分算子的意义在于：对任意足够光滑的、满足合适的边界快速衰减条件的函数 f 和 ϕ，

$$\langle \mathcal{A}_t f, \phi\rangle_{L^2} = \langle f, \mathcal{A}_t^* \phi\rangle_{L^2}. \tag{4.111}$$

此处，的 L^2 内积定义为

$$\langle g, h\rangle_{L^2} := \int_{\mathbb{R}^d} g(x)h(x)\mathrm{d}x.$$

请读者作为练习证明式 (4.111)。

Dirac Delta 函数可以在直观上理解为实轴上的一个广义函数，该函数在除原点外的任何地方均为 0，而在原点处为无穷大：

$$\delta(z) = \begin{cases} +\infty, & z=0; \\ 0, & z\neq 0. \end{cases}$$

它还需要满足

$$\int_{-\infty}^{+\infty}\delta(z)\mathrm{d}z = 1,$$

以及分部积分公式

$$\int g(x)\delta(x-a)\mathrm{d}x = g(a).$$

作为一个概率密度，Dirac Delta 函数对应于它的累积分布函数，即 Heaviside 函数：

$$H(z) = \begin{cases} 1, & z\geqslant 0; \\ 0, & z<0. \end{cases}$$

我们可以对作为概率分布的 Heaviside 函数作如下理解：考虑一个值为 0 的常值随机变量 X，从而我们有

$$\mathbb{P}(X\leqslant z) = 1, \text{ 如果 } z\geqslant 0,$$
$$\mathbb{P}(X\leqslant z) = 0, \text{ 如果 } z<0,$$

即

$$\mathbb{P}(X\leqslant z) = H(z).$$

因此，我们有 $H'(z) = \delta(z)$。

我们从直观上推导如下关于 $p(t,x;s,y)$ 的表达式：

$$p(t,x;s,y) = \frac{\partial}{\partial x}\mathbb{E}\left[1_{\{X(t)\leqslant x\}}|X(s)=y\right]$$

$$= \mathbb{E}\left[\frac{\partial}{\partial x}1_{\{X(t)\leqslant x\}}|X(s)=y\right]$$

$$= \mathbb{E}\left[\frac{\partial}{\partial x}H\left(x-X(t)\right)|X(s)=y\right]$$

$$= \mathbb{E}\left[\delta\left(x-X(t)\right)|X(s)=y\right]$$

$$= \mathbb{E}\left[\delta\left(X(t)-x\right)|X(s)=y\right],$$

其中最后一个的等式可以由 $\delta(z)$ 是偶函数推出。随后，我们从直观上有

$$\lim_{t\to s}p(t,x;s,y) = \lim_{t\to s}\mathbb{E}\left[\delta\left(X(t)-x\right)|X(s)=y\right]$$

$$= \mathbb{E}\left[\delta\left(X(s)-x\right)|X(s)=y\right]$$

$$= \delta(y-x).$$

定理 4.21 （**Kolmogorov 向前/向后方程**） 在一定的技术条件下，转移密度 $p(t,x;s,y)$ 满足以下两个偏微分方程：

Kolmogorov 向后方程

$$(\frac{\partial}{\partial s}+\mathcal{A}_s)p(t,x;\cdot,\cdot)=0,$$

和 Kolmogorov 向前方程（也称为 Fokker-Planck 方程）

$$(\frac{\partial}{\partial t}-\mathcal{A}_t^*)p(\cdot,\cdot;s,y)=0.$$

我们在此提供一个证明这一定理的思路，请读者作为练习，自行补全证明的细节。首先，由于满足随机微分方程的过程具有马尔科夫性，我们容易验证以下 Chapman-Kolmogorov 等式成立：

$$p(t,x;s,y)=\int_{-\infty}^{+\infty}p(u,z;s,y)p(t,x;u,z)\mathrm{d}z. \tag{4.112}$$

我们先由这个等式证明 Kolmogorov 向后方程成立。注意到最小生成元的特点，为了将转移密度 $p(t,x;s,y)$ 与该扩散过程的随机微分方程联系起来，我们对等式 (4.112) 进行如下的改写：

$$p(t,x;s,y)=\int_{-\infty}^{+\infty}p(u,z;s,y)p(t,x;u,z)\mathrm{d}z$$

$$=\mathbb{E}[p(t,x;u,X(u))|X(s)=y], \tag{4.113}$$

其中 $s < u < t$。此时我们如果把 $p(t,x;s,y)$ 看成 s,y 的二元函数 $V(s,y)$，结合 Feynman-Kac 定理，我们立刻得到 Kolmogorov 向后方程。接下来我们再证明 Kolmogorov 向前方程，读者可在等式 (4.112) 两边对 u 求偏导，然后带入 Kolmogorov 向后方程，分部积分即可。需要注意的是，Kolmogorov 向前方程的成立对该随机过程的性质有进一步的要求，这一点体现在分部积分之后的边界项是否趋于 0，建议感兴趣的读者可自行对此问题进行探索。 □

4.5 本章小结

这一章篇幅较长，我们从随机积分出发，讨论了经典的 Itô 积分的定义、计算方法以及应用，并且从一维推广到了多维。之后我们又介绍了随机微分方程，讨论了随机微分方程的几个经典例子。需要注意的是，在实际应用中，模型并不是越复杂越好，而是要根据具体的需要选择最适合的。本章还介绍了随机分析中一些重要的定理。作为本章内容的应用，我们将在下一章介绍 Black-Scholes-Merton 期权定价理论，届时读者不妨回顾本章，将理论与应用相印证。不可否认，本章所介绍的一些内容对初学者而言可能颇有难度，其具体的证明细节也不易被完全掌握。但要提醒读者注意的是，本章给出定理的顺序是逐次推进、环环相扣的，各个定理及其证明之间具有明确的逻辑关系。在初学阶段，读者大可不必囿于繁杂的证明细节，不妨体会这些定理之间的逻辑关系，找到感觉，从整体上予以把握。学有余力的读者还应当把主要精力投入体会定理中蕴含的数学思想中，从而在之后的学习中更自然地将它们运用起来。对于本章内容的扩展与深化，读者可参阅参考文献 [16]、[18]、[19]、[27]、[28]、[29]、[30]、[31]、[34]、[37] 等。

第5章

随机微积分在金融衍生品定价中的应用

5.1 基于二叉树模型的衍生品定价

在前几章充足的数学准备后，我们开始讨论这些数学工具在金融建模中的运用。在金融市场中，资产价格的演化处处充满了随机性。这种随机性可以自然地用数学工具，如随机分析理论来刻画。金融衍生品定价理论的基本逻辑是构造无套利价格系统。套利（arbitrage），大体说来是指以零成本建立资产组合头寸，在此后的时间里没有亏损的风险，且有可能获得正收益。无套利价格系统意味着，如果可以事先确定两种资产 V_1 和 V_2 在某个时刻 T 价值相同，则在此前任意时刻它们的价格一定是相同的。否则我们可以证明存在套利的空间：不妨设存在时刻 $t < T$，使得 $V_1(t) < V_2(t)$，那么此时即可卖空 $V_2(t)$，并用所得资金的一部分买入 $V_1(t)$，持有到时刻 T，将价值相同的头寸同时结算，即可在时刻 t 无风险地获利 $V_2(t) - V_1(t)$。这显然是我们的价格系统所不允许的，因此 $V_1(t) = V_2(t)$ 必然成立。上述逻辑可以被等价表述为"资产过程的复制"，即我们既然用资产 V_1 复制了资产 V_2 在 T 时刻的价值，那么在这之前 V_2 的价格必须和复制过程 V_1 的价格相同。

本章中，我们将首先采用二叉树（binomial lattice）资产定价模型来对金融衍生品定价方法进行具体阐述。这一模型简单清晰，并且直到今天在衍生品定价的研究与实践中仍然具有实用价值。

5.1.1 期权基础知识和期权定价导论

在投资中有许多方法能够降低由价格向不利方向变化造成的风险，比如直接卖出持有资产、购买保险，或复制资产组合等。投资者常使用**期权**（option）作为自己资产的"保险"以降低投资风险。期权赋予持有人以事先确定的**执行价格** K 买入或者卖出某种资产的权利。买入权通常被称为**看涨期权**，卖出权则被称为**看跌期权**。如果持有人执行这样的权利，则他在行权时将付出 K 以获得价格为 S 的资产（看涨期权），或者花费 S 从市场上买入资产并以 K 卖出（看跌期权）。期权持有者拥有执行期权的权利而非义务。一般来说，当且仅当 $S > K$ 时，持有人才会去执行看涨期权；当且仅当 $K > S$ 时，持有人才会去执行看跌期权。因此，看涨和看跌期权行权所获得的收益分别为 $\max(S-K, 0)$ 和 $\max(K-S, 0)$，这被称为相应期权的**内含价值**。显然，内含价值是非负的。当内含价值为正时，期权被称为**价内**的；当 S 恰好与 K 相等时，期权被称为处于**平价状态**；否则，期权被称为**价外**的。为了得到这种权利，人们需要付一笔费用来购买期权。

本书不是专门介绍金融衍生品的教材，因此不对实际的市场制度进行过多介绍。但我们需要知道，尽管期权的种类非常多样，但如果按照行权时间来分，大致可以分为欧式和美式两种。欧式期权的行权日期是事先确定的到期日 T，在此之前不能行权。而美式期权则规定，在到期日 T 之前的任何时刻均可以行使权利。值得注意的是，无论是美式还是欧式期权，在到期日 T 之后，期权将作废。

在细节上，现实的期权市场要比上面介绍的更复杂，但我们此处的目的是阐述清楚无套利定价的思想，故无须进行更详尽的补充。接下来，我们将在此框架下使用资产复制的思想介绍衍生品的定价原理。

5.1.2 金融衍生品定价的一阶二叉树模型

二叉树模型是一种资产定价的简化模型。在此模型中，我们记股票价格在初期是常数 S_0，并且认为下一期股票的价格有且只可能有两种取值。因此，我们可以把随机的资产价格变化假设为抛掷一枚非均匀硬币的随机结果。每次抛掷硬币，记正面向上为 H，反面向上为 T。以一阶二叉树模型为例，我们只考虑一期（抛一次硬币），在时刻 0 的股价为 S_0，在时刻 1 我们认为股价可能取为 $S_1(H)$ 或者 $S_1(T)$，最终取得何值取决于硬币抛掷的结果。设抛掷硬币以 p 的概率取结果 H，$1-p$ 的概率取结果 T，则股价 S_1 等于 $S_1(H)$ 的概率是 p，等于 $S_1(T)$ 的概率是 $1-p$，服从伯努利分布，如下所示：

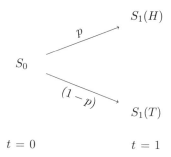

此时我们即构造了一个概率空间 $(\Omega, \mathbb{P}, \mathcal{F})$，其中

$$\Omega = \{H, T\}, \mathcal{F} = \{\emptyset, \Omega, \{H\}, \{T\}\}, \mathbb{P}(\{H\}) = p.$$

进一步，如果考虑多期（抛掷多次硬币），我们便能相应地得到多阶二叉树模型。虽然二叉树模型看上去非常简单，似乎难以反映现实中的股价变动，但其背后的无套利定价理念却十分重要且有着广泛的应用。同时，随着我们增加时期数，股价波动的时间间隔缩短，并最终趋向于 0，多期的二叉树模型最终会收敛于连续时间的 Black-Scholes-Merton 模型，我们在之后的部分会进一步讨论后者。现在我们来介绍在一阶二叉树模型下进行衍生品定价的逆向推导（backward induction）方法。我们先来构造最简单的一阶二叉树模型，考虑一个只包含一只股票的金融市场与利率

为 r 的无风险货币市场的情形。引入两个正值：

$$u = \frac{S_1(H)}{S_0} \quad \text{和} \quad d = \frac{S_1(T)}{S_0},$$

来反映股价一期后的变动情况，不妨先假定 $u > d$（因为如果 $u < d$，只要将硬币的两面标记交换即可，而如果 $u = d$ 则股票价格失去了随机性，不属于我们感兴趣的范围）。我们称 u 为上升因子，d 为下降因子。我们考虑一个欧式看涨期权。如前所述，它赋予持有者在时刻 1 以执行价格 K 购买一份股票的权利：记在时刻 1 股票的价格为 S_1，若 $S_1 > K$，持有者将以价格 K 购买股票以 S_1 出售，获利 $S_1 - K$；若 $S_1 \leqslant K$，持有者无法通过行权获利，因此不行权。因而，这样一份欧式看涨期权在时刻 1 的收益就是

$$(S_1 - K)^+ = \max\{S_1 - K, 0\}.$$

同理，如果我们考虑一个欧式看跌期权，它赋予持有者在时刻 1 以执行价格 K 卖出一份股票的权利。我们可以推出，这样一份欧式看跌期权在时刻 1 的收益为

$$(K - S_1)^+ = \max\{K - S_1, 0\}.$$

在我们的分析当中，假设市场是无套利的。虽然真实的市场有时的确会存在套利，但这种机会稍纵即逝，因为套利行为本身便会减少这种机会。我们在此给出自融资（self-financing）与套利的严格定义。

定义 5.1 一个交易策略（证券投资组合）是**自融资**的，当且仅当该投资组合没有外界的资金注入或者取出，新资产的购买必须由旧资产的变卖提供资金。

定义 5.2 **套利**是一种自融资的交易策略，该策略满足如下三个条件：没有起始资金（$X_0 = 0$）；不可能发生亏损（$\mathbb{P}(X_1 \geqslant 0) = 1$）；时在未来有产生收益的可能（$\mathbb{P}(X_1 > 0) > 0$）。

对于上文提出的二叉树模型，无套利机会等价于 $0 < d < 1+r < u$。必要性的证明十分容易，若 $d \geqslant 1+r$，则投资者能够以 r 的利率借入现金来购买股票，不可能发生亏损且可能获利；若 $u \leqslant 1+r$，则投资者可以卖空股票，并将以 r 的利息存入所获现金，获得的利息必然不会少于股市收益。类似地，我们也可以证明其充分性，此处不赘述。在衡量期权价格时，我们坚持的是无套利原则。从另一方面讲，如果我们能够用某种方式复制出期权的收益，那么这个复制成本就应该是期权的价格，否则就会产生套利机会。

我们以两种同样收益的投资组合为例，假定 $S_0 = 4$，$u = 2 = 1/d$，$r = 1/4$，同时执行价格 $K = 5$，考虑以下两种投资组合：

第 5 章 随机微积分在金融衍生品定价中的应用

在投资组合 1 中，持有一份欧式看涨期权，它在时刻 1 的收益是 $(S_1 - K)^+$，即若股票上涨，收益为

$$V_1(H) = (S_1(H) - K)^+ = 8 - 5 = 3;$$

若股票下跌，收益为

$$V_1(T) = (S_1(T) - K)^+ = (2 - 5)^+ = 0.$$

即

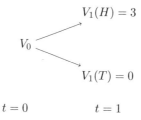

在投资组合 2 中，持有初始资产 $X_0 = 1.2$，在时刻 0 投资股票市场，借款 0.8 后，购买 $\Delta_0 = 0.5$ 份股票，这导致其在货币市场上的投资为

$$X_0 - \Delta_0 S_0 = -0.8.$$

在时刻 1，我们需要支付银行贷款的本金和利息，净持有资产的变动为

$$(1 + r)(X_0 - \Delta_0 S_0) = -1.$$

同时我们购买的股票价格发生了变化，股票总价值或为

$$\Delta_0 S_1(H) = (0.5) \times 8 = 4,$$

或为

$$\Delta_0 S_1(T) = (0.5) \times 2 = 1.$$

因此，在时刻 1 我们的资产变为

$$X_1(H) = \Delta_0 S_1(H) + (1 + r)(X_0 - \Delta_0 S_0) = 4 - 1 = 3;$$

或者

$$X_1(T) = \Delta_0 S_1(T) + (1 + r)(X_0 - \Delta_0 S_0) = 1 - 1 = 0.$$

即

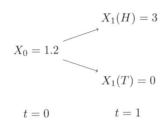

我们发现在时刻 1，组合 2 的收益与组合 1 相同。因此，为了避免套利的存在，在时刻 0 的这一欧式看涨期权的价值 V_0 就应当等同于 X_0，为 1.2。若 V_0 大于 1.2，比如 $V_0 = 1.21$，那么我们可以卖空组合 1 买入组合 2，即以 1.21 的价格卖空一份期权，用所获资金中的 1.2 通过投资组合 2 复制这个期权收益，同时把剩下的 0.01 投资于货币市场赚取无风险利息。这样到时刻 1 我们将会获得 0.0125 的无风险资金，于是构成了套利。同样，若 V_0 小于 1.2，例如 $V_0 = 1.19$，我们便可买入组合 1，卖空组合 2，即先卖空半份股票，得到 2，在货币市场投资 0.8，并用 1.19 购买期权，然后把剩余的 0.01 单独投资于货币市场赚取无风险利息。这样在时刻 1，期权收益为 3 或者 0，加上货币市场获得的 1，正好等同于半份股票的价值。此时，剩余的 0.01 产生的 0.0125 也是一个套利。我们需要注意，在此处我们仅通过排除法证明了当 $V_0 \neq X_0$ 时存在套利机会，但没有直接证明当 $V_0 = X_0$ 时不存在套利。在后文介绍风险中性测度后，我们将发现风险中性测度的存在就意味着无套利机会，从而证明当 $V_0 = X_0$ 时不存在套利。

归纳起来，为给期权定价，我们构造了股票市场和货币市场中的投资组合来复制期权，以得到期权价格。也就是说，如果我们用已知价格的金融工具构造投资组合，让其在时刻 1 相当于一种未知价格的金融衍生品的复制，那么根据无套利原则进行逆向推导，它们在时刻 0 的价格应当相同，从而可以确定金融衍生品的价格。

现在我们来研究一般情况下的一阶二叉树模型定价。考虑一种广义上的金融衍生品（看涨期权、看跌期权、远期合约等），假设它基于不同的股票价格，在时刻 1 带给投资者的净收益为 $V_1(H)$ 和 $V_1(T)$。具体地，在上述欧式看涨期权的例子中，$V_1 = (S_1 - K)^+$；对于欧式看跌期权，$V_1 = (K - S_1)^+$；对于远期合约，$V_1 = S_1 - K$。那么，如何计算在时刻 0 该金融衍生品的价格呢？我们仿照之前的做法，构造衍生品的复制组合。假设我们拥有初始财富 X_0，在时刻 0 购买头寸为 Δ_0 的股票。由于组合是自融资的，为了购买股票，我们需要从货币市场借贷或者投资 $X_0 - \Delta_0 S_0$。在时刻 1，组合的价值变为

$$X_1 = \Delta_0 S_1 + (1+r)(X_0 - \Delta_0 S_0).$$

为了复制衍生品价值，需要保证无论股票价格在时刻 1 取何值，都有 $X_1 = V_1$ 成立，即

$$X_1(H) = \Delta_0 S_1(H) + (1+r)(X_0 - \Delta_0 S_0) = V_1(H), \tag{5.1}$$

和

$$X_1(T) = \Delta_0 S_1(T) + (1+r)(X_0 - \Delta_0 S_0) = V_1(T). \tag{5.2}$$

求解方程 (5.1) 与方程 (5.2)，得到

$$\Delta_0 = \frac{V_1(H) - V_1(T)}{S_1(H) - S_1(T)},$$

$$X_0 = \frac{1}{1+r}\left(\frac{1+r-d}{u-d}V_1(H) + \frac{u-(1+r)}{u-d}V_1(T)\right). \tag{5.3}$$

受式 (5.3) 启发，我们可以定义新的概率测度，令

$$\tilde{p} = \frac{1+r-d}{u-d} \text{ 和 } \tilde{q} = \frac{u-(1+r)}{u-d},$$

注意到 $\tilde{p} + \tilde{q} = 1$，所以我们可以将 $\tilde{p}$ 和 $\tilde{q}$ 看做一个新的概率测度。在这个测度下抛硬币，正面朝上的概率为 $\tilde{p}$，反面朝上的概率为 $\tilde{q}$。它是为了研究而人为定义的，并不实际存在。应注意，我们在引入此概率测度时，我们并没有把原来不可能发生的事情变成可能发生的事情，也没有把可能发生的事情变成不可能发生的事情。我们称这样定义的测度为原测度的**等价概率测度**（equivalent probability measure）。

特别地，在此测度下股票折现价格、衍生品的复制资产组合折现价格以及衍生品折现价格都是鞅。于是我们将这样的 $\tilde{p}, \tilde{q}$ 形成的测度 $\mathbb{Q}$ 称为 **(等价) 风险中性测度**（risk-neutral probability measure），$\mathbb{Q}(H) = \tilde{p}$，$\mathbb{Q}(T) = \tilde{q}$。首先我们讨论股票，观察到

$$\frac{1}{1+r}[\tilde{p}S_1(H) + \tilde{q}S_1(T)] = S_0 \frac{1}{1+r}\left(\frac{1+r-d}{u-d}u + \frac{u-(1+r)}{u-d}d\right)$$

$$= S_0 \frac{1}{1+r}\frac{(1+r)(u-d)}{u-d} = S_0,$$

即风险中性测度下有恒等式

$$S_0 = \frac{1}{1+r}[\tilde{p}S_1(H) + \tilde{q}S_1(T)].$$

由此恒等式可以看出，在风险中性测度 $\mathbb{Q}$ 下，未来股票价格折现的期望等于当前的股票价格。进一步，将 $\tilde{p}$ 和 $\tilde{q}$ 按照定义代入方程 (5.3)，就得到

$$X_0 = \frac{1}{1+r}[\tilde{p}V_1(H) + \tilde{q}V_1(T)] = \frac{1}{1+r}[\tilde{p}X_1(H) + \tilde{q}X_1(T)].$$

金融中的数学方法

因此，在风险中性测度 $\mathbb{Q}$ 下，衍生品的复制资产组合价格折现的期望等于当前的复制资产组合价格。同时，由于 X_0 实现了衍生品的复制，所以它的价值等于衍生品的价格 V_0，有

$$V_0 = X_0 = \frac{1}{1+r}[\tilde{p}V_1(H) + \tilde{q}V_1(T)].$$

于是，在风险中性测度 $\mathbb{Q}$ 下，未来期权价格折现的期望等于当前期权的价格。综上，我们有

$$S_0 = \mathbb{E}^{\mathbb{Q}}\left(\frac{S_1}{1+r}\Big|\mathcal{F}_0\right),$$

$$X_0 = \mathbb{E}^{\mathbb{Q}}\left(\frac{X_1}{1+r}\Big|\mathcal{F}_0\right),$$

$$V_0 = \mathbb{E}^{\mathbb{Q}}\left(\frac{V_1}{1+r}\Big|\mathcal{F}_0\right).$$

等价风险中性概率测度与无套利联系紧密。我们将在本部分后续内容中证明，只要存在一个等价概率测度，使得在该测度下所有资产折现过程都成为鞅，那么市场上就不会存在套利机会。

综上所述，测度 $\mathbb{Q}$ 与在其测度下的概率并不实际存在，它只是一个与真实世界等价的假想世界。我们之所以能够用测度 $\mathbb{Q}$ 来给衍生证券定价，是因为 $\mathbb{Q}$ 与真实测度 $\mathbb{P}$ 具有等价性，这种等价不改变非随机事件的概率。换句话说，如果一种对冲方案在 $\mathbb{Q}$ 中以概率 1 可行，那它在 $\mathbb{P}$ 中就也以概率 1 可行。我们可以对"风险中性"有如下理解：在测度 $\mathbb{Q}$ 下，股票的平均增长率正好等于在货币市场投资的增长率，就好像投资者既不为承担更大的风险而获得更高的收益，也不为更高的潜在收益而支付额外的成本。这时投资者并不拒绝风险，也不热衷于冒险。此时，所有资产的合理价格就是它们的折现期望。

由于我们关心的是复制所决定的价格，因此不论真实情况下股价涨跌的概率是怎么样的，都并不影响我们对于期权合约的复制。我们可以取一个极端的例子来解释这一点。假如股票有 99% 的可能性上涨，只有 1% 的可能性下跌，那么看涨期权在时刻 0 是否会因此价格更高呢？答案是否定的。因为复制这个期权只需要使用当前的股票，而复制成本只源于当前股价和未来的价格，这与股价涨跌的概率是无关的。

5.1.3 金融衍生定价的多阶二叉树模型

多时段二叉树模型与一阶二叉树模型类似，都是通过假想抛掷硬币来模拟股票价格的上升或者下降的。区别在于多时段二叉树模型需要不断地重复抛掷硬币，抛掷结果是一个随机上升或下降的序列。在本节中，我们将从两时段的二阶二叉树模型谈起，继而推广至 N 阶二叉树模型。

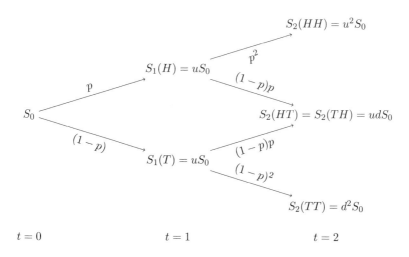

此时的定价原理和一时段二叉树下的情形相同，都是寻找适合的衍生品价格使得系统不产生套利机会。那么很自然地，自融资策率和套利的概念可以推广到此时的多期情形，对于套利我们可以定义如下：

定义 5.3 考虑多时段资产价格模型，**套利**是一种自融资的交易策略，该策略满足如下三个条件：没有起始资金（$X_0 = 0$），在未来某时刻 N 不发生亏损（$\mathbb{P}(X_N \geq 0) = 1$），同时有产生收益的可能（$\mathbb{P}(X_N > 0) > 0$）。

我们以欧式看涨期权的二阶二叉树模型为例。假设 $0 < d < 1+r < u$，期权在时刻 2 的收益为 $V_2 = (S_2 - K)^+$，也就是它在时刻 2 的价格。同样，我们从初始资产 X_0 开始建立自融资的资产组合，这一资产组合包括购买 Δ_0 份的股票，并且将剩余的 $X_0 - \Delta_0 S_0$ 在货币市场进行借贷或者投资。在时刻 1，我们有

$$X_1 = \Delta_0 S_1 + (1+r)(X_0 - \Delta_0 S_0),$$

若在时刻 1，股票价格较时刻 0 上涨，则时刻 1 的组合价值为

$$X_1(H) = \Delta_0 S_1(H) + (1+r)(X_0 - \Delta_0 S_0); \tag{5.4a}$$

若在时刻 1，股票价格较时刻 0 下降，则时刻 1 的组合价值为

$$X_1(T) = \Delta_0 S_1(T) + (1+r)(X_0 - \Delta_0 S_0). \tag{5.4b}$$

类似地，在时刻 1 我们需要继续以自融资的原则管理资产 X_1，不能存在外来资金的流入或内部资金的流出。在时刻 1 到时刻 2 期间，我们假设持有 Δ_1 份的股票，并且将剩余的 $X_1 - \Delta_1 S_1$ 在货币市场进行借贷或者投资，那么在时刻 2 就

有 $X_2 = \Delta_1 S_2 + (1+r)(X_1 - \Delta_1 S_1)$。由于自融资的资产组合要复制期权，故而到结算日期也就是时刻 2 时，资产组合价格需要满足 $X_2 = V_2 = (S_2 - K)^+$。整体考虑从时刻 0 到时刻 2，一共有 4 种情形可能发生：两次都上涨（HH）、第一次上涨第二次下跌（HT）、第二次上涨第一次下跌（TH）和两次都下跌（TT），对应的方程为

$$V_2(HH) = \Delta_1(H) S_2(HH) + (1+r)(X_1(H) - \Delta_1(H) S_1(H)), \tag{5.5a}$$

$$V_2(HT) = \Delta_1(H) S_2(HT) + (1+r)(X_1(H) - \Delta_1(H) S_1(H)), \tag{5.5b}$$

$$V_2(TH) = \Delta_1(T) S_2(TH) + (1+r)(X_1(T) - \Delta_1(T) S_1(T)), \tag{5.5c}$$

$$V_2(TT) = \Delta_1(T) S_2(TT) + (1+r)(X_1(T) - \Delta_1(T) S_1(T)). \tag{5.5d}$$

从方程 (5.4a) 至 (5.5d)，有 6 个未知数（X_0、Δ_0、$\Delta_1(H)$、$\Delta_1(T)$、$X_1(H)$ 和 $X_1(T)$）和 6 个方程，可以解出 X_0。根据无套利原则，$V_0 = X_0$，所以我们可以计算出 V_0。具体地，记 $\tilde{p} = \frac{1+r-d}{u-d}$，$\tilde{q} = \frac{u-(1+r)}{u-d}$，通过方程 (5.5a) 和方程 (5.5b) 可以解得

$$\Delta_1(H) = \frac{V_2(HH) - V_2(HT)}{S_2(HH) - S_2(HT)},$$

$$X_1(H) = \frac{1}{1+r}[\tilde{p} V_2(HH) + \tilde{q} V_2(HT)].$$

从而得到期权在时刻 1 的可能价格之一：

$$V_1(H) = X_1(H).$$

方程 (5.5c) 和方程 (5.5d) 仅包含 $\Delta_1(T)$ 与 $X_1(T)$ 两个未知数，可以解得

$$\Delta_1(T) = \frac{V_2(TH) - V_2(TT)}{S_2(TH) - S_2(TT)},$$

$$X_1(T) = \frac{1}{1+r}[\tilde{p} V_2(TH) + \tilde{q} V_2(TT)].$$

从而得到期权在时刻 1 的另一个可能价格：

$$V_1(T) = X_1(T).$$

之后，将 $X_1(H)$ 和 $X_1(T)$ 代入方程 (5.4a) 和方程 (5.4b)，此时两方程仅包含 Δ_0 与 V_0 两个未知数，可以解得

$$\Delta_0 = \frac{X_1(H) - X_1(T)}{S_1(H) - S_1(T)},$$

$$X_0 = \frac{1}{1+r}[\tilde{p}X_1(H) + \tilde{q}X_1(T)].$$

从而解得期权在时刻 0 的价格：

$$V_0 = X_0 = \frac{1}{1+r}[\tilde{p}X_1(H) + \tilde{q}X_1(T)].$$

实际上，整个计算过程是从最终收益进行逆推：首先利用一阶二叉树模型的结论，通过时刻 2 的价格计算得到时刻 1 的价格；再利用一阶二叉树模型，通过时刻 1 的价格计算得到时刻 0 的价格。这样我们实现了期权的复制。同时，从这一逆推过程中，我们不但得到了在时刻 0 的期权价格 $V_0 = X_0$，也得到了之后时刻 1 的期权价格的一切可能情形，即 $V_1(H) = X_1(H)$ 和 $V_1(T) = X_1(T)$。

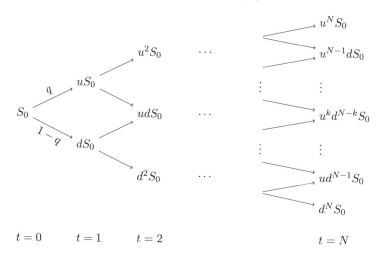

将二阶二叉树的情形推广到 N 阶，假设

$$0 < d < 1 + r < u,$$

记

$$\tilde{p} = \frac{1+r-d}{u-d}, \quad \tilde{q} = \frac{u-(1+r)}{u-d},$$

同样从初始资产 X_0 出发，采用自融资的管理方法，记在时刻 n 的资产为 X_n，股票价格为 S_n，投资者在时刻 n 到时刻 $n+1$ 期间持有的股票头寸为 Δ_n。与二阶二叉树类似，可以得到这些变量之间的关系，即财富方程（wealth equation）：

$$X_{n+1} = \Delta_n S_{n+1} + (1+r)(X_n - \Delta_n S_n). \tag{5.6}$$

为了实现期权的复制，取 $X_N = V_N$，则根据无套利原则，

对于 $n = 0, 1, \ldots, N-1$，都有 $V_n = X_n$。

金融中的数学方法

对于 H 和 T 的一个序列

$$\omega_1\omega_2\cdots\omega_n, \text{ 这里} \omega_i \in \{H, T\}, \ i = 1, 2, ..., n,$$

有

$$V_n(\omega_1\omega_2\cdots\omega_n) = X_n(\omega_1\omega_2\cdots\omega_n).$$

根据一阶二叉树的结论,能够得到

$$X_n(\omega_1\cdots\omega_n) = \frac{1}{1+r}[\tilde{p}X_{n+1}(\omega_1\cdots\omega_n H) + \tilde{q}X_{n+1}(\omega_1\cdots\omega_n T)], \tag{5.7}$$

并可以计算股票头寸为

$$\Delta_n = \frac{X_{n+1}(\omega_1\omega_2\cdots\omega_n H) - X_{n+1}(\omega_1\omega_2\cdots\omega_n T)}{S_{n+1}(\omega_1\omega_2\cdots\omega_n H) - S_{n+1}(\omega_1\omega_2\cdots\omega_n T)}. \tag{5.8}$$

其中 Δ_n 是指时刻 n 到时刻 $n+1$ 期间持有的股票头寸。这样,从 $X_N = V_N$ 开始,就可以逆向求解任何的 $X_n = V_n$ 和 Δ_n。

5.1.4 金融衍生品定价的鞅方法

在上一节中,针对金融衍生品定价,我们介绍了逆向推导方法,在本节中,我们将介绍另一种方法,即鞅方法 (martingale method)。

我们首先回顾第 1 章中的概率空间相关内容。在多时段二叉树模型中引入概率空间 $(\Omega, \mathcal{F}, \mathbb{P})$ 与域流 $\{\mathcal{F}_n\}$,其中 Ω 是样本空间,是随机过程的一切样本点所构成的集合,即

$$\Omega = \{(\omega_1\omega_2\cdots\omega_N) : \omega_i = H \text{或者} T, \text{ 对于任意 } i = 1, 2, ..., N\},$$

也就是说 Ω 代表了一切可能的 N 次抛掷硬币路径 $\omega_1\cdots\omega_N$。这样构成的 Ω 是一个有限集合,有 2^N 个元素。在样本空间 Ω 上,我们定义 $\sigma-$ 代数 $\mathcal{F}$,形成可测空间 $(\Omega, \mathcal{F})$。$\mathcal{F}$ 代表了一切可能事件的集合,包含了空集 $\emptyset$ 和全集 Ω,且 $\mathcal{F}$ 对于可数并运算和补运算封闭。这里,$\mathcal{F}$ 由 Ω 的所有子集生成,也就是包含了 Ω 的所有子集,同时在子集之间构建了交、并、补运算。进一步地,我们可以在 $(\Omega, \mathcal{F})$ 上构建概率测度 $\mathbb{P}$,对于任意的 $\omega = \omega_1\cdots\omega_N \in \Omega$,有

$$\mathbb{P}(\{\omega\}) = p^{\sum_{i=1}^N 1_{\{\omega_i=H\}}} q^{\sum_{i=1}^N 1_{\{\omega_i=T\}}}.$$

对于 $\mathcal{F}$ 中的集合 A,

$$\mathbb{P}(A) = \sum_{\omega \in A} \mathbb{P}(\{\omega\}).$$

此外，我们引入了域流 $\{\mathcal{F}_n\}$，将其定义为一个 σ-代数的集合，其中 $\mathcal{F}_n$ 代表了 n 时刻以及之前的信息：

$$\mathcal{F}_0 = \{\emptyset, \Omega\}, \mathcal{F}_n \subset \mathcal{F}_{n+1}, \mathcal{F}_N = \mathcal{F}.$$

例如，取 $N = 3$，我们有

$$\mathcal{F}_1 = \{\emptyset, \Omega, A_H, A_T\},$$

其中

$$A_H = \{HHH, HHT, HTH, HTT\}, A_T = \{THH, THT, TTH, TTT\}.$$

这意味着在时刻 1 我们只知道第一次抛硬币的结果，并不知道第二次或第三次抛硬币的情况。注意到这里 $A_H^C = A_T$，$\mathcal{F}_1$ 关于可数并和补封闭。并且在 $\mathcal{F}_1$ 上，我们有

$$\mathbb{P}(A_H) = p^3 + 2p^2q + pq^2$$
$$= p^2(p+q) + pq(p+q)$$
$$= p^2 + pq$$
$$= p.$$

$\mathbb{P}(A_H)$ 是第一次得到正面的概率，同理有 $\mathbb{P}(A_T) = q$。同时，我们有

$$\mathcal{F}_2 = \mathcal{F}_1 \cup \{A_{HH}, A_{HT}, A_{TH}, A_{TT}, A_{HH}^C, A_{HT}^C, A_{TH}^C, A_{TT}^C, A_{HT} \cup A_{TH},$$
$$A_{HH} \cup A_{TT}, A_{HH} \cup A_{TH}, A_{HT} \cup A_{TT}\},$$

也就是说，$\mathcal{F}_2$ 除了 $A_{HH}, A_{HT}, A_{TH}, A_{TT}$ 以及 $\mathcal{F}_1$，还包含了它们的并集和补集。这样，$\mathcal{F}_2$ 也构成了 σ 代数。而 $\mathcal{F}_3 = \mathcal{F}$ 则代表了 Ω 的全部子集。

基于概率空间 $(\Omega, \mathcal{F}, \mathbb{P})$ 和域流 $\{\mathcal{F}_n\}$，我们回顾第 3 章中有关鞅的内容。鞅是这样一个随机过程 $\{X_n\}$，它满足未来的条件期望就等于当前的变量值，即

$$X_m = \mathbb{E}(X_n | \mathcal{F}_m), n \geqslant m.$$

有了上述知识准备，现在我们讨论衍生品定价的鞅方法。首先我们来讨论 N 期情形下的股票、复制组合与期权的折现价格在风险中性测度下的鞅性质。

定理 5.1 定义测度 $\mathbb{Q}$，使得在这个测度下，股票上涨的概率是 $\tilde{p}$，下跌的概率是 $\tilde{q}$，其中

$$\tilde{p} = \frac{1+r-d}{u-d}, \tilde{q} = \frac{u-(1+r)}{u-d},$$

股票的折现价格 $\{\frac{S_n}{(1+r)^n} : n = 0, 1, ..., N\}$ 是一个鞅。也就是说对 $0 \leqslant m \leqslant n \leqslant N$，

$$\frac{S_m}{(1+r)^m} = \mathbb{E}^{\mathbb{Q}}\left(\frac{S_n}{(1+r)^n} \Big| \mathcal{F}_m\right).$$

在测度 $\mathbb{Q}$ 下，股票的折现价格是鞅，也就是说未来的股票价格折现后的期望就是当前的价格，在平均意义上并不会上涨或者下跌。该定理证明过程如下。

证明：对于 $m=n$ 的退化情形，定理显然成立。进一步，考虑从 n 到 $n-1$ 的股票折现价格，将 $\tilde{p}$ 和 $\tilde{q}$ 的值代入式子，可得

$$\mathbb{E}^{\mathbb{Q}}\left(\frac{S_n}{(1+r)^n}|\mathcal{F}_{n-1}\right)$$
$$=\mathbb{E}^{\mathbb{Q}}\left(\frac{S_n}{(1+r)^n}|S_{n-1}\right)$$
$$=\frac{S_{n-1}}{(1+r)^n}\left(\frac{1+r-d}{u-d}u+\frac{u-(1+r)}{u-d}d\right)$$
$$=\frac{S_{n-1}}{(1+r)^n}\frac{(1+r)(u-d)}{u-d}$$
$$=\frac{S_{n-1}}{(1+r)^{n-1}},$$

则有定理对于 $n=m+1$ 成立。因此对于任意的 $0 \leqslant m \leqslant n \leqslant N$ 该定理均成立，从而 $\{\frac{S_n}{(1+r)^n}:n=0,1,...,N\}$ 是一个鞅。 $\square$

定理 5.2 令 X_0 是一个实数，$\{\Delta_n:n=0,1,...,N-1\}$ 是一个适应的随机过程，利用财富方程

$$X_{n+1}=\Delta_n S_{n+1}+(1+r)(X_n-\Delta_n S_n),$$

得到的随机过程 $\{X_n:n=0,1,...,N\}$ 所对应的折现 $\{\frac{X_n}{(1+r)^n}:n=0,1,...,N\}$ 在测度 $\mathbb{Q}$ 下是一个鞅，即

$$\frac{X_m}{(1+r)^m}=\mathbb{E}^{\mathbb{Q}}\left(\frac{X_n}{(1+r)^n}|\mathcal{F}_m\right),\ 0\leqslant m\leqslant n\leqslant N.$$

证明：对财富方程两边取 $\mathbb{Q}$ 下的条件期望，利用

$$\frac{S_m}{(1+r)^m}=\mathbb{E}^{\mathbb{Q}}\left(\frac{S_n}{(1+r)^n}|\mathcal{F}_m\right),$$

得到

$$\mathbb{E}^{\mathbb{Q}}\left(\frac{X_n}{(1+r)^n}|\mathcal{F}_{n-1}\right)$$
$$=\mathbb{E}^{\mathbb{Q}}\left(\frac{\Delta_{n-1}S_n+(1+r)(X_{n-1}-\Delta_{n-1}S_{n-1})}{(1+r)^n}|\mathcal{F}_{n-1}\right)$$
$$=\Delta_{n-1}\mathbb{E}^{\mathbb{Q}}\left(\frac{S_n}{(1+r)^n}|\mathcal{F}_{n-1}\right)-\frac{\Delta_{n-1}S_{n-1}}{(1+r)^{n-1}}+\frac{X_{n-1}}{(1+r)^{n-1}}$$

第 5 章　随机微积分在金融衍生品定价中的应用

$$= \Delta_{n-1}\frac{S_{n-1}}{(1+r)^{n-1}} - \frac{\Delta_{n-1}S_{n-1}}{(1+r)^{n-1}} + \frac{X_{n-1}}{(1+r)^{n-1}}$$
$$= \frac{X_{n-1}}{(1+r)^{n-1}}.$$

定理对于 $n = m+1$ 成立，因此定理对于 $0 \leqslant m \leqslant n \leqslant N$ 均成立，从而证明完毕。□

在以上证明过程中，可以看出 $\{\frac{X_n}{(1+r)^n}\}$ 的鞅性质与头寸的选取无关。这点其实也很容易理解，因为不论头寸如何选取，由于股价折现是一个鞅，其期望就是当前的股票价值。当然，只有头寸取特定值，才能够满足边界条件 $V_N = X_N$，实现期权的复制。

利用期权的复制组合，结合无套利原则，就得到对于 $0 \leqslant m \leqslant n \leqslant N$，

$$\frac{V_m}{(1+r)^m} = \mathbb{E}^{\mathbb{Q}}\left(\frac{V_n}{(1+r)^n}\Big|\mathcal{F}_m\right).$$

进而，可以得到风险中性测度下的定价公式：对于 $0 \leqslant m \leqslant N$，

$$V_m = \mathbb{E}^{\mathbb{Q}}\left(\frac{V_N}{(1+r)^{N-m}}\Big|\mathcal{F}_m\right).$$

在应用风险中性测度下计算各路径的概率，就可以得到"正向定价方法"（forward pricing method），例如，在 0 时刻，我们有

$$V_0 = \mathbb{E}^{\mathbb{Q}}\left(\frac{V_N}{(1+r)^N}\Big|\mathcal{F}_m\right) = \frac{1}{(1+r)^N}\sum_{\omega\in\Omega}V_N(\omega)\mathbb{Q}(\omega).$$

例如，在二阶二叉树模型中，就有

$$V_0 = \frac{1}{(1+r)^2}(\tilde{p}^2 V(HH) + \tilde{p}\tilde{q}V(HT) + \tilde{p}\tilde{q}V(TH) + \tilde{q}^2 V(TT)).$$

通过这一公式，并不需要逐层逆向推导计算就能够得到初始时刻的期权价格。

那么在鞅方法框架下如何计算 Δ_m 呢？我们需要条件作用于路径。以到期收益为 $V_N = (S_N - K)^+$ 的看涨期权为例，由于 $\{S_m\}$ 有马尔科夫性，我们有

$$V_m = \mathbb{E}^{\mathbb{Q}}\left(\frac{(S_N-K)^+}{(1+r)^{N-m}}\Big|\mathcal{F}_m\right) = \mathbb{E}^{\mathbb{Q}}\left(\frac{(S_N-K)^+}{(1+r)^{N-m}}\Big|S_m\right).$$

对 $\omega_1\omega_2\cdots\omega_m$ 每一条路径，我们用正向定价方法去计算在节点 $\omega_1\omega_2\cdots\omega_m$ 处的价格

$$V_m(\omega_1\omega_2\cdots\omega_m) = \mathbb{E}^{\mathbb{Q}}\left(\frac{(S_N-K)^+}{(1+r)^{N-m}}\Big|S_m = S_m(\omega_1\omega_2\cdots\omega_m)\right).$$

然后根据式 (5.8) 就可以计算出

$$\Delta_{m-1}(\omega_1\omega_2\cdots\omega_{m-1}) = \frac{V_m(\omega_1\omega_2\cdots\omega_{m-1}H) - V_m(\omega_1\omega_2\cdots\omega_{m-1}T)}{S_m(\omega_1\omega_2\cdots\omega_{m-1}H) - S_m(\omega_1\omega_2\cdots\omega_{m-1}T)}.$$

即头寸的计算与价格的计算是独立的过程。

5.1.5 测度变换与资产定价

在上文，我们提到了两种测度——真实情况下的测度 $\mathbb{P}$ 和风险中性测度 $\mathbb{Q}$。我们现在来详细讨论它们在数学上的关系。首先，我们回顾测度等价的概念。

定义 5.4 某两个测度 $\mathbb{P}$ 与 $\mathbb{Q}$ 在有限概率空间 $(\Omega, \mathcal{F})$ 上是等价的，当且仅当对于任意 $A \in \mathcal{F}$，都有

$$\mathbb{P}(A) = 0 \iff \mathbb{Q}(A) = 0,$$

容易验证，前文提到的风险中性测度 $\mathbb{Q}$ 即为实际测度 $\mathbb{P}$ 的一个等价测度。在两个测度等价的情况下，我们可以利用 Radon-Nikodym 导数定义测度之间的变换，在学习 Girsanov 定理的相关章节，我们已经在连续型分布的框架下介绍了这一概念，这里我们在离散分布的情形下重温这一概念。

定义 5.5 对于等价的测度 $\mathbb{P}$ 和 $\mathbb{Q}$，Radon-Nikodym **导数**定义为

$$\mathbb{Z}(\omega) := \frac{\mathbb{Q}(\omega)}{\mathbb{P}(\omega)}.$$

根据测度的性质，$\mathbb{Z}(\omega)$ 具有如下性质。

1. $\mathbb{P}(\mathbb{Z} > 0) = 1$；
2. $\mathbb{Z}(\omega)$ 在测度 $\mathbb{P}$ 的期望的意义下，具有类似密度函数的特点：

$$\mathbb{E}^{\mathbb{P}}(\mathbb{Z}) = \sum_{\omega \in \Omega} \mathbb{P}(\omega)\mathbb{Z}(\omega) = \sum_{\omega \in \Omega} \mathbb{Q}(\omega) = 1,$$

3. 对于任意随机变量 Y，有

$$\mathbb{E}^{\mathbb{Q}}(Y) = \sum_{\omega \in \Omega} \mathbb{Q}(\omega)Y(\omega) = \sum_{\omega \in \Omega} \mathbb{P}(\omega)\mathbb{Z}(\omega)Y(\omega) = \mathbb{E}^{\mathbb{P}}(\mathbb{Z}Y).$$

这条性质说明了两个测度之间的期望的变换法则。

我们现在将风险中性测度的概念一般化。

定义 5.6 **风险中性测度**是在其下市场中所有资产折现后都是鞅的，且和原始测度等价的测度。

例如，对于我们此前考虑的包含股票、货币账户和期权这三者组成的市场 $\{(S_n, B_n, V_n)\}$，我们一直谈论的那个风险中性测度 $\mathbb{Q}$ 就满足上述定义中的要求：$S_n/(1+r)^n$、$B_n/(1+r)^n$、$V_n/(1+r)^n$ 都是 $\mathbb{Q}$ 下的鞅。

风险中性测度与套利的存在性有深刻的关系。对此，我们有如下定理。

定理 5.3 如果我们能够找到整个市场的风险中性测度，那么这个市场就是无套利的。

证明： 我们通过反证法证明该定理在不依赖模型设定的情形下成立。设风险中性测度是 $\mathbb{Q}$。

首先，如果存在套利，即若 $X_0 = 0$，在未来的某个时刻 N 有

$$\mathbb{P}(X_N \geqslant 0) = 1, \quad \mathbb{P}(X_N > 0) > 0.$$

即从 $X_0 = 0$ 出发，我们可以构造一个资产组合，使其满足

$$\forall \omega \in \Omega, \ X_N(\omega) \geqslant 0,$$

同时，至少存在一个 $\bar{\omega} \in \Omega$ 满足 $X_N(\bar{\omega}) > 0$。即存在 $\bar{\omega} \in \Omega$，使得

$$X_N(\bar{\omega}) > 0, \quad \mathbb{P}(\bar{\omega}) > 0.$$

该资产组合的财富方程为

$$X_{n+1} = \sum_{i=1}^{m} \Delta_n^{(i)} S_{n+1}^{(i)} + (1+r)\left(X_n - \sum_{i=1}^{m} \Delta_n^{(i)} S_n^{(i)}\right),$$

其中 $S_n^{(0)}$ 是利率恒为 r 的无风险资产，$S_n^{(i)}$ 是在时刻 n 第 i 个风险资产的价格。由风险中性测度的定义，在 $\mathbb{Q}$ 下，$\frac{1}{(1+r)^n} S_n^{(i)}$ 对于任意 $i = 1, 2, 3, ..., m$ 都是鞅，从而可以证明 $\frac{1}{(1+r)^n} X_n$ 是鞅。这是由于

$$\mathbb{E}^{\mathbb{Q}}\left(\frac{X_{n+1}}{(1+r)^{n+1}} \Big| \mathcal{F}_n\right)$$
$$= \frac{1}{(1+r)^{n+1}} \mathbb{E}^{\mathbb{Q}}\left(\left(\sum_{i=1}^{m} \Delta_n^{(i)} S_{n+1}^{(i)} + (1+r)\left(X_n - \sum_{i=1}^{m} \Delta_n^{(i)} S_n^{(i)}\right)\right) \Big| \mathcal{F}_n\right)$$
$$= \sum_{i=1}^{m} \Delta_n^{(i)} \mathbb{E}^{\mathbb{Q}}\left(\frac{S_{n+1}^{(i)}}{(1+r)^{n+1}} \Big| \mathcal{F}_n\right) + \frac{1}{(1+r)^n}\left(X_n - \sum_{i=1}^{m} \Delta_n^{(i)} S_n^{(i)}\right).$$

由于 $\frac{1}{(1+r)^n}S_n^{(i)}$ 的鞅性质，可以得到

$$\mathbb{E}^{\mathbb{Q}}\left(\frac{X_{n+1}}{(1+r)^{n+1}}|\mathcal{F}_n\right)$$
$$=\sum_{i=1}^{m}\Delta_n^{(i)}\frac{S_n^{(i)}}{(1+r)^n}+\frac{1}{(1+r)^n}\left(X_n-\sum_{i=1}^{m}\Delta_n^{(i)}S_n^{(i)}\right)$$
$$=\frac{X_n}{(1+r)^n}.$$

所以我们得到

$$\mathbb{E}^{\mathbb{Q}}X_0 = 0 = \frac{1}{(1+r)^N}\mathbb{E}^{\mathbb{Q}}X_N.$$

而根据存在套利机会的假设

$$0 = \mathbb{E}^{\mathbb{Q}}X_N = \sum_{\omega\in\Omega}X_N(\omega)\mathbb{Q}(\omega) \geqslant X_N(\overline{\omega})\mathbb{Q}(\overline{\omega}) > 0,$$

这里的最后一个不等式成立的原因如下：因为测度 $\mathbb{P}$ 和 $\mathbb{Q}$ 等价，由 $\mathbb{P}(\overline{\omega}) > 0$ 有 $\mathbb{Q}(\overline{\omega}) > 0$。因此，产生矛盾，故市场是无套利的。 □

在本节的最后，我们讨论一个问题：是否可以用原始的测度 $\mathbb{P}$ 来表示衍生品的价格？从 Radon-Nikodym 导数出发，我们可以进一步将风险中性测度 $\mathbb{Q}$ 与实际的测度 $\mathbb{P}$ 联系起来，从而在 $\mathbb{P}$ 下也可以表示价格。此时考虑 N 阶段二叉树模型，它的 Radon-Nikodym 导数是

$$Z(\omega_1\omega_2\cdots\omega_N) = \frac{\mathbb{Q}(\omega_1\omega_2\cdots\omega_N)}{\mathbb{P}(\omega_1\omega_2\cdots\omega_N)} = \left(\frac{\tilde{p}}{p}\right)^{\sum_{i=1}^{N}1_{\{\omega_i=H\}}}\left(\frac{\tilde{q}}{q}\right)^{\sum_{i=1}^{N}1_{\{\omega_i=T\}}}.$$

作为准备，我们给出如下三个定义。

定义 5.7 $\varsigma(\omega) = \frac{Z(\omega)}{(1+r)^N}$ 被称为**状态价格密度**（state price density）。

定义 5.8 $\varsigma(\omega)\mathbb{P}(\omega)$ 被称为 ω 的**状态价格**（state price）。

定义 5.9 对于某个 $\overline{\omega}$，在 N 时刻收益为 $A_N^{\overline{\omega}} = 1_{\{\omega=\overline{\omega}\}}$ 的证券，我们将其称为 **Arrow Debreu 证券**（Arrow Debreu security）。

根据我们之前探讨的衍生品定价的鞅方法，上述 Arrow Debreu 证券在 0 时刻的价格满足

$$A_0^{\overline{\omega}} = \mathbb{E}^{\mathbb{Q}}\left(\frac{A_N^{\overline{\omega}}}{(1+r)^N}\right) = \frac{\mathbb{Q}(\overline{\omega})}{(1+r)^N} = \frac{\mathbb{P}(\overline{\omega})Z(\overline{\omega})}{(1+r)^N} = \varsigma(\overline{\omega})\mathbb{P}(\overline{\omega}). \tag{5.9}$$

由此可见 $\varsigma(\omega)\mathbb{P}(\omega)$ 被称为**状态价格**、$\varsigma(\omega)$ 被称为状态价格密度的原因。上述定价公式的结果是通过原始测度 $\mathbb{P}$ 来表达的。

利用 Arrow-Debreu 证券，我们有对于 N 时刻的任意收益函数有如下分解：

$$V_N(\omega) \equiv \sum_{\bar{\omega} \in \Omega} V_N(\bar{\omega}) A_N^{\bar{\omega}}(\omega),$$

从而，据此可以将其价格表示为 Arrow-Debreu 证券价格的现行组合：

$$\begin{aligned}
V_0 &= \mathbb{E}^{\mathbb{Q}}\left(\frac{V_N}{(1+r)^N}\right) \\
&= \mathbb{E}^{\mathbb{Q}}\left(\frac{\sum_{\{\bar{\omega} \in \Omega\}} V_N(\bar{\omega}) A_N^{\bar{\omega}}(\omega)}{(1+r)^N}\right) \\
&= \sum_{\bar{\omega} \in \Omega} V_N(\bar{\omega}) \mathbb{E}^{\mathbb{Q}}\left(\frac{A_N^{\bar{\omega}}(\omega)}{(1+r)^N}\right) \\
&= \sum_{\bar{\omega} \in \Omega} V_N(\bar{\omega}) \varsigma(\bar{\omega}) \mathbb{P}(\bar{\omega}) \\
&= \sum_{\bar{\omega} \in \Omega} V_N(\bar{\omega}) A_0^{\bar{\omega}}.
\end{aligned}$$

代入式 (5.9)，我们获得价格 V_0 基于原始的测度 $\mathbb{P}$ 来表达式：

$$V_0 = \sum_{\bar{\omega} \in \Omega} V_N(\bar{\omega}) \varsigma(\bar{\omega}) \mathbb{P}(\bar{\omega}).$$

那么，一个自然的问题是：在任意的时刻 $n < N$，价格 V_n 是否也可以有基于原始的测度 $\mathbb{P}$ 的表达方式呢？为此，我们引入如下两个定义。

定义 5.10 **Radon-Nikodym 导数过程**（Radon-Nikodym derivative process）定义为 $Z_n = \mathbb{E}(Z|\mathcal{F}_n)$，$n = 0, 1, ..., N$，这里 $Z(\omega) = \frac{\mathbb{Q}(\omega)}{\mathbb{P}(\omega)}$。

定义 5.11 **状态价格密度过程**定义为 $\varsigma_n(\omega) = \frac{Z_n(\omega)}{(1+r)^n}$，$n = 0, 1, ..., N$。

基于上述准备，我们有如下结论：

定理 5.4 在真实测度 $\mathbb{P}$ 下，$\{\varsigma_n V_n : n = 0, 1, ..., N\}$ 是一个鞅。特别地，我们有

$$V_n = \frac{1}{\varsigma_n} \mathbb{E}(\varsigma_N V_N | \mathcal{F}_n). \tag{5.10}$$

证明：我们只要证明式 (5.10)，$\varsigma_n V_n$ 的鞅性质就可以自然地成立。由衍生品定价的鞅方法，我们有

$$V_n = \mathbb{E}^{\mathbb{Q}}\left(\frac{V_N}{(1+r)^{N-n}} \Big| \mathcal{F}_n\right).$$

由 Bayes 法则（定理 4.16），我们有

$$V_n = \frac{\mathbb{E}\left(\frac{ZV_N}{(1+r)^{N-n}}|\mathcal{F}_n\right)}{\mathbb{E}(Z|\mathcal{F}_n)}$$
$$= \frac{(1+r)^n}{Z_n}\mathbb{E}(\varsigma_N V_N|\mathcal{F}_n)$$
$$= \frac{1}{\varsigma_n}\mathbb{E}(\varsigma_N V_N|\mathcal{F}_n).$$

□

5.2 从随机微积分到连续时间模型下的期权定价

在前几章中我们介绍了很多数学工具，为随机微积分的应用作好了铺垫。在本部分中，我们将具体探讨随机微积分在期权定价中的应用，介绍连续时间下如何得出 Black-Scholes-Merton 偏微分方程（后文简称"BSM 方程"）进而求解，并将其与离散的情况进行比较。希望读者能够理解两种情形下基本思想的异同，以便更好地掌握新知识。

5.2.1 简单回顾离散时间二叉树模型

本章在第一部分中提到的二叉树模型是离散情况下期权定价的简化模型。我们首先回忆一下单时段二叉树模型的几个特点：其一，单时段二叉树模型仅考虑一个时段，即起点和终点分别为时刻 0 和时刻 1。其二，单时段二叉树模型的建立是记 t 时刻每份股票价格为 $S_t > 0$, $t = 0, 1$。同时，S_0 是一个常量，随机变量 S_1 服从伯努利分布。最后，有概率空间 $(\Omega, \mathbb{P}, \mathcal{F})$，其中 $\Omega = \{H, T\}$，$\mathbb{P}(\{H\}) = p$。我们根据二叉树模型构造复制组合 X，从而利用无套利原则确定期权价值 V。关于单时段二叉树模型的具体内容请见本章第一部分。

同时，我们还可以将单时段二叉树模型推广到多时段二叉树模型。按照逆向推导的方法，我们可以根据第 $n+1$ 期的复制组合价值得到第 n 期的复制组合价值

$$X_n(\omega_1\cdots\omega_n) = \frac{1}{1+r}[\tilde{p}X_{n+1}(\omega_1\cdots\omega_n H) + \tilde{q}X_{n+1}(\omega_1\cdots\omega_n T)],$$

由无套利原则，第 n 期的期权价值应满足

$$V_n(\omega_1\cdots\omega_n) = X_n(\omega_1\cdots\omega_n).$$

另一方面，在风险中性概率测度 $\mathbb{Q}$ 下，我们可以知道股票价格贴现值

$$\left\{\frac{S_n}{(1+r)^n},\ n = 0, 1, ..., N\right\},$$

资产组合价值贴现值

$$\left\{\frac{X_n}{(1+r)^n},\ n=0,1,...,N\right\},$$

以及期权价格贴现值

$$\left\{\frac{V_n}{(1+r)^n},\ n=0,1,...,N\right\}$$

均是鞅，具体的推导和证明同样可在本章第一部分找到。从而我们也可以基于鞅方法进行正向定价

$$V_0=\mathbb{E}^{\mathbb{Q}}\left(\frac{V_N}{(1+r)^N}|\mathcal{F}_m\right)=\frac{1}{(1+r)^N}\sum_{\omega\in\Omega}V_N(\omega)\mathbb{Q}(\omega).$$

5.2.2 Black-Scholes-Merton 模型下的期权定价：推导偏微分方程

从本节开始，我们将讨论如何在连续时间的 Black-Scholes-Merton（1973）模型下进行期权定价。这一重要工作于参考文献 [3] 和 [23] 中有所介绍。与离散时间情形中的二叉树模型类似，我们以初始资本 X_0 投资于股票和货币市场账户。考虑一个在金融市场上价格为 $S(t)$ 的股票，同时货币市场上的连续复利利率为 r，即在货币市场上投资 1 美元，在 t 时刻可以收获 e^{rt} 美元。此时读者可能会问，为何此处是收获 e^{rt} 美元而不是 $(1+r)^t$ 之类的常见形式呢？直观来看，由于我们现在讨论的是连续时间的情况，故而折现也需是一个连续的函数。具体的证明如下：首先将 $[0,t]$ 的时间段平均划分为 n 个区间，在每个区间内以 rt/n 的利率进行复利支付，则 t 时刻累计的本息和为

$$\left(1+\frac{rt}{n}\right)^n=\left(1+\frac{1}{\frac{n}{rt}}\right)^{\frac{n}{rt}rt}=\left(\left(1+\frac{1}{\frac{n}{rt}}\right)^{\frac{n}{rt}}\right)^{rt}.$$

当我们对时间区间的划分趋向无穷细，即两边同时令 n 趋向于正无穷大时，根据高等数学中提到的一个重要极限 $\lim\limits_{n\to+\infty}(1+1/n)^n=\mathrm{e}$，我们可以得到连续复利的极限为 e^{rt}。因此，我们可以用连续复利 e^{rt} 来进行折现。

接下来，我们假设股票价格过程服从几何布朗运动，即

$$\mathrm{d}S(t)=\alpha S(t)\mathrm{d}t+\sigma S(t)\mathrm{d}W(t).$$

这就是著名的 Black-Scholes-Merton 模型考虑在时刻 T 支付 $(S(T)-K)^+$ 的欧式看涨期权。考虑到马尔科夫性，我们可以很自然地假设在 t 时刻的期权价格仅由股票价格 $S(t)$ 以及距离到期时间 $T-t$ 决定，即期权价格 c 是 t 和 $S(t)$ 的函数

$$c=c(t,S(t)).$$

如果时刻 t 的股价 $S(t) = x$，则可以利用含有两个哑变量 t, x 的函数 $c(t, x)$ 表示看涨期权在时刻 t 的价值 $V(t)$。另外，不妨假设 $c_t(t, x)$，$c_x(t, x)$，$c_{xx}(t, x)$ 都存在。下面考虑构造自融资投资组合 $X(t)$ 来完全复制欧式看涨期权在任意情况下的回报。由无套利假设，该复制组合与期权的价值必定相等，即对 $\forall t \in [0, T]$，

$$X(t) \equiv V(t) = c(t, S(t)),$$

因此两者的短期价值变动也应相同，即 $\forall t \in [0, T]$，

$$dX(t) \equiv dV(t) = dc(t, S(t)).$$

且

$$X(T) = V(T) = c(T, S(T)) = (S(T) - K)^+.$$

期权定价第一步：计算复制的自融资组合价值变动 $dX(t)$。假设在时刻 t 投资者对财富 $X(t)$ 进行重新分配，即购买 $\Delta(t)$ 份股票，将剩下的 $X(t) - \Delta(t)S(t)$ 投资到货币市场。在离散时间情形下，我们用二叉树模型表示资产组合价值的变化，它包括股票这部分由股价带来的价值变动 $\Delta_n(S_{n+1} - S_n)$ 与货币市场这部分本金乘以利率带来的利息 $r(X_n - \Delta_n S_n)$，即

$$X_{n+1} - X_n = \Delta_n(S_{n+1} - S_n) + r(X_n - \Delta_n S_n).$$

与离散情况类似，在连续时间情况下组合价值的变化同样来自复制的自融资组合中股票价格变化与货币市场利息带来的价值增加，因此

$$\begin{aligned} dX(t) &= \Delta(t)dS(t) + r(X(t) - \Delta(t)S(t))dt \\ &= \Delta(t)[\alpha S(t)dt + \sigma S(t)dW(t)] + r(X(t) - \Delta(t)S(t))dt \\ &= [rX(t) + \Delta(t)(\alpha - r)S(t)]dt + \sigma \Delta(t)S(t)dW(t). \end{aligned}$$

连续情况下的 $\Delta(t)dS(t)$ 与离散情况下的 $\Delta_n(S_{n+1} - S_n)$ 项类似。对于

$$r(X(t) - \Delta(t)S(t))dt$$

可以做如下理解：这一项是货币资产份数与单位货币资产价值变化的乘积，即

$$\frac{X(t) - \Delta(t)S(t)}{B(t)}dB(t),$$

其中 $\frac{X(t) - \Delta(t)S(t)}{B(t)}$ 是份数，$B(t)$ 则是货币资产的单价。我们知道

$$dB(t) = rB(t)dt,$$

所以

$$\frac{X(t) - \Delta(t)S(t)}{B(t)}\mathrm{d}B(t) = r(X(t) - \Delta(t)S(t))\mathrm{d}t.$$

另外细心的读者可能会发现一个有意思的结论,复制的资产组合贴现值的变化只取决于股票价格贴现值的变化,即 $\mathrm{d}[e^{-rt}X(t)] = \Delta(t)\mathrm{d}[e^{-rt}S(t)]$。对 $\mathrm{d}[e^{-rt}X(t)]$ 使用 Itô 公式即可证明此结论,请有兴趣的读者自行验证。

期权定价第二步:计算期权价值变动 $\mathrm{d}V(t) = \mathrm{d}c(t, S(t))$。使用 Itô 公式将 $\mathrm{d}c(t, S(t))$ 展开,并将 $\mathrm{d}S(t)$ 代入,得

$$\begin{aligned}
\mathrm{d}V(t) &\equiv \mathrm{d}c(t, S(t)) \\
&= c_t(t, S(t))\mathrm{d}t + c_x(t, S(t))\mathrm{d}S(t) + \frac{1}{2}c_{xx}(t, S(t))\mathrm{d}[S, S](t) \\
&= c_t(t, S(t))\mathrm{d}t + c_x(t, S(t))[\alpha S(t)\mathrm{d}t + \sigma S(t)\mathrm{d}W(t)] + \frac{1}{2}c_{xx}(t, S(t))\sigma^2 S(t)^2 \mathrm{d}t \\
&= \left[c_t(t, S(t)) + \alpha S(t)c_x(t, S(t)) + \frac{1}{2}c_{xx}(t, S(t))\sigma^2 S(t)^2\right]\mathrm{d}t + \\
&\quad \sigma S(t)c_x(t, S(t))\mathrm{d}W(t).
\end{aligned}$$

期权定价第三步:当终值条件相同时,$\mathrm{d}X(t) \equiv \mathrm{d}c(t, S(t))$ 可以保证 $X(t) \equiv c(t, S(t))$。将第二步得出的期权价格微分结果与第一步的复制组合价格微分结果进行对比,有

$$\begin{aligned}
&rX(t)\mathrm{d}t + \Delta(t)(\alpha - r)S(t)\mathrm{d}t + \sigma\Delta(t)S(t)\mathrm{d}W(t) \\
&= \left[c_t(t, S(t)) + \alpha S(t)c_x(t, S(t)) + \frac{\sigma^2 S^2(t)}{2}c_{xx}(t, S(t))\right]\mathrm{d}t + \sigma S(t)c_x(t, S(t))\mathrm{d}W(t).
\end{aligned}$$

等式左右两边 $\mathrm{d}W(t)$、$\mathrm{d}t$ 前面的系数必须相同,即

$$\sigma S(t)c_x(t, S(t)) = \sigma\Delta(t)S(t). \tag{5.11}$$

且

$$c_t(t, S(t)) + \alpha S(t)c_x(t, S(t)) + \frac{1}{2}c_{xx}(t, S(t))\sigma^2 S(t)^2 \equiv rX(t) + \Delta(t)(\alpha - r)S(t) \tag{5.12}$$

由式 (5.11) 可得对冲头寸

$$\Delta(t) = c_x(t, S(t)),$$

由式 (5.12),并将 $S(t)$ 用哑变量 x 表示,可得方程

$$c_t(t, x) + \frac{1}{2}\sigma^2 x^2 c_{xx}(t, x) + rxc_x(t, x) = rc(t, x),\ t \in [0, T]. \tag{5.13}$$

式 (5.13) 即为著名的 Black-Scholes-Merton 偏微分方程。由于

$$c(T, S(T)) = (S(T) - K)^+,$$

我们自然地有终值条件

$$c(T, x) = (x - K)^+. \tag{5.14}$$

5.2.3 二叉树模型与 Black-Scholes-Merton 模型的对比

至此，我们在二叉树模型和 BSM 模型都进行了期权定价。我们首先来总结一下二叉树模型下作期权定价的五个主要特征。

1. 复制：在二叉树模型中，我们令构造的资产组合价值与期权价值相等，即

$$V_n = X_n;$$

2. 自融资：假设所构造的资产组合为自融资的，有

$$X_{n+1} - X_n = \Delta_n (S_{n+1} - S_n) + r(X_n - \Delta_n S_n);$$

3. 对冲投资组合：为了对冲风险，在第 n 步的股票头寸为

$$\Delta_n = \frac{V_{n+1}(\omega_1 \cdots \omega_n H) - V_{n+1}(\omega_1 \cdots \omega_n T)}{S_{n+1}(\omega_1 \cdots \omega_n H) - S_{n+1}(\omega_1 \cdots \omega_n T)};$$

4. 定价等式：由之前的推导可以得出，

$$V_n(\omega_1 \cdots \omega_n) = \frac{1}{1+r}(\tilde{p} V_{n+1}(\omega_1 \cdots \omega_n H) + \tilde{q} V_{n+1}(\omega_1 \cdots \omega_n T));$$

5. 终值条件：

$$V_n = (S_N - K)^+.$$

同样地，依据这五个方面总结，我们可以得出 BSM 模型下相应的主要特征，从而使得二叉树模型和 BSM 模型下定价方法的对比更为清晰，我们能够发现二者间存在如下许多相似点。

1. 复制：

$$V(t) = c(t, S(t)) = X(t);$$

2. 自融资：

$$\mathrm{d}X(t) = \Delta(t)\mathrm{d}S(t) + r(X(t) - \Delta(t)S(t))\mathrm{d}t;$$

3. 对冲投资组合：
$$\Delta(t) = c_x(t, S(t));$$

4. 定价等式：
$$c_t(t,x) + rxc_x(t,x) + \frac{1}{2}\sigma^2 x^2 c_{xx}(t,x) = rc(t,x);$$

5. 终值条件：
$$c(T,x) = (x-K)^+.$$

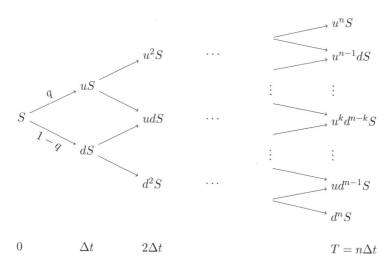

其实，当 u 和 d 取某特定要求的值时，二叉树模型得到的结果会在总步数 $n \to \infty$ 时收敛到 BSM 模型的结果，这可以通过选择 Cox-Ross-Rubinstein 二叉树模型的参数实现，其中

$$u = \mathrm{e}^{\sigma\sqrt{\Delta t}}, \quad d = \frac{1}{u} = \mathrm{e}^{-\sigma\sqrt{\Delta t}}.$$

感兴趣的读者可以自己推导证明，具体证明过程可以阅读参考文献 [34] 中的相关讨论。

再回顾 BSM 方程，可以发现等式中不含有表示期望收益的常数 α，这意味着无套利定价与标的资产的预期收益率无关。这似乎与我们的直觉不同。但我们比较直观地说明这一点。我们注意到 $V(t) = c(t, S(t))$，那么衍生品的风险（也就是波动）完全由原生资产 $S(t)$ 带来，从而其风险溢价也全部由原生资产 $S(t)$ 带来。而 α 已经反映在了 $S(t)$ 中，所以无须另行考虑。α 决定了 $S(t)$ 的平均增长速度，进而影响期权的价格。这与二叉树定价时标的资产价格上涨的概率 p 并未出现在定价公式中的道理类似。在二叉树模型中，$V_n = v_n(S_n)$，所以 p 实际通过影响 S_n 影响了期权价格。

当然，任何一个模型都不是完美的，BSM 模型也有其局限性。在 BSM 模型中存在几个重要的假设：在期权有效期内，波动率和无风险利率是恒定的；市场无摩擦，即不存在税收、交易成本；金融资产在期权有效期内无红利；在一个完美的对冲投资组合中可以持续不断地进行投资策略的调整。虽然 BSM 模型忽略了一些金融问题中的实际情况，比如利用市场数据反推 BSM 公式中的波动率会发现其并不是常数，但是 BSM 模型还是成功地拉开了现代衍生证券定价理论的序幕。通过引入隐含波动率，BSM 模型可以更好地在实际问题中应用。而且近些年来，在衍生品定价的研究领域中，基于 BSM 思想的模型也在不断地发展演化，比如引入价格跳跃或随机波动率模型，可以更好地对实证数据进行解释。这些模型我们将在后面的部分进一步详细介绍。

5.2.4 求解 Black-Scholes-Merton 偏微分方程的解析方法

前面我们着重强调了 BSM 方程的推导，但是仅从得到的二阶偏微分方程，我们仍然无法直观地看出期权究竟该如何定价。当我们规定了 BSM 方程的终值条件（terminal condition）与边值条件（boundary condition）后，我们可以得到其唯一解。为了得到 BSM 方程具体的解，我们首先来回忆之前介绍过的一类重要的偏微分方程——热传导方程。实际上，我们可以通过将 BSM 方程转化成更为一般的热传导方程，利用其性质对原 BSM 方程进行求解。

热传导方程具有这样的形式：

$$\frac{\partial u}{\partial t} - \frac{1}{2} \cdot \frac{\partial^2 u}{\partial x^2} = 0, \tag{5.15}$$

$$u(0, x) = f(x), \tag{5.16}$$

$$u(t, \pm\infty) = 0. \tag{5.17}$$

其中 $t \in [0, \infty)$，$x \in \mathbb{R}$，$f(x)$ 是连续的一致有界函数。此方程的唯一解为

$$u(t, x) = \int_{-\infty}^{+\infty} f(y) G(x, y, t) \, \mathrm{d}y, \tag{5.18}$$

$$G(x, y, t) = \frac{1}{\sqrt{2\pi t}} \mathrm{e}^{-\frac{(x-y)^2}{2t}}. \tag{5.19}$$

本节我们希望将一维热传导方程与 BSM 方程结合起来，用其来求解 BSM 方程。我们的 BSM 方程形式为

$$c_t(t, x) + rxc_x(t, x) + \frac{1}{2}\sigma^2 x^2 c_{xx}(t, x) = rc(t, x), \tag{5.20}$$

$$c(T, x) = (x - K)^+. \tag{5.21}$$

值得强调的是，且与之前热传导方程类似，BSM 方程还要满足边值条件

$$\lim_{x \to 0} c(t, x) = 0, \tag{5.22}$$

$$\lim_{x \to +\infty} c_x(t, x) = 1. \tag{5.23}$$

这保证了其有唯一解。下面我们来证明这两个条件。

首先，我们证明 $\lim_{x \to 0} c(t, x) = 0$，即 $c(t, 0) = 0$。$S(t)$ 满足指数布朗运动，所以

$$S(T) = S(t) \exp \left\{ \sigma(W(T) - W(t)) + (\alpha - \frac{1}{2}\sigma^2)(T - t) \right\}. \tag{5.24}$$

当 $S(t) = 0$，$S(T) = 0$，所以 $(S(T) - K)^+ \equiv 0$。而 $c(t, 0)$ 表示当 $S(t) = 0$ 时期权在 t 时刻的价格，由于期权到期日的收益总是 0，所以期权的价格也必然为 0，也就是 $c(t, 0) = 0$。

其次，证明 $\lim_{x \to \infty} \frac{\partial c(t,x)}{\partial x} \equiv 1$。我们先直觉地理解这个等式，当 $S(t) = x \to \infty$，$S(T) > K$ 非常有可能发生，所以

$$(S(T) - K)^+ \approx S(T) - K,$$

那么对期权的定价就只需要考虑 $S(T) - K$ 的折现，

$$c(t, S(t)) \approx S(t) - K\mathrm{e}^{-r(T-t)}, \text{ i.e., } c(t, x) \approx x - K\mathrm{e}^{-r(T-t)}$$

因此在 x 很大时，$c(t, x)$ 对 x 几乎是线性关系。

接下来我们进行严格证明。由于 $(S(T) - K)^+ - (K - S(T))^+ \equiv S(T) - K$，有期权平价公式（put-call parity）（作为练习，请读者用无套利原理证明此结论）

$$C(t) - P(t) = S(t) - K\mathrm{e}^{-r(T-t)},$$

所以说

$$c(t, x) - p(t, x) = x - K\mathrm{e}^{-r(T-t)},$$

由于当股价趋向正无穷时，看跌期权价值几乎为 0，或者严格地表述有

$$\lim_{x \to +\infty} p(t, x) \equiv 0,$$

故有

$$\lim_{x \to +\infty} [c(t, x) - (x - \mathrm{e}^{-r(T-t)}K)] = 0.$$

这与
$$\lim_{x \to +\infty} c_x(t,x) = 1$$
表示意义相同。事实上，如利用洛必达法则（L'Hospital's rule），记
$$f(x) = c(t,x), \ g(x) = x - e^{-r(T-t)}K,$$
考虑到
$$e^{f(x)-g(x)} = \frac{e^{f(x)}}{e^{g(x)}},$$
则有
$$\begin{aligned}
\lim_{x \to +\infty} e^{f(x)-g(x)} &= \lim_{x \to +\infty} \frac{e^{f(x)}}{e^{g(x)}} \\
&= \lim_{x \to +\infty} \frac{f'(x)}{g'(x)} e^{f(x)-g(x)} \\
&= \lim_{x \to +\infty} \frac{f'(x)}{g'(x)} \\
&= \lim_{x \to +\infty} c_x(t,x) = 1.
\end{aligned}$$

下面我们回到 BSM 方程。首先利用无风险利率进行变换从而消去等式右端项，令
$$c(t,x) = e^{rt} v(t,x),$$
则
$$re^{rt}v(t,x) + e^{rt}v_t(t,x) + rxe^{rt}v_x(t,x) + \frac{1}{2}\sigma^2 x^2 e^{rt} v_{xx}(t,x) = re^{rt}v(t,x),$$
化简可得
$$v_t(t,x) + rxv_x(t,x) + \frac{1}{2}\sigma^2 x^2 v_{xx}(t,x) = 0.$$

值得注意的是，根据 BSM 模型对股价过程的假设可知，变量 x 描述的过程是一个几何布朗运动，因此，变换 $\log x$ 将对应一个带有漂移项的布朗运动。同时，该系统的最终状态是确定的，由此可倒推出演化的过程，也就是说我们通过已知 T 时刻衍生品回报，求在此之前某时刻的价格。而式 (5.20) 中 $c_t(t,x)$ 前的系数为正，与 $c_{xx}(t,x)$ 同号，但热传导方程中 $u_t(t,x)$ 与 $u_{xx}(t,x)$ 异号。我们知道，热传导方程描述了一个正向于时间的温度分布演变过程，那么对时间做反向推演，即可使得方程形式接近热传导方程。因此，我们进行如下替换，令
$$\begin{aligned}
y &= \log x, \\
\tau &= (T-t)\sigma^2,
\end{aligned}$$

即可得到
$$-w_\tau(\tau,y) + \left(\frac{r}{\sigma^2} - \frac{1}{2}\right)w_y(\tau,y) + \frac{1}{2}w_{yy}(\tau,y) = 0.$$

为消去 y 的偏移量，我们再次进行替换，令

$$z = y + \left(\frac{r}{\sigma^2} - \frac{1}{2}\right)\tau,$$

则 BSM 方程 (5.20) 就变成了一维热传导方程

$$u_\tau(\tau,z) = \frac{1}{2}u_{zz}(\tau,z).$$

综上所述，需进行如下的变量替换以利用热传导方程求解 BSM 方程：

$$u(t,x) = e^{-rt}c(t,x);$$
$$y = \log x;$$
$$\tau = (T-t)\sigma^2;$$
$$z = y + \left(\frac{r}{\sigma^2} - \frac{1}{2}\right)\tau.$$

至此，利用结论式 (4.70) 和式 (4.71)，即可得到解析解

$$u(\tau,z) = \int_{-\infty}^{+\infty} u(0,y)G(z,y,\tau)\mathrm{d}y, \tag{5.25}$$
$$G(z,y,\tau) = \frac{1}{\sqrt{2\pi\tau}}e^{-\frac{(z-y)^2}{2\tau}}.$$

把各变量替换回去，化简后即可得

$$c(t,x) = xN(d_+(T-t,x)) - Ke^{-r(T-t)}N(d_-(T-t,x)).$$

该式对任意 $t \in [0,\infty)$ 及 $x > 0$ 成立，其中 $N(y)$ 是标准正态分布的累积分布函数，d_+ 与 d_- 的表达式为

$$d_+(\tau,s) = \frac{1}{\sigma\sqrt{\tau}}\left[\log\left(\frac{s}{K}\right) + \left(r + \frac{1}{2}\sigma^2\right)\tau\right],$$
$$d_-(\tau,s) = \frac{1}{\sigma\sqrt{\tau}}\left[\log\left(\frac{s}{K}\right) + \left(r - \frac{1}{2}\sigma^2\right)\tau\right].$$

5.2.5　应用 Feynman-Kac 定理求解 Black-Scholes-Merton 偏微分方程

前面我们研究了偏微分方程中的一个典型例子——热传导方程，并最终用其求出 BSM 方程的解。再回忆我们在上一章中介绍的 Feynman-Kac 定理，不难想到我

们也应该可以通过随机微分方程的解的某种期望得出 BSM 公式的结果。在本小节中，我们提供通过 Feynman-Kac 定理来求解此偏微分方程，得到期权价格的方法。我们已知在 Black-Scholes-Merton 假设下期权价格应当满足的偏微分方程，希望通过 Feynman-Kac 定理来求解得到期权价格。然而根据定理 4.18，BSM 方程

$$c_t(t,x) + rxc_x(t,x) + \frac{1}{2}\sigma^2 x^2 c_{xx}(t,x) = rc(t,x)$$

有条件期望形式的解

$$c(t,x) = \mathbb{E}\left[e^{-r(T-t)}(X(T)-K)^+ | X(t) = x\right]. \tag{5.26}$$

其中 $X(t)$ 满足如下的随机微分方程：

$$\mathrm{d}X(t) \equiv rX(t)\mathrm{d}t + \sigma X(t)\mathrm{d}W(t).$$

下面，我们用严格版的 Feynman-Kac 定理，即定理 4.19，来说明解的唯一性。首先，我们从期权价格的金融学意义进行分析。因为

$$(S(T)-K)^+ \leqslant S(T),$$

看涨期权的无套利价格必然由标的资产的价值控制，即

$$c(t,S(t)) \leqslant S(t).$$

事实上，如果上述论断不成立，则存在

$$c(t,S(t)) > S(t).$$

继而，从 0 开始，卖出一份看涨期权并立即用收入买入 $c(t,S(t))/S(t)$（>1）股股票。在到期日，我们有如下净收益：

$$-(S(T)-K)^+ + \frac{c(t,S(t))}{S(t)}S(T) > -(S(T)-K)^+ + S(T) \geqslant 0,$$

这将带来一个套利机会。因此，价格函数 c 满足多项式增长条件：

$$\max_{0 \leqslant t \leqslant T} |c(t,x)| \leqslant x \leqslant M(1+|x|^{2\mu}).$$

根据定理 4.19，式 (5.26) 必然成立，即说明了唯一性。

要得到 BSM 公式，剩下的任务就是计算式 (5.26) 中的条件期望，我们将在下一节 "Black-Scholes-Merton 模型下期权定价的鞅方法" 中展示细节的计算过程。

5.2.6　Black-Scholes-Merton 模型下期权定价的鞅方法

此前我们介绍了在 Black-Scholes-Merton 模型下作期权定价方法基于推导和求解定价的偏微分方程，我们将在这一节中介绍 Black-Scholes-Merton 模型下期权定价的鞅方法。首先，利用 Girsanov 定理进行测度变换，即可求出风险中性测度下的 BSM 方程的解。令

$$\Theta(t) := \frac{\mu - r}{\sigma},$$

我们注意到 $\Theta(t)$ 的经济学解释如下：它是风险的市场价格，也被称为夏普比率。且根据 Girsanov 定理，定义

$$\eta(t) = \exp\left(-\int_0^t \Theta(s)\mathrm{d}W(s) - \frac{1}{2}\int_0^t \Theta(s)^2 \mathrm{d}s\right).$$

定义测度 $\mathbb{Q}$ 满足

$$\frac{\mathrm{d}\mathbb{Q}}{\mathrm{d}\mathbb{P}} = \eta(T)$$

则

$$W^{\mathbb{Q}}(t) = W(t) + \int_0^t \Theta(u)\mathrm{d}u = W(t) + \int_0^t \frac{\mu - r}{\sigma}\mathrm{d}u = W(t) + \frac{\mu - r}{\sigma}t$$

是测度 $\mathbb{Q}$ 下的布朗运动，测度 $\mathbb{Q}$ 下 $S(t)$ 满足的随机微分方程为

$$\begin{aligned}\mathrm{d}S(t) &= \mu S(t)\mathrm{d}t + \sigma S(t)\mathrm{d}W(t) \\ &= \mu S(t)\mathrm{d}t + \sigma S(t)\left(\mathrm{d}W^{\mathbb{Q}}(t) - \frac{\mu - r}{\sigma}\mathrm{d}t\right) \\ &= rS(t)\mathrm{d}t + \sigma S(t)\mathrm{d}W^{\mathbb{Q}}(t).\end{aligned}$$

即

$$\mathrm{d}S(u) = rS(u)\mathrm{d}u + \sigma S(u)\mathrm{d}W^{\mathbb{Q}}(u).$$

概率测度 $\mathbb{Q}$ 被称为风险中性测度。值得注意的是，我们直接应用上一节中推导的基于 Feynman-Kac 定理的结论，可以得出

$$c(t,s) = \mathbb{E}^{\mathbb{Q}}\left[\mathrm{e}^{-r(T-t)}\left(S(T) - K\right)^+ | S(t) = s\right]; \tag{5.27}$$

但需要强调的是，我们本节的鞅方法将允许我们跳过 BSM 方程和 Feynman-Kac 定理，而直接获得式 (5.27) 这样的结论。

我们下面来验证，标的资产折现后的价格 $\{\mathrm{e}^{-rt}S(t)\}$、复制期权的投资组合折现后的价值 $\{\mathrm{e}^{-rt}X(t)\}$、期权折现后的价格 $\{\mathrm{e}^{-rt}V(t)\}$ 都是 $\mathbb{Q}$ 下的鞅。由于

$$\mathrm{e}^{-rt}S(t) = \exp\left(\sigma W^{\mathbb{Q}}(t) - \frac{1}{2}\sigma^2 t\right),$$

其鞅性质是显而易见的。验证 $e^{-rt}S(t)$ 是 $\mathbb{Q}$ 下的鞅的另外一个方法如下：利用 Itô 公式可得

$$\begin{aligned}
d[e^{-rt}S(t)] &= e^{-rt}dS(t) + S(t)de^{-rt} + de^{-rt}dS(t) \\
&= e^{-rt}\left[rS(t)dt + \sigma S(t)dW^{\mathbb{Q}}(t)\right] - re^{-rt}S(t)dt \\
&= e^{-rt}\sigma S(t)dW^{\mathbb{Q}}(t).
\end{aligned}$$

两边积分，得到

$$e^{-rt}S(t) = S(0) + \int_0^t e^{-ru}\sigma S(u)dW^{\mathbb{Q}}(u),$$

即 $e^{-rt}S(t)$ 是 Itô 积分且满足可积性条件

$$\mathbb{E}\left(\int_0^t [e^{-ru}\sigma S(u)]^2 du\right) < \infty,$$

因此 $e^{-rt}S(t)$ 是鞅。类似地，由于

$$dX(t) = \Delta(t)dS(t) + r(X(t) - \Delta(t)S(t))dt$$

使用 Itô 公式我们有

$$e^{-rt}X(t) = X(0) + \int_0^t \sigma e^{-ru}\Delta(u)S(u)dW^{\mathbb{Q}}(u).$$

可以证明 $\{e^{-rt}X(t)\}$ 是鞅。由于 $V(t) = X(t)$，所以 $\{e^{-rt}V(t)\}$ 也是鞅。

由此，我们便可以得出

$$e^{-rt}V(t) = \mathbb{E}^{\mathbb{Q}}\left[e^{-rT}V(T)|\mathcal{F}(t)\right],$$

则

$$V(t) = \mathbb{E}^{\mathbb{Q}}\left[e^{-r(T-t)}(S(T) - K)^+ |\mathcal{F}(t)\right].$$

由之 $\{S(t)\}$ 是马尔科夫过程，我们有

$$V(t) = \mathbb{E}^{\mathbb{Q}}\left[e^{-r(T-t)}(S(T) - K)^+|\mathcal{F}(t)\right] = \mathbb{E}^{\mathbb{Q}}\left[e^{-r(T-t)}(S(T) - K)^+|S(t)\right].$$

因此存在函数 $c(t,x)$ 满足

$$V(t) = c(t, S(t)),$$

且

$$c(t,s) = \mathbb{E}^{\mathbb{Q}}\left[e^{-r(T-t)}(S(T) - K)^+|S(t) = s\right].$$

下面我们给予这个条件期望推导 BSM 公式。

注意到

$$(S(T) - K)^+ = (S(T) - K)\mathbf{1}_{\{S(T) \geqslant K\}} = S(T)\mathbf{1}_{\{S(T) \geqslant K\}} - K\mathbf{1}_{\{S(T) \geqslant K\}},$$

故有

$$\begin{aligned}c(t,s) &= \mathbb{E}^{\mathbb{Q}}\left[e^{-r(T-t)}(S(T) - K)^+ | S(t) = s\right] \\ &= e^{-r(T-t)}\left(\mathbb{E}^{\mathbb{Q}}\left[S(T)\mathbf{1}_{\{S(T) \geqslant K\}} | S(t) = s\right] - \mathbb{E}^{\mathbb{Q}}[K\mathbf{1}_{\{S(T) \geqslant K\}} | S(t) = s]\right).\end{aligned} \tag{5.28}$$

已知服从几何布朗运动的 $\{S(t)\}$ 在 $\mathbb{Q}$ 下的显式解为

$$S(t) = S(0)\exp\left\{\sigma W^{\mathbb{Q}}(t) + \left(r - \frac{1}{2}\sigma^2\right)t\right\},$$

进一步可以写出

$$\begin{aligned}S(T) &= S(t)\exp\left\{\sigma\left(W^{\mathbb{Q}}(T) - W^{\mathbb{Q}}(t)\right) + \left(r - \frac{1}{2}\sigma^2\right)\tau\right\} \\ &= S(t)\exp\left\{\sigma\sqrt{\tau}Y + \left(r - \frac{1}{2}\sigma^2\right)\tau\right\}.\end{aligned}$$

其中 $\tau = T - t$，随机变量 Y 服从标准正态分布

$$Y = \frac{W^{\mathbb{Q}}(T) - W^{\mathbb{Q}}(t)}{\sqrt{T-t}}.$$

由此，我们可以去求 Y 的相关变量的条件期望，

$$\begin{aligned}&\mathbb{E}^{\mathbb{Q}}\left[S(T)\mathbf{1}_{\{S(T) \geqslant K\}} | S(t) = s\right] \\ &= \mathbb{E}^{\mathbb{Q}}\left[s\exp\left\{\sigma\sqrt{\tau}Y + \left(r - \frac{1}{2}\sigma^2\right)\tau\right\}\mathbf{1}_{\{s\exp\{\sigma\sqrt{\tau}Y + (r - \frac{1}{2}\sigma^2)\tau\} \geqslant K\}} | S(t) = s\right] \\ &= \int_{\frac{1}{\sigma\sqrt{\tau}}[\log(\frac{K}{s}) - (r - \frac{1}{2}\sigma^2)\tau]}^{+\infty} s\exp\left\{\sigma\sqrt{\tau}y + \left(r - \frac{1}{2}\sigma^2\right)\tau\right\}\frac{1}{\sqrt{2\pi}}e^{-\frac{1}{2}y^2}\mathrm{d}y \\ &= se^{r\tau}\int_{\frac{1}{\sigma\sqrt{\tau}}[\log(\frac{K}{s}) - (r - \frac{1}{2}\sigma^2)\tau]}^{+\infty} \frac{1}{\sqrt{2\pi}}\exp\left\{-\frac{1}{2}\left(y - \sigma\sqrt{\tau}\right)^2\right\}\mathrm{d}y.\end{aligned}$$

进行变量转换，令 $z = y - \sigma\sqrt{\tau}$，可以得到

$$\mathbb{E}^{\mathbb{Q}}\left[S(T)\mathbf{1}_{\{S(T)\geqslant K\}}|S(t)=s\right]$$
$$= se^{r\tau}\int_{\frac{1}{\sigma\sqrt{\tau}}\left[\log\left(\frac{K}{s}\right)-\left(r-\frac{1}{2}\sigma^2\right)\tau\right]-\sigma\sqrt{\tau}}^{+\infty}\frac{1}{\sqrt{2\pi}}\exp\left\{-\frac{1}{2}z^2\right\}\mathrm{d}z$$
$$= se^{r\tau}\int_{\frac{1}{\sigma\sqrt{\tau}}\left[\log\left(\frac{K}{s}\right)-\left(r+\frac{1}{2}\sigma^2\right)\tau\right]}^{\infty}\frac{1}{\sqrt{2\pi}}\exp\left\{-\frac{1}{2}z^2\right\}\mathrm{d}z.$$

由标准正态分布的累积分布函数来表示，可以得到

$$se^{r\tau}\int_{\frac{1}{\sigma\sqrt{\tau}}\left[\log\left(\frac{K}{s}\right)-\left(r+\frac{1}{2}\sigma^2\right)\tau\right]}^{\infty}\frac{1}{\sqrt{2\pi}}\exp\left\{-\frac{1}{2}z^2\right\}\mathrm{d}z$$
$$= se^{r\tau}\left[1 - N\left(\frac{1}{\sigma\sqrt{\tau}}\left(\log\left(\frac{K}{s}\right) - \left(r+\frac{1}{2}\sigma^2\right)\tau\right)\right)\right]$$
$$= se^{r\tau}N\left(-\frac{1}{\sigma\sqrt{\tau}}\left(\log\left(\frac{K}{s}\right) - \left(r+\frac{1}{2}\sigma^2\right)\tau\right)\right)$$
$$= se^{r\tau}N\left(d_+(\tau,s)\right).$$

其中，$N(\cdot)$ 是标准正态分布的累积分布函数，$d_+(\tau,s)$ 为

$$d_+(\tau,s) = \frac{1}{\sigma\sqrt{\tau}}\left[\log\left(\frac{s}{K}\right) + \left(r+\frac{1}{2}\sigma^2\right)\tau\right].$$

接下来计算式 (5.28) 的后一半，

$$\mathbb{E}^{\mathbb{Q}}\left[K\mathbf{1}_{\{S(T)\geqslant K\}}|S(t)=s\right]$$
$$= K\mathbb{E}^{\mathbb{Q}}\left[\mathbf{1}_{\{S(T)\geqslant K\}}|S(t)=s\right]$$
$$= K\mathbb{Q}\left(S(T)\geqslant K|S(t)=s\right),$$

其中 $\mathbb{Q}(\cdot)$ 代表风险中性测度下的概率。代入具体的概率密度分布函数，可以得到

$$K\mathbb{Q}\left(S(T)\geqslant K|S(t)=s\right)$$
$$= K\mathbb{Q}\left(s\exp\left\{\sigma\sqrt{\tau}Y + \left(r-\frac{1}{2}\sigma^2\right)\tau\right\}\geqslant K\right)$$
$$= K\mathbb{Q}\left(Y \geqslant \frac{1}{\sigma\sqrt{\tau}}\left[\log\left(\frac{K}{s}\right) - \left(r-\frac{1}{2}\sigma^2\right)\tau\right]\right).$$

利用标准正态分布的累积分布函数，有

$$K\mathbb{Q}\left(Y \geqslant \frac{1}{\sigma\sqrt{\tau}}\left[\log\left(\frac{K}{s}\right) - \left(r-\frac{1}{2}\sigma^2\right)\tau\right]\right)$$
$$= K\left(1 - N\left(\frac{1}{\sigma\sqrt{\tau}}\left[\log\left(\frac{K}{s}\right) - \left(r-\frac{1}{2}\sigma^2\right)\tau\right]\right)\right).$$

根据累积分布函数的性质，可以进行简化得

$$KQ\left(Y \geqslant \frac{1}{\sigma\sqrt{\tau}}\left[\log\left(\frac{K}{s}\right) - \left(r - \frac{1}{2}\sigma^2\right)\tau\right]\right)$$
$$= KN\left(-\frac{1}{\sigma\sqrt{\tau}}\left[\log\left(\frac{K}{s}\right) - \left(r - \frac{1}{2}\sigma^2\right)\tau\right]\right)$$
$$= KN\left(\frac{1}{\sigma\sqrt{\tau}}\left[\log\left(\frac{s}{K}\right) + \left(r - \frac{1}{2}\sigma^2\right)\tau\right]\right)$$
$$= KN\left(d_-(\tau, s)\right),$$

其中，$N(\cdot)$ 是标准正态分布的累积分布函数，$d_-(\tau, s)$ 为

$$d_-(\tau, s) = \frac{1}{\sigma\sqrt{\tau}}\left(\log\left(\frac{s}{K}\right) + \left(r - \frac{1}{2}\sigma^2\right)\tau\right).$$

综上所述，

$$c(t,s) = \mathbb{E}^{\mathbb{Q}}\left[e^{-r(T-t)}(S(T) - K)^+ | S(t) = s\right]$$
$$= e^{-r(T-t)}\left[\mathbb{E}^{\mathbb{Q}}\left[S(T)\mathbf{1}_{\{S(T) \geqslant K\}} | S(t) = s\right] - \mathbb{E}^{\mathbb{Q}}\left[K\mathbf{1}_{\{S(T) \geqslant K\}} | S(t) = s\right]\right]$$
$$= sN\left(d_+(\tau, s)\right) - e^{-r\tau}KN\left(d_-(\tau, s)\right),$$

其中

$$d_+(\tau, s) = \frac{1}{\sigma\sqrt{\tau}}\left[\log\left(\frac{s}{K}\right) + \left(r + \frac{1}{2}\sigma^2\right)\tau\right],$$
$$d_-(\tau, s) = \frac{1}{\sigma\sqrt{\tau}}\left[\log\left(\frac{s}{K}\right) + \left(r - \frac{1}{2}\sigma^2\right)\tau\right].$$

由此就得到了 BSM 方程显式的解析解。显然，这和前面利用热传导方程得出的结果是一致的。

如下，我们对于 BSM 公式中的 $N(d_-)$ 项做出一些说明：它指风险中性测度下，欧式看涨期权到期时仍为实值的概率。这可以从上面的推导过程中看出，在计算 BSM 公式的第二部分时，我们有

$$K\mathbb{Q}(S(T) \geqslant K | S(t) = s) = KN(d_-(\tau, s)),$$

即

$$\mathbb{Q}(S(T) \geqslant K | S(t) = s) = N(d_-(\tau, s)).$$

此外，对于欧式看跌期权，读者可以作为练习，使用本章提到的各种方法推导定价公式

$$p = Ke^{-r\tau}N(-d_-) - sN(-d_+).$$

这里的 $N(-d_-)$ 是看跌期权在风险中性测度下到期时为实值的概率。当然,这一定价公式也可以利用期权平价公式很容易地得到。

在本节的最后,我们在上述连续时间框架下,介绍风险中性概率测度和无套利之间的关系。回顾我们在离散时间框架下的定义 5.6:风险中性测度是在其下市场中所有资产折现后都是鞅的,且和原始测度等价的测度。我们有如下定理。

定理 5.5 如果我们能为全市场找到一个风险中性概率测度,则该市场无套利。

前文提到的概率测度 $\mathbb{Q}$ 对市场 $(S(t), B(t), V(t))$ 是风险中性(鞅)测度。因此,根据上述定理,该市场无套利。关于这一定理的证明,我们再次简要地给出一个框架:我们采用反证,证明如果存在套利,则从 $X(0) = 0$ 开始,可以构造一个投资组合使得 $\mathbb{P}(X(T) \leq 0) = 1$ 并且 $\mathbb{P}(X(T) > 0) > 0$。假设市场由一项利率为 r 的无风险资产 $S_0(t)$,以及 m 个风险资产 $S_i(t)$,$i = 0, 1, 2, \ldots, m$,组成。特别地,$S_0(t) = S_0(0)e^{rt}$。假设风险中性测度是 $\mathbb{Q}$。在该测度下,对 $i = 0, 1, 2, \ldots, m$,$e^{-rt}S_i(t)$ 折现价格都是鞅。由自融资可以推出

$$dX(t) = \sum_{i=1}^{m} \Delta_i(t) dS_i(t) + r\left(X(t) - \sum_{i=1}^{m} \Delta_i(t) S_i(t)\right) dt.$$

根据 Itô 公式,我们可以推出

$$\begin{aligned}
&d[e^{-rt}X(t)] \\
&= e^{-rt} dX(t) - re^{-rt}X(t)dt \\
&= e^{-rt}\left[\sum_{i=1}^{m} \Delta_i(t) dS_i(t) + r\left(X(t) - \sum_{i=1}^{m} \Delta_i(t) S_i(t)\right) dt\right] - re^{-rt}X(t)dt \\
&= \sum_{i=1}^{m} \Delta_i(t) \left[e^{-rt} dS_i(t) - re^{-rt}S_i(t)dt\right] \\
&= \sum_{i=1}^{m} \Delta_i(t) d[e^{-rt}S_i(t)].
\end{aligned}$$

由于 $e^{-rt}S_i(t)$ 都是 $\mathbb{Q}$ 下的鞅,则 $e^{-rt}X(t)$ 也是。因此,我们有

$$\mathbb{E}^{\mathbb{Q}}\left[e^{-rT}X(T)\right] = \mathbb{E}^{\mathbb{Q}}X(0) = 0.$$

我们可以推出

$$0 = \mathbb{E}^{\mathbb{Q}}X(T) = \int_{\Omega} X(T) d\mathbb{Q} \geq \int_{\{X(T)>0\}} X(T) d\mathbb{Q} > 0,$$

这显然是矛盾的。此处,最后一个不等式源自 $\mathbb{Q}(X(T) > 0) > 0$,这是由 $\mathbb{P}(X(T) > 0) > 0$ 以及 $\mathbb{P}$ 和 $\mathbb{Q}$ 的等价性推出的。

5.3 Black-Scholes-Merton 模型的实际应用：希腊值与波动率套利

在上一节中我们得出了 BSM 方程并梳理了其求解的过程，在本节中我们将展示 BSM 模型在业界实践中的一些具体应用。我们将定义希腊值（Greeks）并讨论其实际含义，即 BSM 模型中期权价格关于模型中各变量的敏感性，例如期权价格与股票价格、到期时间、波动率等变量之间的关系，并给出希腊值在实际中的具体应用，如 Δ 中性与多头 Gamma 交易。之后，我们将进一步，给出一个利用隐含波动率与历史波动率实证关系进行套利的思路，同时阐述其原理。

5.3.1 Black-Scholes-Merton 公式的希腊值

在之前的学习中，我们已经得到了 BSM 公式。在本部分中，我们将研究 BSM 公式中各个参数对于期权价格的影响。首先我们来回顾一下 BSM 公式：若其股票价格 $S(t)$ 服从几何布朗运动，即

$$\frac{\mathrm{d}S(t)}{S(t)} = \mu \mathrm{d}t + \sigma \mathrm{d}S(t).$$

考虑一个收益为 $(S(T)-K)^+$ 的看涨期权，当无风险利率为 r 时，假设期权价格 $C(t) = c(t, S(t))$，那么 $c(t,x)$ 满足著名的 BSM 公式，即

$$c(t,x) = xN(d_+(T-t,x)) - Ke^{-r(T-t)}N(d_-(T-t,x)), \quad t \in [0,T), \ x > 0,$$

其中 $\tau = T - t$，并且

$$d_+(\tau, x) = \frac{1}{\sigma\sqrt{\tau}}\left[\log\left(\frac{x}{K}\right) + \left(r + \frac{1}{2}\sigma^2\right)\tau\right],$$

$$d_-(\tau, x) = \frac{1}{\sigma\sqrt{\tau}}\left[\log\left(\frac{x}{K}\right) + \left(r - \frac{1}{2}\sigma^2\right)\tau\right].$$

但是，仅从 BSM 期权定价公式我们很难直观地看出不同参数对于期权价格的影响。为了方便应用，我们选取有代表性的变量，研究期权价格与其的对应关系及相应的变化规律。想要探究因变量对自变量变化的敏感程度，导数是较好的方式，而希腊值便是 $c(t,x)$ 关于不同变量的导数。由于这些关系通常使用希腊字母来表示，所以在业界被称为"希腊值"。表 5.1 中，我们以上述看涨期权为例，直接给出希腊值 Δ, Θ, Γ 和 $\mathcal{V}$ 的定义和它们的表达式，感兴趣的读者可以自行完成具体的计算。接下来，我们以欧式看涨期权的希腊值为例进行讨论。

表 5.1 希腊值

希腊值	符号	定义	欧式看涨期权的希腊值
Delta	Δ	$\frac{\partial c}{\partial x}$	$N(d_+(\tau,x)) > 0$
Theta	Θ	$\frac{\partial c}{\partial t}$	$-rKe^{-r\tau}N(d_-(\tau,x)) - \frac{\sigma x}{2\sqrt{\tau}}N'(d_+(\tau,x)) < 0$
Gamma	Γ	$\frac{\partial^2 c}{\partial x^2}$	$\frac{1}{\sigma x\sqrt{\tau}}N'(d_+(\tau,x)) > 0$
Vega	$\mathcal{V}$	$\frac{\partial c}{\partial \sigma}$	$xN'(d_+(\tau,x))\sqrt{\tau} > 0$

Δ 是期权价值相对于股票价格的变化率，同时 Δ 也是复制或者对冲期权的头寸。对于欧式看涨期权来说，Δ 大于 0，这与实际中我们的认识一致，即更高的股票价格意味着更高的潜在收益，所以期权具有更高的价值。而且可以通过微积分或者我们之前在推导 BSM 方程边值条件时的方法来证明当 $x \to 0$，$c(t,x) \to 0$，$\Delta \to 0$；以及当 $x \to \infty$，$c(t,x) \sim x - Ke^{-r(T-t)}$，$\Delta \to 1$。

Γ 是 Δ 相对于股票价格的变化率。由于 Γ 表达式中的 $N'(d_+(\tau,x))$ 始终为正，因此 Γ 也始终为正。这意味着期权价格曲线 $c(t,x)$ 下凸，Δ 随着 x 的增大而增大。从现实意义中理解，这是由于股票价格越高，行权日股价低于执行价的可能性越小，此时一单位股价的上升带来的期权收益增加的确定性更大，所以期权价值上升幅度更大。由此可知，期权价值不仅随着股票价格的增加而增加，且其增加的速度随着股票价格的提高而加快，即期权相应对冲的头寸数量也会随着股票价格的增加而增加。

Θ 是期权价格关于时间的导数，衡量了期权的时间价值。由 Θ 的定义式可知，欧式看涨期权的 Θ 始终小于 0，这是由于距离到期日期越近，股票价格的确定性越大，波动的可能性越小，其对应的期权价格也越低。而当 $t \to T$ 时，$c(t,x) \to (x-K)^+$。

$\mathcal{V}$ 是期权价格关于股价波动率的导数。由 $\mathcal{V}$ 的定义式可知，欧式看涨期权的 $\mathcal{V}$ 始终大于 0。这是由于在其他条件不变的情况下，较大的股价波动率对应着较高的不确定性，从而使能够用于规避不确定性的期权价值更高。

图 5.1 描绘了期权价格与股票价格在到期时间确定时的关系，其中横坐标是股票价格，纵坐标是期权价格。始终为正的 Δ 表明在到期时间相同的情况下，更高的股票价格对应着更高的期权价格，而正的 Γ 表明曲线呈现出凸函数的形态。另外，随着距到期日的时间的减小，该曲线逐渐趋向于期权在 T 时刻的收益曲线。图 5.2 描绘的是期权价格、股票价格与 Δ 的关系。其中，虚线是我们之前计算出的期权价格与股票价格的关系，实线是 Δ 与股票价格的关系，即虚线的导数。从图中可知，Δ 始终为正并且单调递增；此外，当股票价格趋于 0 时，Δ 也趋于 0，这一点可以通过公式 $\Delta = N(d_+(\tau,x))$ 验证；当股票价格与行权价格 K 相等时，Δ 约为 $1/2$，这是因为当 $S(t) = K$ 时，$d_+(\tau,x) \approx 0$，因此数值上一般会有 $N(d_+(\tau,x)) \approx 1/2$；当股票价格趋于无穷大时，$\Delta$ 趋于 1。对于 $\Delta = 0$ 和 $\Delta = 1$ 两个极端情形，从直觉上可作

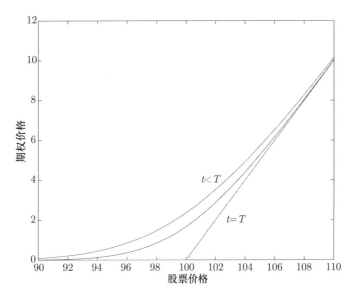

图 5.1　到期时间固定时，期权价格与股票价格的关系

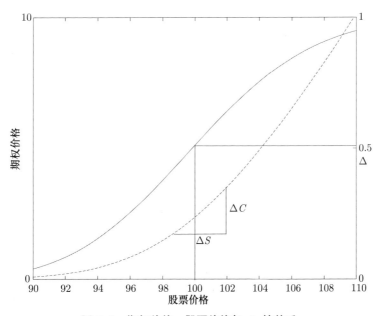

图 5.2　期权价格、股票价格与 Δ 的关系

如下解释：当 $S(t) = 0$ 时，由于

$$S(T) = S(t)\exp\left(\sigma(W^{\mathbb{Q}}(T) - W^{\mathbb{Q}}(t)) - \frac{1}{2}\sigma^2(T-t)\right), \quad (5.29)$$

因此恒等于 0，因而在 T 时刻的回报 $(S(T) - K)^+$ 也恒等于 0，若要对冲一个回报为 0 的期权，那么股票的头寸 Δ 应当为 0。而当 $S(t) = +\infty$ 时，再由式 (5.29)，我们有 $S(T) = +\infty$，那么在 T 时刻的回报 $(S(T) - K)^+$ 中的 $-K$ 就可以忽略不计，回报近似为 $S(T)$，要对冲这样的回报，只需要 1 份股票即可。图 5.3 描绘了期权价格与股票价格在固定波动率情况下的关系，验证了：正的 $\mathcal{V}$ 表明随着波动率增加，期权价格升高。

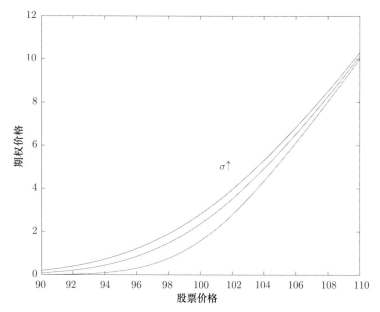

图 5.3 随着股价波动率升高，期权价格与股票价格的关系

此处我们给出一个对看涨期权的 BSM 公式，即

$$c(t, S(t)) = S(t)N(d_+(T-t, S(t))) - Ke^{-r(T-t)}N(d_-(T-t, S(t)))$$

的解释。假设 $X(t)$ 是一个自融资的期权复制投资组合，即

$$X(t) = \underbrace{\Delta(t)S(t)}_{\text{股票投资}} + \underbrace{(X(t) - \Delta(t)S(t))}_{\text{银行资金}},$$

并且有 $X(t) = c(t, S(t))$。因为已有

$$\Delta(t) = c_x(t, S(t)) = N(d_+(T-t, S(t))),$$

进而, 一定有

$$\underbrace{(X(t) - \Delta(t)S(t))}_{\text{银行资金}} = -Ke^{-r(T-t)}N(d_-(T-t, S(t))).$$

这意味着借钱购买股票。读者可以练习给出类似的对于对看跌期权的 BSM 公式的解释。

5.3.2 希腊值的一个应用: Δ 中性与多头 Γ 交易策略

在本节中, 作为上一节中关于希腊值相关性质的应用, 我们构造一个理论上可能给我们带来套利机会的期权策略。首先, 我们来看图 5.4。其中的曲线 $y = c(t, x)$ 绘制了期权价格和股票价格之间的关系, 在 $x = x_1$ 处, 我们画出这条曲线的切线, 其方程为

$$y = c_x(t, x_1)(x - x_1) + c(t, x_1).$$

由于 $\Gamma > 0$, 曲线 $y = c(t, x)$ 是凸的。因此, 曲线 $c(t, x)$ 始终在切线上方; 同时可以验证, 只要 $x_1 > 0$, 其截距

$$c(t, x_1) - x_1 c_x(t, x_1) < 0.$$

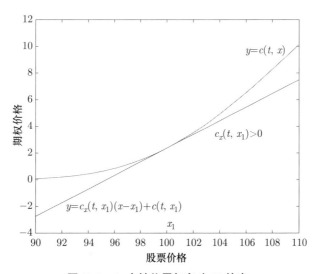

图 5.4 Δ 中性位置与多头 Γ 效应

下面, 我们基于这上述几何现象构造一个投资组合。在时间 t, 构建一个总价值

为 0 的投资组合：

$$0 = P(t, x_1) = \underbrace{c(t, x_1)}_{\text{买一份期权}} - \underbrace{x_1 c_x(t, x_1)}_{\text{卖空} c_x(t,x_1) \text{股股票}} + \underbrace{x_1 c_x(t, x_1) - c(t, x_1)}_{\text{银行存款}}.$$

假设经过一段很小的时间 Δ，如果股价从 x_1 变成 x_2，此时我们不妨假设 $x_2 > x_1$，忽略时间因素，组合的价值变为

$$P(t+\Delta, x_2) = \underbrace{c(t, x_2)}_{\text{买一份期权}} - \underbrace{x_2 c_x(t, x_1)}_{\text{卖空} c_x(t,x_1) \text{股股票}} + \underbrace{x_1 c_x(t, x_1) - c(t, x_1)}_{\text{银行存款}},$$

我们将上述 $P(t+\Delta, x_2)$ 的表达式重新整理为

$$P(t+\Delta, x_2) = c(t, x_2) - [x_2 c_x(t, x_1) + (c(t, x_1) - x_1 c_x(t, x_1))].$$

由于已知 $c(t,x)$ 在切线上方，我们有

$$P(t+\Delta, x_2) > 0.$$

在 Δ 内股价降低，即 $x_2 < x_1$ 的情形下，上式也成立。因此，对于上述期权多头和股票空头的资产组合，无论股票涨还是跌，资产价值都会增加；且股票波动率越大，资产组合价值上升越大。换句话说，只要一直保证处于 $\Delta = c_x(t, x_1)$ 的"中性"位置，并且股票价格一直有较大波动，总资产价值就能够增加，这就是多头 $\Gamma > 0$ 在凸性在资产组合中产生的作用。如果我们可以预测股票价格变动的方向，可以采取更为激进的方法。如当预测未来股价有上涨趋势时，可令直线斜率小于切线，即卖空小于 $c_x(t, x_1)$ 份的股票。此时切点右侧直线与曲线之间的距离差变大，这意味着在预测正确的情况下能够获得更为丰厚的效益，但是切点左侧直线暂时高于曲线，意味着可能承担预测错误带来的损失。

虽然上述方法看似能够带来套利机会，然而实际上，这种套利是建立在股票价格在极短时间内瞬间升高或者降低的基础上的，忽略了时间效应对投资组合的影响。对于欧式看涨期权而言，始终为负的 Θ 说明，随着时间的变化，期权价值有下降的趋势，即整条曲线会向下平移。因此，对于欧式看涨期权来说，始终为正的 Γ 和始终为负的 Θ 的影响正好相互抵消，只有当股票价格短期剧烈波动时，才可能真正实现套利。实际中，各种因素产生的摩擦不能保证上述策略的有效性，甚至有可能带来负面影响，因此要具体情况具体分析，但上述分析不失其启发性。

5.3.3 隐含波动率与历史波动率：波动率套利策略

首先，我们认识到在真实市场中，BSM 模型的假设不一定成立。比如，BSM 模型假设股价服从几何布朗运动

$$\frac{\mathrm{d}S(t)}{S(t)} = \mu \mathrm{d}t + \sigma \mathrm{d}W(t)$$

其中波动率 σ 为常数，但真实的波动率却不一定是常数，会随着到期时间、股价等因素波动。那么，在实际应用中如何度量波动率呢？我们知道由 BSM 模型推导出的欧式看涨期权的 BSM 公式是一个关于时间 t 与股票价格 x 的函数，其以 r、K、T、σ 分别为无风险利率、期权执行价格、期权行权时刻、波动率参数，我们将其记为 $c(t,x;r,K,T,\sigma)$。如果我们把实际交易的价格等数据代入模型，可以通过反推计算出相应的波动率，该波动率被称为**隐含波动率**（implied volatility），可用 σ_{imp} 表示。具体地，如果在 t 时刻，股价为 x，无风险利率为 r，一个执行价格为 K、行权时刻为 T 的看涨期权的实际交易价格为 $C_M(t,x;r,K,T)$，则隐含波动率 σ_{imp} 为满足方程

$$c(t,x;r,K,T,\sigma_{imp}) = C_M(t,x;r,K,T)$$

的解。隐含波动率是很重要的指标，在期权定价中有非常广泛的应用。图 5.5 展示了以标普 500 指数作为标的，距离到期日为一个月的平价期权（at-the-money option），即要求 $Ke^{-r(T-t)} = x$ 的隐含波动率时间序列图，我们足以看出其随时间的波动性。在实证研究中发现，执行价格、到期日不同的期权，计算出的隐含波动率往往不同，形成了一个隐含波动率曲面。图 5.6 展示了某个交易日中，标普 500 指数不同执行价格及到期日下的期权对应的隐含波动率。其中的对数相对价格定义为 $\log x/K$，这里 x 表示当日的标普 500 指数。我们可以看出对于固定的期权到期日而言，隐含波动率形成的曲线是倾斜的，执行价格越低，隐含波动率往往就越高。隐含波动率曲面也会以一种复杂的方式随着时间的移动而改变形状。研究隐含波动率曲面的动态演化在期权市场上具有极其重要的意义。读者可能会产生这样的疑问：如果用看跌期权计算隐含波动率会怎么样？事实上，在市场无套利情况下，资产、到期期限、行权价相同的看涨期权与看跌期权的隐含波动率应该是相等的。建议有兴趣的读者将其作为练习自行推导。

另一种对波动率的描述是**历史波动率**，也叫**实现波动率**（realized volatility）。实现波动率与模型无关，是直接表征历史资产回报实际波动的方法。设历史观测数据为 $\{S(t_i)\}$，那么 $[0,T]$ 时期的历史波动率为 $\sqrt{RV_{0,T}}$，其中

$$RV_{0,T} := \frac{1}{(n-1)\Delta t} \sum_{i=0}^{n-1} \left(\log \frac{S(t_{i+1})}{S(t_i)} \right)^2.$$

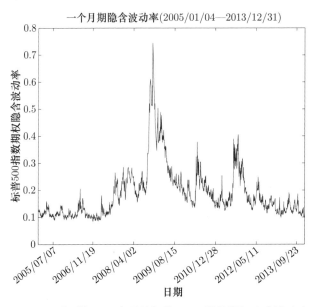

图 5.5 距离到期日一个月的标普 500 指数期权隐含波动率

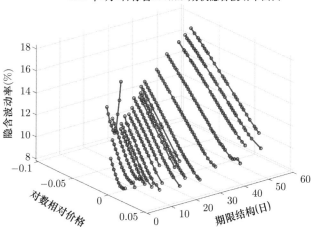

图 5.6 标普 500 指数期权隐含波动率曲面

我们可以通过计算得到实现波动率与瞬时波动率的联系：事实上，上式中的求和项可以被视为离散情形下的二阶变差

$$\sum_{i=0}^{n-1}\left(\log\frac{S(t_{i+1})}{S(t_i)}\right)^2 = \sum_{i=0}^{n-1}(\log S(t_{i+1}) - \log S(t))^2. \tag{5.30}$$

假设资产价格 $S(t)$ 按照 SDE

$$\frac{\mathrm{d}S(t)}{S(t)} = \alpha(t)\mathrm{d}t + \beta(t)\mathrm{d}W(t)$$

演化，其中 $\alpha(t)$ 和 $\beta(t)$ 是两个一般随机过程。我们有

$$\mathrm{d}\log S(t) = \left(\alpha(t) - \frac{1}{2}\beta(t)^2\right)\mathrm{d}t + \beta(t)\mathrm{d}W(t).$$

从而，我们有

$$\begin{aligned} RV_{0,T} &= \frac{1}{n\Delta}\sum_{i=0}^{n-1}\left(\log S(t_{i+1}) - \log S(t_i)\right)^2 \\ &\to \frac{1}{T}\langle \log S(\cdot)\rangle(T) \\ &= \frac{1}{T}\int_0^T \beta(t)^2\mathrm{d}t, \end{aligned}$$

这说明了实现波动率与瞬时波动率之间的联系。

图 5.7 展示了在其范围内的任意时间 t，价外（$Ke^{-r(T-t)} < S(t)$）、平价（$Ke^{-r(T-t)} = S(t)$）、价内（$Ke^{-r(T-t)} > S(t)$）三种情况下期限为一个月（即 $T-t=1/12$）的隐含波动率与使用该月日观测价格计算出的实现波动率。从图 5.7 可以看出隐含与实现波动率整体趋势相似，但大多数情况下实现波动率小于隐含波动率，这是一个经常发生的现象。导致这一现象的一个重要原因是期权的供需关系。在市场

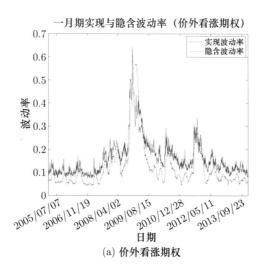

(a) 价外看涨期权

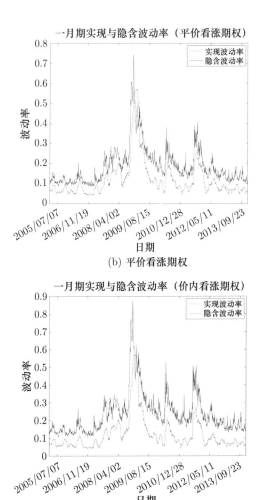

图 5.7 隐含波动率与实现波动率的对比

上，使用期权的一部分人是对冲者（hedger），他们买入期权的动机是为了规避风险，因此往往会长期持有，这使得期权的总体需求上升，进而推高了期权的隐含波动率。

在实际运用中，利用上文中提到的隐含波动率通常大于实现波动率的特点，我们可以发现一种波动率套利的方式。假定作为标的资产的股票价格的真实演变模型为

$$\mathrm{d}S(t) = \alpha(t)S(t)\mathrm{d}t + \beta(t)S(t)\mathrm{d}W(t), \tag{5.31}$$

其中 $\alpha(t)$ 和 $\beta(t)$ 都是随机过程,分别代表收益率和波动率。上述实证现象说明

$$\sigma_{imp} \geqslant \sqrt{\frac{1}{T}\int_0^T \beta(t)^2 \mathrm{d}t}.$$

从而,对多数时间 t,我们期待有

$$\sigma_{imp}^2 > \beta(t)^2.$$

市场中存在一个到期日为 T,到期支付为 $p(S(T))$ 的期权。若一位投资者卖空一只期权,同时按照 BSM 模型下的期权定价理论进行风险对冲。具体来讲,她认为 $S(t)$ 满足 BSM 模型,且依据市场价格,其相应的隐含波动率为 σ_{imp},她认为该期权的无套利价格满足 $V(t) = c(t, S(t))$,其中 $c(t,x)$ 满足 BSM 模型的偏微分方程

$$rc(t,x) = c_t(t,x) + rxc_x(t,x) + \frac{1}{2}\sigma_{imp}^2 x^2 c_{xx}(t,x)$$

及终值条件

$$c(T,s) = p(s),$$

进而,该投资者用于对冲的资产组合如下:从 $X(0) = c(0, S(0))$ 开始,在时间 t 持有 $\Delta(t) = \partial c(t, S(t))/\partial S$ 份股票 $S(t)$,并把剩余的资金 $X(t) - \Delta(t)S(t)$ 投入无风险的货币市场,这样的投资组合价值满足

$$\mathrm{d}X(t) = \Delta(t)\mathrm{d}S(t) + r\left(X(t) - \Delta(t)S(t)\right)\mathrm{d}t,$$
$$X(0) = c(0, S(0)).$$

我们关心交易的收益/损失:

$$X(T) - p(S(T)) = X(T) - c(T, S(T)).$$

如果 $S(t)$ 满足 BSM 模型,那么无套利要求计算得到的 $X(t)$ 应当始终等于 $c(t, S(t))$。但 $S(t)$ 的实际模型非 BSM 模型,而是式 (5.31),因此资产组合的价值 $X(t)$ 不会始终等于 $c(t, S(t))$。我们记

$$Y(t) = X(t) - c(t, S(t)),$$

则有

$$\mathrm{d}Y(t) = \mathrm{d}X(t) - \mathrm{d}c(t, S(t)).$$

利用

$$c_t(t,x) + rxc_x(t,x) + \frac{1}{2}\sigma_{imp}^2 x^2 c_{xx}(t,x) = rc(t,x)$$

以及 Itô 公式，可得

$$\begin{aligned}&\mathrm{d}X(t) - \mathrm{d}c(t, S(t))\\ &= \Delta(t)\mathrm{d}S(t) + r\left(X(t) - \Delta(t)S(t)\right)\mathrm{d}t - c_t(t, S(t))\mathrm{d}t - c_x(t, S(t))\mathrm{d}S(t) -\\ &\quad \frac{1}{2}c_{xx}(t, S(t))\mathrm{d}[S, S](t).\end{aligned}$$

将 $\Delta(t) = c_x(t, x)$ 代入，化简得到

$$\begin{aligned}&\mathrm{d}X(t) - \mathrm{d}c(t, S(t))\\ &= c_x(t, S(t))\mathrm{d}S(t) + r\left(X(t) - c_x(t, S(t))S(t)\right)\mathrm{d}t - c_t(t, S(t))\mathrm{d}t - c_x(t, S(t))\mathrm{d}S(t) -\\ &\quad \frac{1}{2}c_{xx}(t, S(t))\beta(t)^2 S(t)^2 \mathrm{d}t\\ &= r(X(t) - c_x(t, S(t))S(t))\mathrm{d}t - c_t(t, S(t))\mathrm{d}t - \frac{1}{2}c_{xx}(t, S(t))\beta(t)^2 S(t)^2 \mathrm{d}t.\end{aligned}$$

整理得

$$\begin{aligned}&\mathrm{d}X(t) - \mathrm{d}c(t, S(t))\\ &= \left(rX(t) - rc_x(t, S(t))S(t) - c_t(t, S(t)) - \frac{1}{2}c_{xx}(t, S(t))\beta(t)^2 S(t)^2\right)\mathrm{d}t.\end{aligned}$$

将

$$rc(t, x) = c_t(t, x) + rxc_x(t, x) + \frac{1}{2}\sigma_{imp}^2 x^2 c_{xx}(t, x)$$

代入，整理得

$$\begin{aligned}&\mathrm{d}X(t) - \mathrm{d}c(t, S(t))\\ &= \left(rX(t) - rc(t, S(t)) + \frac{1}{2}\sigma_{imp}^2 S(t)^2 c_{xx}(t, S(t)) - \frac{1}{2}c_{xx}(t, S(t))\beta(t)^2 S(t)^2\right)\mathrm{d}t\\ &= rY(t)\mathrm{d}t + \frac{1}{2}S^2(t)\frac{\partial^2 c}{\partial s^2}(\sigma_{imp}^2 - \beta(t)^2)\mathrm{d}t.\end{aligned}$$

因此我们得到了关于 $Y(t)$ 的微分方程

$$\mathrm{d}Y(t) = rY(t)\mathrm{d}t + \frac{1}{2}S^2(t)\frac{\partial^2 c}{\partial s^2}(\sigma_{imp}^2 - \beta(t)^2)\mathrm{d}t,$$

其中初值条件为

$$Y(0) = 0.$$

接下来我们求解 $\mathrm{e}^{-rt}Y(t)$，通过 Itô 公式可得

$$\begin{aligned}\mathrm{d}\left[\mathrm{e}^{-rt}Y(t)\right] &= \mathrm{e}^{-rt}\mathrm{d}Y(t) + Y(t)\mathrm{d}\mathrm{e}^{-rt} + \mathrm{d}Y(t)\mathrm{d}\mathrm{e}^{-rt}\\ &= \mathrm{e}^{-rt}\mathrm{d}Y(t) + Y(t)\mathrm{d}\mathrm{e}^{-rt}\\ &= \mathrm{e}^{-rt}\mathrm{d}Y(t) - r\mathrm{e}^{-rt}Y(t)\mathrm{d}t,\end{aligned}$$

带入 $\mathrm{d}Y(t)$ 我们可以得到

$$\mathrm{d}\left[\mathrm{e}^{-rt}Y(t)\right] = \mathrm{e}^{-rt}\left[rY(t)\mathrm{d}t + \frac{1}{2}S^2(t)\frac{\partial^2 c}{\partial s^2}(\sigma_{imp}^2 - \beta(t)^2)\mathrm{d}t\right] - r\mathrm{e}^{-rt}Y(t)\mathrm{d}t$$

$$= \frac{1}{2}\mathrm{e}^{-rt}S^2(t)\frac{\partial^2 c}{\partial s^2}(\sigma_{imp}^2 - \beta(t)^2)\mathrm{d}t,$$

对等号两边同时积分，可以得到

$$\mathrm{e}^{-rT}Y(T) - Y(0) = \frac{1}{2}\int_0^T \mathrm{e}^{-rt}S^2(t)\frac{\partial^2 c}{\partial s^2}(\sigma_{imp}^2 - \beta(t)^2)\mathrm{d}t,$$

最后得到

$$Y(T) = \frac{1}{2}\int_0^T \mathrm{e}^{r(T-t)}S^2(t)\frac{\partial^2 c}{\partial s^2}(\sigma_{imp}^2 - \beta(t)^2)\mathrm{d}t.$$

由于看涨期权和看跌期权的 Γ 均为正，即

$$\frac{\partial^2 c}{\partial s^2} > 0.$$

若隐含波动率 σ_{imp} 高于实现波动率 $\beta(t)$，那么 $Y(T)$ 就是正值，这就意味着存在套利空间，投资者可以获得超额利润。而考虑到隐含波动率通常高于实现波动率的事实，这种现象也确实经常发生。这种套利策略启发我们一个深刻的事实：成功的交易策略往往来自对波动率的合理建模、估计与预测。

5.4 Black-Scholes-Merton 模型的延伸之一：随机波动率

从上一节关于波动率套利的讨论我们看出了对波动率合理建模、估计与预测的重要性。在本节中，我们将讨论 Black-Scholes-Merton 模型的延伸之一——随机波动率建模。

5.4.1 对于 Black-Scholes-Merton 模型的实证检验

实证经验表明，Black-Scholes-Merton 模型并不是一个对现实世界很好的近似。我们从标的资产历史信息和期权价格隐含信息两个角度，考察 Black-Scholes-Merton 模型的各基本假设在现实中的适用性。第一，从标的资产历史信息的角度：从横截面数据分析，检验标的价格历史分布是否服从对数正态分布；从时间序列数据分析，检验不同时刻的波动率是否独立且为常数。第二，从期权价格隐含信息的角度：检验标的资产相同的期权隐含波动率是否为一个固定不变的常数，即隐含波动率是否与执行价格和到期期限无关，也不随时间改变。

接下来，我们来详细考察上述问题。首先，从历史信息角度，我们先用横截面数据分析对对数收益率的正态性假设进行检验。Black-Scholes-Merton 模型中如果用 R_i 表示对数收益率，有

$$R_i = \log\left(\frac{S(i\Delta t)}{S((i-1)\Delta t)}\right) = (\mu - \sigma^2/2)\Delta t + \sigma\sqrt{\Delta t}Z_i. \tag{5.32}$$

因此如果 Black-Scholes-Merton 模型成立，资产的对数收益率就应该服从正态分布。实证结果如何呢？我们以标普 500 指数为例。如果对标普 500 指数近几十年的价格数据进行研究，我们会发现一个上升的趋势。趋势的产生可能受到了太多因素（诸如通货膨胀等等）的影响，因此需要进行去趋势化，考察标普 500 指数的对数收益率而非价格本身。图 5.8 列出了标普 500 指数的对数收益率（SPX Log Reture）、积累对数收益率（SPX Accumulated Reture）（即对数价格）、频数统计分布（Frequency）以及分位数–分位数（Q-Q）图。其中，积累对数收益率图所作的是标准化后的对数价格，它的形状反映了价格本身的上升趋势。

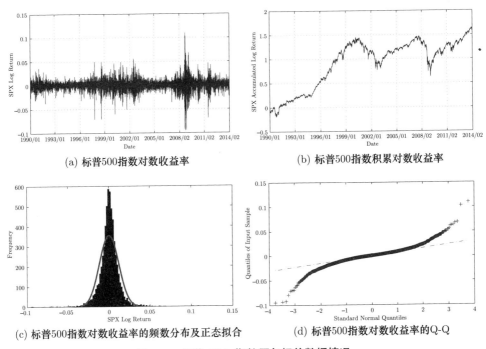

图 5.8 标普 500 指数历年相关数据情况

直观上可以发现，标普 500 指数波动率并非常数，而是一个随时间变化的随机变量。图 5.8(a) 中，1991—1997 年价格波幅较小，1997—2001 年波幅变大，在 2008 年左右波幅非常大。这是由于次贷危机引起金融市场风险增大，价格波动剧烈。我们

可以采用反证法对对数收益率的正态性进行检验。经过计算，图 5.8(a) 中标普 500 指数在 1990 年 12 月 19 日到 2014 年 2 月 17 日之间的每日对数收益率的均值为 0.0268%，标准差是 1.15%。在 2008 年 10 月 13 日，出现该时间段内的最大当日收益率为 10.96%。在 2008 年 10 月 15 日出现了巨幅下滑，当日收益率为 −9.47%。极端值发生的日期很近，说明标普 500 指数在这段时间波动很剧烈。如果正态性假定成立，观测到一个 −9.47% 的对数收益率概率应该为 10^{-16}，相当于平均每 10^{16} 天（约 10^{13} 年）才可能发生一次。一个 10.96% 的对数收益率的概率就更小了。统计意义上这两种情况都几乎不可能发生，然而在正态分布假设下（即 Black-Scholes-Merton 模型的假设下），仅仅在短短 25 年间就出现如此小概率事件，可见原假设是有偏颇的。由于金融危机的周期性，现实世界中收益率出现异常值的次数远比正态分布频繁得多（图 5.8(c) 和图 5.8(d)），对数收益率分布具有"尖峰厚尾"的特征，聚集于平均值或者达到极端值的概率都比正态分布大。

尖峰厚尾的特征也可以用对数收益率的峰度系数来刻画。**峰度系数**（kurtosis）衡量样本数据分布曲线的厚尾程度，或者说是出现极端值的概率：

$$\mathrm{Kurtosis}(X) = \frac{\mathbb{E}[(X-\mu)^4]}{\sigma^4} - 3.$$

标准正态分布的四阶矩为 3，因此其峰度系数为 0。经计算，样本标普 500 指数的对数收益率峰度系数为 8.62，说明存在一定的尖峰厚尾性。

以上结果并不只是美国股市的特例。图 5.9、图 5.10 分别给出了恒生指数（HSI）和沪深 300 指数（CSI300）的对数收益率变化、积累对数收益率、频数统计分布以及分位数–分位数（Q-Q）图，结论与上述类似，读者可自行做出讨论。相比于美国和中国香港较为成熟的市场，新兴市场中国内地的沪深 300 指数对数收益率波动更大，厚尾也更加明显，说明中国股市更容易出现暴涨暴跌，存在更严重的非理性投资的问题。

从时间序列数据角度，我们可以考察是否存在**波动率聚集**现象，即如果今天价格波动幅度较大，明天的波动幅度也会很大。行为金融学对此的解释是，金融危机中投资者的恐慌情绪和跟风行为容易将股价推至极端值，使得相比于正态分布，真实世界的收益率出现极端值的可能性要更大。我们通过求对数收益率平方项的自相关系数，来研究不同时刻的对数收益率的相关性。给定一组对数收益率的时间序列数据 $R_1, R_2, ..., R_n$，假设该时间序列是平稳的（因此不同时刻的方差相同，均用 σ_R^2 表示），则对于任意的 $i = 1, 2, ..., n$，R_i 均值为 μ_R，方差为 σ_R^2。定义 k **阶自相关系数**为

$$C(k) = \frac{\mathbb{E}[(R_i - \mu_R)(R_{i-k} - \mu_R)]}{\sigma_R^2}.$$

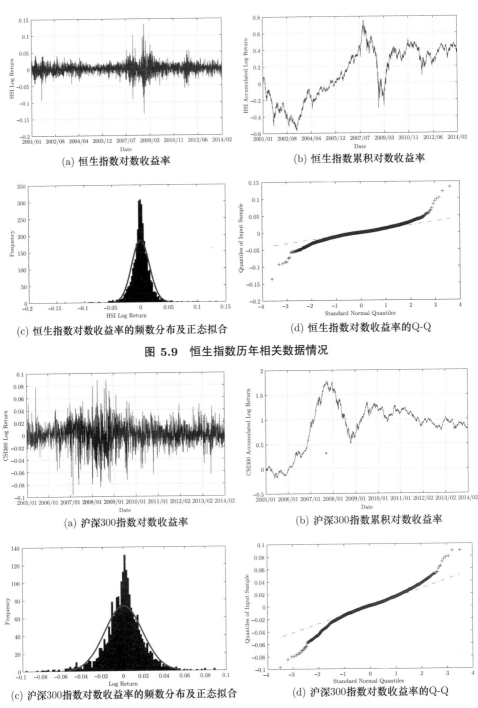

(a) 恒生指数对数收益率
(b) 恒生指数累积对数收益率
(c) 恒生指数对数收益率的频数分布及正态拟合
(d) 恒生指数对数收益率的Q-Q

图 5.9　恒生指数历年相关数据情况

(a) 沪深300指数对数收益率
(b) 沪深300指数累积对数收益率
(c) 沪深300指数对数收益率的频数分布及正态拟合
(d) 沪深300指数对数收益率的Q-Q

图 5.10　沪深 300 指数历年相关数据情况

在 Black-Scholes-Merton 模型的假设下，由于式 (5.32) 中 $Z_1, Z_2,\ldots$ 是独立同分布的标准正态随机变量，所以 $R_1, R_2,\ldots$ 独立且满足

$$C(k) = 0, \quad 对于 \ k \geqslant 1.$$

值得注意的是，即使真实世界中对数收益率存在严重的自相关问题，其自相关系数也很可能不显著异于 0。这是因为对数收益率时正时负，其自相关系数也时正时负，因此可能没有显著偏离 0 的趋势。为考察各阶之间的"绝对"关系，对数收益率平方会是一个更好的指标。如果对数收益率时间序列 $R_1, R_2,\ldots$ 是相互独立的，那么其平方之后的序列 $R_1^2, R_2^2, \ldots$ 也是相互独立的，各阶自相关系数仍应为 0。如果我们观察到显著的非零自相关系数，就应该否定原来的独立性假设。

以香港的恒生指数为例，对数收益率平方的自相关检验结果如图 5.11。其中 X 轴上下方的两条水平虚线代表自相关系数为 0 的 95% 的置信区间，X 轴是样本滞后阶数。图 5.11 中，我们发现收益率的自相关系数是显著的，其滞后阶数至少在 20 天以上。这说明上一期的对数收益率对下一期有显著的影响，今天的巨大波动会带来明天的巨大波动，说明波动率聚集效应的确存在。

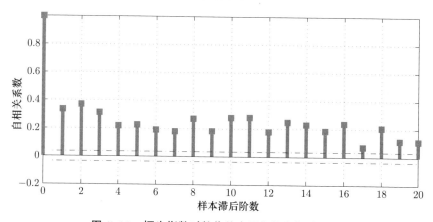

图 5.11 恒生指数对数收益率平方的自相关系数

接下来，我们再从隐含信息的角度考虑这个问题。回顾上节中对于隐含波动率的定义和其实证现象，我们知道隐含波动率不仅随时间变化，同一时点它也会因为执行价、到期期限的差异而不同，这就是**"隐含波动率曲面"**。我们举一个例子，对 2014 年 2 月 28 日的到期期限为 1 个月、不同执行价的恒生指数期权计算隐含波动率并作图，我们就得到一个给定到期期限的隐含波动率曲线，也被称为隐含波动率微笑曲线，见图 5.12。将不同期限的波动率曲线连接起来就可以得到波动率曲面。特别地，如图 5.13 所示，1987 年 5 月以前隐含波动率曲线基本平缓，因而标的资产

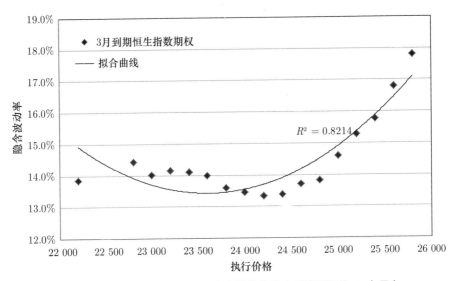

图 5.12 恒生指数期权隐含波动率微笑曲线（到期期限为 1 个月）

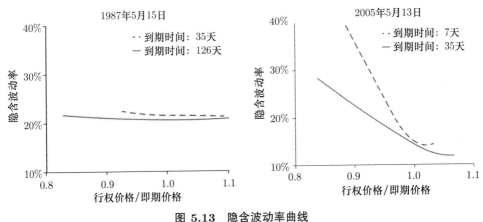

图 5.13 隐含波动率曲线

的价格能较好地被传统的 Black-Scholes-Merton 模型刻画。而 1987 年发生石油危机后，人们争相购买看跌期权来进行避险，行权价格较小的看跌期权价格因此上升，此次恐慌导致了隐含波动率曲线在 1987 年后不再平缓，而是具有了向下倾斜的特点。实证表明，如图 5.13 所示，隐含波动率曲线的倾斜程度随着到期期限的缩短而增加。这都与 Black-Scholes-Merton 模型的假设相违背。

在上一节中，我们同时谈到了可以使用现实波动率来衡量资产实际历史价格的波动幅度（而隐含波动率反映投资者对未来的预期）。假定在一段时间 $[0,T]$ 内，有历史价格的观测序列 $\{S(t_i)\}_{i=0}^n$，观测间隔为 $\triangle t = t_i - t_{i-1}, i = 1, 2, ..., n$，则历史波

动率为

$$RV_{0,T} := \left[\frac{1}{(n-1)\triangle t}\sum_{i=1}^{n}\left(\log\frac{S(t_i)}{S(t_{i-1})}\right)^2\right]^{\frac{1}{2}}.$$

历史波动率与衍生品市场也有着紧密的联系。一个典型的例子就是方差互换（variance swap），这种互换将合约期内的资产历史波动率与固定的波动率进行互换。一般的期权同时包括对标的价格、标的波动率两种风险的风险暴露，而方差互换提供了纯粹的波动率风险暴露，剔除了标的价格的影响。因此，方差互换更受希望从波动率中获利或利用波动率对冲风险的投资者的青睐。那么，隐含波动率和历史波动率之间是什么关系呢？图 5.14 给出了恒生指数的历史波动率以及恒生指数期权的隐含波动率。我们发现历史波动率和隐含波动率均是随时间变化的，并且二者变动具有高度一致性。隐含波动率有时先于历史波动率而变化，这恰是源于隐含波动率反映的是预期，而历史波动率是已经实现的波动。这都与 Black-Scholes-Merton 模型的假设相违背。

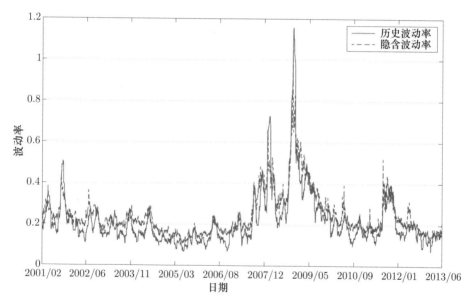

图 5.14 恒生指数的历史波动率与恒生指数期权的隐含波动率

同时，期权隐含波动率变化与标的资产收益率也有相关关系。我们可以通过一个简单的二元线性回归方程进行检验。图 5.15 中，回归方程的解释变量是恒生指数的对数收益率，被解释变量是恒生指数波幅的变动（或差分）。两者存在明显的负相关关系：当恒生指数的对数收益率上升时，隐含波动率的变动就会减小。直观上理解，当收益率上升时，资产对投资者更加有吸引力，其波动率的变动也就相应降低。虽然我们只给出了对香港恒生指数波动的自相关检验和恒生指数期权的隐含波动率检验，但是这些实证结果同样能够从其他指数或股票上得到验证，感兴趣的读者可以自己对标普 500 指数、沪深 300 指数或者其他指数或股票进行实证分析。

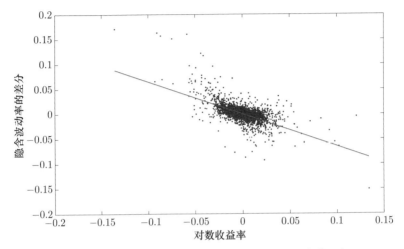

图 5.15　恒生指数隐含波动率的差分与对数收益率的回归

以上对 Black-Scholes-Merton 模型中股价的收益率分布、收益率序列的性质（历史波动率）以及隐含波动率等方面所做假设一一进行了实证检验。通过检验结果我们发现：

1. 资产对数收益率的波幅不是恒定不变的常值。股价的对数收益率呈现"尖峰厚尾性"，不满足正态分布假设。

2. 对数收益率的平方项具有显著的自相关性，并且自相关程度随着滞后阶数的变大而变小。这说明资产的对数收益率有"波动率聚集"特征。

3. 隐含波动率与执行价及到期期限有关。实证显示，1987 年以后的隐含波动率与执行价的关系呈现向下倾斜或微笑形状的曲线。

4. 隐含波动率不是恒定不变的，会随着时间而改变。特别地，隐含波动率的变化与资产的对数收益率呈现一定的负相关性。

值得注意的是，尽管 Black-Scholes-Merton 模型并不能完全贴合现实，它在业界仍然被广泛应用。例如，不同期限和执行价格的期权很难进行直接比较，而隐含波动率却为这种比较提供了一个统一的、有效的标准。交易员会根据自己的经验对 Black-Scholes-Merton 模型的结果作出调整。有些情况下如果模型的误差很小，交易员可以直接忽略这种差异而使用 Black-Scholes-Merton 模型。因此，我们不能笼统地评判一个模型的好坏，而需要针对不同的情境选择最适合的方法建模。

如何建立一个更符合实证结果的模型？学术界和业界提出了很多各有侧重的改进模型，其中最常用的两类是随机波动率和跳过程模型。跳过程在模型中引入了泊松过程，可以很好地描述实证现象的 1 和 3，即对数收益率的尖峰厚尾性和隐含波动率曲线的倾斜。随机波动率模型则可以同时解决这四个问题，本节的后半部分主要探讨随机波动率模型。

5.4.2　随机波动率建模与 Heston（1993）模型

建立在实证经验上，我们希望在模型中刻画波动率的随机性，于是引入一个新的随机过程来模拟波动率过程。现在的问题是，波动率过程应该采取什么样的形式呢？首先，图 5.16 绘制了 2017 年 1 月 1 日之后的 250 个交易日标普 500 指数和它的一个月期限的平价期权隐含波动率以及实际波动率的历史数据。我们可以看出实际波动率呈现随机波动、均值回复效应，而且其运动趋势和标普 500 指数的在平均意义上相反。

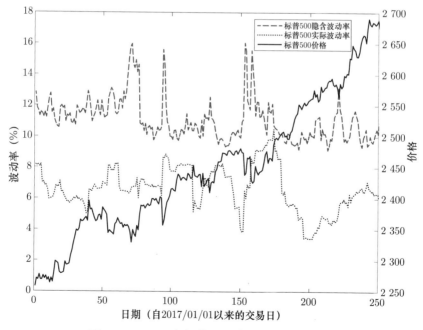

图 5.16　2017 年标普 500 指数价格和波动率

如果我们假设指数服从方程

$$\frac{dS(t)}{S(t)} = \alpha(t)dt + \sqrt{V(t)}dW(t),$$

这里的 $\alpha(t)$ 和 $V(t)$ 都是随机过程。如果把 $t = 0$ 看成任意的一个时刻,那么使用 $[0, T]$ 上的数据计算出的实际方差满足

$$RV_{0,T} \to \frac{1}{T}\langle \log S \rangle(T) = \frac{1}{T}\int_0^T V(s)ds.$$

此时如果 T 较小,那么从数学上我们有如下近似:

$$RV_{0,T} \approx \lim_{T \to 0} \frac{1}{T}\int_0^T V(s)ds = V(0).$$

由图 5.16 呈现的现象,我们自然可以要求 $V(t)$ 具有随机性,而且 $V(t)$ 和 $S(t)$ 的瞬间变化是负相关的,即 $\mathrm{Corr}(dV(t), dS(t)) < 0$。

参考文献 [14] 提出了随机波动率模型中的一个杰出代表。Heston 模型中,资产价格具有非常值的瞬时方差 $V(t)$,而 $V(t)$ 的变化服从平方根过程(即 CIR 模型)。Heston 模型具体形式为

$$\frac{dS(t)}{S(t)} = \alpha dt + \sqrt{V(t)}dW_1(t), \tag{5.33}$$

$$dV(t) = \kappa(\theta - V(t))dt + \sigma_v\sqrt{V(t)}dW_2(t). \tag{5.34}$$

其中,$S(t)$ 表示资产在时刻 t 的价格,α 代表资产的预期收益率,$V(t)$ 表示资产价格的方差,θ 代表资产价格方差的长期平均值,κ 代表资产价格方差向均值 θ 回复的速度,σ_v 指资产价格方差的波动率。$W_1(t)$ 和 $W_2(t)$ 是两个标准布朗运动,相关系数为 ρ:

$$\mathrm{Corr}(W_1(t), W_2(t)) = \rho. \tag{5.35}$$

Heston 模型有很多优良的性质。首先,模型很好地刻画了波动率的随机性。方程 (5.34) 中出现根号项,保证方差非负。图 5.17 展示了模拟产生的波动率的路径,其均值回复显而易见。当 $V(t) > \theta$ 时,由于 $\kappa(\theta - V(t)) < 0$,$V(t)$ 有下降的趋势;相反,当 $V(t) < \theta$ 时,$V(t)$ 有上升的趋势。长期来讲,波动率会回复到 θ 的水平。同时,κ 越大说明向均值回复的速度越快,方差过程的趋势越陡峭。如果我们去掉扩散项,亦即令 $\sigma_v = 0$,这时方程化为一个常微分方程,我们更容易对于不同的 κ 有一个直观的感受,如图 5.18 所示。

为了保证数据建议的相关性 $\mathrm{Corr}(dV(t), dS(t)) < 0$,我们需要 $\rho < 0$。事实上,由式 (5.35),我们知道

$$\mathrm{Corr}(dW_1(t), dW_2(t)) = \rho,$$

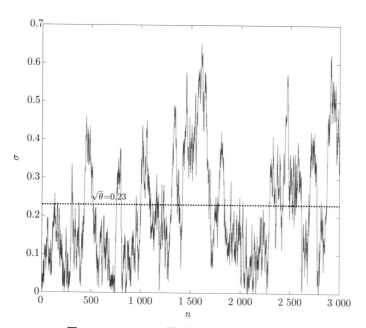

图 5.17 Heston 模型波动率的均值回复性

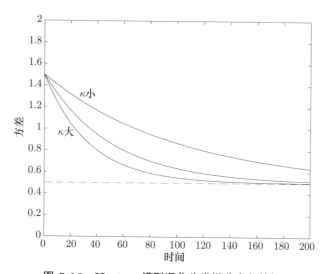

图 5.18 Heston 模型退化为常微分方程的解

其中,

$$dW_i(t) := W_i(t+dt) - W_i(t),\ i=1,2.$$

那么，$\rho < 0$ 意味着

$$\text{Corr}(\mathrm{d}W_1(t), \mathrm{d}W_2(t)) = \rho < 0,$$

也就是说平均来看 $\mathrm{d}W_1(t)$ 和 $\mathrm{d}W_2(t)$ 符号相反。由于 $W_i(t) = \sqrt{t}N(0,1)$，以及当 t 比较小的时候 $\sqrt{t}$ 相对 t 影响更大，因此式 (5.33) 至式 (5.34) 有如下近似

$$\frac{\mathrm{d}S(t)}{S(t)} \approx \sqrt{V(t)}\mathrm{d}W_1(t),$$
$$\mathrm{d}V(t) \approx \sigma_v\sqrt{V(t)}\mathrm{d}W_2(t).$$

这说明 $\mathrm{d}S(t)$ 与 $\mathrm{d}V(t)$ 的相关系数主要由 $\mathrm{d}W_1(t)$ 与 $\mathrm{d}W_2(t)$ 的相关系数决定，故平均而言 $\mathrm{d}S(t)$ 与 $\mathrm{d}V(t)$ 符号相反。

接下来，我们自然希望研究如何在随机波动率模型下进行衍生品的定价。衍生品定价的基本原则是无套利。如果能够构造一个与衍生资产的未来现金流完全相等的投资组合，那么任一时刻该组合的价值应该与衍生品价格相等，否则会产生套利机会。

如果一个市场上任一衍生证券都能被原生资产和无风险资产复制，则称该市场是完全的，否则称之为不完全的。Black-Scholes-Merton 模型中，只含有原生资产和无风险资产的市场是完全的。因为衍生品价格的随机性仅来自于标的价格本身，通过持有适当头寸的标的资产就可以完全对冲衍生品风险。只利用原生资产和无风险资产就可以复制出这个衍生品。而随机波动率模型下，上述市场并不是完全的。随机波动率模型下，衍生品价格的风险来自两个维度，标的资产本身的价格风险和波动率风险。由于波动率具有另一个维度的随机性，标的资产无法表征由于波动率变化带来的衍生品价格变化。具体看来，如果用 $S(t)$ 作为唯一的风险资产构造复制组合 $X(t)$，根据无套利条件，应有 $\mathrm{d}C(t) = \mathrm{d}X(t)$，也就是

$$\mathrm{d}v(t, S(t), V(t)) = \Delta(t)\mathrm{d}S(t) + r(X(t) - \Delta(t)S(t))\mathrm{d}t.$$

左式应用 Itô 公式会出现两个布朗运动项，即 $\mathrm{d}W_1(t)$ 和 $\mathrm{d}W_2(t)$，而右式带入 $\mathrm{d}S(t)$ 后仅有一个布朗运动项，即 $\mathrm{d}W_1(t)$，因此不可能找到对冲策略。读者可以进一步推导验证这一结论。因此需要加入另一种收益仅依赖于价格波动率的衍生工具来对冲衍生品以满足市场模型的完全性。这样，衍生品的复制或对冲才是可行的。

5.4.3 理解期权的收益：回顾 Black-Scholes-Merton 模型的情形

下面在讨论随机波动率模型下的期权定价之前，我们先对 Black-Scholes-Merton 模型中期权的回报进行深入的探讨，之后在讨论随机波动率模型的情形时也会用到类似的方法。

第 5 章 随机微积分在金融衍生品定价中的应用

假设标的资产价格在原始测度 $\mathbb{P}$ 下服从 BSM 模型

$$\frac{\mathrm{d}S(t)}{S(t)} = \alpha \mathrm{d}t + \sigma \mathrm{d}W^{\mathbb{P}}(t),$$

这里 $W^{\mathbb{P}}(t)$ 是一个 $\mathbb{P}$ 下的标准布朗运动。特别地，在本节中为了区分原始测度和风险中性测度，我们对于布朗运动标注了如 $W^{\mathbb{P}}(t)$ 中的上标 $\mathbb{P}$。对于一个到期日为 T，执行价格 K 的看涨期权价格 $v(t, S(t))$ 满足

$$\begin{aligned}\mathrm{d}v(t, S(t)) &= \frac{\partial v}{\partial t}\mathrm{d}t + \frac{\partial v}{\partial x}\mathrm{d}S(t) + \frac{1}{2}\frac{\partial^2 v}{\partial x^2}\mathrm{d}\langle S\rangle(t) \\ &= \frac{\partial v}{\partial t}\mathrm{d}t + \frac{\partial v}{\partial x}[\alpha S(t)\mathrm{d}t + \sigma S(t)\mathrm{d}W^P(t)] + \frac{1}{2}\frac{\partial^2 v}{\partial x^2}\sigma^2 S(t)^2\mathrm{d}t.\end{aligned}$$

代入 Black-Scholes-Merton 偏微分方程可得

$$\mathrm{d}v(t, S(t)) = \left(rv(t, S(t)) - rS(t)\frac{\partial v}{\partial x}\right)\mathrm{d}t + \frac{\partial v}{\partial x}[\alpha S(t)\mathrm{d}t + \sigma S(t)\mathrm{d}W^{\mathbb{P}}(t)],$$

进一步变形得到

$$\mathrm{d}v(t, S(t)) - rv(t, S(t))\mathrm{d}t = \frac{\partial v}{\partial x}\sigma S(t)\left(\frac{\alpha - r}{\sigma}\mathrm{d}t + \mathrm{d}W^{\mathbb{P}}(t)\right), \quad (5.36)$$

也就是

$$\frac{\mathrm{d}v(t, S(t))}{v(t, S(t))} - r\mathrm{d}t = \frac{\frac{\partial v}{\partial x}\sigma S(t)}{v(t, S(t))}\left(\frac{\alpha - r}{\sigma}\mathrm{d}t + \mathrm{d}W^{\mathbb{P}}(t)\right).$$

其中等式左边 $\mathrm{d}v(t, S(t))/v(t, S(t))$ 是瞬时回报率，r 是无风险收益，故 $\mathrm{d}v(t, S(t))/v(t, S(t)) - r\mathrm{d}t$ 可以理解为瞬时超额回报率。我们再看等式右边，$\mathrm{d}W^{\mathbb{P}}(t)$ 代表一单位风险，$(\alpha - r)/\sigma$ 代表单位时间内这一单位风险的市场价格，而括号前的系数 $\frac{\partial v}{\partial x}\sigma S(t)/v(t, S(t))$ 表示一个将风险和收益同时放大的倍数。这整个式子可以理解为期权的瞬时超额回报率的一个分解。

进一步，如果我们对式 (5.36) 从 t 到 $t + \Delta$ 积分，然后两边取 $\mathbb{P}$ 下的条件期望，则有

$$\begin{aligned}&\mathbb{E}_t v(t+\Delta, S(t+\Delta)) - v(t, S(t)) - \int_t^{t+\Delta} r\mathbb{E}_t v(u, S(u))\mathrm{d}u \\ &= \int_t^{t+\Delta} \mathbb{E}_t\left(\frac{\partial v}{\partial x}S(u)\right)(\alpha - r)\mathrm{d}u,\end{aligned}$$

两边同除以 Δ，得到

$$\begin{aligned}&\frac{1}{\Delta}[\mathbb{E}_t v(t+\Delta, S(t+\Delta)) - v(t, S(t))] - \frac{1}{\Delta}\int_t^{t+\Delta} r\mathbb{E}_t v(u, S(u))\mathrm{d}u \\ &= \frac{1}{\Delta}\int_t^{t+\Delta} \mathbb{E}_t\left(\frac{\partial v}{\partial x}S(u)\right)(\mu - r)\mathrm{d}u.\end{aligned}$$

金融中的数学方法

令 Δ 趋于 0，得到

$$\lim_{\Delta\to 0}\frac{1}{\Delta}\frac{\mathbb{E}_t v(t+\Delta,S(t+\Delta))-v(t,S(t))}{v(t,S(t))}-r=\frac{\frac{\partial v}{\partial x}S(t)}{v(t,S(t))}(\alpha-r). \tag{5.37}$$

或等价的

$$\lim_{\Delta\to 0}\frac{1}{\Delta}\frac{\mathbb{E}_t v(t+\Delta,S(t+\Delta))-v(t,S(t))}{v(t,S(t))}-r=\frac{\frac{\partial v}{\partial x}\sigma S(t)}{v(t,S(t))}\frac{\alpha-r}{\sigma}. \tag{5.38}$$

式 (5.37) 的含义是，期权的瞬时平均超额收益率（等式左边）与标的资产的超额收益成正比，比率系数 $\frac{\partial v}{\partial x}S(t)/v(t,S(t))$ 类似于 CAPM 模型中的 β 值。股票作为标的资产，超额收益一般是正的。对于看涨期权，其系数 $\frac{\partial v}{\partial x}S(t)/v(t,S(t))$ 为正，所以看涨期权的期望超额收益为正。请读者练习验证看跌期权的期望超额收益一般为负。式 (5.38) 在式 (5.37) 的基础上在等式右边同时乘以和除以 σ，其含义与式 (5.37) 类似，是期权的瞬时平均超额收益率（等式左边）与标的资产的夏普比率成正比。

以上给出了标的资产超额收益 $\alpha-r$ 和夏普比率 $(\alpha-r)/\sigma$ 的经济学上的意义，下面从数学的角度对 $\alpha-r$ 和 $(\alpha-r)/\sigma$ 进行解释。夏普比率 $(\alpha-r)/\sigma$ 在测度变换中起到关键作用，回顾 "Black-Scholes-Merton 模型下期权定价的鞅方法" 一节中的讨论：定义

$$W^{\mathbb{Q}}(t)=\frac{\alpha-r}{\sigma}t+W^{\mathbb{P}}(t).$$

同时风险中性测度 $\mathbb{Q}$ 满足

$$\frac{\mathrm{d}\mathbb{Q}}{\mathrm{d}\mathbb{P}}=Z(T)\text{ 这里 }Z(t)=\exp\left(-\frac{\alpha-r}{\sigma}W(t)-\frac{1}{2}\left(\frac{\alpha-r}{\sigma}\right)^2 t\right),$$

根据 Girsanov 定理，在测度 $\mathbb{Q}$ 下，$W^{\mathbb{Q}}(t)$ 是一个布朗运动，并且标的资产 $S(t)$ 在 $\mathbb{Q}$ 下的动态演化满足

$$\begin{aligned}\mathrm{d}S(t)&=\alpha S(t)\mathrm{d}t+\sigma S(t)\mathrm{d}W(t)\\&=\alpha S(t)\mathrm{d}t+\sigma S(t)\left(\mathrm{d}W^{\mathbb{Q}}(t)-\frac{\alpha-r}{\sigma}\mathrm{d}t\right)\\&=rS(t)\mathrm{d}t+\sigma S(t)\mathrm{d}W^{\mathbb{Q}}(t).\end{aligned}$$

所以，夏普比率 $(\alpha-r)/\sigma$ 经济学上看是单位时间风险的市场价格；同时，数学上看是 Girsanov 定理中测度变换的"漂移项"。

5.4.4 随机波动率模型下的金融衍生品定价

有了上述知识准备,我们进而讨论随机波动率模型下衍生品定价。从真实世界测度 $\mathbb{P}$ 下的动态演化出发,我们对一般的随机波动率模型进行研究:

$$\frac{\mathrm{d}S(t)}{S(t)} = \alpha \mathrm{d}t + \sqrt{V(t)}\mathrm{d}W_1^{\mathbb{P}}(t), \tag{5.39}$$

$$\mathrm{d}V(t) = a(V(t))\mathrm{d}t + b(V(t))\left[\rho \mathrm{d}W_1^{\mathbb{P}}(t) + \sqrt{1-\rho^2}\mathrm{d}W_2^{\mathbb{P}}(t)\right], \tag{5.40}$$

其中 $(W_1^{\mathbb{P}}(t), W_2^{\mathbb{P}}(t))$ 是一个二维标准布朗运动。Heston 模型是上面模型的一个特例。

考虑期限为 T、执行价为 K 的看涨期权 $C(t)$。不妨假设 $C(t)$ 仅与 t,$S(t)$,$V(t)$ 有关(类似 BSM 模型中期权价格 $C(t)$ 仅与 $t, S(t)$ 相关),所以我们设 $C(t) = v(t, S(t), V(t))$,其中 $v(t, x, y)$ 是连续函数且二阶偏导数存在。我们先构造资产的复制组合。基于市场完全化的讨论,为复制期权 $C(t)$,我们选择 $\Delta(t)$ 份标的资产 $S(t)$,$\Delta_1(t)$ 份价格仅依赖于资产波动率的金融工具 $V_1(t)$(如波动率互换),并将剩余的现金放入无风险利率为 r 的货币账户。我们假设 $V_1(t) = v_1(t, V(t))$,其中 $v_1(t, y)$ 是连续函数且二阶偏导数存在。这个自融资组合的价格满足:

$$\mathrm{d}X(t) = \Delta(t)\mathrm{d}S(t) + \Delta_1(t)\mathrm{d}V_1(t) + r(X(t) - \Delta(t)S(t) - \Delta_1(t)V_1(t))\mathrm{d}t. \tag{5.41}$$

对 $X(t)$,由式 (5.41) 和 Itô 公式得

$$\begin{aligned}
\mathrm{d}X(t) &= \Delta(t)[\alpha S(t)\mathrm{d}t + \sqrt{V(t)}S(t)\mathrm{d}W_1^{\mathbb{P}}] + \Delta_1(t)\mathrm{d}v_1(t, V(t)) + \\
&\quad r(v(t, S(t), V(t)) - \Delta(t)S(t) - \Delta_1(t)v_1(t, V(t)))\mathrm{d}t \\
&= \begin{pmatrix} \Delta(t)\alpha S(t) + \Delta_1(t)\left(\frac{\partial v_1}{\partial t} + \frac{\partial v_1}{\partial y}a(V(t)) + \frac{1}{2}\frac{\partial^2 v_1}{\partial y^2}b^2(V(t))\right) \\ + r(v(t, S(t), V(t)) - \Delta(t)S(t) - \Delta_1(t)v_1(t, V(t))) \end{pmatrix}\mathrm{d}t + \\
&\quad \left(\Delta(t)\sqrt{V(t)}S(t) + \Delta_1(t)\frac{\partial v_1}{\partial y}b(V(t))\rho\right)\mathrm{d}W_1^{\mathbb{P}}(t) + \\
&\quad \Delta_1(t)\frac{\partial v_1}{\partial y}b(V(t))\sqrt{1-\rho^2}\mathrm{d}W_2^{\mathbb{P}}(t).
\end{aligned}$$

另一方面,则对 $v(t, S(t), V(t))$ 运用 Itô 公式得

$$\begin{aligned}
&\mathrm{d}v(t, S(t), V(t)) \\
&= \frac{\partial v}{\partial t}\mathrm{d}t + \frac{\partial v}{\partial x}\mathrm{d}S(t) + \frac{\partial v}{\partial y}\mathrm{d}V(t) + \frac{1}{2}\frac{\partial^2 v}{\partial x^2}\mathrm{d}\langle S\rangle(t) + \frac{1}{2}\frac{\partial^2 v}{\partial y^2}\mathrm{d}\langle V\rangle(t) + \frac{\partial^2 v}{\partial x \partial y}\mathrm{d}\langle S, V\rangle(t) \\
&= \left(\frac{\partial v}{\partial t} + \frac{\partial v}{\partial x}\alpha S(t) + \frac{\partial v}{\partial y}a(V(t)) + \frac{1}{2}\frac{\partial^2 v}{\partial x^2}V(t)S^2(t) + \right.
\end{aligned}$$

$$\left.\frac{1}{2}\frac{\partial^2 v}{\partial y^2}b^2\left(V(t)\right)+\frac{\partial^2 v}{\partial x \partial y}S(t)\sqrt{V(t)}b\left(V(t)\right)\rho\right)dt+$$
$$\left(\frac{\partial v}{\partial x}\sqrt{V(t)}S(t)+\frac{\partial v}{\partial y}b\left(V(t)\right)\rho\right)dW_1^{\mathbb{P}}(t)+\frac{\partial v}{\partial y}b\left(V(t)\right)\sqrt{1-\rho^2}dW_2^{\mathbb{P}}(t).$$

上面推导过程不再详细列出，读者可以作为练习自行验证。

要使复制组合满足在任意时刻 t，$X(t) = v(t, S(t), V(t))$，就必须满足在任意时间段内，复制组合的价值变化等于衍生品的价值变化，即

$$dX(t) = dv(t, S(t), V(t)). \tag{5.42}$$

于是 dt、$dW_1^{\mathbb{P}}(t)$ 和 $dW_2^{\mathbb{P}}(t)$ 三项对应的系数都应该相等。首先分别让 $dW_1^{\mathbb{P}}(t)$ 和 $dW_2^{\mathbb{P}}(t)$ 两项对应的系数相等，可以得到下面的两个等式：

$$\frac{\partial v}{\partial x}\sqrt{V(t)}S(t)+\frac{\partial v}{\partial y}b\left(V(t)\right)\rho = \Delta(t)\sqrt{V(t)}S(t)+\Delta_1(t)\frac{\partial v_1}{\partial y}b\left(V(t)\right)\rho,$$
$$\frac{\partial v}{\partial y}b\left(V(t)\right)\sqrt{1-\rho^2} = \Delta_1(t)\frac{\partial v_1}{\partial y}b\left(V(t)\right)\sqrt{1-\rho^2}.$$

这是复制策略中关于 $(\Delta(t), \Delta_1(t))$ 的二元方程组，解得

$$\Delta(t) = \frac{\partial v}{\partial x}(t, S(t), V(t)) \text{ 和 } \Delta_1(t) = \frac{\frac{\partial v}{\partial y}(t, S(t), V(t))}{\frac{\partial v_1}{\partial y}(t, V(t))}.$$

由于随机波动率模型需要对冲 $dW_1^{\mathbb{P}}(t)$ 和 $dW_2^{\mathbb{P}}(t)$ 两个独立的风险源，我们的对冲策略是一个二元组合 $(\Delta(t), \Delta_1(t))$，这恰是 Black-Scholes-Merton 里的 Δ 对冲策略的延伸。事实上，$\Delta(t) = \frac{\partial v}{\partial x}(t, S(t), V(t))$，与 BSM 模型中关于 $S(t)$ 的 Δ 对冲策略是非常相似的；而值得注意的是 $\Delta_1(t) = \frac{\partial v}{\partial y}(t, S(t), V(t))/\frac{\partial v_1}{\partial y}(t, V(t))$，是两个 $\mathcal{V}$ (Vega) 的比值。

在式 (5.42) 中，再令 dt 项的系数相等，可以得到如下偏微分方程：

$$\frac{\frac{\partial v}{\partial t}+\frac{1}{2}x^2 y\frac{\partial^2 v}{\partial x^2}+\frac{1}{2}b^2(y)\frac{\partial^2 v}{\partial y^2}+\rho b(y)x\sqrt{y}\frac{\partial^2 v}{\partial x \partial y}+rx\frac{\partial v}{\partial x}+a(y)\frac{\partial v}{\partial y}-rv}{\frac{\partial v}{\partial y}}$$
$$=\frac{\frac{\partial v_1}{\partial t}+\frac{1}{2}b^2(y)\frac{\partial^2 v_1}{\partial y^2}+a(y)\frac{\partial v_1}{\partial y}-rv_1}{\frac{\partial v_1}{\partial y}}. \tag{5.43}$$

式 (5.43) 刻画了 v_1 和 v 之间的关系。如果我们知道市场上 v_1 或者 v 的"正确"价格，就可以通过这个偏微分方程解出另一资产的合理价格。但在此时，我们假设不能先验地获得 v_1 或者 v，只能对二者协同定价。因此，我们只能对模型做出进一步的

假设从而刻画 v_1 和 v。注意到，对于任意 $V_1(t) = v_1(t, V(t))$，偏微分方程 (5.43) 右端都仅依赖于 t 和 y 而与 x 无关。等式 (5.43) 成立的充分必要条件是：存在一个函数 $f(t, y)$，使得等式两边都等于 $f(t, y)$

$$f(t,y) = \frac{\frac{\partial v_1}{\partial t} + \frac{1}{2}b^2(y)\frac{\partial^2 v_1}{\partial y^2} + a(y)\frac{\partial v_1}{\partial y} - rv_1}{\frac{\partial v_1}{\partial y}}. \tag{5.44}$$

而 $f(t, y)$ 的具体形式是模型的另一假设。也就是说，随机波动率模型中不仅包含式 (5.39) 至式 (5.40) 的随机微分方程组，还包含了式 (5.44) 的函数 $f(t, y)$，这样才能实现上述提到的协同定价。稍后我们会从数学和经济学两个角度阐述 $f(t, y)$ 的含义。当然，将 $f(t, y)$ 带入式 (5.43) 整理可得如下两个偏微分方程：

$$\frac{\partial v}{\partial t} + \frac{1}{2}x^2 y \frac{\partial^2 v}{\partial x^2} + \frac{1}{2}b^2(y)\frac{\partial^2 v}{\partial y^2} + \rho b(y) x\sqrt{y}\frac{\partial^2 v}{\partial x \partial y} + rx\frac{\partial v}{\partial x} + a(y)\frac{\partial v}{\partial y} - f(t,y)\frac{\partial v}{\partial y} - rv = 0, \tag{5.45}$$

和

$$\frac{\partial v_1}{\partial t} + \frac{1}{2}b^2(y)\frac{\partial^2 v_1}{\partial y^2} + a(y)\frac{\partial v_1}{\partial y} - f(t,y)\frac{\partial v_1}{\partial y} - rv_1 = 0. \tag{5.46}$$

如果可以通过 Girsanov 测度变换，找到等价于 $\mathbb{P}$ 的测度 $\mathbb{Q}$，在其下 $(S(t), V(t))$ 服从下面的随机微分方程组

$$\frac{\mathrm{d}S(t)}{S(t)} = r\mathrm{d}t + \sqrt{V(t)}\mathrm{d}W_1^{\mathbb{Q}}(t), \tag{5.47}$$

$$\mathrm{d}V(t) = [a(V(t)) - f(t, V(t))]\mathrm{d}t + b(V(t))\left[\rho \mathrm{d}W_1^{\mathbb{Q}}(t) + \sqrt{1-\rho^2}\mathrm{d}W_2^{\mathbb{Q}}(t)\right], \tag{5.48}$$

其中 $(W_1^{\mathbb{Q}}(t), W_2^{\mathbb{Q}}(t))$ 是 $\mathbb{Q}$ 测度下二维标准布朗运动，那么基于偏微分方程 (5.45)、终值条件 $v(T, x, y) = (x - K)^+$，以及价格需要满足的约束条件，我们通过 Feynman-Kac 定理即定理 4.19，可以得到 $v(t, x, y)$ 有如下的表示：

$$v(t, x, y) = \mathbb{E}^{\mathbb{Q}}[\mathrm{e}^{-r(T-t)}(S(T) - K)^+ | S(t) = x, V(t) = y]. \tag{5.49}$$

请读者作为练习，模仿在 BSM 模型情形下的类似讨论验证此结论。

那么如何寻找测度 $\mathbb{Q}$，使得在 $\mathbb{Q}$ 下 $S(t)$ 和 $V(t)$ 的动态演化满足式 (5.47) 和式 (5.48) 呢？我们从概率测度 $\mathbb{P}$ 开始通过待定系数的方法寻求这样的测度 $\mathbb{Q}$。根据 Girsanov 定理，令

$$W_1^{\mathbb{Q}}(t) = W_1^{\mathbb{P}}(t) + \int_0^t \gamma_1(s)\mathrm{d}s, \tag{5.50}$$

$$W_2^{\mathbb{Q}}(t) = W_2^{\mathbb{P}}(t) + \int_0^t \gamma_2(s)\mathrm{d}s.$$

其中 $0 \leqslant t \leqslant T$。通过如下方法构造 $\mathbb{Q}$ 测度

$$\frac{\mathrm{d}\mathbb{Q}}{\mathrm{d}\mathbb{P}} = \exp\left(\int_0^t \gamma_1(s)\mathrm{d}W_1^{\mathbb{P}}(s) + \int_0^t \gamma_2(s)\mathrm{d}W_2^{\mathbb{P}}(s) - \frac{1}{2}\int_0^t \gamma_1(s)^2 \mathrm{d}s - \frac{1}{2}\int_0^t \gamma_2(s)^2 \mathrm{d}s\right).$$

$(W_1^{\mathbb{Q}}(t), W_2^{\mathbb{Q}}(t))$ 是二维标准正态分布。我们只需要找到 $\gamma_1(t)$ 和 $\gamma_2(t)$ 的具体形式，使得在测度 $\mathbb{Q}$ 下 $(S(t), V(t))$ 满足式 (5.47) 至式 (5.48)。

下面我们通过待定系数法去寻找 $\gamma_1(t)$ 和 $\gamma_2(t)$ 的具体形式。对式 (5.50) 进行变形

$$W_1^{\mathbb{P}}(t) = W_1^{\mathbb{Q}}(t) - \int_0^t \gamma_1(s)\mathrm{d}s,$$

$$W_2^{\mathbb{P}}(t) = W_2^{\mathbb{Q}}(t) - \int_0^t \gamma_2(s)\mathrm{d}s.$$

代入 $\mathbb{P}$ 测度下 $(S(t), V(t))$ 的随机微分方程 (5.40) 并对所得式进行整理，得到

$$\frac{\mathrm{d}S(t)}{S(t)} = \left(\alpha - \gamma_1(t)\sqrt{V(t)}\right)\mathrm{d}t + \sqrt{V(t)}\mathrm{d}W_1^{\mathbb{Q}}(t),$$

$$\mathrm{d}V(t) = \left[a(V(t)) - b(V(t))[\rho\gamma_1(t) + \sqrt{1-\rho^2}\gamma_2(t)]\right]\mathrm{d}t +$$
$$b(V(t))\left[\rho\mathrm{d}W_1^{\mathbb{Q}}(t) + \sqrt{1-\rho^2}\mathrm{d}W_2^{\mathbb{Q}}(t)\right].$$

与 $\mathbb{Q}$ 测度下 $(S(t), V(t))$ 的随机微分方程 (5.47) 至方程 (5.48) 对比，由于扩散过程的系数已经相等，只需要使得 $\mathrm{d}t$ 项前系数相等。可以得到两个系数 $\gamma_1(t)$ 和 $\gamma_2(t)$ 满足

$$\alpha - \gamma_1(t)\sqrt{V(t)} = r,$$

$$a(V(t)) - b(V(t))(\rho\gamma_1(t) + \sqrt{1-\rho^2}\gamma_2(t)) = a(V(t)) - f(t, V(t)),$$

也就是

$$\gamma_1(t) = \frac{\alpha - r}{\sqrt{V(t)}}, \tag{5.51}$$

$$\rho\gamma_1(t) + \sqrt{1-\rho^2}\gamma_2(t) = \frac{f(t, V(t))}{b(V(t))}. \tag{5.52}$$

至此，我们完成了测度 $\mathbb{Q}$ 的构造，它与原始测度 $\mathbb{P}$ 等价，同时（在一定的技术性条件下）折现价格 $\mathrm{e}^{-rt}S(t)$ 和 $\mathrm{e}^{-rt}C(t)$ 都是鞅，所以 $\mathbb{Q}$ 是风险中性测度。

此前，我们提到由于需要对看涨期权 $C(t)$ 和波动率工具 $V_1(t)$ 协同定价，必须提前设定 $f(t, V(t))$ 作为模型的一部分。读者可能会对 $f(t, V(t))$ 的更深层含义感到

疑惑，下面分别从数学和经济学两个角度对 $f(t,V(t))$ 的含义做一些必要的解释。首先从数学角度上来看，我们可以从测度变化的角度理解 $f(t,V(t))$。我们令

$$dW_v^{\mathbb{P}}(t) := \rho dW_1^{\mathbb{P}}(t) + \sqrt{1-\rho^2}dW_2^{\mathbb{P}}(t),$$
$$dW_v^{\mathbb{Q}}(t) := \rho dW_1^{\mathbb{Q}}(t) + \sqrt{1-\rho^2}dW_2^{\mathbb{Q}}(t),$$

其中 $W_v^{\mathbb{P}}(t)$ 和 $W_v^{\mathbb{Q}}(t)$ 分别表示 $\mathbb{P}$ 测度和 $\mathbb{Q}$ 测度下驱动波动率过程的布朗运动。也就是

$$dV(t) = a(V(t))dt + b(V(t))dW_v^{\mathbb{P}}(t),$$
$$dV(t) = [a(V(t)) - f(t,V(t))]dt + b(V(t))dW_v^{\mathbb{Q}}(t).$$

由以上两个动态演变完全相等，可以得到

$$W_v^{\mathbb{Q}}(t) = W_v^{\mathbb{P}}(t) + \int_0^t \frac{f(s,V(s))}{b(V(s))}ds. \tag{5.53}$$

因此，数学上 $f(t,V(t))$ 在 $W_v^{\mathbb{P}}(t)$ 到 $W_v^{\mathbb{Q}}(t)$ 的变换中起关键作用。

下面我们从经济学的角度去理解 $f(t,V(t))$，这涉及风险的市场价格的概念。风险的市场价格，指的是在平均意义上市场对单位风险给出的超额收益。例如，风险和超额收益的关系在 CAPM 等模型中都已给出了一定的解释。

在 5.4.3 节中，我们研究了 Black-Scholes-Merton 模型下期权的回报率的分解形式。那么在随机波动率模型下，期权回报率是否也具有类似的分解形式呢？根据前面在随机波动率模型下推出的偏微分方程 (5.46)，即

$$\frac{\partial v_1}{\partial t} + \frac{1}{2}b^2(y)\frac{\partial^2 v_1}{\partial y^2} + a(y)\frac{\partial v_1}{\partial y} - f(t,y)\frac{\partial v_1}{\partial y} - rv_1 = 0,$$

整理可得

$$\frac{dv_1(t,V(t))}{v_1(t,V(t))} - rdt = \frac{b(V(t))\frac{\partial v_1}{\partial y}}{v_1(t,V(t))}\left[\frac{f(t,V(t))}{b(V(t))}dt + dW_v^{\mathbb{P}}(t)\right], \tag{5.54}$$

其中

$$W_v^{\mathbb{P}}(t) = \rho W_1^{\mathbb{P}}(t) + \sqrt{1-\rho^2}W_2^{\mathbb{P}}(t)$$

代表驱动资产价格的布朗运动。这是对于波动率工具 $V_1(t)$ 的一个类似 CAPM 的结论。式子的左端是资产的瞬时超额收益率，$b(V(t))\frac{\partial v_1}{\partial y}/v_1(t,V(t))$ 类似于 CAPM 中的 β 系数，$f(t,V(t))/b(V(t))$ 可以被视为每单位 $dW_v^{\mathbb{P}}(t)$ 带来的风险的超额收益，

因此我们当然可以将 $f(t,V(t))/b(V(t))$ 视为波动率风险的市场价格。类似 Black-Scholes-Merton 模型的情形，也可以将式 (5.54) 写成对应的期望形式：

$$\lim_{\Delta \to 0} \frac{1}{\Delta} \frac{\mathbb{E}_t v_1(t+\Delta, V(t+\Delta)) - v_1(t,V(t))}{v_1(t,V(t))} - r = \frac{\frac{\partial v_1}{\partial y} f(t,V(t))}{v_1(t,V(t))}.$$

下面我们从待定价期权的角度看 $f(t,V(t))$ 起到的作用。期权的超额收益在随机波动率模型下应该是何种形式呢？对于期权的价格过程 $C(t) = v(t,S(t),V(t))$，根据 Itô 引理有，并用式 (5.45) 对 dt 项的系数进行化简，可以得到

$$\frac{dv(t,S(t),V(t))}{v(t,S(t),V(t))} - r dt = \frac{\sqrt{V(t)} S(t) \frac{\partial v}{\partial x}}{v(t,S(t),V(t))} \left[\frac{\alpha - r}{\sqrt{V(t)}} dt + dW_1^{\mathbb{P}}(t) \right] +$$
$$\frac{b(V(t)) \frac{\partial v_1}{\partial y}}{v(t,S(t),V(t))} \left[\frac{f(t,V(t))}{b(V(t))} dt + dW_v^{\mathbb{P}}(t) \right]. \tag{5.55}$$

计算细节请读者作为练习。式 (5.55) 具有非常明显的经济学含义。我们定义

$$\lambda_1(t) = \frac{\alpha - r}{\sqrt{V(t)}},$$
$$\lambda_2(t) = \frac{f(t,V(t))}{b(V(t))},$$

为两类风险的市场价格。特别地，称 $\lambda_1(t)$ 为**收益风险的市场价格**（market price of return risk，MPR），$\lambda_2(t)$ 为**波动率风险的市场价格**（market price of volatility risk，MPVR）。可以看到，期权的超额收益与二者直接相关，特别地，$f(t,x)$ 通过 $\lambda_2(t)$ 影响期权价格，这再次突出了其经济学含义。我们将 $\lambda_1(t)$ 的定义进行变形，我们可以得到标的资产回报率的分解公式

$$\alpha = r + \lambda_1(t)\sqrt{V(t)},$$

从中可见，波动率带来的收益率补偿大小为 $\lambda_1(t)\sqrt{V(t)}$。

类似 Black-Scholes-Merton 模型，将式 (5.55) 写成对应的期望的形式

$$\lim_{\Delta \to 0} \frac{1}{\Delta} \frac{\mathbb{E}_t v(t+\Delta, S(t+\Delta), V(t+\Delta)) - v(t,S(t),V(t))}{v(t,S(t),V(t))} - r$$
$$= \frac{S(t) \frac{\partial v}{\partial x}}{v(t,S(t),V(t))} (\alpha - r) + \frac{\frac{\partial v_1}{\partial y} f(t,V(t))}{v(t,S(t),V(t))} \tag{5.56}$$
$$= \frac{S(t) \frac{\partial v}{\partial x}}{v(t,S(t),V(t))} (\alpha - r) +$$
$$\frac{v_1(t,V(t))}{v(t,S(t),V(t))} \left(\lim_{\Delta \to 0} \frac{1}{\Delta} \frac{\mathbb{E}_t v_1(t+\Delta, V(t+\Delta)) - v_1(t,V(t))}{v_1(t,V(t))} - r \right),$$

这又是一个类似 CAPM 的结论，将期权的平均超额收益率与原生资产和波动率衍生工具 V_1 的平均超额收益率相联系。

5.4.5 Heston 随机波动率模型下的期权定价初步

通过以上学习，我们已经对如何建立随机波动率模型以及在其下如何进行期权定价有了初步的了解。下一步的任务就是具体地计算期权价格，例如寻求解析解或用数值方法近似期权的价格，进而对模型参数进行校准或估计。

根据之前的推导，我们知道随机波动率模型下看涨期权的价格可以表示为

$$v(t,x,y) = \mathbb{E}^{\mathbb{Q}}[\mathrm{e}^{-r(T-t)}(S(T)-K)^+|S(t)=x, V(t)=y],$$

其中，在风险中性测度 $\mathbb{Q}$ 下，$(S(t), V(t))$ 的动态演化服从式 (5.47) 至式 (5.48)。下面，我们的任务具体包括两点：第一，给定一个模型的具体形式，即 $a(y)$、$b(y)$ 和 $f(t,y)$，寻找 $v(t,x,y)$ 的一个显示解，或者通过数值方法计算 $v(t,x,y)$ 的数值解。第二，根据真实数据校准和估计模型。关于第一点任务，在本小节中，我们仅关注 $f(t,y)$ 的选取和相应风险中性测度下动态演化方程的确定，而对于求模型下期权的显示解，我们将在 5.6.3 小节讲解仿射变换的时候进行详细阐述。

那么，对于给定的 $a(y)$ 和 $b(y)$，模型参数 $f(t,y)$ 应该如何选取呢？对于 $a(y)$ 和 $b(y)$，不同模型有不同的固有形式，但 $f(t,y)$ 的选择可以非常多样。$f(t,y)$ 的选取主要依照两条准则。首先，选择的 $f(t,y)$ 可以使得波动风险的市场价格 $\lambda_2(t)$ 具有经济含义（但这一点往往是不容易被验证的）。其次，我们希望模型的解具有较好的解析性。因此，给定 $a(y)$ 和 $b(y)$ 的具体形式，$f(t,y)$ 的选择应该尽量保证在风险中性测度下，波动率过程能有较容易处理的形式。

下面的讨论主要围绕 Heston 随机波动率模型（简称"Heston 模型"）式 (5.33) 至式 (5.34) 展开。Heston 模型中 $V(t)$ 服从均值回复的平方根过程，即满足 $a(y) = \kappa(\theta - y)$，$b(y) = \sigma_v\sqrt{y}$。我们使用最简单的假设 $f(t,y) = \xi y$，那么波动率风险的市场价格为

$$\lambda_2(t) = \frac{f(t, V(t))}{b(V(t))} = \frac{\xi V(t)}{\sigma\sqrt{V(t)}} = \frac{\xi}{\sigma}\sqrt{V(t)}.$$

即波动率风险的市场价格与资产价格的波动率呈线性关系。将 Heston 模型下系数函数的具体形式带入风险中性下的 $V(t)$ 动态演变式 (5.48)

$$\begin{aligned} \mathrm{d}V(t) &= [a(V(t)) - f(t,V(t))]\mathrm{d}t + \\ &\quad b(V(t))\left[\rho \mathrm{d}W_1^{\mathbb{Q}}(t) + \sqrt{1-\rho^2}\mathrm{d}W_2^{\mathbb{Q}}(t)\right] \\ &= [\kappa(\theta - V(t)) - \xi V(t)]\mathrm{d}t + \sigma\sqrt{V(t)}\mathrm{d}W_v^{\mathbb{Q}}(t). \end{aligned}$$

可以看到，选取线性形式的 $f(t,y)$ 使得在测度 $\mathbb{Q}$ 下 $V(t)$ 的动态演变依然保持 CIR 过程的形式，对 $\mathrm{d}t$ 项系数进行整理可以得到

$$\mathrm{d}V(t) = \kappa^{\mathbb{Q}}(\theta^{\mathbb{Q}} - V(t))\mathrm{d}t + \sigma\sqrt{V(t)}\mathrm{d}W_v^{\mathbb{Q}}(t),$$

其中

$$\kappa^{\mathbb{Q}} = \kappa + \xi, \ \theta^{\mathbb{Q}} = \frac{\kappa\theta}{\kappa + \xi}.$$

线性形式的 $f(t,y)$ 保证了在测度 $\mathbb{Q}$ 下 $V(t)$ 的动态演变服从 CIR 过程的形式，这使得在 Heston 模型下推导期权价格解析解成为可能。我们会在之后的 5.6.3 小节中具体阐述。

理论上，可以选取其他形式的 $f(t,y)$，从而我们会得到不同的风险中性动态演化方程。例如，考虑二次函数形式 $f(t,y) = \xi_1 y + \xi_2 y^2$，那么

$$\begin{aligned}\mathrm{d}V(t) &= [\kappa(\theta - V(t)) - \xi_1 V(t) - \xi_2 V(t)^2]\mathrm{d}t + \sigma\sqrt{V(t)}\mathrm{d}W_v^{\mathbb{Q}}(t) \\ &= [\kappa^{\mathbb{Q}}(\theta^{\mathbb{Q}} - V(t)) - \xi_2 V(t)^2]\mathrm{d}t + \sigma\sqrt{V(t)}\mathrm{d}W_v^{\mathbb{Q}}(t),\end{aligned}$$

其中 $\theta^{\mathbb{Q}} = \frac{\kappa\theta}{\kappa + \xi_1}$ 且 $\kappa^{\mathbb{Q}} = \kappa + \xi_1$。得到测度 $\mathbb{Q}$ 下的波动率 $V(t)$ 动态演化方程比先前多一个参数 ξ_2。这样的选取显然比之前的线性形式更加复杂，其必要性也是值得质疑的。

那么，模型中的参数应当如何获取呢？我们希望选取的参数能使模型最大程度上拟合现实中的资产价格数据。一种最直接的方法是对模型进行参数校正，通过让用定价公式得到的衍生品价格和似市场价格尽可能地接近，来寻找衍生品市场"蕴含"的模型的风险中性参数 $(\kappa^{\mathbb{Q}}, \theta^{\mathbb{Q}}, \sigma, \rho, V_0)$。最小二乘估计是一种常用的实现方法，即已知市场上一定数量的期权（例如某天波动率曲面上对应的所有期权）的价格数据，求解如下最优化问题：

$$\min_{(\kappa^{\mathbb{Q}}, \theta^{\mathbb{Q}}, \sigma, \rho, V_0)} \sum_{i,j} (C_{\mathrm{model}}(K_i, T_j) - C_{\mathrm{market}}(K_i, T_j))^2,$$

其中 $(\kappa^{\mathbb{Q}}, \theta^{\mathbb{Q}}, \sigma, \rho, V_0)$ 是模型参数，$C_{\mathrm{model}}(K_i, T_j)$ 表示行权价为 K_i、到期时间为 T_j 的期权的理论价格，$C_{\mathrm{market}}(K_i, T_j)$ 表示行权价为 K_i、到期时间为 T_j 的期权的实际市场价格。更常见做法的是通过对模型和市场的隐含波动率进行最小二乘估计：

$$\min_{(\kappa^{\mathbb{Q}}, \theta^{\mathbb{Q}}, \sigma, \rho, V_0)} \sum_{i,j} (\sigma^*_{\mathrm{model}}(K_i, T_j) - \sigma^*_{\mathrm{market}}(K_i, T_j))^2.$$

上述参数校正可以得到对于风险中性参数 $(\kappa^{\mathbb{Q}}, \theta^{\mathbb{Q}}, \sigma, \rho, V_0)$ 的估计值。但仅仅通过参数校正无法得到波动率风险的市场价格参数 ξ 和测度 $\mathbb{P}$ 下的参数 κ 和 θ。这是由于只有两个方程 $\kappa^{\mathbb{Q}}\theta^{\mathbb{Q}} = \kappa\theta$ 和 $\kappa^{\mathbb{Q}} = \kappa + \xi$，却有三个未知数 ξ, κ, θ。

第 5 章 随机微积分在金融衍生品定价中的应用

除了参数校准方法之外,也可以考虑参数估计。在计量经济学研究中,常用的估计方法有,例如,最大似然估计(maximum likelihood estimation)或更加一般的广义矩估计(generalied method of moments)。基于股价 $S(t)$ 的时间序列数据,我们便可估计参数 $(\kappa,\theta,\sigma,\rho)$。由于随机波动率模型的资产价格方差 $V(t)$ 通常是不可观测的,因此需要使用针对隐马尔科夫模型的一些方法。要想估计参数 $(\kappa,\theta,\sigma,\rho,\xi)$,我们需要股价序列 $S(t)$ 数据以及一个含有波动率信息的衍生品的价格序列,例如一个期权。需要附属衍生品是因为其中不仅包含市场风险,还包含波动率风险的信息。而波动率风险的市场价格参数 ξ 需要由波动率风险的信息来确定。由于篇幅限制,我们在此不作更多的相关讨论。

事实上,要实现模型较好拟合现实,我们需要对模型的直观含义有十分深刻的理解。一个优秀的交易员应当对模型各个参数的含义、参数变化对模型的影响有直观把握。

以 Heston 模型为例,假设其参数为

$$r = 3\%,\ S_0 = 100,\ \sqrt{V_0} = \sqrt{\theta^{\mathbb{Q}}} = 23\%,\ \kappa^{\mathbb{Q}} = 4,\ \sigma_V = 0.8,\ \rho = -60\%,\ T = 0.25,$$

在 Heston 模型下计算出的隐含波动率曲线和标的资产对数收益率在风险中性概率测度下的分布如图 5.19 所示。(在此,我们用蒙特卡洛模拟方法获得标的资产的对数收益率在风险中性概率测度下的分布,读者可以暂时不关注其实现方法,而在学习了蒙特卡洛模拟相关章节后,自然可以领会实现的细节。)可以看出,Heston 模型下隐含

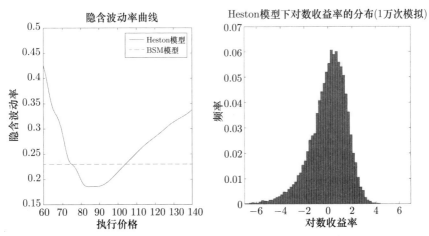

图 5.19 Heston 模型下隐含波动率曲线与风险中性概率测度下标的资产对数收益率的分布($\rho < 0$ 时)

波动率曲线呈现"微笑"状态,而 BSM 模型下隐含波动率是常数。Heston 模型下

标的资产对数收益率的分布呈现尖峰厚尾的特征。除此之外，BSM 模型中标的资产对数收益率在风险中性概率测度下的分布是正态分布，而我们知道，当标的资产的波动率与资产价格之间的相关系数 ρ 为负时，Heston 模型的风险中性测度下对数收益率的分布有明显的左偏。直观上，这是因为当 ρ 为负，平均意义上标的资产价格变高，则资产的波动率变小，那么资产出现极端值的概率变小；而标的资产价格变低，资产的波动率变大，因而出现极端值的概率会变大，因此标的资产对数收益率的分布左侧厚尾，即分布左偏。

同理，若模型参数为

$$r = 3\%, \ S_0 = 100, \ \sqrt{V_0} = \sqrt{\theta^{\mathbb{Q}}} = 23\%, \ \kappa^{\mathbb{Q}} = 4, \ \sigma_V = 0.8, \ \rho = 0\%, \ T = 0.25,$$

Heston 模型下计算出的隐含波动率和标的资产的对数收益率在风险中性概率测度下的分布如图 5.20 所示。风险中性概率测度下资产的分布是几乎对称的，因为 $\rho = 0$，

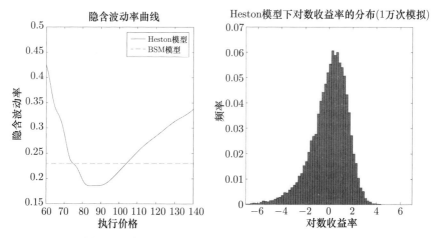

图 5.20 Heston 模型下隐含波动率曲线与风险中性概率测度下标的资产对数收益率的分布（$\rho = 0$ 时）

资产的价格变化对波动率变化没有影响。当模型参数为

$$r = 3\%, \ S_0 = 100, \ \sqrt{V_0} = \sqrt{\theta^{\mathbb{Q}}} = 23\%, \ \kappa^{\mathbb{Q}} = 4, \ \sigma_V = 0.8, \ \rho = 60\%, \ T = 0.25$$

时，Heston 模型下计算出的隐含波动率和标的资产的对数收益率在风险中性概率测度下的分布如图 5.21 所示。当资产价格与波动率的相关系数 ρ 为正时，平均意义上资产价格上升会使得波动率增大，出现极端值的概率增大，从而右侧存在厚尾；而资产价格下降使得波动率降低，因而出现极端值的概率更小，标的资产对数收益率的分布呈现右偏。

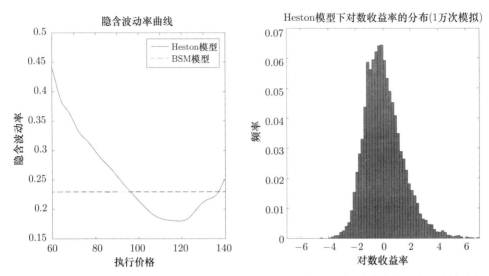

图 5.21 Heston 模型下隐含波动率曲线与风险中性概率测度下标的资产对数收益率的分布（$\rho > 0$ 时）

5.5 Black-Scholes-Merton 模型的延伸之二：跳跃

上一节通过引入随机波动率来拓展 Black-Scholes-Merton 模型。在本节中，我们将探讨改进 Black-Scholes-Merton 模型的另一种方法，即考虑加入资产价格的跃变，引入**跳跃扩散模型**（Jump-diffusion Model），该模型由 Robert C. Merton 于 1976 年提出，见参考文献 [24]，其解释了很多 Black-Scholes-Merton 模型难以解释的现象。

5.5.1 Merton 跳跃扩散模型

"跳跃"指在短期时间内，标的资产发生了较大的价格向上或向下的跳跃。读者可能会自然而然地产生疑问：跳跃何时发生？跳跃是已知的还是随机的？跳跃的幅度是多少？均值与方差是多少？跳跃幅度的分布是怎样的？带着以上疑问，我们先来用图形直观地感受跳跃扩散模型（见图 5.22），跳跃扩散过程是纯扩散过程（见图 5.23）与纯跳过程（见图 5.24）的结合。

一种产生跳跃时间点（如图 5.25 中的 $t_1, t_2, t_3, \ldots$ 所示）的最简单方法是假设跳跃次数满足泊松过程，即

$$N(t) = [0, t]\text{期间跳跃次数}.$$

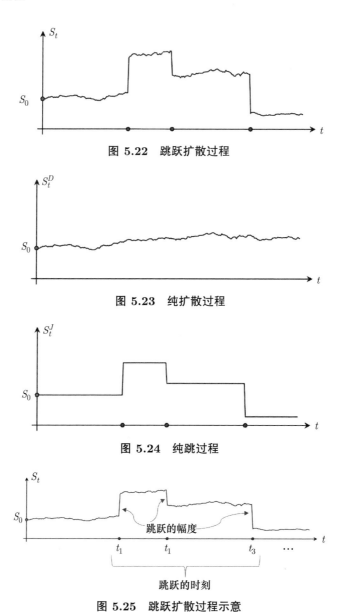

图 5.22 跳跃扩散过程

图 5.23 纯扩散过程

图 5.24 纯跳过程

图 5.25 跳跃扩散过程示意

如果其强度为 λ，则对于任意整数 $i \geqslant 0$，我们有

$$\mathbb{P}(N(t)=i) = \frac{\mathrm{e}^{-\lambda t}(\lambda t)^i}{i!}.$$

我们用变量 X 来代表跳跃的幅度。如果在 t 时刻发生了跳跃，那么资产价格 $S(t)$ 便

从 $S(t-)$ 变至 $S(t)$：

$$S(t) = XS(t-).$$

以上是对跳跃扩散过程的一个直观的简单介绍，下文的第一部分正式介绍 Merton 跳跃扩散模型。首先我们从真实概率测度 $\mathbb{P}$ 开始，考虑**复合泊松过程**（compound Poisson process，CPP）

$$Q(t) = \sum_{n=1}^{N(t)} Y_n,$$

其中 $Y_n = X_n - 1$ 与 X_n 独立同分布并且期望是 $\mu_S + 1$（即 $\mathbb{E}^{\mathbb{P}} Y_n = \mu_S$）。在后文中，我们用 X_n 代表在跳跃点处发生的跳的幅度。特别地，当 $Y_n = 1$ 时有 $Q(t) = N(t)$，此时 $Q(t)$ 简化为泊松过程。为了数学和经济学解释上的方便，在构建含跳模型的过程中，我们也试图寻找鞅的结构。为此引入**补偿复合泊松过程**（compensated compound Poisson process，CCPP）$\{Q(t) - \lambda \mu_S t\}$，不难发现该过程是鞅，可简单证明如下：

$$\begin{aligned} \mathbb{E}\left(Q\left(t\right)|\mathcal{F}\left(s\right)\right) &= \mathbb{E}\left(\sum_{n=1}^{N(t)} Y_n | \mathcal{F}(s)\right) \\ &= \mathbb{E}\left(\sum_{n=1}^{N(s)} Y_n | \mathcal{F}(s)\right) + \mathbb{E}\left(\sum_{n=N(s)+1}^{N(t)} Y_n | \mathcal{F}(s)\right) \\ &= Q\left(s\right) + \mathbb{E}\left(\sum_{n=N(s)+1}^{N(t)} Y_n | \mathcal{F}(s)\right). \end{aligned} \quad (5.57)$$

由 $\{Y_n\}$ 的增量独立性，有

$$\mathbb{E}\left(\sum_{n=N(s)+1}^{N(t)} Y_n | \mathcal{F}(s)\right) = \mathbb{E}\left(\sum_{n=N(s)+1}^{N(t)} Y_n\right).$$

根据条件期望的性质，有

$$\begin{aligned} \mathbb{E}\left(\sum_{n=N(s)+1}^{N(t)} Y_n\right) &= \mathbb{E}\left(\mathbb{E}\left(\sum_{n=N(s)+1}^{N(t)} Y_n\right) | N(t) - N(s)\right) \\ &= \sum_{k=0}^{\infty} \mathbb{E}\left(\sum_{n=N(s)+1}^{N(s)+k} Y_n\right) \mathbb{P}\left(N(t) - N(s) = k\right). \end{aligned}$$

由泊松过程的定义，有

$$\mathbb{E}\left(\sum_{n=N(s)+1}^{N(t)} Y_n\right) = \sum_{k=0}^{\infty} \mathbb{E}Y_n \times k \times \frac{(\lambda(t-s))^k}{k!} e^{-\lambda(t-s)}$$
$$= \lambda(t-s) e^{-\lambda(t-s)} \mathbb{E}Y_n \times \sum_{k=1}^{\infty} \frac{(\lambda(t-s))^{k-1}}{(k-1)!}.$$

上式最后的无穷和满足泰勒展开的形式，可将其化简为

$$\sum_{k=1}^{\infty} \frac{(\lambda(t-s))^{k-1}}{(k-1)!} = e^{\lambda(t-s)},$$

因此

$$\lambda(t-s) e^{-\lambda(t-s)} \mathbb{E}Y_n \times \sum_{k=1}^{\infty} \frac{(\lambda(t-s))^{k-1}}{(k-1)!}$$
$$= \lambda(t-s) e^{-\lambda(t-s)} \mathbb{E}Y_n \times e^{\lambda(t-s)}$$
$$= \lambda(t-s) \mathbb{E}Y_n.$$

代入式 (5.57) 可得

$$\mathbb{E}(Q(t)|\mathcal{F}(s)) = Q(s) + \lambda(t-s)\mathbb{E}Y_n,$$

变形得

$$\mathbb{E}(Q(t) - \lambda t \mathbb{E}Y_n | \mathcal{F}(s)) = Q(s) - \lambda s \mathbb{E}Y_n.$$

从而证明了 $\{Q(t) - \lambda \mu_S t\}$ 是鞅。

以补偿复合泊松过程为基础，参考文献 [24] 的跳跃扩散模型可以表示如下：

$$\frac{\mathrm{d}S(t)}{S(t-)} = \alpha \mathrm{d}t + \sigma \mathrm{d}W(t) + \mathrm{d}[Q(t) - \lambda \mu_S t]. \tag{5.58}$$

可以将其等价地写为

$$\frac{\mathrm{d}S(t)}{S(t-)} = (\alpha - \lambda \mu_S)\mathrm{d}t + \sigma \mathrm{d}W(t) + \mathrm{d}Q(t) \tag{5.59}$$
$$= (\alpha - \lambda \mu_S)\mathrm{d}t + \sigma \mathrm{d}W(t) + \mathrm{d}\left(\sum_{n=1}^{N(t)}(X_n - 1)\right).$$

5.5.2 显式解与跳过程的 Itô 公式

上述参考文献 [24] 跳跃扩散模型的显式解由下式给出：

$$S(t) = S(0) \exp\left(\sigma W(t) + \left(\alpha - \lambda\mu_S - \frac{1}{2}\sigma^2\right)t\right) \prod_{n=1}^{N(t)} X_n. \tag{5.60}$$

这里假设当 $N(t) = 0$ 时，$\prod_{n=1}^{N(t)} X_n = 1$。

这里给出一个直观的论证。事实上，当跳跃没有发生时，$\mathrm{d}Q(t) = 0$，可以得到资产价格的演变过程为

$$\frac{\mathrm{d}S(t)}{S(t)} = (\alpha - \lambda\mu_S)\mathrm{d}t + \sigma \mathrm{d}W(t), \tag{5.61}$$

当跳跃发生时，则有

$$\frac{\mathrm{d}S(t)}{S(t-)} = \mathrm{d}Q(t) = \mathrm{d}\left(\sum_{n=1}^{N(t)} (X_n - 1)\right).$$

即若第 k 次跳跃发生于 t 时刻，则有

$$\frac{S(t) - S(t-)}{S(t-)} = Y_k = X_k - 1, \tag{5.62}$$

此式等价于 $S(t) = S(t-)X_k$。不难发现，X_k 代表了在跳跃点处发生的跳跃幅度。

假定跳跃发生的时间 τ_i 满足 $0 < \tau_1 < \tau_2 < \cdots < \tau_{N(t)} \leqslant t$，则求解可得

$$S(\tau_1-) = S(0) \exp\left(\sigma W(\tau_1) + \left(\alpha - \lambda\mu_S - \frac{1}{2}\sigma^2\right)\tau_1\right).$$

在第一次跳跃发生后，有

$$S(\tau_1) = S(\tau_1-)X_1 = S(0) \exp\left(\sigma W(\tau_1) + \left(\alpha - \lambda\mu_S - \frac{1}{2}\sigma^2\right)\tau_1\right) X_1.$$

把 $S(\tau_1)$ 看作新的起点，由布朗运动的时间平移性质（time-translation property）可得

$$S(\tau_2-) = S(\tau_1) \exp\left(\sigma[W(\tau_2) - W(\tau_1)] + \left(\alpha - \lambda\mu_S - \frac{1}{2}\sigma^2\right)(\tau_2 - \tau_1)\right),$$

同理，在第二次跳跃发生后，有

$$S(\tau_2) = S(\tau_2-)X_2 = S(\tau_1) \exp\left(\sigma[W(\tau_2) - W(\tau_1)] + \left(\alpha - \lambda\mu_S - \frac{1}{2}\sigma^2\right)(\tau_2 - \tau_1)\right) X_2.$$

一般地，对于 $j = 1, 2, 3, ..., N(t) - 1$，有

$$S(\tau_{j+1}) = S(\tau_{j+1}-)X_{j+1}$$
$$= S(\tau_j)\exp\left(\sigma[W(\tau_{j+1}) - W(\tau_j)] + \left(\alpha - \lambda\mu_S - \frac{1}{2}\sigma^2\right)(\tau_{j+1} - \tau_j)\right)X_{j+1},$$

最终可得

$$S(t) = S(\tau_{N(t)})\exp\left(\sigma[W(t) - W(\tau_{N(t)})] + \left(\alpha - \lambda\mu_S - \frac{1}{2}\sigma^2\right)(t - \tau_{N(t)})\right).$$

通过循环的代入，即可得出式 (5.60)。

第 4 章给出了连续时间的 Itô 公式，在这里我们给出针对跳过程的一个简单版本的 Itô 公式。假设：

$$X(t) = X^c(t) + J(t),$$

其中 $X^c(t)$ 是连续的部分（例如一个连续半鞅），$J(t)$ 是在任意给定时间范围内跳跃次数有限的（finite activity）纯跳的部分（例如一个泊松过程）。那么对于任何足够光滑的函数 $f(x)$，我们有

$$f(X(t)) = f(X(0)) + \int_0^t f'(X(s))\mathrm{d}X^c(s) + \frac{1}{2}\int_0^t f''(X(s))\mathrm{d}\langle X^c\rangle(s) +$$
$$\sum_{0 < s \leqslant t}[f(X(s)) - f(X(s-))].$$

此公式证明的思想同前文中跳跃扩散模型的显示解证明思想类似，此处不再重复，感兴趣的读者亦可参阅参考文献 [34] 的第 11 章。跳跃扩散过程的随机积分的本质是在跳跃之间使用连续随机积分的性质，而在跳跃时进行更新。

作为练习，我们可以应用跳跃扩散过程的 Itô 公式来验证式 (5.60) 确实满足方程 (5.58)。对于式 (5.60)，即

$$S(t) = S(0)\exp\left(\sigma W(t) + \left(\alpha - \lambda\mu_S - \frac{\sigma^2}{2}\right)t + \sum_{n=1}^{N(t)}\log X_n\right),$$

我们仍然假设当 $N(t) = 0$ 时，$\sum_{n=1}^{N(t)} \log X_n = 0$。令 $X(t) = X^c(t) + J(t)$，其中

$$X^c(t) = \sigma W(t) + \left(\alpha - \lambda\mu_S - \frac{\sigma^2}{2}\right)t, \quad J(t) = \sum_{n=1}^{N(t)} \log X_n.$$

那么 $S(t) = f(X(t))$，其中 $f(x) = S(0)\exp(x)$。对此公式运用上述 Itô 公式，我们可以得到

$$\begin{aligned}S(t) &= f(X(t)) \\ &= S(0) + \int_0^t S(s)\mathrm{d}X^c(s) + \frac{1}{2}\int_0^t S(s)\mathrm{d}\langle X^c\rangle(s) + \sum_{0<s\leqslant t}[S(s)-S(s-)] \\ &= S(0) + \int_0^t S(s)\sigma\mathrm{d}W(s) + \int_0^t S(s)\left(\alpha - \lambda\mu_S - \frac{\sigma^2}{2}\right)\mathrm{d}s + \frac{1}{2}\int_0^t S(s)\sigma^2\mathrm{d}s + \\ &\quad \sum_{0<s\leqslant t}[S(s)-S(s-)] \\ &= S(0) + \int_0^t S(s)\sigma\mathrm{d}W(s) + \int_0^t S(s)(\alpha - \lambda\mu_S)\mathrm{d}s + \sum_{0<s\leqslant t}[S(s)-S(s-)].\end{aligned}$$

注意，没有跳跃发生时，$S(s) = S(s-)$，而有跳跃发生时，

$$S(s) = S(s-)X_{N(s)},$$

$$S(s) - S(s-) = S(s-)(X_{N(s)} - 1).$$

因此两式可以统一地写成

$$S(s) - S(s-) = S(s-)(X_{N(s)} - 1)\Delta N(s).$$

而最后一项可以表示为

$$\begin{aligned}\sum_{0<s\leqslant t}[S(s)-S(s-)] &= \sum_{0<s\leqslant t}S(s-)(X_{N(s)}-1)\Delta N(s) \\ &= \sum_{0<s\leqslant t}S(s-)Y_{N(s)}\Delta N(s) \\ &= \sum_{0<s\leqslant t}S(s-)\Delta Q(s).\end{aligned}$$

因此，

$$\mathrm{d}S(t) = S(t-)\sigma\mathrm{d}W(t) + S(t-)(\alpha - \lambda\mu_S)\mathrm{d}t + S(t-)\mathrm{d}Q(t),$$

即

$$\frac{\mathrm{d}S(t)}{S(t-)} = \alpha\mathrm{d}t + \sigma\mathrm{d}W(t) + \mathrm{d}[Q(t) - \lambda\mu_S t].$$

5.5.3 市场的不完备性

如何在跳跃扩散模型下复制行权价为 K，到期时间为 T 的看涨期权呢？具体来看，将 $Q(t)$ 看成不同的跳跃尺度的一系列泊松过程之和，即

$$Q(t) = \sum_{n=1}^{N(t)} Y_n \equiv \sum_{n=1}^{N(t)} (X_n - 1) = \sum_{y:\text{所有}Y_n\text{实现值}} y N_y(t),$$

其中每个 $N_y(t)$ 的强度为 λ_y。直观上来看，每一个泊松"冲击" $N_y(t)$ 都代表了一种风险因素，类比于一个布朗运动。回顾随机波动率情形下，有两个布朗运动，便需要两个基础资产来进行看涨期权的复制。那么对于现在跳跃扩散的情形，我们也可以进行类比。

例如，假设 Y_n 有两个可能的取值：y^+ (y^-)，取值概率为 $p(1-p)$，用于刻画市场繁荣（市场衰退）。我们有

$$Q(t) = \sum_{n=1}^{N(t)} Y_n = y^+ N^+(t) + y^- N^-(t).$$

这里 $N^+(t)$（$N^-(t)$）是强度为 $p\lambda$（$(1-p)\lambda$）的泊松过程。形象地讲，这是因为，$100p\%$ 的跳跃 Y_n 的大小为 y^+。因此，每次跳跃的平均次数，即 $N^+(t)$ 的强度，是 $p\lambda$。更加严格的数学证明留给读者作为练习。这种情况下，参考文献 [24] 的模型中一共有三个风险因素，即该模型具有两种不同跳跃的大小，另外再加一个布朗运动，即

$$\frac{\mathrm{d}S(t)}{S(t-)} = \alpha \mathrm{d}t + \sigma \mathrm{d}W(t) + \mathrm{d}[y^+ N^+(t) + y^- N^-(t) - \lambda \mu_S t].$$

此时，市场是可以用两个辅助资产来进行完备的，请读者对此进行练习。

总之，如果跳跃大小 X_n 具有有限离散分布，则市场可以通过添加有限数量的辅助资产或衍生品来完备化，就像随机波动率模型的情形一样（见参考文献 [34] 的第 11.7.2 节）。然而，如果跳跃大小 X_n 具有无限离散分布或连续分布，即有无限个风险因子，则市场本质上是不完备的，即理论上不可能通过添加有限数量的资产来使市场完备化，这也是更符合实际的情形。尽管如此，在市场非常不完备的情况下，如果可以利用有限多的资产对冲掉大部分的风险，则这也是有意义的工作。

5.5.4 跳跃扩散模型下的期权定价

接下来我们考虑在跳跃扩散模型下进行期权定价。正如上一小节所说，由于在一般的跳跃扩散模型下无法用有限个资产去复制期权回报，我们将不再追求复制这一想法，而仍然试图保证期权定价不会带来套利。事实上，我们已经知道，如果存在一个

风险中性测度，使得在这个测度下所有折现后的资产价格都是鞅，那么市场中就不存在套利。因此，一旦具有风险中性测度（用 $\mathbb{Q}$ 表示），我们就无须担心套利的存在，正如有效市场所假定的那样。因此，我们将寻找支持风险中性测度存在的期权价格。首先，我们试图寻找一个风险中性测度 $\mathbb{Q}$，它满足如下两个条件：一是测度 $\mathbb{Q}$ 可以由真实测度 $\mathbb{P}$ 通过等价变换得到，二是折现后的价格 $\{e^{-rt}S(t)\}$ 是一个 $\mathbb{Q}$ 下的鞅。

我们考虑如何从 $\mathbb{P}$ 得到 $\mathbb{Q}$。不难发现从 $\mathbb{P}$ 到 $\mathbb{Q}$ 的测度变换需要考虑两个部分：一个是布朗运动部分，另一个是关于跳的部分。对于布朗运动部分，引入

$$W^{\mathbb{Q}}(t) = W(t) + \theta t$$

和

$$\eta_1(t) = \exp\left(-\theta W(t) - \frac{1}{2}\theta^2 t\right).$$

通过 Radon-Nikodym 导数

$$\frac{\mathrm{d}\mathbb{Q}}{\mathrm{d}\mathbb{P}} = \eta_1(T),$$

定义 $\mathbb{Q}$，根据 Girsanov 定理，我们知道 $W^{\mathbb{Q}}(t)$ 是 $\mathbb{Q}$ 下的一个布朗运动。

而关于跳的部分，若使用下述 Radon-Nikodym 导数进行测度变换：

$$\eta_2(t) = \exp((\lambda - \lambda^{\mathbb{Q}})t) \prod_{n=1}^{N(t)} \frac{\lambda^{\mathbb{Q}} f_{\mathbb{Q}}(Y_n)}{\lambda f_{\mathbb{P}}(Y_n)},$$

则复合泊松过程的跳跃频率从 λ 变为 $\lambda^{\mathbb{Q}}$，跳的幅度 Y_n 的概率密度函数从 $f_{\mathbb{P}}$ 变为 $f_{\mathbb{Q}}$。为了验证这个结论，首先注意到 $\eta_2(0) = 1$，然后由定义证明 $\{\eta_2(t)\}$ 是一个 $\mathbb{P}$-鞅，即假设 $0 \leqslant s \leqslant t \leqslant T$，欲证 $\mathbb{E}^{\mathbb{P}}(\eta_2(t)|\mathcal{F}(s)) = \eta_2(s)$。通过代换，我们得到

$$\begin{aligned}\mathbb{E}^{\mathbb{P}}(\eta_2(t)|\mathcal{F}(s)) &= \mathbb{E}^{\mathbb{P}}\left(\exp((\lambda - \lambda^{\mathbb{Q}})t) \prod_{n=1}^{N(t)} \frac{\lambda^{\mathbb{Q}} f_{\mathbb{Q}}(Y_n)}{\lambda f_{\mathbb{P}}(Y_n)}\bigg|\mathcal{F}(s)\right) \\ &= \exp((\lambda - \lambda^{\mathbb{Q}})t) \prod_{n=1}^{N(s)} \frac{\lambda^{\mathbb{Q}} f_{\mathbb{Q}}(Y_n)}{\lambda f_{\mathbb{P}}(Y_n)} \mathbb{E}^{\mathbb{P}}\left(\prod_{n=N(s)+1}^{N(t)} \frac{\lambda^{\mathbb{Q}} f_{\mathbb{Q}}(Y_n)}{\lambda f_{\mathbb{P}}(Y_n)}\right).\end{aligned}$$

由泊松过程的平稳增量性，我们可得

$$\mathbb{E}^{\mathbb{P}}\left(\prod_{n=N(s)+1}^{N(t)} \frac{\lambda^{\mathbb{Q}} f_{\mathbb{Q}}(Y_n)}{\lambda f_{\mathbb{P}}(Y_n)}\right) = \mathbb{E}^{\mathbb{P}}\left(\prod_{n=1}^{N(t-s)} \frac{\lambda^{\mathbb{Q}} f_{\mathbb{Q}}(Y_n)}{\lambda f_{\mathbb{P}}(Y_n)}\right).$$

由条件期望，我们可得

$$\mathbb{E}^{\mathbb{P}}\left(\prod_{n=1}^{N(t-s)}\frac{\lambda^{\mathbb{Q}}f_{\mathbb{Q}}(Y_n)}{\lambda f_{\mathbb{P}}(Y_n)}\right)=\mathbb{E}^{\mathbb{P}}\left(\mathbb{E}^{\mathbb{P}}\left(\prod_{n=1}^{N(t-s)}\frac{\lambda^{\mathbb{Q}}f_{\mathbb{Q}}(Y_n)}{\lambda f_{\mathbb{P}}(Y_n)}|N(t-s)\right)\right)$$

$$=\sum_{k=0}^{\infty}\mathbb{E}^{\mathbb{P}}\left(\prod_{n=1}^{N(t-s)}\frac{\lambda^{\mathbb{Q}}f_{\mathbb{Q}}(Y_n)}{\lambda f_{\mathbb{P}}(Y_n)}|N(t-s)=k\right)\times$$

$$\mathbb{P}(N(t-s)=k)$$

$$=\left(\frac{\lambda^{\mathbb{Q}}}{\lambda}\right)^k\sum_{k=0}^{\infty}\mathbb{E}^{\mathbb{P}}\left(\prod_{n=1}^{k}\frac{f_{\mathbb{Q}}(Y_n)}{f_{\mathbb{P}}(Y_n)}|N(t-s)=k\right)\times$$

$$\mathbb{P}(N(t-s)=k).$$

由独立性，进一步知

$$\mathbb{E}^{\mathbb{P}}\left(\prod_{n=1}^{k}\frac{f_{\mathbb{Q}}(Y_n)}{f_{\mathbb{P}}(Y_n)}\bigg|N(t-s)=k\right)$$

$$=\mathbb{E}^{\mathbb{P}}\left(\prod_{n=1}^{k}\frac{f_{\mathbb{Q}}(Y_n)}{f_{\mathbb{P}}(Y_n)}\right)$$

$$=\prod_{n=1}^{k}\mathbb{E}^{\mathbb{P}}\left(\frac{f_{\mathbb{Q}}(Y_n)}{f_{\mathbb{P}}(Y_n)}\right)$$

$$=\prod_{n=1}^{k}\int_R\frac{f_{\mathbb{Q}}(y)}{f_{\mathbb{P}}(y)}f_{\mathbb{P}}(y)\mathrm{d}y=1.$$

最后将以上结果代入原表达式，便可得最终结果：

$$\mathbb{E}^{\mathbb{P}}\left(\exp((\lambda-\lambda^{\mathbb{Q}})t)\prod_{n=1}^{N(t)}\frac{\lambda^{\mathbb{Q}}f_{\mathbb{Q}}(Y_n)}{\lambda f_{\mathbb{P}}(Y_n)}\bigg|\mathcal{F}(s)\right)$$

$$=\exp((\lambda-\lambda^{\mathbb{Q}})t)\prod_{n=1}^{N(s)}\frac{\lambda^{\mathbb{Q}}f_{\mathbb{Q}}(Y_n)}{\lambda f_{\mathbb{P}}(Y_n)}\times$$

$$\sum_{k=0}^{\infty}\left(\frac{\lambda^{\mathbb{Q}}}{\lambda}\right)^k\frac{(t-s)^k(\lambda)^k}{k!}\exp(-(t-s)\lambda)$$

$$=\exp((\lambda-\lambda^{\mathbb{Q}})t)\prod_{n=1}^{N(s)}\frac{\lambda^{\mathbb{Q}}f_{\mathbb{Q}}(Y_n)}{\lambda f_{\mathbb{P}}(Y_n)}\times$$

$$\sum_{k=0}^{\infty}\left(\lambda^{\mathbb{Q}}\right)^k\frac{(t-s)^k}{k!}\exp(-(t-s)\lambda)$$

$$= \exp\left((\lambda - \lambda^{\mathbb{Q}})s\right) \prod_{n=1}^{N(s)} \frac{\lambda^{\mathbb{Q}} f_{\mathbb{Q}}(Y_n)}{\lambda f_{\mathbb{P}}(Y_n)} = \eta_2(s).$$

然后我们证明在 $\mathbb{Q}$ 下跳的强度变为 $\lambda^{\mathbb{Q}}$，其跳跃幅度的密度变为 $f_{\mathbb{Q}}$。读者可尝试通过泊松过程的严格定义来证明。这里，我们运用其矩母函数来证明。一方面，如果 $\{Q(t)\}$ 在 $\mathbb{Q}$ 下是一个跳跃频率为 $\lambda^{\mathbb{Q}}$、跳的幅度为 Y_n 的复合泊松过程，并且满足

$$\mathbb{E}^{\mathbb{Q}} Y_n = \int_{\mathbb{R}} y f_{\mathbb{Q}}(y) \mathrm{d}y = \mu_S^{\mathbb{Q}},$$

可以按照如下过程计算它的矩母函数

$$\begin{aligned}
\mathbb{E}^{\mathbb{Q}}\left(\mathrm{e}^{\theta Q(t)}\right) &= \mathbb{E}^{\mathbb{Q}}\left(\prod_{n=1}^{N(t)} \mathrm{e}^{\theta Y_n}\right) \\
&= \mathbb{E}^{\mathbb{Q}}\left(\mathbb{E}^{\mathbb{Q}}\left(\prod_{n=1}^{N(t)} \mathrm{e}^{\theta Y_n} \bigg| N(t)\right)\right) \\
&= \sum_{k=0}^{\infty} \mathbb{E}^{\mathbb{Q}}\left(\prod_{n=1}^{N(t)} \mathrm{e}^{\theta Y_n} \bigg| N(t) = k\right) \mathbb{Q}(N(t) = k),
\end{aligned} \quad (5.63)$$

由独立性可得

$$\mathbb{E}^{\mathbb{Q}}\left(\prod_{n=1}^{N(t)} \mathrm{e}^{\theta Y_n} \bigg| N(t) = k\right) = \mathbb{E}^{\mathbb{Q}}\left(\prod_{n=1}^{k} \mathrm{e}^{\theta Y_n} \bigg| N(t) = k\right) = \prod_{n=1}^{k} \mathbb{E}^{\mathbb{Q}}\left(\mathrm{e}^{\theta Y_n}\right),$$

利用概率密度函数，有

$$\mathbb{E}^{\mathbb{Q}}\left(\prod_{n=1}^{N(t)} \mathrm{e}^{\theta Y_n} \bigg| N(t) = k\right) = \prod_{n=1}^{k} \int_{\mathbb{R}} \mathrm{e}^{\theta y} f_{\mathbb{Q}}(y) \mathrm{d}y = \left(\int_{\mathbb{R}} \mathrm{e}^{\theta y} f_{\mathbb{Q}}(y) \mathrm{d}y\right)^k,$$

将其代入式 (5.63)，得到

$$\begin{aligned}
\mathbb{E}^{\mathbb{Q}}\left(\mathrm{e}^{\theta Q(t)}\right) &= \sum_{k=0}^{\infty} \left(\int_{\mathbb{R}} \mathrm{e}^{\theta y} f_{\mathbb{Q}}(y) \mathrm{d}y\right)^k \frac{(t\lambda^{\mathbb{Q}})^k}{k!} \exp(-t\lambda^{\mathbb{Q}}) \\
&= \exp\left(\lambda^{\mathbb{Q}} t \int_{\mathbb{R}} \exp(\theta y) f_{\mathbb{Q}}(y) \mathrm{d}y\right) \exp(-t\lambda^{\mathbb{Q}}) \\
&= \left(\lambda^{\mathbb{Q}} t \left(\int_{\mathbb{R}} \exp(\theta y) f_{\mathbb{Q}}(y) \mathrm{d}y - 1\right)\right).
\end{aligned} \quad (5.64)$$

金融中的数学方法

现在假设 $Q(t)$ 是 $\mathbb{P}$ 测度下强度为 λ 的补偿泊松过程，我们希望证明的是通过从 $\mathbb{P}$ 到 $\mathbb{Q}$ 的测度变换后，$Q(t)$ 的矩母函数正是式 (5.64)。具体而言，可以进行如下计算：

$$\begin{aligned}
\mathbb{E}^{\mathbb{Q}}\left(e^{\theta Q(t)}\right) &= \mathbb{E}^{\mathbb{P}}\left(e^{\theta Q(t)}\eta_2(t)\right) \\
&= \mathbb{E}^{\mathbb{P}}\left(\exp\left(\theta \sum_{n=1}^{N(t)} Y_n\right) \exp((\lambda - \lambda^{\mathbb{Q}})t) \prod_{n=1}^{N(t)} \frac{\lambda^{\mathbb{Q}} f_{\mathbb{Q}}(Y_n)}{\lambda f_{\mathbb{P}}(Y_n)}\right) \\
&= \exp((\lambda - \lambda^{\mathbb{Q}})t) \mathbb{E}^{\mathbb{P}}\left(\prod_{n=1}^{N(t)}\left(\exp(\theta Y_n) \frac{\lambda^{\mathbb{Q}} f_{\mathbb{Q}}(Y_n)}{\lambda f_{\mathbb{P}}(Y_n)}\right)\right).
\end{aligned}$$

由条件期望的性质

$$\begin{aligned}
&\mathbb{E}^{\mathbb{P}}\left(\prod_{n=1}^{N(t)}\left(\exp(\theta Y_n) \frac{\lambda^{\mathbb{Q}} f_{\mathbb{Q}}(Y_n)}{\lambda f_{\mathbb{P}}(Y_n)}\right)\right) \\
&= \mathbb{E}^{\mathbb{P}}\left(\mathbb{E}^{\mathbb{P}}\left(\prod_{n=1}^{N(t)}\left(\exp(\theta Y_n) \frac{\lambda^{\mathbb{Q}} f_{\mathbb{Q}}(Y_n)}{\lambda f_{\mathbb{P}}(Y_n)}\right) \bigg| N(t)\right)\right) \\
&= \sum_{k=0}^{\infty} \mathbb{E}^{\mathbb{P}}\left(\prod_{n=1}^{N(t)}\left(\exp(\theta Y_n) \frac{\lambda^{\mathbb{Q}} f_{\mathbb{Q}}(Y_n)}{\lambda f_{\mathbb{P}}(Y_n)}\right) \bigg| N(t)=k\right) \mathbb{P}(N(t)=k) \\
&= \sum_{k=0}^{\infty} \mathbb{E}^{\mathbb{P}}\left(\prod_{n=1}^{N(t)}\left(\exp(\theta Y_n) \frac{\lambda^{\mathbb{Q}} f_{\mathbb{Q}}(Y_n)}{\lambda f_{\mathbb{P}}(Y_n)}\right) \bigg| N(t)=k\right) \frac{(t\lambda)^k}{k!} \exp(-t\lambda),
\end{aligned}$$

并且由独立性得到

$$\begin{aligned}
\mathbb{E}^{\mathbb{P}}\left(\prod_{n=1}^{N(t)}\left(\exp(\theta Y_n) \frac{\lambda^{\mathbb{Q}} f_{\mathbb{Q}}(Y_n)}{\lambda f_{\mathbb{P}}(Y_n)}\right) \bigg| N(t)=k\right) &= \prod_{n=1}^{k} \mathbb{E}^{\mathbb{P}}\left(\exp(\theta Y_n) \frac{\lambda^{\mathbb{Q}} f_{\mathbb{Q}}(Y_n)}{\lambda f_{\mathbb{P}}(Y_n)} \bigg| N(t)=k\right) \\
&= \prod_{n=1}^{k} \mathbb{E}^{\mathbb{P}}\left(\exp(\theta Y_n) \frac{\lambda^{\mathbb{Q}} f_{\mathbb{Q}}(Y_n)}{\lambda f_{\mathbb{P}}(Y_n)}\right),
\end{aligned}$$

利用概率密度函数，有

$$\begin{aligned}
\mathbb{E}^{\mathbb{P}}\left(\prod_{n=1}^{N(t)}\left(\exp(\theta Y_n) \frac{\lambda^{\mathbb{Q}} f_{\mathbb{Q}}(Y_n)}{\lambda f_{\mathbb{P}}(Y_n)}\right) \bigg| N(t)=k\right) &= \left(\frac{\lambda^{\mathbb{Q}}}{\lambda}\right)^k \prod_{n=1}^{k} \int_R \exp(\theta y) \frac{f_{\mathbb{Q}}(y)}{f_{\mathbb{P}}(y)} f_{\mathbb{P}}(y) \mathrm{d}y \\
&= \left(\frac{\lambda^{\mathbb{Q}}}{\lambda}\right)^k \left(\int_R \exp(\theta y) f_{\mathbb{Q}}(y) \mathrm{d}y\right)^k,
\end{aligned}$$

所以该矩母函数为

$$\mathbb{E}^{\mathbb{Q}}\left(e^{\theta Q(t)}\right) = \exp((\lambda - \lambda^{\mathbb{Q}})t) \times \sum_{k=0}^{\infty}\left(\frac{\lambda^{\mathbb{Q}}}{\lambda}\right)^{k}\left(\int_{R}\exp(\theta y)f_{\mathbb{Q}}(y)\mathrm{d}y\right)^{k}\frac{(t\lambda)^{k}}{k!}\exp(-t\lambda),$$

其中

$$\sum_{k=0}^{\infty}\left(\frac{\lambda^{\mathbb{Q}}}{\lambda}\right)^{k}\left(\int_{R}\exp(\theta y)f_{\mathbb{Q}}(y)\mathrm{d}y\right)^{k}\frac{(t\lambda)^{k}}{k!} = \sum_{k=0}^{\infty}\left(\lambda^{\mathbb{Q}}t\int_{R}\exp(\theta y)f_{\mathbb{Q}}(y)\mathrm{d}y\right)^{k}\frac{1}{k!}$$

$$= \exp\left(\left(\lambda^{\mathbb{Q}}\int_{R}\exp(\theta y)f_{\mathbb{Q}}(y)\mathrm{d}y\right)t\right).$$

带入矩母函数的表达式，化简可以得到

$$\mathbb{E}^{\mathbb{Q}}\left(e^{\theta Q(t)}\right) = \exp\left((\lambda - \lambda^{\mathbb{Q}})t\right)\exp\left(\left(\lambda^{\mathbb{Q}}\int_{R}\exp(\theta y)f_{\mathbb{Q}}(y)\mathrm{d}y - \lambda\right)t\right)$$

$$= \exp\left(\lambda^{\mathbb{Q}}t\left(\int_{R}\exp(\theta y)f_{\mathbb{Q}}(y)\mathrm{d}y - 1\right)\right).$$

另外，在当前的情形下，保证 $f_{\mathbb{Q}}$ 满足下述条件即可：

$$\mathbb{E}^{\mathbb{Q}}Y_{n} = \int_{R}yf_{\mathbb{Q}}(y)\mathrm{d}y = \mu_{S}^{\mathbb{Q}}.$$

从上述证明可以看出，在 $\mathbb{Q}$ 下 $\{Q(t)\}$ 的矩母函数是期望为 $\lambda^{\mathbb{Q}}$ 且服从分布 $f_{\mathbb{Q}}$ 的补偿泊松过程的矩母函数。

进一步，如何将两个变换合并成为一个一步到位的测度变换呢？最直观的想法是将这两个变换复合。注意到布朗运动的部分与跳跃的部分互相独立，那么不难构造风险中性测度如下：

$$\left.\frac{\mathrm{d}\mathbb{Q}}{\mathrm{d}\mathbb{P}}\right|_{\mathcal{F}(T)} = \eta_{1}(T)\eta_{2}(T) = \eta(T).$$

这个结论的验证与上面对 $\eta_{2}(t)$ 的证明思路类似。首先证明 $\eta(t) = \eta_{1}(t)\eta_{2}(t)$ 在 $\mathbb{P}$ 下是鞅，即证明

$$\mathbb{E}^{\mathbb{P}}\left(\eta(t)|\mathcal{F}(s)\right) = \eta(s). \tag{5.65}$$

同时，证明由进行 $\mathbb{P}$ 到 $\mathbb{Q}$ 的测度变换后，跳跃强度由 λ 变为 $\lambda^{\mathbb{Q}}$，跳跃幅度的密度由 $f_{\mathbb{P}}$ 变为 $f_{\mathbb{Q}}$。这个证明和我们在之前的讨论非常类似，因此留给读者作为练习。

由此我们可以得到测度 $\mathbb{Q}$ 下 $S(t)$ 的随机微分方程，

$$\frac{\mathrm{d}S(t)}{S(t-)} = (\alpha - \lambda\mu_{S})\mathrm{d}t + \sigma\mathrm{d}W(t) + \mathrm{d}Q(t)$$

$$= (\alpha + \lambda^{\mathbb{Q}}\mu_{S}^{\mathbb{Q}} - \lambda\mu_{S})\mathrm{d}t + \sigma[\mathrm{d}W^{\mathbb{Q}}(t) - \theta\mathrm{d}t] + \mathrm{d}[Q(t) - \lambda^{\mathbb{Q}}\mu_{S}^{\mathbb{Q}}t]$$

$$= (\alpha + \lambda^{\mathbb{Q}}\mu_{S}^{\mathbb{Q}} - \lambda\mu_{S} - \sigma\theta)\mathrm{d}t + \sigma\mathrm{d}W^{\mathbb{Q}}(t) + \mathrm{d}[Q(t) - \lambda^{\mathbb{Q}}\mu_{S}^{\mathbb{Q}}t].$$

下面，为了向风险中性进发，我们知需选择 θ 使得漂移项的系数满足

$$\alpha + \lambda^{\mathbb{Q}}\mu_S^{\mathbb{Q}} - \lambda\mu_S - \sigma\theta = r,$$

即

$$\theta = \frac{1}{\sigma}\left(\alpha - r + \lambda^{\mathbb{Q}}\mu_S^{\mathbb{Q}} - \lambda\mu_S\right). \tag{5.66}$$

此时，$\mathbb{Q}$ 下 $\{S(t)\}$ 满足随机微分方程

$$\begin{aligned}\frac{\mathrm{d}S(t)}{S(t^-)} &= r\mathrm{d}t + \sigma\mathrm{d}W^{\mathbb{Q}}(t) + \mathrm{d}[Q(t) - \lambda^{\mathbb{Q}}\mu_S^{\mathbb{Q}}t] \\ &= \left[r - \lambda^{\mathbb{Q}}\mu_S^{\mathbb{Q}}\right]\mathrm{d}t + \sigma\mathrm{d}W^{\mathbb{Q}}(t) + \mathrm{d}Q(t).\end{aligned} \tag{5.67}$$

与式 (5.59) 相比，漂移项由 $\alpha - \lambda\mu_S$ 变成了 $r - \lambda^{\mathbb{Q}}\mu_S^{\mathbb{Q}}$。

现在我们就来验证，$\mathrm{e}^{-rt}S(t)$ 是一个 $\mathbb{Q}$ 测度下的鞅。事实上，利用之前求解式 (5.59) 得到的表达式，替换参数可得

$$S(t) = S(0)\exp\left(\sigma W^{\mathbb{Q}}(t) + \left(\mu^{\mathbb{Q}} - \lambda^{\mathbb{Q}}\mu_S^{\mathbb{Q}} - \frac{1}{2}\sigma^2\right)t\right)\prod_{n=1}^{N(t)}X_n,$$

从而

$$\mathrm{e}^{-rt}S(t) = S(0)\exp\left(\sigma W^{\mathbb{Q}}(t) + \left(-\lambda^{\mathbb{Q}}\mu_S^{\mathbb{Q}} - \frac{1}{2}\sigma^2\right)t\right)\prod_{n=1}^{N(t)}X_n.$$

注意到对任意 $0 < s < t$ 有

$$\begin{aligned}&\mathbb{E}^{\mathbb{Q}}\left[\mathrm{e}^{-rt}S(t)|\mathcal{F}(s)\right] \\ &= \mathbb{E}^{\mathbb{Q}}\left(S(0)\exp\left(\sigma W^{\mathbb{Q}}(t) + \left(-\lambda^{\mathbb{Q}}\mu_S^{\mathbb{Q}} - \frac{1}{2}\sigma^2\right)t\right)\prod_{n=1}^{N(t)}X_n\bigg|\mathcal{F}(s)\right) \\ &= S(0)\mathbb{E}^{\mathbb{Q}}\left(\exp(\sigma W^{\mathbb{Q}}(t) - \frac{1}{2}\sigma^2 t)\bigg|\mathcal{F}(s)\right)\mathbb{E}^{\mathbb{Q}}\left(\exp\left(-\lambda^{\mathbb{Q}}\mu_S^{\mathbb{Q}}t\right)\prod_{n=1}^{N(t)}X_n\bigg|\mathcal{F}(s)\right).\end{aligned}$$

把上式拆成两个部分的乘积。先看第一部分，显然有

$$\mathbb{E}^{\mathbb{Q}}\left(\exp\left(\sigma W^{\mathbb{Q}}(t) - \frac{1}{2}\sigma^2 t\right)\bigg|\mathcal{F}(s)\right) = \exp\left(\sigma W^{\mathbb{Q}}(s) - \frac{1}{2}\sigma^2 s\right).$$

再看第二部分，

$$\mathbb{E}^{\mathbb{Q}}\left(\exp\left(-\lambda^{\mathbb{Q}}\mu_S^{\mathbb{Q}}t\right)\prod_{n=1}^{N(t)}X_n\bigg|\mathcal{F}(s)\right) = \exp\left(-\lambda^{\mathbb{Q}}\mu_S^{\mathbb{Q}}t\right)\mathbb{E}^{\mathbb{Q}}\left(\prod_{n=N(s)+1}^{N(t)}X_n\prod_{n=1}^{N(s)}X_n\bigg|\mathcal{F}(s)\right)$$

$$= \exp\left(-\lambda^{\mathbb{Q}}\mu_S^{\mathbb{Q}}t\right)\prod_{n=1}^{N(s)}X_n\mathbb{E}^{\mathbb{Q}}\left(\prod_{n=N(s)+1}^{N(t)}X_n\bigg|\mathcal{F}(s)\right)$$

$$= \exp\left(-\lambda^{\mathbb{Q}}\mu_S^{\mathbb{Q}}t\right)\prod_{n=1}^{N(s)}X_n\mathbb{E}^{\mathbb{Q}}\left(\prod_{n=N(s)+1}^{N(t)}X_n\right).$$

计算得

$$\mathbb{E}^{\mathbb{Q}}\left(\prod_{n=N(s)+1}^{N(t)}X_n\right)$$

$$= \sum_{k=0}^{\infty}\mathbb{E}^{\mathbb{Q}}\left(\prod_{n=N(s)+1}^{N(t)}X_n\bigg|N(t)-N(s)=k\right)\mathbb{Q}(N(t)-N(s)=k)$$

$$= \sum_{k=0}^{\infty}\left(\mu_S^{\mathbb{Q}}+1\right)^k\frac{(t-s)^k\left(\lambda^{\mathbb{Q}}\right)^k\exp(-(t-s)\lambda^{\mathbb{Q}})}{k!}$$

$$= \sum_{k=0}^{\infty}\frac{(t-s)^k\left(\lambda^{\mathbb{Q}}\right)^k\left(\mu_S^{\mathbb{Q}}+1\right)^k}{k!}\exp(-(t-s)\lambda^{\mathbb{Q}})$$

$$= \exp\left((t-s)\lambda^{\mathbb{Q}}\left(\mu_S^{\mathbb{Q}}+1\right)\right)\exp(-(t-s)\lambda^{\mathbb{Q}})$$

$$= \exp\left((t-s)\lambda^{\mathbb{Q}}\mu_S^{\mathbb{Q}}\right),$$

故可得

$$\mathbb{E}^{\mathbb{Q}}\left(\exp\left(-\lambda^{\mathbb{Q}}\mu_S^{\mathbb{Q}}t\right)\prod_{n=1}^{N(t)}X_n|\mathcal{F}(s)\right) = \exp\left(-\lambda^{\mathbb{Q}}\mu_S^{\mathbb{Q}}t\right)\prod_{n=1}^{N(s)}X_n\exp\left((t-s)\lambda^{\mathbb{Q}}\mu_S^{\mathbb{Q}}\right)$$

$$= \prod_{n=1}^{N(s)}X_n\exp\left(-\lambda^{\mathbb{Q}}\mu_S^{\mathbb{Q}}s\right),$$

所以

$$\mathbb{E}^{\mathbb{Q}}[e^{-rt}S(t)|\mathcal{F}(s)] = S(0)\mathbb{E}_s^{\mathbb{Q}}\left(\exp\left(\sigma W^{\mathbb{Q}}(t)-\frac{1}{2}\sigma^2 t\right)\right)\mathbb{E}_s^{\mathbb{Q}}\left(\exp\left(-\lambda^{\mathbb{Q}}\mu_S^{\mathbb{Q}}t\right)\prod_{n=1}^{N(t)}X_n\right)$$

$$= S(0)\exp\left(\sigma W^{\mathbb{Q}}(s) - \frac{1}{2}\sigma^2 s\right)\prod_{n=1}^{N(s)} X_n \exp\left(-\lambda^{\mathbb{Q}}\mu_S^{\mathbb{Q}} s\right)$$
$$= \mathrm{e}^{-rs} S(s).$$

故 $\{\mathrm{e}^{-rt}S(t)\}$ 在测度 $\mathbb{Q}$ 下是鞅。

由式 (5.66) 可得,资产回报率可以进行如下分解:

$$\alpha = r + \sigma\theta + (\lambda\mu_S - \lambda^{\mathbb{Q}}\mu_S^{\mathbb{Q}}).$$

在这个表达式中,α 可以分成三部分: r 表示无风险收益率; θ 可以理解为 σ 的风险溢价,即扩散风险的溢价; $\lambda\mu_S - \lambda^{\mathbb{Q}}\mu_S^{\mathbb{Q}}$ 表示承担了市场价格跳跃风险而获得的超额收益率。由此可见,标的资产回报率反映了两种风险溢价。这也印证了为什么我们从 $\mathbb{P}$ 到 $\mathbb{Q}$ 改变跳过程的概率分布时要保证 $\lambda\mu_S - \lambda^{\mathbb{Q}}\mu_S^{\mathbb{Q}} \neq 0$,即要保证一个不为 0 的跳跃风险溢价。甚至有必要进行如下约束: $\lambda\mu_S - \lambda^{\mathbb{Q}}\mu_S^{\mathbb{Q}} > 0$,即跳风险带来正的风险溢价。

事实上,无须同时改变复合泊松过程的强度 λ 及跳的幅度 X_n 的分布,也可保证风险中性情形下折现后资产价格的鞅性质。同时我们注意到,在表示风险的市场价格的式 (5.66) 中,$\lambda^{\mathbb{Q}}$ 与 $\mu_S^{\mathbb{Q}}$、λ 与 μ_S 都以二者乘积的形式出现,因此只需改变强度和跳的幅度中的一个即可保证跳风险溢价 $\lambda\mu_S - \lambda^{\mathbb{Q}}\mu_S^{\mathbb{Q}} \neq 0$。在金融计量经济学研究中,可以仅改变强度而保持跳的幅度的分布不变;在这种情形下,关于跳的部分的 Radon-Nikodym 导数变为

$$\eta_2(t) = \exp((\lambda - \lambda^{\mathbb{Q}})t)\left(\frac{\lambda^{\mathbb{Q}}}{\lambda}\right)^{N(t)}.$$

至此我们已经获得了折现原生资产价格 $\{\mathrm{e}^{-rt}S(t)\}$ 为鞅的测度 $\mathbb{Q}$,要使得它成为风险中性测度,对于一个看涨期权的价格 $\{V(t)\}$ 其折现后也要是 $\mathbb{Q}$ 下的鞅,从而有

$$\mathrm{e}^{-rt}V(t) = \mathbb{E}^{\mathbb{Q}}\left[\mathrm{e}^{-rT}V(T)|\mathcal{F}(s)\right] = \mathbb{E}^{\mathbb{Q}}[\mathrm{e}^{-rT}(S(T)-K)^+|\mathcal{F}(s)].$$

因此,我们获得了如下期权定价公式

$$V(t) = \mathbb{E}^{\mathbb{Q}}\left[\mathrm{e}^{-r(T-t)}V(T)|\mathcal{F}(s)\right] = \mathbb{E}^{\mathbb{Q}}[\mathrm{e}^{-r(T-t)}(S(T)-K)^+|\mathcal{F}(s)]. \quad (5.68)$$

只要按照这样的方式定价,$\mathbb{Q}$ 就是一个风险中性测度,从而就排除了市场上的套利机会。

5.5.5 Merton(1976)跳跃扩散模型下期权定价的解析公式

在结束这部分之前,我们讨论怎样得到期权定价的解析解。按照参考文献 [24],假定 X_n 服从对数正态分布,更确切地说,在风险中性的概率测度 $\mathbb{Q}$ 下 $Z_n = \log X_n$ 服从均值为 $\mu_Z^{\mathbb{Q}}$、方差为 $\left(\sigma_Z^{\mathbb{Q}}\right)^2$ 的正态分布。因此,

$$\mu_S = \mu_S^{\mathbb{Q}} = \mathbb{E}^{\mathbb{Q}} X_n - 1 = \mathbb{E}^{\mathbb{Q}} \exp Z_n - 1 = \exp\left(\mu_Z^{\mathbb{Q}} + \frac{1}{2}\left(\sigma_Z^{\mathbb{Q}}\right)^2\right) - 1.$$

由定价公式 (5.68),我们得到

$$V(0) = \mathbb{E}^{\mathbb{Q}}\left[e^{-rT}V(T)\right] = \mathbb{E}^{\mathbb{Q}}[e^{-rT}(S(T) - K)^+],$$

利用条件概率,可得

$$V(0) = \sum_{n=0}^{\infty} e^{-rT} \mathbb{E}^{\mathbb{Q}}[(S(T) - K)^+ | N(T) = n] \mathbb{Q}(N(T) = n)$$

$$= \sum_{n=0}^{\infty} e^{-rT} \mathbb{E}^{\mathbb{Q}}[(S(T) - K)^+ | N(T) = n] e^{-\lambda^{\mathbb{Q}} T} \frac{(\lambda^{\mathbb{Q}} T)^n}{n!},$$

给定 $N(T) = n$ 的条件时,

$$S(T) = s_0 \exp\left(\left(r - \lambda^{\mathbb{Q}} \mu_S^{\mathbb{Q}} - \frac{1}{2}\sigma^2\right)T + \sigma W_1(T) + \sum_{n=1}^{n} Z_n\right),$$

服从对数正态分布,则通过一系列类似于推导 BSM 公式中使用的技术,计算可以得到

$$V(0) = \sum_{n=0}^{\infty} e^{-\lambda^{\mathbb{Q}} T} \frac{(\lambda^{\mathbb{Q}} T)^n}{n!} \left[s_0 e^{-\lambda^{\mathbb{Q}} \mu_S^{\mathbb{Q}} T + n\left(\mu_Z^{\mathbb{Q}} + \frac{(\sigma_Z^{\mathbb{Q}})^2}{2}\right)} N(d_{1,n}) - e^{-rT} K N(d_{2,n})\right].$$

其中 N 表示标准正态分布的累积分布函数,$d_{1,n}$ 和 $d_{2,n}$ 由下面两式给出:

$$d_{1,n}(K) := \frac{1}{\sqrt{\sigma^2 T + n(\sigma_Z^{\mathbb{Q}})^2}} \left[\log \frac{s_0}{K} + \left(r - \lambda^{\mathbb{Q}} \mu_S^{\mathbb{Q}} + \frac{\sigma^2}{2}\right)T + n(\mu_Z^{\mathbb{Q}} + (\sigma_Z^{\mathbb{Q}})^2)\right],$$

$$d_{2,n}(K) := \frac{1}{\sqrt{\sigma^2 T + n(\sigma_Z^{\mathbb{Q}})^2}} \left[\log \frac{s_0}{K} + \left(r - \lambda^{\mathbb{Q}} \mu_S^{\mathbb{Q}} - \frac{\sigma^2}{2}\right)T + n\mu_Z^{\mathbb{Q}}\right].$$

这个公式是 Black-Scholes-Merton 价格的加权平均值,是一个无穷项和,因为 $[0,T]$ 中的跳跃次数是无限的。事实上,$[0,T]$ 中多次跳跃的概率很小,因此通常

只需要计算少量的项就可以得到较为准确的结果。在实操中,我们可以不断添加项,直到后续添加的项可以忽略不计为止。对于计算 $(\lambda^{\mathbb{Q}}T)^n/n!$,若先计算 $(\lambda^{\mathbb{Q}}T)^n$ 和 $n!$ 再相除,会很影响计算效率。注意到简单的迭代关系

$$\frac{(\lambda^{\mathbb{Q}}T)^{n+1}}{(n+1)!} = \frac{\lambda^{\mathbb{Q}}T}{n+1}\frac{(\lambda^{\mathbb{Q}}T)^n}{n!}$$

我们可以自然地采用迭代来进行计算,提升效率。

下面,给出三组风险中性参数,展示在参考文献 [24] 模型下以及和其拥有相同参数(例如,波动率)的 Black-Scholes-Merton 模型下的标的资产价格的分布,同时展示参考文献 [24] 模型下期权价格对应的隐含波动率曲线。在此,我们用蒙特卡洛模拟方法获得标的资产价格在风险中性概率测度下的分布,读者可以暂时不关注其实现方法,而在学习了蒙特卡洛模拟相关章节后,自然可以领会实现方法的细节。

当模型参数为

$$S_0 = 100,\ r = 5\%,\ T = 0.25,\ \sigma = 15\%,\ \lambda^{\mathbb{Q}} = 40\%,\ \mu_Z^{\mathbb{Q}} = -20\%,\ \sigma_Z^{\mathbb{Q}} = 15\%$$

时,见图 5.26。我们有

$$\mathbb{E}^{\mathbb{P}} X_n = \mathbb{E}^{\mathbb{Q}} X_n = \exp\left(\mu_Z^{\mathbb{Q}} + \frac{1}{2}\left(\sigma_Z^{\mathbb{Q}}\right)^2\right) < 1.$$

这代表着平均而言,股票价格向下跳跃。从图 5.26 中我们容易看出,在此情况下,参考文献 [24] 模型下分布的左尾部相对于 Black-Scholes-Merton 模型的较厚;同时隐含波动率曲线左翼向上倾斜。

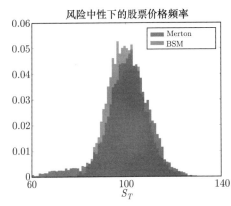
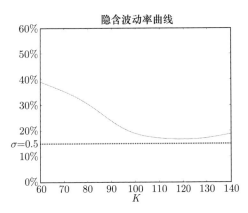

图 5.26 跳跃扩散模型下风险中性测度下标的资产价格的频率与隐含波动率曲线

当模型参数为

$$S_0 = 100,\ r = 5\%,\ T = 0.25,\ \sigma = 15\%,\ \lambda^{\mathbb{Q}} = 40\%,\ \mu_z^{\mathbb{Q}} = 20\%,\ \sigma_Z^{\mathbb{Q}} = 15\%$$

时，见图 5.27。我们有

$$\mathbb{E}^{\mathbb{P}} X_n = \mathbb{E}^{\mathbb{Q}} X_n = \exp\left(\mu_Z^{\mathbb{Q}} + \frac{1}{2}\left(\sigma_Z^{\mathbb{Q}}\right)^2\right) > 1$$

这代表着平均而言，股票价格向上跳跃。从图 5.27 中我们容易看出，在此情况下，参考文献 [24] 模型下分布的右尾部相对于 Black-Scholes-Merton 模型的较厚；同时隐含波动率曲线右翼向上倾斜。

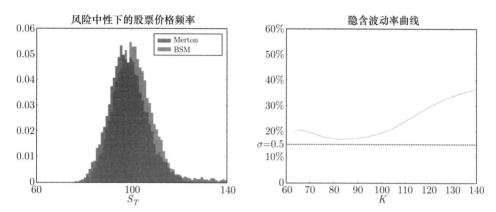

图 5.27　跳跃扩散模型下风险中性测度下标的资产价格的频率与隐含波动率曲线

当模型参数为

$$S_0 = 100,\ r = 5\%,\ T = 1/12,\ \sigma = 15\%,\ \lambda^{\mathbb{Q}} = 40\%,\ \mu_Z^{\mathbb{Q}} = -20\%,\ \sigma_Z^{\mathbb{Q}} = 15\%$$

时，见图 5.28。我们有

$$\mathbb{E}^{\mathbb{P}} X_n = \mathbb{E}^{\mathbb{Q}} X_n = \exp\left(\mu_Z^{\mathbb{Q}} + \frac{1}{2}\left(\sigma_Z^{\mathbb{Q}}\right)^2\right) < 1$$

这代表着平均而言，股票价格向下跳跃。注意到这组参数下的期权到期日 $T = 1/12$ 相对于前两个例子中的较小。从图 5.28 中我们容易看出，隐含波动率左翼相上倾斜的程度较图 5.26 中的更加陡峭。

5.5.6　跳与随机波动率的结合

作为随机波动率和跳的一个扩展，将这二者结合起来可以得到**带跳的随机波动率模型**（stochastic volatility with jumps, SVJ），例如

$$\frac{\mathrm{d}S(t)}{S(t)} = \mu \mathrm{d}t + \sqrt{V(t)} \mathrm{d}W_1^{\mathbb{P}}(t) + \mathrm{d}[Q(t) - \lambda \mu_S t],$$

$$\mathrm{d}V(t) = a(V(t))\mathrm{d}t + b(V(t))\left[\rho \mathrm{d}W_1^{\mathbb{P}}(t) + \sqrt{1-\rho^2} \mathrm{d}W_2^{\mathbb{P}}(t)\right].$$

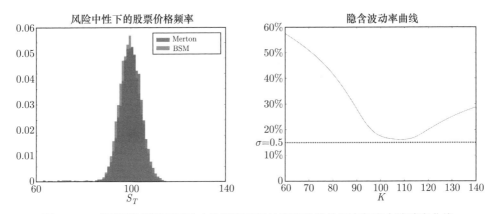

图 5.28 跳跃扩散模型下风险中性测度下标的资产价格的频率与隐含波动率曲线

更进一步，还可以考虑**波动率带跳的模型**（stochastic volatility with jumps in return and volatility，SVJJ），例如

$$\frac{\mathrm{d}S(t)}{S(t)} = \mu \mathrm{d}t + \sqrt{V(t)}\mathrm{d}W_1^{\mathbb{P}}(t) + \mathrm{d}[Q(t) - \lambda\mu_S t],$$

$$\mathrm{d}V(t) = a(V(t))\mathrm{d}t + b(V(t))\left[\rho \mathrm{d}W_1^{\mathbb{P}}(t) + \sqrt{1-\rho^2}\mathrm{d}W_2^{\mathbb{P}}(t)\right] + \mathrm{d}J_V(t).$$

研究这些模型的手段可以将我们之前研究随机波动率模型和跳过程所用到的方法相结合。

5.6 仿射跳跃–扩散模型

5.6.1 仿射跳跃–扩散模型的定义

本部分将介绍连续时间中的一类重要模型：仿射过程。仿射过程包含了很多著名的扩散及跳跃扩散过程，有很多良好的性质，如衍生品定价中的显式解。根据参考文献 [10]，我们定义仿射跳跃–扩散过程，考虑以下过程 $X(t)$：

$$\mathrm{d}X(t) = \mu\left(X(t)\right)\mathrm{d}t + \sigma\left(X(t)\right)\mathrm{d}W(t) + \mathrm{d}J(t), \tag{5.69}$$

其中 $\mu(\cdot): \mathbb{R}^d \to \mathbb{R}^d$，$\sigma(\cdot): \mathbb{R}^d \to \mathbb{R}^{d\times d}$，$J(t)$ 是一个跳跃密度为 $\lambda\left(X(t)\right)$ 的跳过程（可以理解为瞬时的跳跃强度为 $\lambda\left(X(t)\right)$）。如果有

$$\mu(x) = K_0 + K_1 x, \text{ 其中} K_0 \in \mathbb{R}^d, K_1 \in \mathbb{R}^{d\times d},$$

$$\left(\sigma(x)\sigma^\top(x)\right)_{ij} = (H_0)_{ij} + (H_1)_{ij}^\top x, \text{ 其中}(H_0)_{ij} \in \mathbb{R}, (H_1)_{ij} \in \mathbb{R}^d,$$

$$\lambda(x) = \lambda_0 + \lambda_1^\top x, \text{ 其中}\lambda_0 \in \mathbb{R}, \lambda_1 \in \mathbb{R}^d.$$

我们称 $X(t)$ 为一个仿射过程。

实际上，根据参考文献 [9]，一个 d 维的仿射跳跃-扩散过程模型可以等价地由下式表示

$$dX(t) = \mathcal{K}(\Theta - X(t))dt + \Sigma\sqrt{V(t)}dW(t) + dJ(t).$$

这里 $\{W(t)\}$ 是一个 d 维标准布朗运动，$\mathcal{K}$ 和 Σ 是 $d \times d$ 方阵。V 是对角矩阵，对角元素为

$$V_{ii} = \alpha_i + \beta_i^\top X(t)$$

或者说，我们有如下表达形式

$$V(t) = \begin{pmatrix} \alpha_1 + \beta_1^\top X(t) & & & \\ & \alpha2 + \beta_2^\top X(t) & & \\ & & ... & \\ & & & \alpha_d + \beta_d^\top X(t) \end{pmatrix}.$$

很多常用的连续时间模型都可以通过简单的变换化为仿射过程。例如，$S(t)$ 满足 Black-Scholes-Merton 模型，那么 $\log S(t)$，即一个带漂移的布朗运动自然是一个最简单的仿射过程。又如我们之前提到的 Vasicek 模型和 CIR 模型也都是仿射过程。下面我们请读者验证如下两个例子：

1. Heston 随机波动率模型满足

$$dS(t) = \alpha S(t)dt + \sqrt{V(t)}S(t)dW^S(t),$$
$$dV(t) = \kappa(\theta - V(t))dt + \xi\sqrt{V(t)}dW^V(t),$$

其中布朗运动 $W^S(t)$ 和 $W^V(t)$ 有相关系数 ρ。此时，$(\log S(t), V(t))$ 是一个仿射过程。

2. 平行二元 Heston 模型（parallel double Heston model）：

$$dS(t) = rS(t)dt + \sqrt{V_1(t)}S(t)dW_1(t) + \sqrt{V_2(t)}S(t)dW_2(t),$$
$$dV_1(t) = (a_1 - b_1V_1(t))dt + \sigma_1\sqrt{V_1(t)}dW_3(t),$$
$$dV_2(t) = (a_2 - b_2V_2(t))dt + \sigma_2\sqrt{V_2(t)}dW_4(t),$$

其中布朗运动 $W_1(t)$ 和 $W_3(t)$ 有相关系数 ρ_{13}，$W_2(t)$ 和 $W_4(t)$ 有相关系数 ρ_{24}，其他布朗运动都是相互独立的。此时，$(\log S(t), V_1(t), V_2(t))$ 是一个仿射过程。

5.6.2 条件拉普拉斯变换

在大多数仿射模型下，没有显式的转移密度、分布函数，或者期权价格。但模型状态变量的条件拉普拉斯变换（条件矩生成函数），即 $\mathbb{E}\left(e^{-uX(T)}|\mathcal{F}(t)\right)$ 其中 u 为一定范围内的复数，往往是可以求得的。进而，转移密度、分布函数，或者期权价格就可以通过常规的 Fourier 反变换技术获得。这里我们将暂时忽略这种反变换的技术细节，集中讨论仿射模型下条件拉普拉斯变换如何获得。

根据参考文献 [10]，我们有

$$\mathbb{E}\left(e^{-u^\top X(T)}|\mathcal{F}(t)\right) = \exp\left(A(T-t) + B^\top(T-t)X(t)\right),$$

即

$$\mathbb{E}\left(e^{-u^\top X(T)}|X(t)=x\right) = \exp\left(A(T-t) + B^\top(T-t)x\right),$$

这里的函数 $A(\tau)$ 和 $B(\tau)$ 都是取复数值的函数. 我们容易知道它们满足如下初值条件：

$$A(0) = 0 \text{ 且 } B(0) = -u. \tag{5.70}$$

由于 $\mathbb{E}\left(e^{-u^\top X(T)}|\mathcal{F}(t)\right)$ 是一个鞅，使用 Itô 公式后得到的 dt 项需要为 0，这将推出 A 和 B 需要满足的常微分方程组。值得注意的是，对于复数取值的处理，我们仅需要将实部和虚部分开来分别解决，技巧类似于我们此前对于 Levy 定理的证明。读者不妨以不带条约的仿射模型为例，证明 A 和 B 需要满足的常微分方程组为

$$A'(\tau) = K_0^\top B(\tau) + \frac{1}{2}B(\tau)^\top H_0 B(\tau),$$
$$B'(\tau) = K_1^\top B(\tau) + \frac{1}{2}B(\tau)^\top H_1 B(\tau).$$

而对于仿射跳跃-扩散模型的情形，我们需要应用更多的关于跳过程的随机积分知识，此时有

$$A'(\tau) = K_0^\top B(\tau) + \frac{1}{2}B(\tau)^\top H_0 B(\tau) + \lambda_0(\theta(B(\tau)) - 1),$$
$$B'(\tau) = K_1^\top B(\tau) + \frac{1}{2}B(\tau)^\top H_1 B(\tau) + \lambda_1(\theta(B(\tau)) - 1),$$

其中，$\theta(c) = \mathbb{E}\left[\exp\left(c^\top Z\right)\right]$，这里 Z 代表跳跃幅度的向量。

5.6.3 以 Heston 模型为例：条件拉普拉斯变换与期权定价

接下来我们在 Heston 模型下，显式地表达上述条件拉普拉斯变换。回顾 Heston 模型在风险中性测度下随机微分方程：

$$dS(t) = rS(t)dt + \sqrt{V(t)}S(t)dW_1(t), \ S(0) = s_0,$$
$$dV(t) = \kappa(\theta - V(t))dt + \sigma\sqrt{V(t)}\left(\rho dW_1(t) + \sqrt{1-\rho^2}dW_2(t)\right), \ V(0) = v_0.$$

这里 $\{W_1(t), W_2(t)\}$ 是一个二维标准布朗运动，$r, \mathcal{K}, \sigma, \rho, \theta$ 是标量。我们对 $S(t)$ 取对数可得

$$dY(t) = (r - \frac{1}{2}V(t))dt + \sqrt{V(t)}dW_1(t), \ S(0) = s_0,$$
$$dV(t) = \kappa(\theta - V(t))dt + \sigma\sqrt{V(t)}\left(\rho dW_1(t) + \sqrt{1-\rho^2}dW_2(t)\right), \ V(0) = v_0.$$

其中 $Y(t) = \log S(t)$。因此 $(Y(t), V(t)) = (\log S(t), V(t))$ 是仿射的。记 $u = (u_y, u_v)$ 为 $(Y(T), V(T))$ 拉普拉斯变换的参数，我们可以得到

$$\psi(u, t, T, y, v) = \mathbb{E}[\exp(u_y Y(T) + u_v V(T)) | Y(t) = y, V(t) = v]$$
$$= \exp(A(T-t) + B_1(T-t)y + B_2(T-t)v),$$

这里的函数 $A(\tau)$，$B_1(\tau)$，$B_2(\tau)$ 满足常微分方程组

$$A'(\tau) = rB_1(\tau) + \kappa\theta B_2(\tau), \tag{5.71}$$
$$B_1'(\tau) = 0, \tag{5.72}$$
$$B_2'(\tau) = -\kappa B_2(\tau) - \frac{1}{2}[B_1(\tau) - B_1^2(\tau) - 2\sigma\rho B_1(\tau)B_2(\tau) - \sigma^2 B_2^2(\tau)], \tag{5.73}$$

且有初值条件

$$A(0) = 0, \ B_1(0) = u_y, \ B_2(0) = u_v.$$

很显然，$B_1(\tau)$ 的解为

$$B_1(\tau) = u_y, \tag{5.74}$$

将其代入式 (5.73) 可得

$$B_2'(\tau) = \frac{1}{2}\sigma^2 B_2^2(\tau) + (\sigma\rho u_y - \kappa)B_2(\tau) + \frac{1}{2}u_y^2 - \frac{1}{2}u_y.$$

这是一个 Riccarti 方程，解得

$$B_2(\tau) = \frac{(\kappa - \sigma\rho u_y + d) - (\kappa - \sigma\rho u_y - d)ge^{d\tau}}{\sigma^2(1 - ge^{d\tau})}. \tag{5.75}$$

其中
$$d = \sqrt{(\sigma\rho u_y - \kappa)^2 - \sigma^2(u_y^2 - u_y)},$$
且
$$g = \frac{\kappa - \sigma\rho u_y + \sqrt{(\sigma\rho u_y - \kappa)^2 - \sigma^2(u_y^2 - u_y)} - u_v\sigma^2}{\kappa - \sigma\rho u_y - \sqrt{(\sigma\rho u_y - \kappa)^2 - \sigma^2(u_y^2 - u_y)} - u_v\sigma^2},$$

将式 (5.75) 代入式 (5.71) 后可求得
$$A(\tau) = r u_y \tau + \frac{\kappa\theta}{\sigma^2}\left[(\kappa - \sigma\rho u_y + d)\tau - 2\log\left(\frac{1 - g e^{d\tau}}{1 - g}\right)\right].$$

现在，我们的目标是用上述的拉普拉斯变换方法得出期权的定价。由于在风险中性测度下折现后的期权价格是鞅，因此在 t 时刻，到期时间为 T、行权价格为 K、回报为 $(S(t) - K)^+$ 的看涨期权 $C(Y(t), V(t), T - t, K)$ 的价格可表示为
$$C(Y(t), V(t), T - t, K) = e^{-r(T-t)}\mathbb{E}^{\mathbb{Q}}[(S(t) - K)^+|\mathcal{F}(t)].$$

引入向量 $u := (u_y, u_v)^\top = (1, 0)^\top$，我们有
$$\begin{aligned}&C(Y(t), V(t), T - t, K) \\ &= e^{-r(T-t)}\mathbb{E}^{\mathbb{Q}}[(e^{u_y Y(T) + u_v V(T)} - K)\mathbf{1}_{\{u_y Y(T) + u_v V(T) \geq \log K\}}|\mathcal{F}(t)] \\ &= e^{-r(T-t)}\mathbb{E}^{\mathbb{Q}}[e^{u_y Y(T) + u_v V(T)}\mathbf{1}_{\{u_y Y(T) + u_v V(T) \geq \log K\}}|\mathcal{F}(t)] \\ &\quad - K e^{-r(T-t)}\mathbb{E}^{\mathbb{Q}}[\mathbf{1}_{\{u_y Y(T) + u_v V(T) \geq \log K\}}|\mathcal{F}(t)].\end{aligned}$$

用 $G_{a,b}(x; Y(t), V(t), T - t)$ 表示一份在 T 时刻，若 $b_1 Y(t) + b_2 Y(t) \leq x$，则支付 $e^{a_1 Y(t) + a_2 Y(t)}$ 的权益在 t 时刻的价格，那么
$$G_{a,b}(x; Y(t), V(t), T - t) := e^{-r(T-t)}\mathbb{E}^{\mathbb{Q}}[e^{a_1 Y(T) + a_2 V(T)}\mathbf{1}_{\{b_1 Y(T) + b_2 Y(T) \leq x\}}|\mathcal{F}(t)].$$

这样，期权的价格就可以表示为
$$\begin{aligned}&C(Y(t), V(t), T - t, K) \\ &= G_{u,-u}(-\log K; T - t, Y(t), V(t)) - K G_{0,-u}(-\log K; T - t, Y(t), V(t)).\end{aligned}$$

$G_{a,b}(\cdot; Y(t), V(t), T - t)$ 的 Fourier-Stieltjes 变换 $\mathscr{G}_{a,b}(\cdot; Y(t), V(t), T - t)$ 可以用下式给出：
$$\mathscr{G}_{a,b}(v; Y(t), V(t), T - t) = \int_R e^{ivx} \mathrm{d}G_{a,b}(x; Y(t), V(t), T - t).$$

关于这个变换有如下结论：

$$\mathscr{G}_{a,b}(v;Y(t),V(t),T-t) = \mathbb{E}^{\mathbb{Q}}[e^{(a_1+ivb_1)Y(T)+(a_2+ivb_2)V(T)}|\mathcal{F}(t)]$$
$$= \psi(a+ivb,Y(t),V(t),t,T).$$

这正是基于 $X(t) = (Y(t), V(t))^{\top}$ 的拉普拉斯变换。下面给出一个尽管不是那么严密，但符合直觉的证明。注意到

$$\mathrm{d}G_{a,b}(x;Y(t),V(t),T-t) = \mathrm{e}^{-r(T-t)}\mathbb{E}^{\mathbb{Q}}[\mathrm{e}^{a_1Y(T)+a_2V(T)}\delta(b_1Y(T)+b_2V(T)-x)|\mathcal{F}(t)]\mathrm{d}x,$$

这里 $\delta(\cdot)$ 是著名的 Dirac Delta 函数，它对任意足够光滑的函数 $f(\cdot)$ 都满足：

$$\int_R f(x)\delta(x-c)\mathrm{d}x = f(c).$$

交换积分与条件期望的顺序，得到

$$\mathscr{G}_{a,b}(v;Y(t),V(t),T-t)$$
$$= \mathrm{e}^{-r(T-t)}\mathbb{E}^{\mathbb{Q}}[\int_R \mathrm{e}^{ivx}\mathrm{e}^{a_1Y(T)+a_2V(T)}\delta(b_1Y(T)+b_2Y(T)-x)\mathrm{d}x|\mathcal{F}(t)].$$

对 Dirac Delta 函数利用性质

$$\int_R f(x)\delta(x-c)\mathrm{d}x = f(c),$$

化简得到

$$\mathscr{G}_{a,b}(v;Y(t),V(t),T-t) = \mathrm{e}^{-r(T-t)}\mathbb{E}^{\mathbb{Q}}[\mathrm{e}^{(a_1+ivb_1)Y(T)+(a_2+ivb_2)V(T)}|\mathcal{F}(t)]$$
$$= \mathrm{e}^{-r(T-t)}\psi(a+ivb,Y(t),V(t),t,T),$$

其中 $a+ivb := (a_1+ivb_1, a_2+ivb_2)$。

由 Gil-Pelaez 在 1951 年给出的反变换公式，我们有

$$G_{a,b}(x;Y(t),V(t),T-t)$$
$$= \frac{\psi(a,Y(t),V(t),t,T)}{2} +$$
$$\frac{1}{2\pi}\int_0^{\infty} \frac{\mathrm{e}^{ivx}\psi(a-ivb,Y(t),V(t),t,T) - \mathrm{e}^{-ivx}\psi(a+ivb,Y(t),V(t),t,T)}{iv}\mathrm{d}v.$$

注意到 $\mathrm{e}^{ivx}\psi(a-ivb,\cdot)$ 与 $\mathrm{e}^{-ivx}\psi(a+ivb,\cdot)$ 共轭，这样右边的积分就可以简化为

$$\int_0^{\infty} \frac{\mathrm{e}^{ivx}\psi(a-ivb,Y(t),V(t),t,T) - \mathrm{e}^{-ivx}\psi(a+ivb,Y(t),V(t),t,T)}{iv}\mathrm{d}v$$
$$= -2\int_0^{\infty} \frac{\mathrm{Im}[\mathrm{e}^{-ivx}\psi(a+ivb,Y(t),V(t),t,T)]}{iv}\mathrm{d}v.$$

5.7 本章小结

本章篇幅较长，主要分为以下几个部分：在第一部分中，我们着重介绍了衍生品的二叉树定价模型。我们介绍了逆向推导方法和鞅方法。虽然二叉树模型涉及的数学比较简单，但这部分为读者提供了理解衍生品定价主要原理的机会。在第二部分中，我们介绍了在著名的 Black-Scholes-Merton 模型下进行期权定价的方法，这是连续时间金融的典型代表。与第一部分的二叉树相关内容对应，我们介绍了期权定价的基于推导定价偏微分方程的方法和鞅方法。对于前者，我们讨论了方程求解的解析方法和依赖于 Feymann-Kac 定理的方法。对于后者，我们依赖 Girsanov 测度变换引入了风险中性测度，从而实现了期权定价的鞅方法。在第三部分中，我们关注 Black-Scholes-Merton 模型的应用，重点讨论了价格关于各参数的敏感度（即希腊值）的性质和其应用，例如，Δ 风险中性头寸及多头 Γ 策略、依赖隐含波动率和历史波动率的实证关系，以及 Γ 凸性的波动率套利策略。在第四部分中，我们先通过各种实证检验，证实 Black-Scholes-Merton 模型的局限性。于是引入了随机波动率模型，讨论了在该模型下对欧式期权进行无套利定价的原理和方法，并通过引出收益风险和波动率风险的市场价格理解期权的收益。我们同时讨论了模型参数校准和估计的方法。在第五部分中，我们探讨了另外一种修正 Black-Scholes-Merton 公式的方法，将跳过程引入资产价格的方程之中，讨论了在该模型下欧式期权的无套利定价的原理和方法，在跳跃扩散模型下，市场往往无法像在随机波动率模型下一样进行类似的市场完全化，因此对于这样的高度非完全的市场，我们着重寻找一个可用于衍生品定价的风险中性测度，从而保证市场无套利。最后，我们在第六部讨论了仿射跳跃-扩散模型及其性质，这一理论为在较复杂的模型（例如，仿射的随机波动率模型）下完成期权定价提供了有力的帮助。对于本章内容的扩展与深化，读者可参阅参考文献 [2]、[5]、[7]、[8]、[15]、[17]、[21]、[22]、[25]、[26]、[35]、[33]、[34] 等文献。

第 6 章

蒙特卡洛模拟

蒙特卡洛方法是一类基于概率统计理论的数值计算方法，它被广泛应用于自然科学与技术和社会科学的诸多领域。蒙特卡洛的概念由 Von Neumann 和 Stan Ulam 在 20 世纪 40 年代首先提出。在写给 Stan Ulam 的信中，Von Neumann 提到这种基于统计学的方法可以用来解决一些物理计算的问题，并且通过当时第一台计算机 ENIAC 辅助实现。

那么，蒙特卡洛方法的原理是什么？我们通过一个例子来说明。假设我们想要估计一个随机变量 X 的均值 μ，一般方法就是利用其分布密度 $f(x)$，计算积分

$$\mu = \mathbb{E}(X) = \int_{-\infty}^{+\infty} x f(x) \mathrm{d}x.$$

然而，有时我们并不能算出上述积分的显式表达式，并且在高维随机变量的均值计算中，期望的计算会由于多重积分而变得十分复杂，误差也会随着维数增大而增大。因此仅仅运用数值方法计算，能解决的问题非常有限。所以，人们转而提出通过统计学方法来解决这种问题。依靠现代计算机的随机数发生器，我们可以生成服从分布密度 $f(x)$ 的独立同分布随机变量 $X_1, X_2, ..., X_n$，并计算其均值 $\overline{X}$。由大数定理，随着 n 的增大，$\overline{X}$ 依概率收敛于真实均值 μ，所以在大样本前提下，样本均值可以作为真实均值的合理估计。由该例子我们可以看出，蒙特卡洛方法是一种通过"实验模拟"生成随机样本，并利用大样本的统计学特性估计随机变量数字特征的方法。

蒙特卡洛被广泛地应用于金融衍生品的定价。由本书前述知识，我们知道在风险中性世界中，金融衍生品的价格通常可以表示为其终端价值以无风险利率折现到现期的期望值，如

$$V(0) = \mathbb{E}^{\mathbb{Q}}\left(\mathrm{e}^{-rT} V(T)\right).$$

那么，计算衍生品的价格也就等同于变量期望值的计算，因此通常可以用蒙特卡洛方法进行解决。在定价过程中，期望的计算常常涉及高维积分。而蒙特卡洛方法不会受维数限制，因此蒙特卡洛方法相比传统计算方法具有明显的优势。

6.1 蒙特卡洛方法引例

为了更好地理解蒙特卡洛方法，我们考察一个简单的例子：考虑一个 Black-Scholes-Merton 模型下的欧式看涨期权，并使用蒙特卡洛方法估计这个期权的价格。在 Black-Scholes-Merton 模型下，股票价格 $S(t)$ 服从几何布朗运动。注意，在风险中性世界中，漂移项回报率 μ 等于无风险利率 r，且符合下面的随机微分方程：

$$\frac{\mathrm{d}S(t)}{S(t)} = r \mathrm{d}t + \sigma \mathrm{d}W^{\mathbb{Q}}(t).$$

由 Itô 公式可以验证，上述随机微分方程的解是

$$S(t) = S(0) \exp\left((r - \frac{1}{2}\sigma^2)t + \sigma W^{\mathbb{Q}}(t) \right),$$

其中 $W^{\mathbb{Q}}(t)$ 在风险中性测度下为标准布朗运动，服从均值为 0、方差为 t 的正态分布，所以 $W^{\mathbb{Q}}(t) \stackrel{d}{\sim} \sqrt{t}Z$，其中 Z 是标准正态随机变量。我们可以将风险中性世界中的股票价格表示为

$$S(t) = S(0) \exp\left((r - \frac{1}{2}\sigma^2)t + \sigma \sqrt{t} Z \right).$$

欧式看涨期权赋予了其持有者以执行价格 K 购买股票 S 的权利。在 T 时刻，如果股票价格 $S(T)$ 大于 K，则持有者执行该权利的收益为 $S(T) - K$；如果股票价格 $S(T)$ 小于或等于 K，则持有者不会执行，收益为 0。因此，其持有者在 T 时刻的收益为

$$(S(T) - K)^+ = \max\{0, S(T) - K\}.$$

在风险中性世界中，期权价格 C 为终端支付 $(S(T) - K)^+$ 的无风险贴现的期望，所以，

$$C = \mathbb{E}^{\mathbb{Q}}\left(e^{-rT}(S(T) - K)^+ \right).$$

上述期望值是一个对 $S(T)$ 密度分布的积分。在股票价格 $S(t)$ 符合 Black-Scholes-Merton 模型的情形中，这个积分的期望是存在显式解的，由 Black-Scholes-Merton 公式可得

$$C = S(0)\Phi\left(\frac{\log(S(0)/K)+(r+1/2\sigma^2)T}{\sigma\sqrt{T}} \right) - e^{-rT}K\Phi\left(\frac{\log(S(0)/K)+(r-1/2\sigma^2)T}{\sigma\sqrt{T}} \right),$$

其中 Φ 为标准正态分布的累积密度函数。因此实际上该模型中我们并不需要用蒙特卡洛方法进行模拟。但是在一些更复杂的、没有显式解的模型中，使用蒙特卡洛等数值方法来计算将非常必要。仍以这一模型为例，如果使用蒙特卡洛方法来估计这个积分的值，我们可以使用如下算法：

1. 模拟生成 Z_i，$i = 1, ..., n$，为两两独立的标准正态随机变量；
2. 生成 T 时刻的股票价格与终端支付

$$S_i(T) = S(0) \exp\left((r - \frac{1}{2}\sigma^2)T + \sigma \sqrt{T} Z_i \right), \ i = 1, 2, ..., n,$$

$$C_i(T) = (S_i(T) - K)^+, \ i = 1, 2, ..., n;$$

3. 生成终端支付在 0 时刻的无风险贴现

$$C_i(0) = e^{-rT}(S_i(T) - K)^+, \quad i = 1, 2, ..., n;$$

4. 对 n 个模拟值求平均得到估计的期权价格

$$\overline{C} = \frac{\sum_{i=1}^n C_i(0)}{n},$$

则 $\overline{C}$ 为期权价格 C 的蒙特卡洛模拟结果。一个数值的例子如下：假设参数为 $S(0) = 100$，$K = 100$，$\sigma = 0.2$，$T = 1$，$r = 0.05$，由 Black-Scholes-Merton 公式计算得到理论的期权价格为 10.4506。如果进行 $N = 10$ 次模拟，每次获得的各个变量模拟值如表 6.1 所示，最终得到期权价格估计值为 5.0568，可见仅仅进行 10 次模拟时，得到的估计值偏离真实值较多。而随着模拟次数的提高，得到的结果将会越来越接近期权的真实价格。分别进行 $N = 10, 10^2, 10^3, 10^4, 10^5, 10^6, 10^7$ 次蒙特卡洛模拟求平均，得到的期权价格如表 6.2 所示。

表 6.1 10 次蒙特卡洛模拟结果

序号	Z	$S(T)$	$C(T)$	$C(0)$
1	−0.6490	90.5015	0	0
2	1.1812	130.5039	30.5039	29.0162
3	−0.7585	88.5422	0	0
4	−1.1096	82.5371	0	0
5	−0.8456	87.0132	0	0
6	−0.5727	91.8941	0	0
7	−0.5587	92.1515	0	0
8	0.1784	106.7881	6.7881	6.4570
9	−0.1967	99.0671	0	0
10	0.5864	115.8688	15.8688	15.0949
平均值				5.0568

对上述期权价格进行 $N = 10, 100, 1000, 10000$ 次模拟得到的结果如图 6.1。实线为由 Black-Scholes-Merton 公式计算得到的不同执行价格的期权价格图像，虚线为蒙特卡洛模拟得到的图像。我们可以看出，随着模拟次数的增加，模拟的结果更加精确、更接近真实值。

表 6.2 不同模拟次数的期权价格估计值

模拟次数 N	期权价格估计值
10^1	5.0568
10^2	9.9575
10^3	10.1429
10^4	10.4309
10^5	10.4906
10^6	10.4706
10^7	10.4546

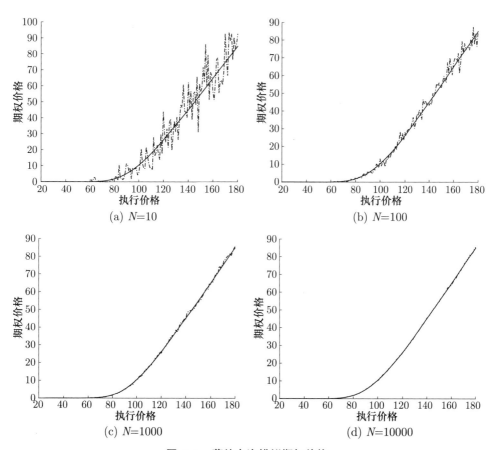

图 6.1 蒙特卡洛模拟期权价格

6.2 蒙特卡洛模拟的有效性

蒙特卡洛方法的统计学原理非常简单。但是，用样本的数字特征来估计总体的数字特征，估计结果将依赖于随机生成的样本。样本的随机性导致了估计结果的变异性。那么，估计得到的结果有多接近或偏离真实值？如何评判选择的估计量是否有效？这都是蒙特卡洛模拟过程中需要考虑的问题。

6.2.1 估计量的理想性质

一个好的估计应当尽可能的接近理论值。我们通常从无偏性、一致性、有效性这三个方面考察统计量 $\hat{\Theta}$ 是否为 Θ 理想的估计，其中 Θ 为未知的确定值，比如引例中的欧式期权的价格 C；$\hat{\Theta}$ 为其估计量，比如引例中的样本均值 $\overline{C}$。

定义 6.1 *估计偏差*（estimator bias）：$\text{Bias} = \mathbb{E}(\hat{\Theta}) - \Theta$。

估计偏差考察的是估计量在平均意义下对真实参数的偏离程度。选择合适的估计量可使估计偏差下降至 0。

定义 6.2 设 $\hat{\Theta}_n = \hat{\Theta}(X_1, X_2, ..., X_n)$ 为 Θ 的估计量，其中 $X_1, X_2, ..., X_n$ 表示 n 个样本观测值。若

$$\mathbb{E}(\hat{\Theta}) = \Theta,$$

则称 $\hat{\Theta}$ 为 Θ 的**无偏估计**。若

$$\lim_{n \to \infty} \mathbb{E}(\hat{\Theta}) = \Theta,$$

则称 $\hat{\Theta}$ 为 Θ 的**渐进无偏估计**。

引例中的 $\overline{C}$ 为终端支付贴现值 $\mathrm{e}^{-rT}C(T)$ 的样本均值，期权价格 C 是 $\mathrm{e}^{-rT}C(T)$ 的期望，因此 $\overline{C}$ 为 C 的无偏估计。如果保持样本量 n 不变，重复进行 m 次取样，得到的估计值 $\overline{C}$ 会因为产生的样本的不同而不同。但估计的无偏性表明，估计结果的期望等于估计对象的真实取值。

定义 6.3 设 $\hat{\Theta}_n = \hat{\Theta}(X_1, X_2, ..., X_n)$ 为 Θ 的估计量，其中 $X_1, X_2, ..., X_n$ 表示 n 个样本观测值。若随着样本量的增加，$\hat{\Theta}_n$ 依概率收敛到 $\hat{\Theta}$，即

$$\lim_{n \to \infty} \mathbb{P}\left\{|\hat{\Theta}_n - \Theta| > \varepsilon\right\} = 0,$$

则称 $\hat{\Theta}(X_1, X_2, ..., X_n)$ 为 Θ 的**一致估计**。

关于一致估计，我们有以下结论，这是辛钦大数定律的直接推论。

定理 6.1　对任意的 k（$k=1,2,\ldots$），若总体 X 的 k 阶原点矩 $\mathbb{E}(X^k)$ 存在，则样本的 k 阶原点矩就是总体 k 阶原点矩的一致估计量。

引例中的估计量 $\overline{C}$ 为样本均值也就是样本的一阶原点矩，期权价格 C 是总体均值也就是总体的一阶原点矩，因此 $\overline{C}$ 是 C 的一致估计。

定义 6.4　**估计量的方差**（estimator variance）：

$$\text{Variance} = \mathbb{E}(\hat{\Theta} - \mathbb{E}(\hat{\Theta}))^2.$$

估计量的方差考察的是估计量的稳定性。估计量的方差一般可通过增大样本量 n 来减小。

定义 6.5　设 $\hat{\Theta}_1$ 与 $\hat{\Theta}_2$ 均为 Θ 的无偏估计量，若

$$\text{Var}(\hat{\Theta}_1) < \text{Var}(\hat{\Theta}_2),$$

则称 $\hat{\Theta}_1$ 比 $\hat{\Theta}_1$ **有效**。

方差更小的无偏估计量的变异性更小，表现出更加稳定的特征，更符合人们对估计量的期待。

通常在保持计算的时间成本不变的情况下，获得的估计值的偏差和方差具有此消彼长的关系。例如我们可以通过进行更精确的模拟来降低估计量的偏差，但是因此在有限的时间内能够获得的模拟值的数量就会相应减少，方差就会增大。如何平衡偏差和方差之间的关系呢？我们可以考察其均方误差。

定义 6.6　**均方误差**（mean squared error）：

$$\text{MSE}(\hat{\Theta}) = \mathbb{E}(\hat{\Theta} - \Theta)^2.$$

通过期望的线性性质容易得到，均方误差可以分解为偏差的平方与方差。

$$\begin{aligned}\mathbb{E}(\hat{\Theta} - \Theta)^2 &= \mathbb{E}(\hat{\Theta} - \mathbb{E}\hat{\Theta} + \mathbb{E}\hat{\Theta} - \Theta)^2 \\ &= \mathbb{E}(\hat{\Theta} - \mathbb{E}\hat{\Theta})^2 + (\mathbb{E}\hat{\Theta} - \Theta)^2 + 2\mathbb{E}(\hat{\Theta} - \mathbb{E}\hat{\Theta})(\mathbb{E}\hat{\Theta} - \Theta) \\ &= \mathbb{E}(\hat{\Theta} - \mathbb{E}\hat{\Theta})^2 + (\mathbb{E}\hat{\Theta} - \Theta)^2 \\ &= \text{Bias}^2 + \text{Variance}.\end{aligned}$$

均方误差考察的是估计量在均方意义下对真实参数的离散程度。由上述公式可知，均方误差综合考虑了估计量在均值意义上对真实参数的偏离程度和估计量的稳定性，较为全面地刻画了估计量的效率。

定义 6.7 **均方根误差**（root mean squared error）：

$$\sqrt{\mathbb{E}((\hat{\Theta}-\Theta)^2)} = \sqrt{\text{Bias}^2 + \text{Variance}}.$$

均方根误差是将均方误差标准化后得到的估计量与真实参数之间的偏离。

6.2.2 置信区间

以上都是点估计的一些性质，但有时我们需要的不是一个单独的估计值，而是参数的一个置信区间，这就需要确定估计量的渐进分布。下面仍以引例中欧式期权价格的估计量 $\overline{C}$ 为例，说明置信区间的计算方法。

作为中心极限定理的直接应用，可知 $\overline{C}$ 具有渐进分布 $N(C, \sigma_C{}^2/n)$，其中 σ_C^2 为随机变量 $\mathrm{e}^{-rT}C(T)$，即终端支付贴现值的总体方差。估计的渐进分布表明，当每次取样的个数趋近于正无穷时，估计结果近似服从以 C 为中心的正态分布。由 $\overline{C}$ 服从渐近正态分布 $N(C, \sigma_C{}^2/n)$，我们可知 $\overline{C}$ 有约 95% 的可能性落在区间

$$\left[C - 1.96 \times \frac{\sigma_C}{\sqrt{n}}, C + 1.96 \times \frac{\sigma_C}{\sqrt{n}}\right],$$

这里的 $\sigma_C/\sqrt{n}$ 是估计量 $\overline{C}$ 的标准差，它衡量的是 $\overline{C}$ 对真实值 C 的偏离程度。

由于 σ_C^2 的真实值计算较为繁杂，在实际的操作中用其无偏估计、样本方差

$$s_C^2 = \frac{1}{n-1}\sum_{i=1}^{n}(C^{(i)} - \overline{C})^2$$

来代替，从而得到 C 的 95% 置信区间为

$$\left[\overline{C} - 1.96 \times \frac{s_C}{\sqrt{n}}, \overline{C} + 1.96 \times \frac{s_C}{\sqrt{n}}\right].$$

6.3 生成随机变量

6.3.1 生成均匀分布的随机序列

我们知道，蒙特卡洛方法的基本思想是产生符合特定分布的随机样本，再通过计算并取均值获得估计值。那么，如何生成符合我们需要的特定分布的随机序列至关重要。本节我们介绍如何生成均匀分布的随机变量。它们是统计学中最简单但也最重要的随机变量，其他的随机变量也都可以通过均匀分布的随机变量来生成。

为了生成这种随机变量序列，在实践中，我们经常使用伪随机数生成器来生成一个有限但足够长的序列 $U_1, U_2, ..., U_k$，在单位区间内模拟真实的随机序列。最常用的

伪随机数生成器是**线性同余生成器**（linear congruential generator），通常具有以下形式：

$$x_{i+1} = ax_i \mod m,$$

$$u_{i+1} = x_{i+1}/m.$$

其中整数 a 被称为乘数，整数 m 被称为模数。整数 x_0 被称为种子或初值，由使用者选择。初值是一个 1 到 $m-1$ 之间的整数。下面是一个线性同余生成器的例子，其中 $a=5$，$m=7$。令种子 $x_0=1$，我们得到以下序列：

$$1,5,4,6,2,3,1,5,4,6,2,3,1,...$$

每当一个值出现重复，则整个数列就重复一遍。在上面的例子中，所有 x 可能的 6 种取值均被取到。但如果我们保持模数 m 和种子 x_0 不变，而令乘数 $a=4$，则得到

$$1,4,2,1,4,2,1,4,2,1,4,2,1...$$

在这个例子中只出现了 3 个值。在出现重复之前，独立取值的个数被称为周期长度。如果所有的 $m-1$ 个数字都被取到，则生成器被称为具有全周期性。在其他条件类似的情况下，我们通常更偏好使用周期更长的生成器。除了周期长度，一个好的生成器应该有较快的计算速度和较好的随机性。L'Ecuyer 提出了一个较好的例子：

$$x_{i+1} = 40014x_i \mod 2147483399,$$

$$u_{i+1} = x_{i+1}/2147483399.$$

值得注意的是，真正的独立同分布随机变量不会出现重复的序列，下一个生成的随机变量也不可能被预测。而由于现有的任何随机数生成器都是由确定的算法产生的，其产生的随机数其实是能够预测并且有重复性的。但实践中，我们将其视为理想的。通过上述算法得到的序列基本可以看作独立同分布的均匀分布随机变量，并且完全满足计算需要。因此，在下面的讨论中，我们将能够得到理想的 [0,1] 上均匀分布随机变量序列作为前提假设。通过 [0,1] 上均匀分布随机变量序列，我们可以得到具有任何分布的随机变量。下面，我们介绍两种进行该变换的方法。

6.3.2 逆变换方法

首先我们介绍用于连续型随机变量的逆变换方法。逆变换方法是基于累积分布函数的性质，借助 [0,1] 上均匀分布随机变量，生成满足某种分布的变量的一种方法。假设我们需要得到随机变量 $X \sim F(x)$，其中 $F(x)$ 是 X 的累积分布函数。令

$$X = F^{-1}(U), \quad U \sim \text{Unif}[0,1],$$

其中函数 F^{-1} 是 F 的单调逆。其定义如下：

$$F^{-1}(u) = \inf\{x : F(x) \geqslant u\}.$$

单调逆函数与逆函数具有类似的性质：$F^{-1}(u) \leqslant x \Leftrightarrow u \leqslant F(x)$。若 F 是严格单增的，那么 F 的单调逆等同于通常定义下 F 的逆函数。下面证明，通过 $F^{-1}(U)$ 定义的变量 X 的累积分布函数为 $F(x)$。

证明：由逆函数的定义，

$$\begin{aligned} P(X \leqslant x) &= P(F^{-1}(U) \leqslant x) \\ &= P(U \leqslant F(x)) \\ &= F(x). \end{aligned}$$

因此我们证明了 X 的累积分布函数为 $F(x)$。 □

对逆变换方法的一个简单的理解是，将 U 视为 F 分布中的一个随机的百分位。因此，逆变换方法抽取的是一个随机的百分位数，并将其映射至其累计密度函数中该百分位数相应的随机变量的取值。以参数为 λ 的指数分布为例，若要抽取变量 $X \sim \exp(\lambda)$，则由于已知其累计分布函数为

$$F(x) = 1 - e^{-\lambda x},$$

且其逆函数为

$$F^{-1}(x) = -\frac{1}{\lambda}\log(1-x)v,$$

因为 $\log(1-U)$ 与 $\log(U)$ 具有相同的分布，取

$$X = -\frac{1}{\lambda}\log(1-U) = -\frac{1}{\lambda}\log(U),$$

随机抽样就可以被实现，如图 6.2 所示。

在上一部分中，我们讨论的是连续型随机变量的生成方法。而在离散分布的情况下，F^{-1} 的计算简化为数轴查询。假设我们考虑随机离散变量 X，它的可能取值为 $x_1 < x_2 < \cdots < x_n$。令 p_i 为对应于 x_i 的概率（$i = 1, 2, ..., n$）。令 q_i 为对应于 x_i 的累积分布概率（$i = 0, 1, 2, ..., n$），则

$$\begin{aligned} q_0 &= 0, \\ q_i &= \sum_{k=1}^{i} p_k, \quad i = 1, 2, ..., n. \end{aligned}$$

要生成服从该离散分布的随机变量，可以遵循如下的几个步骤：

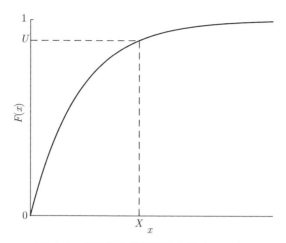

图 6.2 指数分布的逆变换方法（$\lambda=1$）

1. 产生某一均匀分布的值 U；
2. 找到 $k \in i = 1, 2, ..., n$，使得

$$q_{k-1} < U \leqslant q_k;$$

3. 令 $X = x_k$，

则 X 服从上述离散分布。请读者练习证明这个算法的正确性。

下面，我们介绍几个逆变换方法的具体例子。

例 6.3.1 生成一维正态分布

正态分布的随机变量是许多金融市场模型中重要的组成部分，因此生成正态分布的方法具有很高的讨论价值。首先我们用逆变换法获得标准正态分布的随机变量，步骤如下：

1. 生成 [0,1] 上均匀分布随机变量 U；
2. 已知标准正态分布的累积分布密度函数为：

$$\Phi(x) = \frac{1}{\sqrt{2\pi}} \int_{-\infty}^{x} e^{-\frac{u^2}{2}} du;$$

3. 令

$$Z = \Phi^{-1}(U),$$

则 Z 服从正态分布。

值得注意的是，由于 Φ^{-1} 没有显式解，我们无法用传统的计算方法得到 $\Phi(x)$ 的反函数 $\Phi^{-1}(x)$；但是大部分软件包中都提供了计算 $\Phi^{-1}(x)$ 的功能。此外，求得 $\Phi^{-1}(x)$ 的数值方法也可用 Beasley-Springer 方法来近似，具体为

$$\Phi^{-1}(x) \approx \frac{\sum_{n=0}^{3} a_n (x - \frac{1}{2})^{2n+1}}{1 + \sum_{n=0}^{3} b_n (x - \frac{1}{2})^{2n}}, \quad 0.5 \leqslant x \leqslant 0.92,$$

其中 a_n，b_n，$n = 0, 1, 2, 3$ 是给定的常数。获得了标准正态分布之后，任意一维正态分布的变量 $N(\mu, \sigma^2)$ 可以由 $X = \mu + \sigma Z$ 构造。

例 6.3.2 生成多维正态分布

各维独立的多维正态分布随机变量可以由一维正态分布随机变量逐维生成，易于获得。那么各维不独立的正态分布变量应如何生成呢？假设我们想要获得分布为 $N(\mu, \Sigma)$ 的 d 维正态分布，应该如何生成呢？

假设 Z 为 d 维独立标准正态分布随机变量，$Z \sim N(0, I_d)$。我们考察

$$X = \xi + AZ,$$

则由计算可知：

$$\begin{aligned}
\mathbb{E}(X) &= \mathbb{E}(\xi + AZ) = \xi + A\mathbb{E}(Z) = \xi, \\
\operatorname{Var}(X) &= \operatorname{Var}(\xi + AZ) = \mathbb{E}[(AZ(AZ)^\top)] \\
&= \mathbb{E}(AZZ^\top A^\top) = A\mathbb{E}(ZZ^\top) A^\top \\
&= AA^\top = \Sigma.
\end{aligned}$$

所以，为了生成服从 k 维正态分布 $X \sim N(\mu, \Sigma)$ 的变量 X，我们只需求出相应的 ξ 和 A，使 $\xi = \mu$，$AA^\top = \Sigma$。在这里，我们介绍一种将矩阵 Σ 分解为 $\Sigma = AA^\top$ 的方法：**Cholesky 分解方法**。Cholesky 分解方法我们在第 3 章中介绍多维布朗运动时已有所触及，在这里我们做进一步的阐释。在该分解中，A 为下三角矩阵。考察 $d \times d$ 的矩阵 Σ，我们将其分解为下三角矩阵 A 与其转置的乘积。即

$$\begin{pmatrix} A_{11} & & & \\ A_{21} & A_{22} & & \\ \vdots & \vdots & \ddots & \\ A_{d1} & A_{d2} & \cdots & A_{dd} \end{pmatrix} \begin{pmatrix} A_{11} & A_{21} & \cdots & A_{d1} \\ & A_{22} & \cdots & A_{d2} \\ & & \ddots & \vdots \\ & & & A_{dd} \end{pmatrix} = \Sigma,$$

则有
$$A_{11}^2 = \Sigma_{11},$$
$$A_{21}A_{11} = \Sigma_{21},$$
$$\vdots$$
$$A_{d1}A_{11} = \Sigma_{d1},$$
$$A_{21}^2 + A_{22}^2 = \Sigma_{22},$$
$$\vdots$$
$$A_{d1}^2 + \cdots + A_{dd}^2 = \Sigma_{dd}.$$

因为每一行均比上一行多一个未知量，A_{ij} 均可由上述方程组顺次解出，从而获得满足要求的下三角矩阵 A。令 $X = (X_1, X_2, ..., X_d)^\top$，其中

$$X_1 = \mu_1 + A_{11}Z_1,$$
$$X_2 = \mu_2 + A_{21}Z_1 + A_{22}Z_2,$$
$$\vdots$$
$$X_d = \mu_d + A_{d1}Z_1 + A_{d2}Z_2 + \cdots + A_{dd}Z_d.$$

$\mu = (\mu_1, \mu_2, ..., \mu_d)^\top$，则 $X \sim N(\mu, \Sigma)$。因此，根据上一节方法生成 d 维独立正态随机变量 $Z \sim N(0, I_d)$，并取 $X = \mu + AZ$，则 X 为满足 $X \sim N(\mu, \Sigma)$ 的随机变量。下面我们以三维正态分布为例说明该过程。假设 $X \sim N(\mu, \Sigma)$，令 $X = AZ + \mu$，我们希望选取合适的 A，使得 X 符合分布 $N(\mu, \Sigma)$。假设

$$A = \begin{pmatrix} a_{11} & & \\ a_{21} & a_{22} & \\ a_{31} & a_{32} & a_{33} \end{pmatrix}$$

则

$$AA^\top = \begin{pmatrix} a_{11} & & \\ a_{21} & a_{22} & \\ a_{31} & a_{32} & a_{33} \end{pmatrix} \begin{pmatrix} a_{11} & a_{21} & a_{31} \\ & a_{22} & a_{32} \\ & & a_{33} \end{pmatrix}$$
$$= \begin{pmatrix} a_{11}^2 & a_{11}a_{21} & a_{11}a_{31} \\ a_{11}a_{21} & a_{21}^2 + a_{22}^2 & a_{21}a_{31} + a_{22}a_{32} \\ a_{11}a_{31} & a_{21}a_{31} + a_{22}a_{32} & a_{11}^2 + a_{22}^2 + a_{33}^2 \end{pmatrix}$$

根据

$$AA^\top = \begin{pmatrix} \Sigma_{11} & \Sigma_{21} & \Sigma_{31} \\ \Sigma_{21} & \Sigma_{22} & \Sigma_{32} \\ \Sigma_{31} & \Sigma_{32} & \Sigma_{33} \end{pmatrix}$$

可解得：

$$a_{11} = \sqrt{\Sigma_{11}}, \quad a_{21} = \frac{\Sigma_{12}}{\sqrt{\Sigma_{11}}}, \quad a_{31} = \frac{\Sigma_{13}}{\sqrt{\Sigma_{11}}},$$

$$a_{22} = \sqrt{\Sigma_{22} - \frac{\Sigma_{12}^2}{\Sigma_{11}}}, \quad a_{32} = \frac{\Sigma_{23} - \frac{\Sigma_{12}\Sigma_{13}}{\Sigma_{11}}}{\sqrt{\Sigma_{22} - \frac{\Sigma_{12}^2}{\Sigma_{11}}}},$$

$$a_{33} = \sqrt{\Sigma_{33} - \frac{\Sigma_{13}^2}{\Sigma_{11}} - \frac{(\Sigma_{23} - \frac{\Sigma_{12}\Sigma_{13}}{\Sigma_{11}})^2}{\Sigma_{22} - \frac{\Sigma_{22}^2}{\Sigma_{12}}}}.$$

代入原式，则有：

$$X = AZ + \mu = \begin{pmatrix} a_{11} & & \\ a_{21} & a_{22} & \\ a_{31} & a_{32} & a_{33} \end{pmatrix} \begin{pmatrix} Z_1 \\ Z_2 \\ Z_3 \end{pmatrix} + \begin{pmatrix} \mu_1 \\ \mu_2 \\ \mu_3 \end{pmatrix} = \begin{pmatrix} a_{11}Z_1 + \mu_1 \\ a_{21}Z_1 + a_{22}Z_2 + \mu_2 \\ a_{31}Z_1 + a_{32}Z_2 + a_{33}Z_3 + \mu_3 \end{pmatrix}.$$

所以，我们生成独立的三维标准正态变量 $Z = (Z_1, Z_2, Z_3)^\top$，并代入上式，即可得符合 $X \sim N(\mu, \Sigma)$ 的 3 维变量 $X = (X_1, X_2, X_3)^\top$。

评注 6.3.1 Cholesky 分解可通过编程软件中的内置函数完成。例如，在 MATLAB 中可通过命令 $chol(A, "lower")$ 来生成所需的下三角矩阵。当然，这一过程也可通过自主编程实现，这是一个学习编程的优秀练习。以下为用 MATLAB 编程实现 cholesky 分解的代码：

```
function A=cholesky(sigma)
k=size(sigma,1);
A=zeros(k);
for i=1:k
for j=i:k
w=sigma(i,j);
for m=1:(i-1)
w=w-A(i,m)*A(j,m);
end
```

```
if j==i
A(j,i)=sqrt(w);
else
A(j,i)=w/A(i,i);
end
end
end
end
```

最后，作为例子我们展示二维联合正态分布随机变量

$$(X,Y) \sim N(\mu, \Sigma), \text{其中} \mu = (0,0) \text{ 且 } \Sigma = \begin{pmatrix} 1 & \rho \\ \rho & 1 \end{pmatrix},$$

在 ρ 取不同值时的样本模拟如图 6.3 所示。

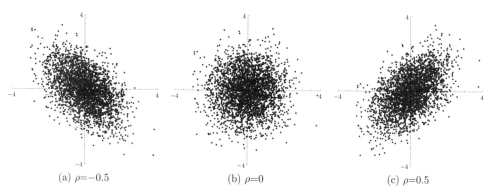

(a) $\rho=-0.5$ (b) $\rho=0$ (c) $\rho=0.5$

图 6.3 二维联合正态分布模拟

例 6.3.3 逐一生成多维随机变量的一种方法

下面我们再介绍一种利用逆变换的原理，借助 $[0,1]$ 上的均匀分布，逐一获得符合特定分布的一组随机变量 $X = (X_1, ..., X_k)$ 的方法。假设已知待模拟的随机向量 X 的联合密度分布，我们只要计算获得各个变量相关的累积条件分布函数 $F_1(x_1)$，$F_2(x_2|x_1)$, ..., $F_n(x_n|x_1, x_2, ..., x_{n-1})$ 再依次求逆，便可逐一获得所需的一组随机变量。我们先给出用这种方法完成取样的一般步骤，之后再进行证明。

从累积条件分布依次求逆获得变量的步骤如下：假设已知待模拟的随机向量 X 的联合密度分布为 $f(x_1, x_2, ..., x_n)$，为了获得以上条件分布，我们首先需要计算各

个边缘密度分布：

$$m_1(x_1) = \int_{-\infty}^{\infty} \int_{-\infty}^{\infty} \cdots \int_{-\infty}^{\infty} f(x_1, x_2, ..., x_n) \mathrm{d}x_2 \mathrm{d}x_3 \cdots \mathrm{d}x_n,$$

$$m_{1,2}(x_1, x_2) = \int_{-\infty}^{\infty} \int_{-\infty}^{\infty} \cdots \int_{-\infty}^{\infty} f(x_1, x_2, ..., x_n) \mathrm{d}x_3 \mathrm{d}x_4 \cdots \mathrm{d}x_n,$$

$$\vdots = \vdots$$

$$m_{1,2,...,n-1}(x_1, x_2, ..., x_{n-1}) = \int_{-\infty}^{\infty} f(x_1, x_2, ..., x_n) \mathrm{d}x_n,$$

接着，我们计算条件密度函数：

$$f_1(x_1) = m_1(x_1),$$

$$f_2(x_2|x_1) = \frac{m_{1,2}(x_1, x_2)}{m_1(x_1)},$$

$$\vdots = \vdots$$

$$f_n(x_n|x_1, ..., x_{n-1}) = \frac{f(x_1, x_2, ..., x_n)}{m_{1,2,...,n-1}(x_1, ..., x_{n-1})}.$$

再对以上条件密度函数的变量进行积分，便可获得它们的累积条件分布函数如下：

$$F_1(x_1) = \mathbb{P}(X_1 \leqslant x_1),$$

$$F_2(x_2|x_1) = \mathbb{P}(X_2 \leqslant x_2 | X_1 = x_1),$$

以此类推，对于 $i = 3, 4, ..., k$，

$$F_i(x_i|x_1, x_2, ..., x_{i-1}) = \mathbb{P}(X_i \leqslant x_i | X_1 = x_1, X_2 = x_2, ..., X_{i-1} = x_{i-1}).$$

之后，我们容易获得服从 $[0,1]$ 上的均匀分布的随机样本 $Z = (Z_1, ..., Z_k)$，那么如何逆变换得到 $X = (X_1, ..., X_k)$ 呢？实际上，依次对 $Z = (Z_1, ..., Z_k)$ 运用 $X = (X_1, ..., X_k)$ 的累积条件分布函数的逆函数，便可得到我们想要的随机向量样本，即

$$X_1 = F_1^{-1}(Z_1),$$

$$X_2 = F_2^{-1}(Z_2|X_1),$$

$$\vdots = \vdots$$

$$X_k = F_k^{-1}(Z_k|X_1, X_2, ..., X_{k-1}),$$

下面我们证明上述方法获得的随机向量即为所求。

第 6 章 蒙特卡洛模拟

证明： 要证明由独立同分布于 [0,1] 均匀分布的随机样本经过上述逆变换，得到服从特定条件分布的向量 $X = (X_1, ..., X_k)$，只需证由 $(X_1, ..., X_k)$ 的条件分布函数变换得到的向量服从独立同分布的 [0,1] 均匀分布。我们定义向量 $Z = (Z_1, ..., Z_k)$ 如下：

$$Z_i = F_i(X_i | X_1, X_2, ..., X_{i-1}).$$

下面我们证明，$Z = (Z_1, ..., Z_k)$ 服从独立同分布的 [0,1] 均匀分布。

不是一般性，我们以 $k = 2$ 为例来完成证明。我们此时只要证明

$$\mathbb{P}(Z_1 \leqslant z_1, Z_2 \leqslant z_2) = z_1 z_2.$$

事实上，我们有

$$\begin{aligned}
&\mathbb{P}(Z_1 \leqslant z_1, Z_2 \leqslant z_2) \\
&= \mathbb{P}(F_1(X_1) \leqslant z_1, F_2(X_2|X_1) \leqslant z_2) \\
&= \int_{\{F_1(x_1) \leqslant z_1, F_2(x_2|x_1) \leqslant z_2\}} f_{X_1 X_2}(x_1, x_2) \mathrm{d}x_1 \mathrm{d}x_2 \\
&= \int_{\{F_1(x_1) \leqslant z_1, F_2(x_2|x_1) \leqslant z_2\}} \frac{f_{X_1 X_2}(x_1, x_2)}{f_{X_1}(x_1)} f_{X_1}(x_1) \mathrm{d}x_1 \mathrm{d}x_2 \\
&= \int_{\{F_1(x_1) \leqslant z_1\}} \left(\int_{\{F_2(x_2|x_1) \leqslant z_2\}} f_{X_2|X_1}(x_2|x_1) \mathrm{d}x_2 \right) f_{X_1}(x_1) \mathrm{d}x_1 \\
&= \int_{\{F_1(x_1) \leqslant z_1\}} \mathbb{P}(F_2(X_2|X_1) \leqslant z_2 | X_1 = x_1) f_{X_1}(x_1) \mathrm{d}x_1 \\
&= \int_{\{F_1(x_1) \leqslant z_1\}} z_2 f_{X_1}(x_1) \mathrm{d}x_1 \\
&= z_2 \int_{\{F_1(x_1) \leqslant z_1\}} f_{X_1}(x_1) \mathrm{d}x_1 \\
&= z_2 \mathbb{P}(F_1(X_1) \leqslant z_1) \\
&= z_2 z_1
\end{aligned}$$

□

至此，我们证明了 $Z_i = F_i(X_i | X_{i-1}, X_{i-2}, ..., X_1)$ 服从 [0,1] 上的独立均匀分布。从而利用逆变换方法，我们获得独立同分布样本 $Z = (Z_1, ..., Z_k)$ 后，可以通过求条件分布函数的逆来模拟所求随机变量。作为练习读者可以用上述方法获得模拟多维正态分布的样本的另一种方法，其关键在于计算出所需要的条件分布函数。

6.3.3 接受−拒绝方法

下面我们简要介绍由均匀分布随机变量生成符合特定分布的随机变量的第二种方法。接受−拒绝方法最早由 Von Neumann 引入，通过从一个易于模拟的分布 g 中生成样本，之后拒绝其中的一个随机子集来实现。上述密度应符合以下条件：

$$\exists c, \ s.t. \quad f(x) < cg(x), \forall x.$$

具体思路是：首先，从密度 g 生成一个样本 X，然后以 $f(X)/cg(X)$ 的概率来接受这个样本。这可以通过如下方法实现：生成一个 $[0,1]$ 上均匀分布的随机变量 U，并且如果 $U \leqslant f(X)/cg(X)$ 则接受它。

记 Y 是由该算法得到的随机变量，下面说明 Y 的分布密度确实为 f。对任意子集 A，都有

$$\mathbb{P}(Y \in A) = \mathbb{P}(X \in A | U \leqslant f(X)/cg(X))$$
$$= \frac{\mathbb{P}(X \in A, U \leqslant f(X)/cg(X))}{\mathbb{P}(U \leqslant f(X)/cg(X))}.$$

对于分子，我们有

$$\mathbb{P}(X \in A, U \leqslant f(X)/cg(X))$$
$$= \mathbb{E}[\mathbb{P}(X \in A, U \leqslant f(X)/cg(X)|X)]$$
$$= \mathbb{E}[1_{\{X \in A\}} \mathbb{P}(U \leqslant f(X)/cg(X)|X)]$$
$$= \mathbb{E}[1_{\{X \in A\}} f(X)/cg(X)]$$
$$= \int_A \frac{f(x)}{cg(x)} g(x) \mathrm{d}x$$
$$= \frac{1}{c} \int_A f(x) \mathrm{d}x.$$

对于分母我们有

$$\mathbb{P}(U \leqslant f(X)/cg(X))$$
$$= \mathbb{E}[\mathbb{P}(U \leqslant f(X)/cg(X)|X)]$$
$$= \mathbb{E}[f(X)/cg(X)]$$
$$= \int \frac{f(x)}{cg(x)} g(x) \mathrm{d}x$$
$$= \frac{1}{c}.$$

综上，我们得到

$$\mathbb{P}(Y \in A) = \int_A f(x)\mathrm{d}x.$$

这证明了 Y 具有密度 f。一个接受—拒绝方法的示例算法具有如下的形式：

1. 生成分布密度为 g 的随机数 X；
2. 生成 $[0,1]$ 上的均匀随机数 U；
3. 如果 $U \leqslant f(X)/cg(X)$，则返回 X；否则，回到第一步。

观察这一算法，我们发现在生成所需的随机变量的过程中会产生很多被丢弃或者拒绝的结果，而只接受其中的一部分结果。过程中丢弃某些结果的多少是与算法中 c 的值密切相关的。直觉上讲，c 越大，则随机生成的一个结果就越不容易被接受。事实上，一个随机生成的结果被接受的概率恰恰是 $1/c$，即

$$\mathbb{P}(U \leqslant f(X)/cg(X)) = 1/c.$$

可见 c 越接近 1，则接受一个结果的概率就越高。

因为有 $f(x) < cg(x)$ 的限制，所以这一算法对具有最大值的分布函数非常便于使用。例如 Beta 分布：

$$f(x) = \frac{1}{B(\alpha, \beta)} x^{\alpha-1}(1-x)^{\beta-1}, \quad 0 \leqslant x \leqslant 1,$$

其中

$$B(\alpha, \beta) = \frac{\Gamma(\alpha)\Gamma(\beta)}{\Gamma(\alpha) + \Gamma(\beta)},$$

Γ 为 Gamma 函数，α、β 为参数。因为变量的取值在 $[0,1]$ 上，Beta 分布在实际应用中十分常用，经常用于模拟定义在固定区间上的变量。Beta 分布与其他常用分布也密切相关，比如当参数取特殊的值时，Beta(1,1) 就是我们常用的均匀分布，还可以变换为指数分布和 Gamma 分布等。

为了获得符合该分布的随机变量，我们可以使用接受—拒绝方法。当两个参数 (α, β) 均不小于 1，且至少一个大于 1 时，Beta 分布函数在其定义域内有最大值。取其最大值为 c，令 $g(x)$ 为 $[0,1]$ 均匀分布的概率密度函数，就可以利用接受—拒绝方法获得符合需求的随机变量。

6.4 一些模型的精确法模拟

在欧式看涨期权的引例中，我们定价时只需要用到终端价格。但有些时候，我们不仅想得到终点的模拟值，还想得到其在一系列中间点上的模拟值，即我们希望

能够生成样本路径。我们可以把模拟的方法分成两种：对于某些联合分布已知的随机过程，模拟值的联合分布与随机过程在这一系列时间点上的分布相同，我们可以直接使用其分布得到精确的模拟值；而对于一些更复杂的模型来说，我们只能通过离散采样的方法来得到近似的模拟值。此节中，我们将介绍通过精确法模拟（exact simulation）获得样本路径的方法和示例，而离散法模拟将会在下一节中进行介绍。

在精确模拟生成样本路径时，我们往往需要事先计算出随机变量在各时间点取值的联合分布函数，或计算出随机变量从一点转移到另一点的条件概率密度。

6.4.1 几何布朗运动

由前述知识，风险中性世界中的几何布朗运动 $S(t)$ 符合以下随机微分方程：

$$\frac{\mathrm{d}S(t)}{S(t)} = r\mathrm{d}t + \sigma\mathrm{d}W(t),$$

即

$$\mathrm{d}\log S(t) = \left(r - \frac{1}{2}\sigma^2\right)\mathrm{d}t + \sigma\mathrm{d}W(t).$$

解之可得

$$S(t) = S(0)\exp\left((r - \frac{1}{2}\sigma^2)t + \sigma W(t)\right),$$

由 $S(t)$ 的表达式，对于固定的时间点 $t_1, ..., t_n$，我们可以得到模拟的递归式：

$$S(t_{i+1}) = S(t_i)\exp\left((r - \frac{1}{2}\sigma^2)(t_{i+1} - t_i) + \sigma(W(t_{i+1}) - W(t_i))\right).$$

这说明了 $S(t_{i+1})$ 仅与 $S(t_i)$ 有关，而与 $S(t_1), ..., S(t_{i-1})$ 无关。在给定 $S(t_i)$ 的情况下，我们生成 $W(t_{i+1}) - W(t_i)$，再利用递归式，即可得到 $S(t_{i+1})$。因为标准布朗运动的增量独立且符合正态分布

$$W(t) - W(s) \sim N(0, t-s), s < t,$$

所以有

$$W(t_{i+1}) - W(t_i) \sim N(0, t_{i+1} - t_i) \sim \sqrt{t_{i+1} - t_i}Z_i.$$

故我们每次只需要以当前时点为起始点，取样生成下一个点，再以下一个点为起点继续生成，即可得到整条路径。对每条几何布朗运动路径，我们需生成 n 个相互独立的 Z_i，$i = 1, 2, ..., n$，其中 $Z_i \sim N(0,1)$。令

$$S(t_{i+1}) = S(t_i)\exp\left((r - \frac{1}{2}\sigma^2)(t_{i+1} - t_i) + \sigma\sqrt{t_{i+1} - t_i}Z_i\right), i = 1, 2, ..., n,$$

则 $S(t_1), S(t_2), ..., S(t_n)$ 为一条几何布朗运动的路径。此外，我们也可以对 $\log S(t)$ 而非 $S(t)$ 进行模拟。对上式两边同时取对数，得到

$$\log S(t_{i+1}) = \log S(t_i) + \left((r - \frac{1}{2}\sigma^2)(t_{i+1} - t_i)\right) + \sigma\sqrt{t_{i+1} - t_i}Z_i$$

其中 $Z_i \sim N(0, 1)$。这样可得序列 $\log S(0), \log S(t_1), ..., \log S(t_n)$。取其指数，便可得模拟路径 $S(0), ..., S(t_n)$。

模拟 $W(t_1), W(t_2), ..., W(t_n)$ 的另一种方法是利用联合分布函数一次生成整条路径。因为 $(W(t_1), W(t_2), ..., W(t_n))$ 符合 n 维正态分布，我们可以通过 Cholesky 分解生成多维正态分布的方法，生成 n 维正态随机变量 $Z \sim N(\mu, \Sigma)$，其中：

$$\mu = \begin{pmatrix} 0 \\ 0 \\ \vdots \\ 0 \end{pmatrix} \text{ 且 } \Sigma = \begin{pmatrix} t_1 & t_1 & \cdots & t_1 \\ t_1 & t_2 & \cdots & t_2 \\ \vdots & \vdots & & \vdots \\ t_1 & t_2 & \cdots & t_n \end{pmatrix}.$$

通过 Cholesky 分解定理，我们得出符合 $AA^\top = \Sigma$ 的矩阵 A 为

$$A = \begin{pmatrix} \sqrt{t_1} & 0 & \cdots & 0 \\ \sqrt{t_1} & \sqrt{t_2 - t_1} & \cdots & 0 \\ \vdots & \vdots & & \vdots \\ \sqrt{t_1} & \sqrt{t_2 - t_1} & \cdots & \sqrt{t_n - t_{n-1}} \end{pmatrix},$$

由此可获得 Z 的第 i 个分量为 Z_i，$i = 1, 2, ..., n$，取

$$S(t_i) = S(0)\exp\left((r - \frac{1}{2}\sigma^2)t_i + \sigma Z_i\right).$$

则 $S(t_1), S(t_2), ..., S(t_n)$ 为几何布朗运动的路径。图 6.4 展示了用精确法模拟几何布朗运动的一条路径。

作为几何布朗运动的简单应用，我们在这里为路径依赖型期权定价。以亚式期权为例，其在确定到期日期权收益时，不是采用标的资产当时的收盘价，而是用期权合同期内某段时间资产价格的平均值。由于操纵一个期间内资产价格的成本要远高于操纵到期日价格的成本，故亚式期权的出现抑制了人为操纵股票价格、控制期权收益的可能性，在金融衍生品市场上具有重要意义。亚式期权的价格为

$$C = \mathbb{E}^{\mathbb{Q}}\left[e^{-rT}\left(\frac{1}{m}\sum_{j=1}^{m} S(j\Delta t) - K\right)^+\right].$$

为了计算 C，我们可以遵循如下步骤：

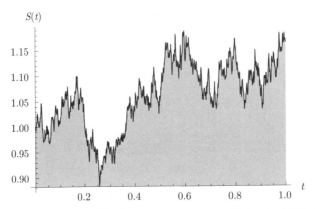

图 6.4 几何布朗运动的模拟路径（$\mu=0.05$，$\sigma=0.3$，$S(0)=1$，1000 个模拟点）

1. 利用风险中性测度下 $S(t)$ 的微分方程：

$$\frac{\mathrm{d}S(t)}{S(t)} = r\mathrm{d}t + \sigma W(t)$$

按上节的算法，生成路径 $S^{(i)}(0), S^{(i)}(\Delta t), S^{(i)}(2\Delta t), ..., S^{(i)}(m\Delta t)$。

2. 计算

$$C^{(i)} = \mathrm{e}^{-rT}\left(\frac{1}{m}\sum_{j=1}^{m} S^{(i)}(j\Delta t) - K\right)^{+}.$$

3. 重复步骤 1—2，生成 n 条路径，计算得 $C^{(1)}, C^{(2)}, ..., C^{(n)}$。
4. 对 $C^{(1)}, C^{(2)}, ..., C^{(n)}$ 取平均，得

$$\overline{C} = \frac{1}{n}\sum_{i=1}^{n} C^{(i)},$$

则 $\overline{C}$ 为 C 的估计结果。

我们可以用 MATLAB 实现上述亚式期权定价的过程，程序如下：

```
function price=asian(S0,strike,rate,sigma,m,delta,n)
% rate: interest rate,  delta: time interval,
% m: number of time intervals,  n: number of observed paths
c=zeros(n,1);
for i=1:n
path=zeros(m,1);
```

```
path(1)=S0;
for j=2:m
path(j)=path(j-1)*exp((rate-1/2*sigma^2)*delta+
sigma*normrnd(0,sqrt(delta)));
end
c(i)=exp(-rate*m*delta)*max(mean(path)-strike,0);
end
price=mean(c);
end
```

6.4.2 Vasicek 模型

除了基于股票价格过程的衍生品，蒙特卡洛模拟在基于利率的衍生品定价方面也有大量应用。为了模拟利率随机过程，也需要讨论如何生成样本路径。经典的 Vasicek 模型利用 OU 过程来表示短期利率，可以表示为如下随机微分方程：

$$\mathrm{d}r(t) = a(b-r(t))\mathrm{d}t + \sigma \mathrm{d}W(t),$$

其中 $W(t)$ 是一个标准布朗运动，而 a, b, σ 均为正的常数。Vasicek 模型具有均值回复的特性，如果 $r(t) > b$，则漂移项为负，$r(t)$ 下降趋于 b，如果 $r(t) < b$，则漂移项为正，$r(t)$ 上升趋于 b，因此从长期来看 $r(t)$ 会逐渐逼近 b。

由第 4 章，可以通过 Itô 定理获得 Vasicek 模型随机微分方程的解析解：

$$r(t) = \mathrm{e}^{-at}r(0) + b(1-\mathrm{e}^{-at}) + \int_0^t \sigma \mathrm{e}^{-a(t-s)}\mathrm{d}W(s).$$

以时间点 t_i 为起始点：

$$r(t_{i+1}) = \mathrm{e}^{-a(t_{i+1}-t_i)}r(t_i) + b(1-\mathrm{e}^{-a(t_{i+1}-t_i)}) + \int_{t_i}^{t_{i+1}} \sigma \mathrm{e}^{a(s-t_{i+1})}\mathrm{d}W(s),$$

其中，等式右端的 $\int_{t_i}^{t_{i+1}} \sigma \mathrm{e}^{a(s-t_{i+1})}\mathrm{d}W(s)$ 是一个随机积分。由本书前述知识，我们易知其为一个鞅，其取值与 $r(t)$ 在 t_i 前的取值无关，且服从 $N(0, \frac{\sigma^2}{2a}(1-\mathrm{e}^{-2a(t_{i+1}-t_i)}))$ 的正态分布。所以，对于固定的时间点 $t_1, t_2, ..., t_n$，我们可以用以下递推式进行精确的递归模拟：

$$r(t_{i+1}) = \mathrm{e}^{-a(t_{i+1}-t_i)}r(t_i) + b(1-\mathrm{e}^{-a(t_{i+1}-t_i)}) + \sigma\sqrt{\frac{1}{2a}(1-\mathrm{e}^{-2a(t_{i+1}-t_i)})}Z_i,$$

其中 $Z_i \sim N(0,1)$。图 6.5 显示了 Vasicek 模型的一条模拟路径。

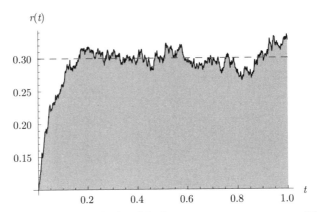

图 6.5 Vasicek 模型的一条模拟路径（$a=15$, $b=0.3$, $\sigma=0.1$, $r(0)=0.1$）

进一步拓展，因为 $r(t_1), r(t_2), ..., r(t_n)$ 符合多维正态分布且为马尔科夫过程，所以 Vasicek 模型实际上是一般高斯马尔科夫过程（general Gaussian Markov process）的一个特例。一般高斯马尔科夫过程具有如下形式：

$$\mathrm{d}r(t) = (g(t) + h(t)r(t))\,\mathrm{d}t + \sigma(t)\mathrm{d}W(t),$$

其中 g, h, σ 都是非随机的过程。由 Itô 公式可以验证，该随机微分方程具有解析解：

$$r(t) = e^{H(t)}r(0) + \int_0^t e^{H(t)-H(s)}g(s)\mathrm{d}s + \int_0^t e^{H(t)-H(s)}\sigma(s)\mathrm{d}W(s),$$

其中，

$$H(t) = \int_0^t h(s)\mathrm{d}s.$$

因此模拟一般高斯马尔科夫过程路径的问题，均可以转换成模拟正态分布随机变量的问题，由一维正态分布逐步递推或者直接从多维正态分布中模拟获得 $r(t_1), r(t_2), ..., r(t_n)$ 来解决。建议读者尝试这个练习。

6.4.3 CIR 模型

Cox、Ingersoll 和 Ross 提出的 CIR 模型中带平方根的扩散项修正了 Vasicek 模型中利率会取得负值的问题，并保留了均值回复的特性，其微分方程为

$$\mathrm{d}r(t) = \kappa(\theta - r(t))\mathrm{d}t + \sigma\sqrt{r(t)}\mathrm{d}W(t).$$

Cox 指出在给定 $r(u)$ 的情况下，对于 $t > u$，$r(t)$ 等于一个比例因子与一个非中心卡方分布随机变量的乘积。$r(t)$ 的公式表示如下：

$$r(t) = \frac{\sigma^2(1 - e^{-\kappa(t-u)})}{4\kappa}{\chi'}_d^2\left(\frac{4\kappa e^{-\kappa(t-u)}}{\sigma^2(1 - e^{-\kappa(t-u)})}r(u)\right), \tag{6.1}$$

其中，$\chi_d'^2(\lambda)$ 表示自由度为 d、偏心参量为 λ 的非中心卡方分布随机变量。在我们的例子中，

$$d = \frac{4\theta\kappa}{\sigma^2}, \lambda = \frac{4\kappa e^{-\kappa(t-u)}}{\sigma^2(1-e^{-\kappa(t-u)})}r(u).$$

因此，通过式 (6.1)，我们得到了 $r(t)$ 的路径抽样方法。

6.4.4 Heston 模型

为了修正 Black-Scholes-Merton 模型中出现的"波动率微笑"等问题，一系列随机波动率的模型被建立起来。其中最著名的 Heston 模型的微分方程为

$$\frac{\mathrm{d}S(t)}{S(t)} = \mu\mathrm{d}t + \sqrt{V(t)}[\rho\mathrm{d}W_1(t) + \sqrt{1-\rho^2}\mathrm{d}W_2(t)],$$

$$\mathrm{d}V(t) = \kappa(\theta - V(t))\mathrm{d}t + \sigma\sqrt{V(t)}\mathrm{d}W_1(t). \tag{6.2}$$

其中，$\mathrm{d}W_1(t), \mathrm{d}W_2(t)$ 为两个相互独立的布朗运动。

许多研究者对 Heston 模型的模拟提出了不同的算法。接下来，我们为读者简略介绍由参考文献 [4] 提出的精确模拟的算法，对其推导或细节感兴趣的读者，可以细致阅读参考文献 [4]。

1. 由于 $V(t)$ 是一个 CIR 过程，那么在给定 $V(u)$ 的情况下，可以根据式 (6.1) 抽取产生 $V(t)$。

2. 在给定 $V(u)$，$V(t)$ 的情况下，抽取产生 $\int_u^t V(s)\mathrm{d}s$，$\int_u^t V(s)\mathrm{d}s$ 的分布可以由特征方程得到。

$$\begin{aligned}
\Phi(a) &= \mathbb{E}[\exp(\mathrm{i}a\int_u^t V(s)\mathrm{d}s|V(u), V(t)] \\
&= \frac{\gamma(a)e^{-0.5(\gamma(a)-\kappa)(t-u)}(1-e^{-\kappa(t-u)})}{\kappa(1-e^{-\gamma(a)(t-u)})} \times \\
&\exp\{\{\frac{V(u)+V(t)}{\sigma^2}\left[\frac{\kappa(1+e^{-\kappa(t-u)})}{1-e^{-\kappa(t-u)}} - \frac{\gamma(a)(1+e^{-\gamma(a)(t-u)})}{1-e^{-\gamma(a)(t-u)}}\right]\} \times \\
&\frac{I_{0.5d-1}\left(\sqrt{V(u)V(t)}\frac{4\gamma(a)e^{-0.5\gamma(a)(t-u)}}{\sigma^2(1-e^{-\gamma(a)(t-u)})}\right)}{I_{0.5d-1}\left(\sqrt{V(u)V(t)}\frac{4\kappa e^{-0.5\kappa(t-u)}}{\sigma^2(1-e^{-\kappa(t-u)})}\right)},
\end{aligned}$$

其中

$$\gamma(a) = \sqrt{\kappa^2 - 2\sigma^2 \mathrm{i}a},\ d = \frac{4\theta\kappa}{\sigma^2}.$$

令 $V(u,t)$ 为与 $\int_u^t V(s)\mathrm{d}s$ 有着同样分布的随机变量，则其分布可以通过如下的

Fourier 反变换得到：

$$F(x) = \Pr\{V(u,t) \leqslant x\} = \frac{1}{\pi}\int_{-\infty}^{\infty}\frac{\sin ux}{u}\Phi(u)\mathrm{d}u = \frac{2}{\pi}\int_{0}^{\infty}\frac{\sin ux}{u}\Re[\Phi(u)]\mathrm{d}u.$$

有了 $\int_u^t V(s)\mathrm{d}s$ 的分布函数，就能够产生 $\int_u^t V(s)\mathrm{d}s$。

3. 产生 $V(t), \int_u^t V(s)\mathrm{d}s$ 之后，我们便可以模拟 $S(t)$。对式 (6.2) 进行简单的变形，我们得到

$$\int_u^t \sqrt{V(s)}\mathrm{d}W_1(s) = \frac{1}{\sigma}\left(V(t) - V(u) - \kappa\theta(t-u) + \kappa\int_u^t V(s)\mathrm{d}s\right).$$

因为 $V(t)$ 是与布朗运动 $W_2(t)$ 相互独立，所以 $\int_u^t \sqrt{V(s)}\mathrm{d}W_2(s)$ 是一个均值为 0、方差为 $\int_u^t V(s)\mathrm{d}s$ 的正态随机变量。利用以上两个结果，$\log S(t)$ 是一个正态随机变量，其均值为

$$m(u,t) = \log S(u) + \mu(t-u) - \frac{1}{2}\int_u^t V(s)\mathrm{d}s + \rho\int_u^t \sqrt{V(s)}\mathrm{d}W_1(s),$$

方差为

$$\sigma^2(u,t) = (1-\rho^2)\int_u^t V(s)\mathrm{d}s,$$

最后，我们将得到 $S(t)$

$$S(t) = \mathrm{e}^{m(u,t)+\sigma(u,t)Z},$$

其中 Z 为标准正态随机变量。

6.4.5 跳过程

跳过程是一种具有突变结构的随机过程，用来模拟市场中的一些突发状况。Merton 经典的跳跃扩散模型一般可以通过如下的随机微分方程表示：

$$\frac{\mathrm{d}S(t)}{S(t-)} = \mu\mathrm{d}t + \sigma\mathrm{d}W(t) + \mathrm{d}J(t),$$

其中 μ 和 σ 为常数，$J(t)$ 为独立于 $W(t)$ 且分段连续的跳过程，并且

$$J(t) = \sum_{n=1}^{N(t)}(X_n - 1),$$

其中 $X_1, X_2, \ldots$ 为随机变量，$X_i - 1$ 衡量跳跃的大小，$N(t)$ 为计数过程，$\mathrm{d}J(t)$ 表示 J 在时刻 t 的跳跃。上述随机微分方程的解为

$$S(t) = S(0)\exp\left((\mu - \frac{1}{2}\sigma^2)t + \sigma W(t)\right)\prod_{j=1}^{N(t)} X_j.$$

由于衍生品定价建模的需要,我们在该模型中将跳过程 $J(t)$ 设定为补充复合泊松过程,是鞅过程。具体而言,$J(t) = Q(t) - \lambda \mu_s t$,其中 $Q(t)$ 为复合泊松过程,$Q(t) = \sum_{n=1}^{N(t)}(X_n - 1)$,$N(t)$ 设定为参数为 λ 的泊松过程,X_n 独立同分布且 $\mathbb{E}(X_n) = \mu_s + 1$。

此时随机微分方程为

$$\frac{\mathrm{d}S(t)}{S(t-)} = \mu \mathrm{d}t + \sigma \mathrm{d}W(t) + \mathrm{d}(Q(t) - \lambda \mu_s t).$$

该微分方程的解为

$$S(t) = S(0) \exp\left((\mu - \lambda \mu_s - \frac{1}{2}\sigma^2)t + \sigma W(t)\right) \prod_{j=1}^{N(t)} X_j.$$

易知,有如下递推式:

$$S(t_{i+1}) = S(t_i) \exp\left((\mu - \lambda \mu_s - \frac{1}{2}\sigma^2)(t_{i+1} - t_i) + \sigma(W(t_{i+1}) - W(t_i))\right) \prod_{j=N(t_i)+1}^{N(t_{i+1})} X_j.$$

故我们可以按照如下步骤模拟 $S(t)$ 在 $t_1, t_2, ..., t_n$ 处的取值:

1. 从 0 时刻到 t_1 时刻,生成 $Z_1 \sim N(0, 1)$;
2. 按照泊松分布抽取 $N(t_1) \sim P(\lambda t_1)$;
3. 根据 $N(t_1)$ 的取值,按照 X 的分布生成 $N(t_1)$ 个独立的 X_i 变量;
4. 生成

$$S(t_1) = S(0) \exp\left((\mu - \lambda \mu_s - \frac{1}{2}\sigma^2)t_1 + \sigma\sqrt{t_1}Z_1\right) \prod_{j=1}^{N(t_1)} X_{1j};$$

5. 对于任给的 t_i,重复步骤 1—4,抽取 $Z_i, N(t_{i+1}) - N(t_i), X_{i1}, X_{i2}, ..., X_{i(N(t_{i+1})-N(t_i))}$,生成

$$S(t_{i+1}) = S(t_i) \exp\left((\mu - \lambda \mu_s - \frac{1}{2}\sigma^2)(t_{i+1} - t_i) + \sigma\sqrt{t_{i+1} - t_i}Z_i\right) \prod_{j=N(t_i)+1}^{N(t_{i+1})} X_{ij},$$

则可得服从泊松跳过程的路径 $S(t_1), S(t_2), ..., S(t_n)$。

6.4.6 多维布朗运动

在考察完一维情形下的样本路径生成后,我们以多维布朗运动为例,探究多维随机过程的样本路径生成方法。首先考察各维独立的 d 维标准布朗运动 $W(t) =$

$(W_1(t), W_2(t), ..., W_d(t))^\top$，它可以通过逐维生成路径的方法简单生成。因为各维独立，有

$$W(t_{i+1}) - W(t_i) \sim N(0, (t_{i+1} - t_i)I),$$

所以在已知 $W(t_i)$ 的情况下，我们生成 d 维正态随机变量 $Z_i = (Z_{i1}, Z_{i2}, ..., Z_{id})^\top \sim N(0, (t_{i+1} - t_i)I)$，则 $W(t_{i+1}) = W(t_i) + Z_i$。从 $W(t_0)$ 开始，依靠随机变量向量序列 $Z_1, Z_2, ..., Z_n$，可递推得 $W(t_1), W(t_2), ..., W(t_n)$，即为独立标准布朗运动的样本路径，其中 $W(t_i)$ 为 R^d 中的向量。

而不独立的多维布朗运动路径可借助独立的布朗运动路径生成。在 R^d 上，设过程 $X(t) = (X_1(t), X_2(t), ..., X_d(t))^\top$ 为带漂移项的布朗运动，假设其独立增量满足：

$$X(t) - X(s) \sim N\left(\mu(t-s), \Sigma(t-s)\right).$$

这里 μ 为 R^d 上的向量，Σ 为 $d \times d$ 的矩阵。对 Σ 作 Cholesky 分解，使 $\Sigma = BB^\top$，且 B 为下三角矩阵。那么 $X(t)$ 可以用如下的方式构造 $X(t) = \mu t + BW(t)$，其中 $W(t)$ 为 d 维独立标准布朗运动。给定时间点 $t_1, t_2, ..., t_n$，其路径可按如下步骤生成：

1. 按照前述方法生成 d 维独立标准正态随机变量路径 $W(t_1), W(t_2), ..., W(t_n)$；
2. 令 $X(t_i) = \mu t_i + BW(t_i), i = 1, 2, ..., n$。

6.4.7 多维 Black-Scholes-Merton 模型

以多维布朗运动为基础，我们可以考察其他多维随机微分模型的路径模拟方法。例如，由一维 BSM 模型，我们易推知多维 BSM 模型的微分方程为

$$\frac{dS_p(t)}{S_p(t)} = \mu_p dt + \sigma_p^\top dW(t), \quad p = 1, 2, ..., k,$$

其中 $\sigma_p^\top$ 是扩散矩阵 $(\sigma_{ij})_{k \times k}$ 的第 p 个行生成的向量，$W(t) = (W_1(t), W_2(t), ..., W_k(t))^\top$ 是一个标准的布朗运动。由 Itô 公式得，此微分方程有解析解：对于 $p = 1, 2, ..., k, i = 1, 2, ..., m$，

$$S_p(t_i) = S_p(0) \exp\left((\mu_p - \frac{1}{2}\sigma_p^\top \sigma_p)t_i + \sigma_p^\top W(t_i)\right). \tag{6.3}$$

观察上式，模拟的关键在于生成 k 维独立布朗运动的路径，故要生成 $S(t) = (S_1(t), S_2(t), ..., S_k(t))^\top$ 的路径，我们可用上一小节的方法，先生成 k 维布朗运动 $W(t)$ 的路径 $W(t_1), W(t_2), ..., W(t_n)$，再代入解析解式 (6.3) 中，即可得 k 维 BSM 模型的路径。

6.4.8 多维 Vasicek 模型

我们也可以将 Vasicek 模型扩展到多维层面。一类多维 Vasicek 模型的微分方程为：
$$dX_p(t) = a_p(b_p - X_p(t))dt + \sigma_p^\top dW(t), \quad p = 1, 2, ..., k,$$

其中 $\sigma_p^\top$ 是扩散矩阵 $(\sigma_{ij})_{k \times k}$ 的第 p 个行生成的向量，$W(t) = (W_1(t), W_2(t), ..., W_k(t))^\top$ 一个标准的布朗运动。对每一个分量 $X_p(t)$，以 t_i 为起始点，方程有解析解：
$$X_p(t_{i+1}) = e^{-a_p(t_{i+1}-t_i)} X_p(t_i) + b_p(1 - e^{-a_p(t_{i+1}-t_i)}) + \int_{t_i}^{t_{i+1}} e^{a_p(s-t_{i+1})} \sigma_p^\top dW(s),$$

其中 $p = 1, 2, ..., k$。上式右端的随机积分 $\int_{t_i}^{t_{i+1}} \sigma_p e^{k_p(s-t_{i+1})} dW_p(s)$ 为一个鞅，不妨设其为 Z_{ip}。则计算 Z_{ip} 和 Z_{iq} 的协方差得：
$$\text{cov}(Z_{ip}, Z_{iq}) = \int_{t_i}^{t_{i+1}} e^{(a_p+a_q)(s-t_{i+1})} \sigma_p^\top \sigma_q ds = \frac{\sigma_p^\top \sigma_q}{a_p + a_q}(1 - e^{-(a_p+a_q)(t_{i+1}-t_i)}),$$

其中 $p, q = 1, 2, ..., k$。故 $Z_i = (Z_{i1}, Z_{i2}, ..., Z_{ik})^\top$ 为服从 $N(0, \Sigma_i)$ 的 k 维正态随机变量。其中 Σ_i 为 $k \times k$ 的协方差矩阵，且有 $(\Sigma_i)_{pq} = \text{cov}(Z_{ip}, Z_{iq})$。因此在时点 t_i，我们可用 Cholesky 分解的方法生成 k 维正态随机变量 $Z_i \sim N(0, \Sigma_i)$，并采用递推式：
$$X_p(t_{i+1}) = e^{-a_p(t_{i+1}-t_i)} X_p(t_i) + b_p(1 - e^{-a_p(t_{i+1}-t_i)}) + Z_{ip},$$
$$p = 1, 2, ..., k, i = 1, 2, ..., m$$

递推模拟生成 k 维 Vasicek 模型的路径。

6.5 离散法模拟

上一节中，我们给出了若干精确法模拟的例子。所谓精确，是指在模拟的时间点上，按照模型真正的联合分布来抽样。但是这些例子较为特殊，对于某些更加复杂的模型，我们无法求其解析解，求其联合分布或是条件分布也有一定难度，因此无法进行精确的模拟。此时我们需要进行必要的近似，采用离散法生成随机过程路径。

6.5.1 欧拉方法

首先，我们介绍一种对随机微分方程进行近似模拟的最简单易行的方法——欧拉方法（Euler Scheme）。欧拉方法原理简单，但是具有一定的误差，下面我们也将介绍对欧拉方法进行改进以提高模拟精度的方式。

例 6.5.1 一般随机微分方程

我们用一个一般的随机微分方程举例说明欧拉方法在复杂微分方程中的应用。首先，考察一维的情况，随机微分方程的一般表达式为

$$\mathrm{d}S(t) = \mu(t, S(t))\mathrm{d}t + \sigma(t, S(t))\mathrm{d}W(t),$$

方程对每一个区间 $[t_i, t_{i+1}]$ 积分可得：

$$S(t_{i+1}) = S(t_i) + \int_{t_i}^{t_{i+1}} \mu(t, S(t))\mathrm{d}t + \int_{t_i}^{t_{i+1}} \sigma(t, S(t))\mathrm{d}W(t).$$

由于 $\mu(t, S(t))$、$\sigma(t, S(t))$ 均随时间变化且与随机变量 $S(t)$ 相关，无法直接计算出两个积分的值。所以，我们考虑用合理的近似替代这两个无法计算的积分。

一个最简明且普适的方法是欧拉方法：对每一个区间 $[t_i, t_{i+1}]$，使用递推式

$$\hat{S}(t_{i+1}) = \hat{S}(t_i) + \mu(t_i, \hat{S}(t_i))(t_{i+1} - t_i) + \sigma(t_i, \hat{S}(t_i))\sqrt{t_{i+1} - t_i}Z_i,$$

其中 $Z_1, Z_2, \ldots$ 为独立的正态分布。由初始值和该递推式，我们可以离散地模拟整条路径。但是用欧拉方法模拟的结果却不够精确。因此，我们将区间 $[t_i, t_{i+1}]$ 细分为小区间 $[t_i, t_i + \Delta], [t_i + \Delta, t_i + 2\Delta], \ldots, [t_i + (n-1)\Delta, t_{i+1}]$。我们取近似模型 $\hat{S}(t_i + m\Delta) \approx S(t_i + m\Delta)$，其中 $\hat{S}(t_i + m\Delta)$ 有递推式：

$$\hat{S}(t_i + (m+1)\Delta) = \hat{S}(t_i + m\Delta) + \mu(t_i + m\Delta, \hat{S}(t_i + m\Delta))\Delta + \\ \sigma(t_i + m\Delta, \hat{S}(t_i + m\Delta))\sqrt{\Delta}Z_i(m),$$

其中 $Z(m) \sim N(0,1)$。我们可以看出，尽管 μ, σ 随时间变动，但由于时间间隔 Δ 很小，在 $[t_i, t_{i+1}]$ 内我们可以将 μ、σ 锁定为其区间初始值，即我们用如下方式逼近两个积分：

$$\int_{t_i + m\Delta}^{t_i + (m+1)\Delta} \mu(t_i + m\Delta, S(t_i + m\Delta))\mathrm{d}t \to \int_{t_i + m\Delta}^{t_i + (m+1)\Delta} \mu(t, S(t))\mathrm{d}t,$$

$$\int_{t_i + m\Delta}^{t_i + (m+1)\Delta} \sigma(t_i + m\Delta, S(t_i + m\Delta))\mathrm{d}W(t) \to \int_{t_i + m\Delta}^{t_i + (m+1)\Delta} \sigma(t, S(t))\mathrm{d}W(t).$$

所以，可采取如下步骤生成随机微分方程的路径 $S(t_1), S(t_2), \ldots, S(t_n)$：

1. 将每个区间 $[t_i, t_{i+1}]$，$i = 1, 2, \ldots, n$ 细分为 k 个等长的小区间，每个小区间长度为 $\Delta_i = \frac{t_{i+1} - t_i}{k}$。

2. 由递推公式

$$\hat{S}(t_i + (m+1)\Delta_i) = \hat{S}(t_i + m\Delta_i) + \mu(t_i + m\Delta_i, \hat{S}(t_i + m\Delta_i))\Delta_i + \\ \sigma(t_i + m\Delta_i, \hat{S}(t_i + m\Delta_i))\sqrt{\Delta_i}Z_i(m)$$

我们可以从 $S(t_i)$ 依次递推出 $S(t_i+\Delta_i), S(t_i+2\Delta_i),...,S(t_i+(m-1)\Delta_i), S(t_{i+1})$。

3. 重复步骤 2，即可由 $S(t_0)$ 推出 $S(t_1), S(t_2),..., S(t_n)$。

改进后的离散方法并不是在路径的两个相邻取值点 $[t_i,t_{i+1}]$ 内直接对微分方程进行近似的，这样区间长度太大，误差很大；而应当在每个区间内作细分，并在每个细分的子区间内作近似递推计算。

从上面的例子中我们可以看出，使用离散法的原因是随机微分方程无法求出其解析解。所以我们选择对区间作分割，对每一个细分小步都用欧拉方法进行逼近，直到递推到最后一步。毫无疑问，与精确模拟相比，离散法会带来一定程度上的误差，但当随机微分方程无法得出解析解时，欧拉方法和其他的一些离散方法是我们唯一的选择。在这种情况下，细分区间越小，得到的结果越精确。

多维 SDE 的情况与一维类似。现假设存在 n 个资产或状态变量，即 $S(t)$ 是一个 n 维列向量，由 d 个独立的布朗运动驱动，即 $W(t)$ 是一个 d 维列向量。则资产中的第 k 个分量服从的 SDE 为

$$S_k(t_{i+1}) = S_k(t_i) + \int_{t_i}^{t_{i+1}} \mu_k(t, S(t))\mathrm{d}t + \sum_{j=1}^{d} \int_{t_i}^{t_{i+1}} \sigma_{kj}(t, S(t))\mathrm{d}W_j(t).$$

要模拟这 n 维资产的路径，首先，我们需要用前述章节的方法模拟生成这 d 维独立或者相互关联的布朗运动样本。之后，与一维情况类似，我们可以用如下方法近似地对漂移项的积分，以及扩散项中的每一个积分进行逼近：

$$\int_{t_i+m\Delta}^{t_i+(m+1)\Delta} \mu_k(t_i+m\Delta, S(t_i+m\Delta))\mathrm{d}t \to \int_{t_i+m\Delta}^{t_i+(m+1)\Delta} \mu_k(t, S(t))\mathrm{d}t,$$

$$\int_{t_i+m\Delta}^{t_i+(m+1)\Delta} \sigma_{kj}(t_i+m\Delta, S(t_i+m\Delta))\mathrm{d}W(t) \to \int_{t_i+m\Delta}^{t_i+(m+1)\Delta} \sigma_{kj}(t, S(t))\mathrm{d}W(t).$$

并通过在每一个区间内进一步细分的方法减少误差。利用事先得到的多维布朗运动样本，并对多维过程中的每一个分量重复上述步骤，便得到了离散法模拟的路径。

例 6.5.2 几何布朗运动

几何布朗运动为一般 SDE 模型的一个特例，根据其在风险中性世界中的微分方程，我们既可以使用精确模拟法，也可以使用欧拉方法。我们以此来展示利用两种方法进行模拟的结果，如图 6.6 所示。实线为精确法模拟的股价图像，虚线为使用不同时间间隔 $\delta t = 0.1, 0.01, 0.001, 0.0001$ 进行欧拉方法模拟的结果。随着时间间隔的缩小，离散法模拟的结果愈加贴近精确法的结果。

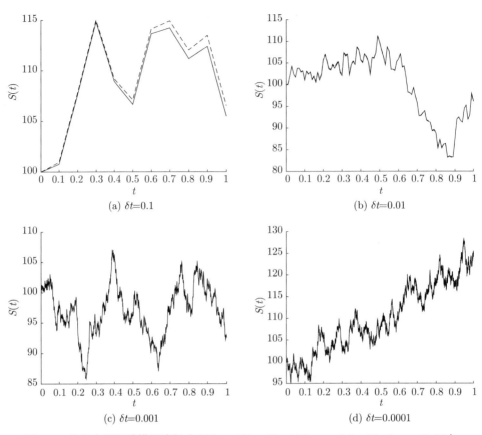

图 6.6 几何布朗运动模拟路径（$S(0)=100$，$K=100$，$\sigma=0.2$，$T=1$，$r=0.05$）

例 6.5.3 CIR 模型

我们也用欧拉近似来模拟 CIR 模型的路径。我们对每一个区间 $[t_i, t_{i+1}]$ 进行细分，在细分区间内有递推式：

$$r(t_i + (m+1)\Delta) = r(t_i + m\Delta) + a(b - r(t_i + m\Delta))\Delta + \sigma\sqrt{|r(t_i + m\Delta)|\Delta}Z(m),$$

其中 $Z(m) \sim N(0,1)$。在上式中，最后一项出现了 $\sqrt{|r(t_i)|}$，即绝对值的平方根。这是因为对 CIR 模型进行欧拉近似之后可能取负值，但当 Δ 很小时，这种情况发生的概率很低，而且即使取负值，其值也很可能较接近 0。所以，在此取绝对值进行调整。图 6.7 展示了 CIR 模型的一条模拟路径。

例 6.5.4 Heston 模型

对于一般的 Heston 模型，我们可以用欧拉方法进行模拟。为了减小模拟误差，

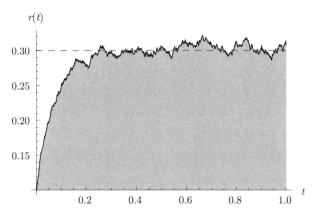

图 6.7 CIR 模型的一条模拟路径（$a=15$，$b=0.3$，$\sigma=0.1$，$r(0)=0.1$）

我们对 $\log S(t)$ 而非 $S(t)$ 进行模拟，对每一个区间 $[t_i, t_{i+1}]$ 进行细分，在细分区间内有递推式：

$$\log S(t_i+(m+1)\Delta) = \log S(t_i+m\Delta)+(\mu-\frac{1}{2}V(t_i+m\Delta))\Delta+\sqrt{|V(t_i+m\Delta)|}\sqrt{\Delta}Z_i^1(m),$$

$$V(t_i+(m+1)\Delta) = V(t_i+m\Delta)+a(b-V(t_i+m\Delta))\Delta+$$
$$\sigma\sqrt{|V(t_i+m\Delta)|}\sqrt{\Delta}(\rho Z_i^1(m)+\sqrt{1-\rho^2}Z_i^2(m)).$$

其中 $Z_i^1(m)$ 和 $Z_i^2(m)$，$m=0,1,2,...,k-1$ 为两组互相独立的标准正态随机变量。图 6.8 分别展示了 Heston 模型下资产价格 $S(t)$ 和方差 $V(t)$ 的一条模拟路径。

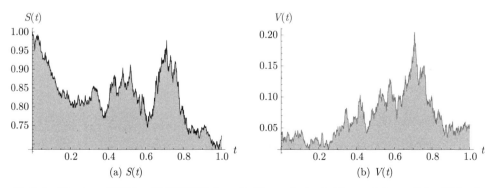

图 6.8 Heston 模型的一条模拟路径（$\mu=0.05$，$a=5$，$b=0.05$，$\sigma=0.5$，$\rho=0.5$，$S(0)=1$，$V(0)=0.04$）

6.5.2 Milstein 方法

从上面的介绍和例子中我们可以看到，欧拉方法的近似具有一定的误差，我们有时需要更加高阶、准确的近似。在欧拉方法的基础之上，Milstein 运用泰勒展开的思想进行了改进。在求常微分方程的数值解中，通常运用泰勒展开的方法进行逼近。对于随机微分方程，我们也可以用类似的展开获得更精确的结果，但是此时展开需要服从 Itô 微积分的规则。下面我们仍以一维情况的一般随机微分方程为例，介绍如何对欧拉方法进行 Milstein 修正。此时随机微分方程的积分形式为

$$S(t+h) = S(t) + \int_t^{t+h} \mu(u, S(u))\mathrm{d}u + \int_t^{t+h} \sigma(u, S(u))\mathrm{d}W(u).$$

如前述讨论，欧拉方法本质上是做了如下近似：

$$\int_t^{t+h} \mu(u, S(u))\mathrm{d}u \approx \mu(t, S(t))h,$$
$$\int_t^{t+h} \sigma(u, S(u))\mathrm{d}W(u) \approx \sigma(t, S(t))(W(t+h) - W(t)).$$

即用被积函数在 t 这一点的值来估计整个 $[t, t+h]$ 区间的值。利用 Itô 公式，我们可以对上述扩散项进行更精确的估计。首先我们考察扩散项满足的随机微分方程，由 Itô 公式，

$$\begin{aligned}\mathrm{d}\sigma(t, S(t)) &= \sigma_t(t, S(t))\mathrm{d}t + \sigma_x(t, S(t))\mathrm{d}S(t) + \frac{1}{2}\sigma_{xx}(t, S(t))\mathrm{d}[S, S](t) \\ &= \left(\sigma_t(t, S(t)) + \sigma_x(t, S(t))\mu(t, S(t)) + \frac{1}{2}\sigma_{xx}(t, S(t))\sigma^2(t, S(t))\right)\mathrm{d}t + \\ &\quad \sigma_x(t, S(t))\sigma(t, S(t))\mathrm{d}W(t).\end{aligned}$$

利用上式对 $\sigma(t, S(t))$ 使用欧拉方法，得到对 $u \in [t, t+h]$，有

$$\begin{aligned}&\sigma(u, S(u)) \\ &\approx \sigma(t, S(t)) + \left(\sigma_t(t, S(t)) + \sigma_x(t, S(t))\mu(t, S(t)) + \frac{1}{2}\sigma_{xx}(t, S(t))\sigma^2(t, S(t))\right)(u-t) + \\ &\quad \sigma_x(t, S(t))\sigma(t, S(t))(W(u) - W(t)).\end{aligned}$$

由于 $W(u) - W(t) \sim \sqrt{(u-t)}Z$，而上式右侧第二项为 $(u-t)$，对于时间间隔很小的情况可认为 $(u-t)$ 为更小的二阶项，可以忽略。因此我们得到

$$\sigma(u, S(u)) \approx \sigma(t, S(t)) + \sigma_x(t, S(t))\sigma(t, S(t))(W(u) - W(t)),$$

对上式两边积分

$$\int_t^{t+h} \sigma(u, S(u))\mathrm{d}W(u)$$
$$\approx \int_t^{t+h} \sigma(t, S(t))\mathrm{d}W(u) + \int_t^{t+h} \sigma_x(t, S(t))\sigma(t, S(t))(W(u) - W(t))\mathrm{d}W(u)$$
$$= \sigma(t, S(t))[W(t+h) - W(t)] + \sigma_x(t, S(t))\sigma(t, S(t))\left[\int_t^{t+h}(W(u) - W(t))\mathrm{d}W(u)\right]$$
$$= \sigma(t, S(t))[W(t+h) - W(t)] + \sigma_x(t, S(t))\sigma(t, S(t)) \times$$
$$\left[\int_t^{t+h} W(u)\mathrm{d}W(u) - W(t)[W(t+h) - W(t)]\right],$$

对 $W^2(t)$ 使用 Itô 公式，有

$$\int_0^t W(t)\mathrm{d}W(t) = \frac{1}{2}W^2(t) - t,$$

带入得到

$$\int_t^{t+h} \sigma(u, S(u))\mathrm{d}W(u) \approx \sigma(t, S(t))(W(t+h) - W(t)) +$$
$$\frac{1}{2}\sigma_x(t, S(t))\sigma(t, S(t))((W(t+h) - W(t))^2 - h).$$

综上，可得到 Milstein 离散化公式

$$S(t+h) \approx S(t) + \mu(t, S(t))h + \sigma(t, S(t))(W(t+h) - W(t)) +$$
$$\frac{1}{2}\sigma_x(t, S(t))\sigma(t, S(t))((W(t+h) - W(t))^2 - h).$$

可以看出，Milstein 方法中增加的一项使得离散化模拟比欧拉方法更加精确。

6.6 方差缩减技术

本节我们讨论通过缩减蒙特卡洛估计量的方差来提高蒙特卡洛模拟效率的方法。假设我们要估计某分布的 $\mu = \mathbb{E}X$ 估计量 $\bar{X}$ 的标准差具是 $\sigma/\sqrt{N}$ 的形式。这意味着，如果要将精度提高一个数量级，则需增加 100 倍的运算量。虽然现代计算机已经达到了很高的速度，但在实际的操作中，100 倍的运算量仍不能忽视，因此我们需要优化我们的算法，减少运算时间并且提高运算效率。常用的方差缩减技术有控制变量法、反向变异法、分层抽样法、拉丁超立方体抽样法，以及重要性抽样法等。限于篇幅，此处重点介绍控制变量法、反向变异法和重要性抽样法，更多的讨论请读者参见参考文献 [12] 的第 4 章。

6.6.1 控制变量法

顾名思义，控制变量法是在原有的估计量之外寻找另外一个随机变量，该随机变量可以起到对原有估计量进行"控制"的作用的一种方法。

具体而言，假设 X 是待估计量 θ 的无偏估计量，Y 是模拟过程中产生的另一个与 X 相关的随机变量，$\mathbb{E}Y = \mu_y$。易知，对于任意的常数 c，

$$X + c(Y - \mu_y)$$

仍然是 θ 的无偏估计。且

$$\mathrm{Var}(X + c(Y - \mu_y)) = \mathrm{Var}(X) + c^2 \mathrm{Var}(Y) + 2c\mathrm{Cov}(X, Y).$$

因此，估计量 $X + c(Y - \mu_y)$ 的方差为 c 的二次函数，在极值点

$$c^* = -\frac{\mathrm{Cov}(X, Y)}{\mathrm{Var}(Y)}$$

处取得最小值。当 $c = c^*$ 时，我们有

$$\mathrm{Var}(X + c^*(Y - \mu_y)) = \mathrm{Var}(X) - \frac{[\mathrm{Cov}(X, Y)]^2}{\mathrm{Var}(Y)},$$

进而

$$\frac{\mathrm{Var}(X + c^*(Y - \mu_y))}{\mathrm{Var}(X)} = 1 - \frac{[\mathrm{Cov}(X, Y)]^2}{\mathrm{Var}(X)\mathrm{Var}(Y)}$$
$$= 1 - \mathrm{Corr}^2(X, Y).$$

通过比值可以看到，使用控制变量法可以使估计的方差减少百分之 $100\mathrm{Corr}^2(X, Y)$。

一般情况下，$\mathrm{Cov}(X, Y)$ 和 $\mathrm{Var}(Y)$ 的真实值往往未知，必须通过模拟对它们进行估计。如果 n 次模拟的输出结果是 X_i, Y_i，$i = 1, ..., n$，那么 $\mathrm{Cov}(X, Y)$ 和 $\mathrm{Var}(Y)$ 的估计分别为

$$\widehat{\mathrm{Cov}}(X, Y) = \frac{1}{n-1} \sum_{i=1}^{n} (X_i - \bar{X})(Y_i - \bar{Y}),$$
$$\widehat{\mathrm{Var}}(Y) = \frac{1}{n-1} \sum_{i=1}^{n} (Y_i - \bar{Y})^2.$$

实际上，控制变量法系数 c^* 以及估计的数值对应着线性回归模型 $X = a + bY + e$ 的 $-\hat{b}$ 和 $\hat{a} + \hat{b}\mu_y$，其中 $\hat{a}$ 与 $\hat{b}$ 分别是 a 与 b 的最小二乘估计。因此控制变量法估计的计算可以通过简单线性回归的标准程序包来实现。

6.6.2 反向变异法

反向变异法非常容易实施,且相对于控制变量法等不需要提供模型的特殊信息,是一种常用的方差缩减方法。

假设估计量 Θ_1 是 n 个正态分布随机变量的函数,即 $\Theta(Z_1, Z_2, ..., Z_n)$,由于 Z_i 和 $-Z_i$ 是具有同分布负相关的对偶变量,所以 $\Theta_1 = \Theta(Z_1, Z_2, ..., Z_n)$ 与 $\Theta_2 = \Theta(-Z_1, -Z_2, ..., -Z_n)$ 具有相同的分布,因此可以取 $\Theta = \frac{1}{2}(\Theta_1 + \Theta_2)$ 为新的估计量,这样就避免了重新生成正态分布随机数而将样本量扩大为原来的二倍。与生成新的正态随机数相比,通过取原有正态随机数样本值的相反数产生同分布的随机数大大减少了计算量,能够节省时间提高效率。

更为重要的是,如果函数 Θ 还是关于每一个变量的单调(增或减)函数,则由 Z_i 与 $-Z_i$ 的负相关性可以得到 Θ_1 与 Θ_2 也是负相关的,即协方差为负,因此

$$\begin{aligned}\mathrm{Var}(\Theta) &= \frac{1}{4}(\mathrm{Var}(\Theta_1) + \mathrm{Var}(\Theta_2) + 2\mathrm{Cov}(\Theta_1, \Theta_2)) \\ &< \frac{1}{4}(\mathrm{Var}(\Theta_1) + \mathrm{Var}(\Theta_2)) \\ &= \frac{\mathrm{Var}(\Theta_1)}{2}.\end{aligned}$$

也就是 Θ 的方差小于具有相同样本量的原估计量的方差。直观上来理解,如果 Z_i 生成的样本结果过大,则 $-Z_i$ 的结果能够将其平衡一部分,从而达到减少方差的效果。

因此,采用反向变异法不仅以更高效更简洁的计算达到了样本量加倍的效果,而且样本量相同的情况下,反向变异法得到的估计量的方差要更小一些,获得事半功倍的效果。

6.6.3 重要性抽样法

重要性抽样法通过改变生成路径的概率测度来减小方差。我们在本书中已经多次使用改变概率测度的方法以方便我们的运算。在这里,我们试图对"更重要的"抽样结果赋予更高的权重来增加抽样效率,从而减少估计方差,使估计更有效。具体如何改变概率测度,既依赖于模拟的随机过程,也依赖于所定价衍生品的结构。使用一个具体的例子说明,假设我们想要获得以下估计值:

$$\mathbb{E}(h(X)) = \int h(x) f(x) \mathrm{d}x,$$

其中 X 是一个随机变量,具有概率密度 f。一个普通的蒙特卡洛估计为

$$\hat{X} = \frac{1}{N}\sum_{i=1}^{N} h(X_i).$$

如果 g 是一个满足

$$f(x) > 0 \implies g(x) > 0$$

的概率密度函数,则估计 $\mathbb{E}[h(X)]$ 可以表达为

$$\mathbb{E}[h(X)] = \int h(x)\frac{f(x)}{g(x)}g(x)\mathrm{d}x = \tilde{\mathbb{E}}\left(h(X)\frac{f(X)}{g(X)}\right),$$

其中 $\tilde{\mathbb{E}}$ 表示在其下 X 的密度函数为 g 的期望。如果现在从 g 中独立抽取 X_i,则有

$$\tilde{X} = \frac{1}{N}\sum_{i=1}^{N} h(X_i)\frac{f(X_i)}{g(X_i)}.$$

显然,我们有

$$\tilde{\mathbb{E}}(\tilde{X}) = \mathbb{E}(\hat{X}).$$

因此改变概率测度之后的估计值仍是无偏的。比较两种估计的方差,只需比较其二阶矩:

$$\tilde{\mathbb{E}}\left(h(X)\frac{f(X)}{g(X)}\right)^2 = \mathbb{E}\left(h^2(X)\frac{f(X)}{g(X)}\right).$$

因此依赖于似然比 $f(X)/g(X)$。根据 g 的选择,其方差可能会减小,但也可能为无限大。参考文献 [12] 的 4.6 节指出,一个好的抽样概率测度,应该使得概率与收益函数之积尽量大的区域密度较高。例如,对一个深度虚值看涨期权来说,如果大多数抽样都是 0,则会增大方差,因此只要改变测度来模拟出更多收益为正的路径就能减小方差。

6.6.4 蒙特卡洛及方差缩减技术的数值举例

在这一小节,我们用一个实例来验证上一部分中的一些方差缩减技术。简单起见,我们选择几何布朗运动模型,并对一个欧式看涨期权进行定价。根据上文的结论,当 $S(0)$ 已知时:

$$S(T) = S(0)\exp\left(\left(r - \frac{1}{2}\sigma^2\right)T + \sigma\sqrt{T}Z\right). \tag{6.4}$$

普通蒙特卡洛模拟的算法如下:

1. 生成正态随机变量 Z_i, $i = 1, ..., N$;
2. 令
$$S_i = S(0)\exp\left((r - \frac{1}{2}\sigma^2)T + \sigma\sqrt{T}Z_i\right);$$
3. 令
$$C_i = e^{-rT}(S_i - K)^+;$$
4. 得到普通蒙特卡洛估计
$$\hat{C} = \sum_{i=1}^{N} C_i.$$

反向变异法的算法如下:

1. 生成正态随机变量 W_i, $i = 1, 2, ..., N/2$;
2. 根据 K_i 生成 Z_i, $i = 1, ..., N$: 当 $i \leqslant N/2$ 时, $Z_i = W_i$, 当 $i > N/2$ 时, $Z_i = -W_i$;
3. 令
$$S_i = S(0)\exp\left((r - \frac{1}{2}\sigma^2)T + \sigma\sqrt{T}Z_i\right), \ i = 1, ..., N;$$
4. 令
$$C_i = e^{-rT}(S_i - K)^+;$$
5. 得到反向变异法估计
$$\check{C} = \sum_{i=1}^{N} C_i.$$

重要性抽样的算法如下: 在前述的重要性抽样框架下, 让 X 取式 (6.4) 中的 Z, $f(x)$ 为标准正态分布的密度函数, g 为均值为 μ 方差为 1 (即 $N(\mu,1)$) 的正态分布的密度函数, 则容易求得似然比:
$$\frac{f(Z_i)}{g(Z_i)} = \exp\left(-\mu Z_i + \frac{1}{2}\mu^2\right).$$

这样的变换增大了 $S(T) > K$ 的可能性。重要性抽样法的算法如下:

1. 生成 $N(\mu, 1)$ 正态随机变量 Z_i, $i = 1, ..., N$;
2. 令
$$S_i = S(0)\exp\left((r - \frac{1}{2}\sigma^2)T + \sigma\sqrt{T}Z_i\right) \ i = 1, 2, ..., N;$$
3. 令
$$C_i = \exp\left(-\mu Z_i + \frac{1}{2}\mu^2\right) \times e^{-rT}(S_i - K)^+;$$

4. 得到重要性抽样法估计量

$$\tilde{C} = \sum_{i=1}^{N} C_i.$$

下面我们通过数值试验与上述方法进行比较。 参数为股票初始价格 $S_0 = 100$，期权执行价格 $K = 110$，利率 $r = 0.05$，波动率 $\sigma = 0.2$，时间 $T = 1$；重要性抽样所用测度增量 $\mu = 0.5$。模拟在 MATLAB 中完成，模拟次数 $N = 10^6$ 次，结果如表 6.3 所示。根据表 6.3，可见估计标准差随着方差缩减技术的应用明显减小。

表 6.3 模拟结果比较

	普通蒙特卡洛模拟	反向变异法	重要性抽样法
期权价格	6.0500	6.0467	6.0596
标准差	0.0123	0.0115	0.0066

6.7　本章小结

本章介绍了蒙特卡洛模拟的概念及其在金融工程中的一些应用。其基本思想和步骤为：将风险中性世界中的资产价格写为期望值，根据模型模拟生成资产的终端价格或者整条路径，生成符合要求的大量随机样本，再取其平均值获得估计量。我们讨论了生成满足特定密度分布的随机样本的方法，着重介绍了如何生成一维以及多维正态分布随机变量。基于正态分布随机序列以及特定的模型，我们可以对资产价格的路径进行没有误差的精确模拟，或者进行离散方法下的模拟，对于后者可以通过缩短采样间隔来缩小误差。在本章的最后，我们还介绍了提高蒙特卡洛模拟计算效率的方法——方差缩减技术及其示例。对于本章内容的扩展与深化，读者可参阅参考文献 [12]、[20] 等。

参考文献

[1] Billingsley, P., 1995. Probability and Measure, 3rd Edition [M]. Wiley.

[2] Bjork, T., 2020. Arbitrage Theory in Continuous Time, 4th Edition [M]. Oxford University Press.

[3] Black, F., Scholes, M., 1973. The pricing of options and corporate liabilities [J]. Journal of Political Economy, 81 (3), 637–654.

[4] Broadie, M., Kaya, Ö., 2006. Exact simulation of stochastic volatility and other affine jump diffusion processes [J]. Operations Research, 54 (2), 217–231.

[5] Campbell, J. Y., Lo, A. W., Mackinlay, A. C., 1997. The Econometrics of Financial Markets [M]. Princeton University Press.

[6] Chung, K. L., 2010. A Course in Probability Theory, 3rd Edition [M]. Academic Press.

[7] Cont, R., Tankov, P., 2004. Financial Modelling with Jump Processes [M]. Chapman and Hall.

[8] Duffie, D., 2001. Dynamic Asset Pricing Theory, 3rd Edition [M]. Princeton University Press.

[9] Duffie, D., Kan, R., 1996. A yield-factor model of interest rates [J]. Mathematical Finance, 6 (4), 379–406.

[10] Duffie, D., Pan, J., Singleton, K., 2000. Transform analysis and asset pricing for affine jump-diffusions [J]. Econometrica, 68, 1343–1376.

[11] Durrett, R., 2010. Probability: Theory and Examples, 4th Edition [M]. Cambridge University Press.

[12] Glasserman, P., 2004. Monte Carlo Methods in Financial Engineering, 1st Edition [M]. Springer, New York.

[13] Gut, A., 2005. Probability: A Graduate Course.

[14] Heston, S. L., 1993. A closed-form solution for options with stochastic volatility with applications to bond and currency options [J]. Review of Financial Studies, 6 (2), 327–343.

[15] Hull, J., 2005. Options, Futures, and Other Derivative Securities. fourth ed [M]. Prentice Hall.

[16] Karatzas, I., Shreve, S. E., 1991. Brownian Motion and Stochastic Calculus, 2nd Edition [M]. Vol. 113 of Graduate Texts in Mathematics. Springer-Verlag.

[17] Karatzas, I., Shreve, S. E., 1998. Methods of Mathematical Finance. Springer-Verlag, New York.

[18] Karlin, S., Taylor, H. M., 1975. A first course in stochastic processes, 2nd Edition [M]. Academic Press.

[19] Karlin, S., Taylor, H. M., 1981. A Second Course in Stochastic Processes, 2nd Edition [M]. Academic Press.

[20] Kloeden, P. E., Platen, E., 1999. Numerical Solution of Stochastic Differential Equations [M]. Springer-Verlag.

[21] Kwok, Y., 2008. Mathematical Models of Financial Derivatives, 2nd Edition [M]. Springer Finance.

[22] Lipton, A., 2001. Mathematical Methods for Foreign Exchange: A Financial Engineers Approach [M]. World Scientific Publishing Company.

[23] Merton, R. C., 1973. Theory of rational option pricing [J]. The Bell Journal of Economics and Management Science, 4 (1), 141–183.

[24] Merton, R. C., 1976. Option pricing when underlying stock returns are discontinuous [J]. Journal of Financial Economics, 3, 125–144.

[25] Merton, R. C., 1992. Continuous-time Finance [M]. B. Blackwell, 1992.

[26] Musiela, M., Rutkowski, M., 2011. Martingale Methods in Financial Modelling, 2nd Edition [M]. Springer.

[27] Oksendal, B., 2010. Stochastic Differential Equations: An Introduction with Applications, 6th Edition [M]. Springer-Verlag.

[28] Protter, P., 2004. Stochastic Integration and Differential Equations, 2nd Edition [M]. Springer-Verlag.

[29] Revuz, D., Yor, M., 1999. Continuous Martingales and Brownian Motion, 3rd Edition [M]. Vol. 293. Springer-Verlag.

[30] Rogers, L. C. G., Williams, D., 2000a. Diffusions, Markov processes, and Martingales [M]. Vol. 1. Cambridge University Press.

[31] Rogers, L. C. G., Williams, D., 2000b. Diffusions, Markov processes, and Martingales [M]. Vol. 2. Cambridge University Press.

[32] Ross, S. M., 2019. Introduction to Probability Models, 12th Edition [M]. Academic Press.

[33] Shreve, S. E., 2004a. Stochastic Calculus for Finance. I, 1st Edition [M]. Springer Finance. Springer-Verlag.

[34] Shreve, S. E., 2004b. Stochastic Calculus for Finance. II, 1st Edition [M]. Springer Finance. Springer-Verlag.

[35] Singleton, K. J., 2006. Empirical Dynamic Asset Pricing: Model Specification and Econometric Assessment [M]. Princeton University Press.

[36] Williams, D., 1991. Probability with Martingales, 1st Edition [M]. Cambridge University Press.

[37] Yan, J.-A., 2018. Introduction to Stochastic Finance, 1st Edition [M]. Springer.

教辅申请说明

北京大学出版社本着"教材优先、学术为本"的出版宗旨,竭诚为广大高等院校师生服务。为更有针对性地提供服务,请您按照以下步骤在微信后台提交教辅申请,我们会在 1~2 个工作日内将配套教辅资料,发送到您的邮箱。

◎手机扫描下方二维码,或直接微信搜索公众号"北京大学经管书苑",进行关注;

◎点击菜单栏"在线申请"—"教辅申请",出现如右下界面:

◎将表格上的信息填写准确、完整后,点击提交;

◎信息核对无误后,教辅资源会及时发送给您;
如果填写有问题,工作人员会同您联系。

温馨提示:如果您不使用微信,您可以通过下方的联系方式(任选其一),将您的姓名、院校、邮箱及教材使用信息反馈给我们,工作人员会同您进一步联系。

我们的联系方式:

北京大学出版社经济与管理图书事业部
通信地址: 北京市海淀区成府路 205 号, 100871
电子邮件: em@pup.cn
电　　话: 010-62767312 /62757146
微　　信: 北京大学经管书苑(pupembook)
网　　址: www.pup.cn